홍위병

Copyright ⓒ 2004 by Fan Shen
The Korean edition published by arrangement with the University of Nebraska Press,
USA through Yu Ri Jang Literary Agency, Korea.

이 책의 한국어판 저작권은 유리장 에이전시를 통한 저작권자와의 독점 계약으로
황소자리 출판사에 있습니다. 저작권법에 의해 한국 내에서 보호를 받는 저작물이므로
무단 전재와 무단 복제를 금합니다.

잘못 태어난 마오쩌둥의 아이들

홍위병

션판 沈凡 | 이상원 옮김

황소자리

― 문화혁명이 한창이던 1967년 겨울, 톈안먼 광장 앞에 선 저자의 가족. 오른쪽 첫 번째 소년이 쏜판이다.

▬ 1988년, 가난하지만 꿈에 부풀었던 밀워키 유학시절. 유년기의 꿈을 이루기 위해 공부에 매달렸다.

▬ 1964년, 문화혁명이 일어나기 두 해 전에 여동생과 함께 찍은 사진. 당시 열 살이던 소년 셴판은 공산주의 개척자의 표상인 빨간 스카프를 두르고 있다.

▬ 1992년 여름 방학 동안에는 예일대학교에서 공부를 했다.

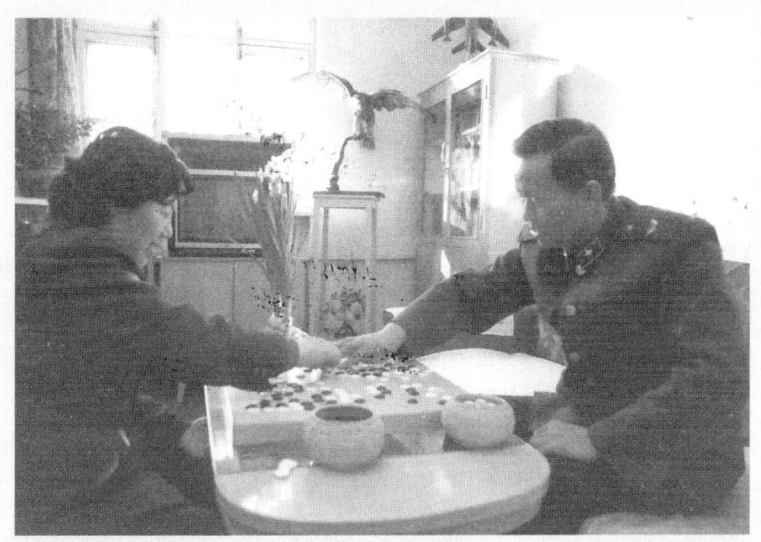

▬ 1988년 1월, 군 장성 은퇴를 앞둔 아버지가 어머니와 함께 바둑을 두고 있다.

▬ 1994년, 중국에서 날아온 사진 속의 가족들. 왼쪽부터 남동생, 아버지, 어머니, 여동생과 그녀의 딸.

미국에 와서 새로 꾸린 션판의 소중한 가족. 아내 메리와 딸 브리나와 함께.

― 2004년 미국 네브래스카대학교에서 자신의 저서 《홍위병Gang of One》이 출간된 직후 사인회를 하고 있는 션판. 팔에 어린시절 자신이 만들었던 홍위병 조직 '만리장성 투쟁조' 완장을 차고 있다.

― 2004년, 미네소타대학교에서 저서 《홍위병Gang of One》에 얽힌 강연회를 하고 있다.

| 한국어판 서문 |

　미국 미네소타Minnesota에서 반가운 인사를 전합니다. 제 책이 한국어로 번역되었다니 정말 기쁩니다. 한국은 제게 아주 특별한 나라입니다. 대학에서 공부하고 가르치면서 저는 많은 한국인 친구들을 만났습니다. 정직하고 근면하며 항상 희망을 가지고 목표를 향해 꾸준히 노력하는 이들, '한국의 힘'을 보여주는 이들이었습니다. 저는 한국인 친구들에게 감탄했고 많이 배웠습니다. 미국 친구들에게도 '한국의 힘'에 대해 이야기해주면 모두들 감동하곤 했습니다.
　그런 힘을 가진 한국 독자들인 만큼 이 책을 즐거이 읽어주실 수 있으리라 믿습니다. 이 책은 정해진 운명을 변화시키려는 사람, 스스로 목표를 세우고 실천해나가는 이들의 이야기이기 때문입니다. 미국에서 이 책은 퍽 호평을 받았습니다. 젊은이들은 이 책을 통해 꾸준히 노력하는 한 언제나 희망이 있음을 배웠다고 말합니다. 일부 대학의 추천 도서 목록에 포함되기도 했고 강의실에서도 사용되고 있습니다.

언젠가 꼭 한국을 방문하고 싶습니다. 그리고 그때 여러분과 이 책에 대해 이야기를 나눌 수 있다면 좋겠습니다.

이 책이 번역 출간되기까지 많은 일을 해준 이혜경 님께 감사 인사를 전합니다.

2004년 가을
미국 미네소타 로체스터에서
션판

| 차례 |

한국어판 서문

머리말

1부 불

1. 낡은 세상을 불사르자! _____ 23
2. 붉은 테러, 만세! _____ 34
3. 그건 내 피아노야! _____ 47
4. 만리장성 투쟁조를 결성하고 _____ 64
5. 혁명은 목숨을 난도질한다는 뜻 _____ 83
6. 금지된 책들을 사냥하다 _____ 92
7. 위대한 지도자와 홍위병의 만남 _____ 100

2부 흙

8. 서쪽으로의 여행 _____ 115
9. 베이징에서 온 아이들 _____ 126
10. 혁명 농민으로 거듭나는 방법 _____ 140
11. 큰물이 산촌을 덮쳤다 _____ 149
12. 맨발의 의사가 되어 _____ 163
13. 달덩이와의 만남 _____ 172
14. 골초 악마, 결혼하다 _____ 178
15. 귀뚜라미 아저씨의 죽음 _____ 182

3부 쇠

16. 쥐, 비행飛行을 꿈꾸다 _____ 197
17. 아! 리링 _____ 206
18. 자꾸만 사람이 죽어나갔다 _____ 217
19. 8월이 두 번 든 해 _____ 225
20. 목표는 입당入黨이다! _____ 234
21. 참회는 곧 죽음이다 _____ 244
22. 행운아 열한 명 _____ 263

4부 나무

23. 꿈의 상아탑으로! _____ 279
24. 그 아저씨들 _____ 292
25. 총명한 자오는 왜 죽었을까 _____ 315
26. 성직자 선생님 _____ 322
27. '야망'이라는 이름의 괴물 _____ 331
28. "제가 직접 말할까요?" _____ 342

5부 물

29. 꿈도 꾸지 말아야 할 일 _____ 357
30. 박테리아가 검출되지 않는 설사병 _____ 367
31. 가정 방문 작전 _____ 378
32. 인공위성을 쏘다! _____ 387
33. 리링을 다시 만난 후 _____ 398
34. 여권 발급 전쟁 _____ 404
35. 마침내 그녀와 결혼하다 _____ 416
36. 최후의 웃음 _____ 424

| 머리말 |

나는 이민 1세대로 긍지를 안고 사는 미국인이다. 대학원생 신분으로 처음 미국 땅을 밟은 1985년 1월, 내 수중에 가진 돈이라고는 단돈 100달러가 전부였지만 꿈은 원대했다. 이민자란 본래 다 가난한 법이 아닌가. 나는 열심히 공부해 장학금을 탔고 각종 아르바이트로 생활비를 벌었다. 또 제도교육이 채워주지 못하는 부분을 보완하기 위해 틈나는 대로 여러 곳을 둘러보았다. 나는 미국이 좋았고 그 사회를 좀 더 잘 알고 이해하고 싶었다. 그래서 교회 예배에 참석하고 법정에도 들어가 보았으며 농장과 주 교도소, 텔레비전 방송국이나 신문사 등을 견학했고 양로원에서 자원봉사도 했다.

일년 반 만에 석사를, 그리고 5년 만에 박사 학위를 받았다. 지금은 미네소타 남부의 대학에서 교수로 일하며 행복한 생활을 누리고 있다. 하지만 아직까지도 한밤중에 놀라 깨는 일이 종종 있다. 고통스러웠던 과거, 투쟁과 절망으로 점철되었지만 동시에 성공하고야 말겠다는 의지로 가득 차 있었던, 그리하여 결국 자유의 땅에 정착하게끔 했던 그 세월이 생생히 떠오르기 때문이다.

* * *

오랫동안 마음속에 묻어두었던 비밀을 비로소 털어놓겠다고 결심하기까지 오랜 시간이 걸렸다. 우선 부모님의 심기를 거스르게 되리라는 걱정이 컸다. 평생 혁명가로 살았던 두 분은 아들인 내가 혁명에 크나큰 죄를 저질렀다는 데 대해 분노하고 상처받으실 것이 뻔했다. 나 같은 자식은 아예 낳지 않는 편이 나았다고 생각하시게 될 수도 있었다. 부모님의 사상 교육에도 불구하고 나는 결국 위대한 지도자인 마오쩌둥毛澤東(1893~1976) 주석에 반기를 들고 혁명 반대론자가 되고 말았기 때문이다.

내 '배신행위'는 부모님에게 참기 어려운 고통과 치욕으로 남을 것이다. 두 분은 혁명가의 집안에서 나고 자란 만큼 나 역시 완벽한 혁명가로 성장하리라 확신하셨다. 내 할아버지와 할머니는 모두 청 왕조 그리고 외세에 저항한 혁명가였다. 부모님도 일본과 국민당에 맞서 싸우는 공산 혁명가의 삶을 사셨다. 그리고 내가 태어나기도 전부터 당신들의 아들이 혁명 전사가 되리라 믿어 의심치 않으셨다. 중화인민공화국이 수립된 직후 결혼하셨던 두 분은 위대한 지도자의 초상화 앞에서, 또한 방을 가득 채운 결혼식 하객들 앞에서 자녀들이 모두 마오쩌둥의 뒤를 따르게 하겠다고 맹세했다고 한다. 그리고 첫 아이의 이름은 혁명가에 걸맞은 '판凡' 자로 하겠다고 선언했다. 그래서 내 이름이 셴판沈凡이 된 것이다. 그 이름은 '수백만 노동자 중 평범한 한 명'을 의미했다. 혁명가는 반드시 노동자 출신이어야만 했기 때문이다. 나는 베이징 서쪽 끝, 인민해방군 사령부가 위치한 다위안大院에서 자랐고 세 살 때 공산당원 자녀를 위한 엘리트 기숙학교였던 페이츠飛鵬 학교에 입학했다. 그때부터 나는 혁명가에게 요구되는 사상을 익히기 시작했다. 선생님들은 위대한 지도자를 사랑하고 공산주의를 숭상하며 자본주의를 증오하도록 가르쳤다. 수업이 시작되기 전에는 늘 혁명 노래를 불렀다. 어릴 때부터 나는 부지런히 공부하는 모범생이었고 선동적인 글짓기에서 두각을 나타냈다. 최소한 내가 2학년 때 쓴 혁명을 찬양하는 글을 본 부모님과 선생님은 그렇게 말씀하셨다. 선생님은 친구들 앞에서 내 글을 낭독하셨고 어머니는 내가 틀림없이 공산당 고위 당원이 될 것으로 믿었다.

하지만 그런 글짓기 재능에도, 또 선생님과 부모님의 기대에도 불구하고 결국 나는 혁명의 꽃을 화려하게 피워내는 나무가 되지 못했다. 교조적 학습이 오래 지속되면서 무언가 잘못되고 만 것이다. 언제부터인가 '사악한 힘'이 내 정신을 파고들었고 나를 지배하기 시작했다. 그 힘은 위대한 지도자의 말씀보다 훨씬 강력했다. 어린 니이임에도 불구하고 나는 그 '사악한 힘'의 정체를 똑똑히 깨닫고 있었다. 그것은 바로 '개인적인 야심'이었다. 자아비판 시간에 가장 무섭게 비난받는 대상, 혁명가에게 절대 있어서는 안 되는 금지된 생각이었다. 선생님의 설명에 따르면 그것은 진정한 혁명가가 견지해야 할 모든 사상과 정반대이기 때문에 가장 위험하다고 했다. 진정한 혁명가라면 자신을 완전히 버리고 이타적인 자세로 당과 위대한 지도자의 지시에 따라야 한다는 것이었다. 하지만 나는 그 '사악한 힘' 앞에서 무력했다. 인생에서 성공하고 싶었다. 결국 나는 주위의 모든 사람들을 속이면서 완벽한 꼬마 혁명가 행세를 하기 시작했다. 실제로는 개인적인 성공을 꿈꾸면서 말이다. 위대한 지도자를 위해 내 생명을 바치고 이름없는 혁명의 병사가 되겠다는 구호를 목청껏 외쳤지만 정말로 그렇게 하겠다는 생각은 전혀 들지 않았다. 한술 더 떠 나는 그 혁명 구호를 개인적 성공을 위해 교묘히 이용하기까지 했다. 결국 나는 부모님께서 지어주신 이름에도 저항했던 셈이다. 나는 수백만 노동자 중 평범한 한 명으로 만족할 수 없었다. 위대한 지도자와 당이 내게 정해주는 운명도 받아들이기 싫었다. 물론 그런 이야기는 아무에게도 하지 않았다. '나'라는 개인의 차원에서 사고하자면 철저한 비밀 유지 외에는 방법이 없었다.

* * *

이 책 집필을 망설였던 데는 부모님이 느끼게 될 실망감 외에 다른 이유도 있었다. 문화혁명 시기 동안 나 자신이 저지른 짓을 떠올리면 스스로 너무도 수치스럽고 부끄러웠다. 그 수치스러움은 남몰래 개인적인 야망을 추구했다는 점 때문이 아니다. 꼬마 혁명가 노릇을 하면서 나는 온갖 잔인한 파괴 활동에 참여했던 것이다. 독자들은 앞으로 서술될 그 행동들을 보면서 분명 충격을 받으리라. 당시 나는 적에 대한 행동은 그 어떤 것도 잔인하지 않다는 가르침을 그대로 따랐지만 돌이켜보면 스스로 경악을 금할 수 없다. 이는 내 일생에 영원히 치유되지 않을 상처로 남을 것이다.

마지막으로 또 한 가지 걱정이 있었다. 혹시라도 이 책이 중국에 남아 있는 내 가족과 친구들에게 위협이 되지 않을까 하는 생각이 들었던 것이다. 물론 이 책은 순전히 내 개인의 삶을 써내려간 것이다. 과거의 역사나 오늘날의 중국 상황을 평가하려는 의도 따위는 전혀 없다. 그럼에도 불구하고 나는 걱정을 떨칠 수 없었고 그래서 일부 등장인물에 대해서는 실명을 사용하지 않았다. 분명히 밝히건대 내가 혁명 반대론자가 되어버린 것은 그 누구의 영향도 없는 독자적인 결정이었다. 부모님이나 친구들, 선생님들은 이와 전적으로 무관하다.

오늘날까지 살아남아 이 정도로 잘 살게 되기까지 헤아릴 수 없이 많은 분들의 은혜를 입었다. 그 중에서도 특히 구준더顧君德, 펑율린彭玉林 사부, 난보친南博勤 사부, 자오총밍趙聰明 등 친구들에게 감사드리고 싶다. 소년기와 청년기에 만났던 이 친구들은 내 삶의 방향을 바꾸어주었다.

이 중 그 누구도 이 책을 보지 못하는 것이 안타깝다. 모두들 이미 저세상 사람이 되어버렸기 때문이다. 하지만 이 책이 세상에 나올 수 있었던 것은 그들 덕분이다.

1부 불

생명은 불, 흙, 쇠, 나무, 그리고 물로 이루어져 있다.
- 노자老子

1. 낡은 세상을 불사르자!

창 밖에 선 포플러 나무에서는 벌써 몇 시간째 매미가 게으른 소리로 맴맴거리는 중이었다. 그동안 나는 내내 방 안의 축축한 대자리 위에서 땀을 흘리며 꼼짝없이 누워 있어야 했다. 제발 어서 빨리 아버지가 외출하셨으면 하는 마음뿐이었다. 그해 1966년은 여름이 유난히 빨리 시작되었다. 열려진 창으로 뜨거운 공기가 쏟아져 들어왔고 방 안은 시간이 갈수록 점점 더 더워지는 것만 같았다. 나는 평소에도 낮잠 시간을 싫어했지만 5월의 그날은 특히 고통스러웠다. 오후에 학교에서 열릴 예정인 문화혁명 행사를 놓칠까봐 조바심이 났기 때문이다.

나는 일분이 멀다 하고 목을 길게 빼 낡은 벽시계를 보며 시간을 확인했다. 못생긴 수탉이 튀어나와 시간을 알리게 되어 있는 시계였다. 수탉은 도대체 튀어나올 생각이 없는 것 같았다. 시끄러운 매미 소리와 무더운 날씨 때문에 수탉도 짜증이 난 것일까? 아무리 살펴봐도 멍청한 수탉은 움직일 기미를 보이지 않았다. 열두 살은 참고 기다리기에는 너무 어린 나이였다.

우리 아버지인 션낭沈南 대령은 문화혁명이 시작되었다는 것, 그리고 그날 오후 우리 학교에서 커다란 행사가 열린다는 것을 알고 계셨지만 그럼에도 불구하고 낮잠이라는 가족의 오랜 관습은 지켜져야 한다고 고집하셨다. 나는 마치 감옥에 갇힌 죄수처럼 느껴졌다. 바깥세상은 바쁘게 돌아가는데 나는 멍청한 수탉의 노래 소리나 기다리며 시간을 죽이는 신세였으니 말이다.

마침내 오후 2시를 5분 남겨두고 낡은 시계에서 수탉이 튀어나왔다. 바깥쪽에서 〈붉은 군대 행진곡〉 소리가 들려왔다. 아버지가 가장 좋아하는 곡이었다. 곡조가 정확하지 않은 노래 소리는 점점 커지다가 이윽고 사라져갔다. 곧이어 그토록 기다리던 '꼬꼬댁' 소리가 들렸다. 나는 벌떡 일어나 대문을 열어젖혔다. 내 친구 샤오롱小龍이 문가에 서서 나를 기다리고 있었다. 너무도 반가웠다. 샤오롱 발치에는 초록색 군용 배낭이 놓여 있었다.

"판, 준비됐어?" 샤오롱이 물었다. 통통한 볼 위로 땀방울이 맺혀 있었다. 아파트 같은 동에 사는 샤오롱은 문간에서 오랫동안 나를 기다린 것이 틀림없었다.

"벌써 시작들 했어. 서두르자고!" 샤오롱은 숨을 헐떡이며 젖은 손을 셔츠 자락에 문질렀다.

"쉿, 내 동생을 깨우면 안 돼." 내가 말했다. "동생이 일어나면 난리를 칠 거라고." 두 살 아래인 여동생은 못 말리는 책벌레였다. 내가 자기 책에 어떤 짓을 하려는지 안다면 분명 미친 듯이 화를 낼 것이었다. 나는 소리없이 방안을 돌아다니며 서가에 있는 책들을 몽땅 꺼내 헝겊 가방에 넣었다. 그러고는 무거운 가방을 간신히 어깨에 둘러멨다. 어깨 끈이 살을 파고들었다. 하지만 그런 아픔 따위에 신경 쓸 상황이 아니었다. 나는 친구에게 고개를 끄덕여보였다. 우리는 조용히 집을 빠져나왔다.

* * *

우리 아파트에서 학교 운동장까지는 걸어서 가기에도 가까운 거리였다. 곧 학교 축구장을 둘러싼 낮은 돌담이 보였다. 그 안쪽에서 확성기가 혁명 행진곡을 울려대는 소리가 들려왔다. 이어서 검은 재가 자욱하게 내려앉는 모습이 눈에 들어왔다. 혁명 행진곡에 자극받은 탓인지 저절로 발걸음이 빨라졌다. "어서 가자!" 나는 뒤따라오던 샤오롱에게 소리쳤다. 모서리를 돌아서자 축구장 한가운데에 장관이 펼쳐졌다. 산더미를 이룬 책들, 2층 높이는 될 법한 책 더미가 불길에 싸여 있었다. 불꽃은 하늘을 향해 몸을 뒤흔들며 춤을 춰댔다. 주위에는 내 또래가 대부분인 사람들 수십 명이 둘러서서 불기둥에 책을 던져넣느라 분주했다. 생전 처음 보는 커다란 불꽃이었다. 넘실대는 주황색 불꽃과 매캐한 연기가 내 마음을 한껏 들뜨게 만들었다. 고막이 찢어져라 울리는 혁명 행진곡과 관중석을 가로질러 매달린 커다란 붉은 깃발이 흥분감을 더욱 고조시켰다. 깃발 위에는 문화혁명 구호가 씌어 있었다. 눈앞에 펼쳐진 광경의 이유를 설명해주는 구호들이었다.

'낡은 사회의 잿더미 위에서 새로운 사회가 탄생한다!'
'봉건적 잔재를 불태우자!'
'감상적 부르주아 문화를 불태우자!'

붉은 깃발 바로 아래 관중석에는 어린 학생들이 줄지어 앉아 손뼉을 치며 위대한 지도자의 노래 〈마음을 강건하게〉를 부르고 있었다.

샤오롱과 나는 불 가로 다가갔다. 열기가 어찌나 뜨거웠던지 얼굴이 익어버릴 것만 같았다. 나는 이미 재로 뒤범벅된 바닥에 가방을 내려놓고 첫 번째 책을 꺼냈다. 내가 열 번도 더 읽은 《인형의 모험》이라는 동화책이었다. 나는 책을 힘껏 던진 뒤 불길 속에서 금세 사라져버리는 광경을 만족스럽게 지켜보았다. 내 옆에서는 샤오롱이 마치 수류탄이라도 던지듯 두꺼운 책 세 권을 연달아 집어던져 검은 재와 불꽃의 연쇄 폭발을 만들어냈다.

"무슨 책이야?" 내가 물었다.

"부끄러운 봉건 잔재야. 《홍루몽紅樓夢》이지." 샤오롱이 숨을 헐떡이며 대답했다. 가방에서 또 다른 무거운 책을 꺼내느라 잔뜩 구부린 자세였던 것이다.

"전부 한꺼번에 던지지는 말아." 내가 말했다. "오래 즐기려면 좀 아껴서 던지자고."

샤오롱이 몸을 펴고 미소지었다. 우리는 18세기의 그 유명한 소설이 한 장씩 검은 색으로 변하다가 마침내 불길 속으로 사라지는 모습을 만족스러운 표정으로 함께 지켜보았다. 주위의 다른 사람들도 신나게 책을 집어던지고 있었다. 열기에도 불구하고 모든 사람이 웃는 표정이었다. 축구장에서 매년 열리는 등燈 축제 같은 분위기였다.

우리 옆에서는 네다섯 살쯤 되어보이는 어린 여자아이가 커다란 책을 든 채 걸어나가고 있었다. "자, 어서 던지렴." 두꺼운 안경을 쓴 아버지가 옆에서 재촉했다. 나도 합세해 "그래, 꼬마 혁명가야, 어서 던져."라고 외쳤다. 아이는 힘껏 책을 내던졌다. 하지만 무거운 책은 불길이 닿지 않는 땅으로 떨어졌다. 다시 책을 집어들려고 불 쪽으로 다가서던 아이를 아버지가 번쩍 들어올렸다.

"저희가 던져드리죠." 샤오룽이 나섰다. 그런 영웅적인 행동을 늘 즐겨하는 친구였다. 샤오룽은 티셔츠 자락을 잡아당겨 얼굴을 가리고 네 발로 기어 불 쪽으로 다가가 책을 꺼내왔다. 책 제목을 본 샤오룽은 난감하다는 표정으로 내게 표지를 보여주었다. 〈어린 과학자〉라는 잡지 2년분이 묶인 합본이었다. 샤오룽은 학교에서 과학 소년으로 통하는 내가 그 책을 아까워할 것이라 생각했던 것이다.

"던져버려도 될까?" 샤오룽이 물었다.

"표지가 붉은 색이야?" 나는 되물었다. 대답은 우리 둘 다 알고 있었다. 불태워지지 않아야 하는 책은 오로지 붉은 색 표지가 붙은 책, 즉 위대한 지도자의 책들뿐이었던 것이다.

"붉은 표지가 아니라면 망설여서는 안 돼!" 나는 미소지으며 불 쪽을 가리켰다.

"션 동무, 훌륭해!" 샤오룽은 혁명가다운 말투로 외치면서 내게 경례를 해보였다. 그리고 몸을 돌리더니 두 손으로 책을 쳐들고 투포환 선수처럼 몸을 돌리며 불길 한가운데로 던져넣었다.

"멋지군!" 우리 뒤쪽에서 낯익은 콧소리가 들렸다. '코흘리개'라는 별명으로 불리는 학교 친구였다. 늘 창백하던 얼굴은 땀에 젖어 빛났고 두 눈은 흥분으로 불타고 있었다. 열기 때문인지 늘 달고 다니는 콧물 방울이 평소보다 한층 더 길게 입술 아래까지 내려와 있었다. 코흘리개는 우리보다 한 살이 많았다. 3학년 진급 시험에 떨어져 유급했기 때문이다. 하지만 성적에 상관없이 그는 세상살이 요령에 밝았고 어떻게 해야 더 재미있게 놀 수 있는지를 잘 아는 좋은 친구였다. 그는 줄로 묶은 책 두 꾸러미를 내려놓았다.

"태우자! 태워버리자! 세상을 몽땅 불태우자!" 코흘리개는 이렇게 외치면서 코를 실룩거려 연기 냄새를 맡았다. 마치 맛있게 구워진 베이징 오리 냄새라도 맡듯이 말이다. 그러더니 책 더미를 발로 차서 무너뜨린 후 두꺼운 책을 집어들어 한쪽 발 위에 조심스레 얹었다.

"자, 내 묘기를 좀 보라고!" 코흘리개는 한 걸음 걸어나가 다리를 높이 쳐들며 책을 차올렸다. 책은 마치 미사일처럼 포물선을 그리며 날아가 불 속에 떨어졌고 연기와 재를 뭉게뭉게 피워올렸다.

코흘리개의 방식을 따라 우리도 책을 차올리기 시작했다. 그리고 날아간 책이 일으킨 작은 폭발 광경을 즐겼다. 뜨거운 열기가 우리를 한없이 흥분시켰다. 우리는 쉴새없이 책을 던져넣으며 불길을 점점 더 크게 키우려 했다. 거대한 불길은 힘을 상징했다. 패배를 모르는 강력한 힘, 점점 더 크게 키워 마침내 내일의 세상을 정복하게끔 하는 바로 그 힘 말이다.

불은 오후 내내 타올랐고 밤에도 꺼지지 않았다. 불꽃은 검은 하늘을 배경으로 열심히 손짓하는 듯했다. 어서, 어서 더 많은 책을 던져달라고 우리를 재촉하는 것이다. 우리는 그 명령에 복종했다. 샤오롱과 나는 집으로 가서 다시 책을 가지고 왔다. 내 책장에 있던 책들은 남김없이 불길 속으로 사라졌다. 나는 책을 좋아하는 어린이였지만 그보다는 불길과 혁명을 더욱 좋아했다. 선생님은 붉은 표지가 붙은 책들을 제외하고는 모든 것이 '부르주아Bourgeois' 책이고 마땅히 태워 없애야 한다고 했다('부르주아'라는 말은 유치원 때부터 들어온 단어였다. 그건 아주 나쁜 의미였다). 나는 아버지가 귀중하게 여기던 책들까지도 일부 태워버렸다. 하지만 몇 년 동안이나 사용하지 않았던 책들이고 또 팔아버려야겠다고 말씀하신 적도 있었기 때문에 크게 화를 내지는 않으실 것이라 생각했다.

* * *

그날 나는 자정 무렵이 되어서야 지치고 굶주린 상태로 집에 들어갔다. 하지만 여전히 흥분은 가라앉지 않은 상태였다. 부모님은 거실에서 나를 기다리고 계셨다. 아버지의 표정이 심상치 않았다. 내가 아버지 책을 태워버렸다는 것을 알아채신 모양이었다. 나는 부모님의 분노를 누그러뜨리기 위해 바로 떠들어대기 시작했다. "우리 학교에서 혁명적인 행사가 있었어요. 부르주아 책들을 다 태워버렸죠. 정말로 대단한 혁명이 시작된 거예요." 그러자 순식간에 부모님의 표정이 밝아졌다. 나는 밤늦게 돌아온 것에 대해서도 꾸중을 듣지 않았다. 우리 부모님에게 '혁명'이라는 단어는 마법과도 같았다. 아버지는 어차피 더 이상 필요하지 않은 책들이었다고 말했고 어머니는 내가 부르주아 책을 태워버린 것을 자랑스러워하셨다. "우리 꼬마 혁명가가 배고플 테니 계란 국수를 좀 만들어야겠구나." 어머니는 내 머리를 쓰다듬으셨다. 그날 밤 나는 깨달았다. '혁명'을 통해 나는 부모님의 동지가 될 수 있었던 것이다. 하지만 여동생의 화는 쉽게 풀리지 않았다. 이틀 동안이나 말을 하지 않고 있었기 때문에 결국 쟌메이贊梅 이모가 모스크바에서 사다주신 펜을 선물로 주며 달랠 수밖에 없었다.

* * *

부모님이 어린 나의 혁명적인 행동을 보고 기뻐하셨던 일을 이해하려면 우리 가문의 전통을 알 필요가 있다. 그 전통은 우리 할아버지 션티엥션沈田生으로부터 시작되었다. 할아버지는 1900년에 채 열네 살도 되지 않은 어린 나이로 의화단 사건에 참여하셨다고 한다. 할아버지는 자식이 여덟 명이나 되는 남부의 가난한 농가에서 둘째 아들로 태어났지만 1880년대의 대기근 때 베이징北京으로 옮겨오셨다. 열한 살이 되자마자 가족의 생계를 돕기 위해 인력거꾼으로 일하기 시작했고 의화단이 봉기해 베이징의 외국 선교사들을 살해하게 되자 형님과 함께 외교 공관 포위에 참여했다고 한다. 그리고 여덟 개 제국의 연합군이 의화단 사건을 진압하기 전까지 두 달 동안 용감하게 싸웠다. 베이징이 함락된 후 할아버지의 형님은 러시아군에 잡혀 처형되고 말았지만 할아버지는 상하이上海로 도망쳐 그곳에서 정착하고 결혼도 했다. 열심히 노력한 끝에 할아버지는 우체국장이 되어 편안히 살 수 있는 기반을 마련했다. 일본이 중국을 침략한 후 할아버지는 비밀리에 공산당에 가입해 일본을 상대로 싸우는 공산 게릴라들에게 정보를 제공하기 시작했다. 제2차 세계대전이 끝나기 직전에 할아버지는 일본군에 체포되었다. 그리고 모진 고문을 당했다. 어머니는 당시 상황을 자랑스럽게 설명하시곤 했다. "할아버지는 두 번이나 기절을 했지만 그래도 한 마디도 털어놓지 않으셨단다. 영화 속 영웅처럼 용감하셨던 거지." 나중에 할아버지는 지역 깡패들과 연결되어 있던 친구들 손에 구조되었다. 1949년, 마침내 공산당이 전국을 장악한 후 할아버지는 상하이 부시장까지 지내셨다. 1958년에 돌아가셨을 때에는 국장이 치러졌다. 위대한 지도자가 직접 화환을 보내왔을 정도였다. 부모님은 이를 특히 자랑스럽게 여기셨다. "위대한 지도자께서 보내신 화환을 받을 수만 있다면 지금 당장 죽어도 좋겠어." 어머니는 농담 삼아 이렇게 말씀하실 정도였다.

아버지의 혁명 경력은 할아버지보다 더 이른 나이인 열두 살에 시작되었다. 1938년, 일본군이 상하이를 폭격하고 중국 남부를 공격하기 시작했을 때 할아버지는 아버지를 데리고 비밀 여행을 떠나셨다고 한다. 두 사람은 당나귀 마차를 타고 밤새도록 이동하여 일본군 초소를 지나 새벽녘에 산 속 마을에 도착했다. 아침식사를 마친 후 할아버지는 아버지를 '아저씨들' 틈에 남겨두고 상하이로 돌아갔다. '아저씨들'은 공산 게릴라 조직원들이었다. 아버지는 산 속의 게릴라 캠프로 가서 총을 지급받고 그날로 병사가 되었다. 그리고 다음 일곱 해 동안 게릴라들과 함께 일본군을 상대로 전투를 했다. 아버지는 당시의 경험에 대해 잘 이야기하지 않으셨지만 나는 아버지가 얼마나 용감했는지 알고 있었다. 부모님의 침실 서랍에서 우연히 아버지의 이름이 찍힌 인쇄물을 보았던 것이다. 〈군의 영웅, 션낭의 이야기〉라는 제목의 그 인쇄물에는 아버지가 두 차례 부상을 당했고 몇 번이나 거듭 메달을 받았으며 갓 18세가 되었을 때 대위 계급장을 달았다는 내용이 담겨 있었다. 어머니는 아버지가 1959년 베이징으로 왔을 당시 다위안의 최연소 대령이었다고 자랑스럽게 말씀해주셨다.

어머니 역시 어린시절부터 혁명가의 길을 걸었다. 어머니는 상하이의 유복한 지식인 가족 출신이었다. 내가 한 번도 보지 못한 외할아버지는 통지同濟대학의 중국문학 교수였다고 한다. 하지만 외할아버지는 일본군의 상하이 공습 당시 시 외곽으로 피했다가 온몸이 마비되고 말았다. 폭우가 쏟아지는 가운데 학생들과 함께 나흘 동안이나 논에 숨어 있었고 그 바람에 류머티즘이 도졌던 것이다. 그 이후 외할아버지는 다시는 침대에서 일어나지 못하셨고 15년 후에 돌아가셨다. 이런 일을 당하면서 외갓집은 가세가 기울었다. 1948년, 어머니는 언니인 쟌메이와 함께 가족을 떠나 공산군에 합류했다. 열다섯 살에 불과한 나이었다. 아버지와 마찬가지로 어머니 역시 열성 공산당원으로 당을 위해 헌신적으로 일했다. 군에서 어머니는 통신 담당이었는데 중위까지 승진했다. 내전이 끝나 1949년 중화인민공화국이 수립되기 직전에 어머니는 군에서 아버지를 만났고 혁명 가족을 이루기에 완벽한 상대라는 점을 확신하며 결혼했다.

아버지와 어머니는 모두 진정한 혁명가들이었다. 국가와 당을 위해서라면 개인의 모든 것을 서슴없이 희생하는, 책에 자주 등장하는 그런 유형의 인간이었던 것이다. 어머니는 심지어 내게 젖을 먹이다가도 바로 일어나 일터로 달려가야 하는 경우가 여러 번 있었다고 자랑스럽게 이야기해주셨다. "그럴 때면 네가 어찌나 구슬프게 울어댔는지 유모도 결국 눈물을 흘릴 정도였단다."라는 어머니 말투에는 후회나 한탄이 전혀 없었다. 어머니 역할보다는 혁명가의 일을 늘 우선했던 것이다. 그리고 그건 당시 모든 혁명가들이 그렇듯 자랑스러운 일이었다. "네 아버지는 더 훌륭한 혁명가시란다." 어머니는 존경심을 감추지 않고 말했다. "너랑 네 여동생이 어렸을 때 아버지는 군 감찰관이셨어. 네가 태어났을 때 아버지는 출장 중이셨고 결국 돌이 지난 후에야 돌아오셨지. 나는 혼자서 병원까지 2킬로미터 넘는 길을 걸어가서 너를 낳았단다." 훌륭한 혁명가로서 어머니는 그런 희생을 당연한 것으로 받아들였던 것이다.

가문의 이런 혁명적 전통에 대해 나는 아주 어린시절부터 귀에 못이 박이도록 자주 들었다. 그래서 정식으로 혁명 활동에 참여하게 되었을 때 전혀 이상하다는 느낌이 들지 않았다. 오히려 책을 태워버리던 그날 나는 흥분과 희망에 가득 찼다. 오랫동안 준비해왔던 나의 혁명이 드디어 시작된 것이 기뻤다. 그리하여 확신과 열정을 가지고 뛰어들었다. 과거에 할아버지와 부모님이 그랬듯 나 역시 그 혁명에서 영웅이 되고야 말겠다고 다짐했다.

2. 붉은 테러, 만세!

  문화혁명이 공식 출발한 것은 1966년 5월 17일자 〈런민르바오人民日報〉에 위대한 지도자, 마오쩌둥 주석의 선언문이 게재되면서부터였다. 위대한 지도자는 5,000년 역사를 가진 중국 문화를 깡그리 박살내고 외세를 몰아내어 새로운 공산 사회를 건설하자고 역설했다. '홍위병에게 명하노니, 곳곳에 숨어 있는 적들을 찾아내 처단하라!' 위대한 지도자의 명을 따르기 위해 남녀노소가 모두 봉기했다. 혁명의 불길이 빠른 속도로 다위안 전체를 휩쓸었다.
  다위안에 그런 혼란이 빚어질 것이라고 상상해본 사람은 없었으리라. 다위안의 건물들은 다른 어떤 곳보다도 견고했고 그곳의 삶은 고도로 질서정연한 것이었기 때문이다. 베이징 전체의 동서를 관통하는 대로大路인 장안가長安街 서쪽 끝부분에 높다란 회색 벽으로 둘러싸인 다위안은 인민해방군 사령부가 자리 잡은 폐쇄 지역이었다. 키 작

은 소나무가 자라난 직사각형 공원을 기준으로 다위안은 남쪽의 주거지와 북쪽의 업무지로 나뉘었다. 남쪽 주거지에는 똑같이 생긴 4층짜리 아파트 열여섯 동이 네 구역으로 나뉘어섰고 병원, 상가, 대규모 공동 식당(난 1학년 때부터 식권을 가지고 여기서 밥을 사 먹었다) 등이 갖추어져 불편 없이 살 수 있었다. 내가 세 살 때부터 다녔던 페이츠飛翅 학교도 이 주거지 안에 있었다. 다위안은 어린 내게 세상 전체나 다름없었다. 그곳에서는 한 치의 빈틈도 없이 규칙적인 삶이 이어졌다. 아침에 눈을 뜨고 나서부터 저녁에 다시 잠자리에 드는 순간까지 내 생활은 부모님과 선생님이 세워놓은 계획에 정확하게 맞춰져 있었다. 다위안을 둘러싼 회색 담 바깥으로 나가는 것도, 바깥의 아이들과 어울려 노는 것도 허락되지 않았다. 심지어 소나무가 늘어선 직사각형 공원을 지나 북쪽 업무지로 가는 것도 불가능했다. '소小 자금성'이라 불리는 그 쪽에는 군인들이 경비를 서고 있었다. 깨끗하고 조용하지만 인적 없는 길 오른쪽에 짙은 녹색 사무 빌딩 세 동이 늘어서 있고 왼쪽으로 갈색 사령부 건물들이 들어선 그곳은 내게 유령의 도시처럼 느껴졌다.

하지만 위대한 지도자가 문화혁명을 선언한 후 그 조용하고 질서정연하던 다위안은 불과 며칠 사이에 혼란의 도가니로 변했다. 규칙적이었던 내 일상도 엉망진창이 되었다. 다위안의 어른들이나 학교 상급생들은 다양한 홍위병 팀을 만들어 수많은 집회를 조직하기 시작했다. 학교는 우리가 책을 불태운 다음날 문을 닫았다. 학생들은 모두 혁명에 동참하라는 것이었다. 나는 기뻐서 어쩔 줄 몰랐다. 수업을 들을 필요 없이 혁명만 하면 된다니! 이보다 더 좋을 수는 없었다. 특히 좋았던 것은 집에서 얻은 뜻밖의 자유였다. 부모님은 각종 집회에 참석하느라 너무도 바빠 낮 시간에는 거의 집에 계실 틈이 없었다. 덕분에 나는 식사시간에 맞춰 여동생을 공동 식당에 데려가는 것만 잊지 않는다면 마음대로 나다니며 혁명 포스터를 실컷 읽을 수 있었다.

엄격한 가정에서 자라났던 나는 새로운 자유를 마음껏 즐겼다. 매일같이 밖에 나가 돌아다니곤 했다. 고문과도 같았던 낮잠 시간도 사라졌다! 나는 친구들과 거리를 쏘다니며 어른들 틈에 섞여 수없이 쏟아져나오는 선동적이고 흥미로운 포스터를 읽었다. 처음에는 포스터들이 교실과 강당에 가지런히 줄 맞춰 걸려 있었지만 얼마 지나지 않아 공간만 있으면 닥치는 대로 붙는 상황이 되었다. 큰 것은 벽이나 창문에 붙거나 공원 소나무 사이에 처진 줄에 걸렸다. 작은 것은 가로등이나 나무 줄기에 붙곤 했다. '홍철권단紅鐵拳團', '붉은 테러 대대', '적혈연대' 등 대동소이한 이름을 가진 홍위병 팀들은 서로 격렬한 논쟁을 벌였다.

열두 살인 내가 보기에는 그저 혼란스러울 뿐인 언어 전쟁이었다. 내가 이해할 수 있었던 것은 모든 홍위병 팀이 위대한 지도자를 위해 싸운다고 주장한다는 점, 하지만 위대한 지도자가 색출을 명한 숨은 적이 과연 누구인가에 대해서는 의견이 일치되지 않는다는 점 정도였다. 우스꽝스럽게도 홍위병 팀들은 다른 팀에서 숨은 적을 찾아내려는 듯했다. 그러면서 상대를 '자본주의의 개'라고 불렀고 '만 개나 되는 칼'로 적을 갈기갈기 찢어버리겠다고 떠들어댔다. 마치 사악한 일본인을 대하는 것처럼 말이다. 지금 와서 되돌아보면 위대한 지도자를 따르는 동지들인 홍위병이 그저 서로 싸우기 위해 그토록 많은 종이와 잉크를 써댔다는 점이 놀랍기 그지없다. 하지만 당시에는 누구도 그 상황이 우스꽝스럽다고 여기지 않았다.

나 역시 마찬가지였다. 며칠 동안 나는 혼란스러운 포스터를 읽고 또 읽으며 대체 진정한 적이 누군지 알아내려 애썼다. 하지만 읽으면 읽을수록 점점 더 혼란스러울 뿐이라는 점을 깨닫고 결국에는 흥미를 잃은 채 그 즈음 나타나기 시작한 더욱 재미있는 포스터로 관심을 돌렸다. 그것은 반대파 홍위병 팀 구성원의 추악한 과거와 부패한 생활 방식을 폭로하는 포스터들이었다. 학교의 젊은 양호 선생님이 늙은 장교와 놀아났다는 내용의 그림도 있었고 교장 선생님의 비싼 옷과 모피를 고발하는 포스터도 있었다. 수학 선생님이 수입 맥주와 담배를 특히 즐긴다는 주장도 나왔다. 지금 같으면 아무것도 아닌 일이지만 당시로서는 추악한 부르주아의 대표로 낙인찍힐 만한 사건이었다. 가장 많은 구경꾼을 불러모은 포스터는 전 국가주석 류샤오치劉少奇(1898~1969)에 관한 것으로 그가 인도네시아를 방문했을 때 수카르노 Soekarno(1901~1970) 대통령의 초대를 받고 여인들의 목욕 장면을 비밀 옆방에서 감상했다는 내용이었다. 나는 아직도 그 얘기가 정말인지 아닌지 모른다. 하지만 그때 나는 포스터의 내용을 다 믿었다.

처음 몇 주 동안 혁명은 숨 가쁘게 빠른 속도로 전개되었고 나는 잠자는 몇 시간을 제외하고 집에 붙어 있을 때가 없었다. 짜릿한 사건들을 하나도 놓치고 싶지 않았기 때문이다. 낮 시간 동안 나는 진지한 소년 혁명가로서 매일매일 조금씩 강도를 더해가는 충격적인 이야기를 읽어댔다. 포스터 덕분에 출입금지 지역은 없어졌다. 모든 건물은 포스터를 읽으러 오는 사람들을 위해 문을 열었다. 나는 친구들과 어울려 전에 한 번도 가보지 못했던 '소 자금성'이나 회색빛 업무용 건물에 드나들며 포스터를 읽었다. 하지만 정말 재미있는 것은 밤 시간이었다. 공동 식당에서 서둘러 저녁밥을 먹어치운 후 나는 '자본주의자와 그 개들'이 끌려나와 행진하며 모욕을 당하는 '투쟁 집회'를 보러갔다. 매일 밤 친구들과 제일 앞자리를 차지하고 앉아 그 재미있는 광경을 구경하는 것이다. 흰 머리를 위엄 있게 기른 늙은 수학 선생님은 울며 자비를 구했다. 중년의 여교장은 얼굴에 검은 페인트칠을 당했다. 홍위병 완장을 찬 상급반 학생들은 혁명 구호를 목청이 터져라 외쳐댔다.

* * *

위대한 지도자의 선언이 있은 지 얼마 지나지 않아 베이징에는 찌는 듯한 더위가 찾아왔다. 그와 함께 혁명의 강도도 날이 갈수록 강해졌다. 야간 '투쟁 집회'의 참석자는 이삼십 명에서 수천 명으로 불어났다. 6월 말에 나는 베이징 전체의 홍위병이 다위안에 모이는 세 차례의 '만인萬人 집회'에 참석했다. 집회를 위해 축구장에 거대한 무대가 급히 마련되었다.

그 첫 번째는 전 인민해방군 사령관이었던 루어羅 장군을 심판하는 것이었다. 홍위병은 그를 숨은 배신자로 낙인찍었다. 늘 그렇듯 집회가 시작되기 전에 나는 친구인 샤오롱, 코흘리개와 함께 어른들 다리 사이를 뚫고 무대 바로 앞, 최고의 자리를 맡았다. 붉은 깃발, 붉은 완장, 붉은 구호로 가득 찬 붉은 바다에 앉아 있자니 저절로 마음이 흥분되었고 그토록 오랫동안 군대에 숨어 있던 적을 처단하는 데 어서 참여하고 싶어 좀이 쑤실 지경이었다. 초저녁이 되자 집회가 시작되었다. 장군은 홍위병 두 사람에게 이끌려 무대 위로 나왔다. 온 사방에서 외쳐대는 혁명 구호 때문에 귀가 멍멍했다. 두 다리에 깁스를 한 장군은 혼자 서 있을 수도 없었다. 자살하려고 2층 창문에서 뛰어내렸기 때문이라고 옆에 있던 홍위병이 설명했다.

무대 한가운데의 의자 위에 앉혀진 장군은 미동도 하지 않았다. 양옆에서 장군을 붙잡고 있던 홍위병들이 손을 놓자 늙은 장군은 갑자기 아래로 무너져내리듯 쓰러졌다. 푸른 조명 불빛에 비춰진 그의 얼굴은 마치 두부처럼 희었다.

"죽은 척하는 거야!" 샤오룽이 외쳤다.

"일으켜 세워라! 일으켜 세워!" 코흘리개와 내가 소리쳤다.

"죽은 척한다고 처벌을 피할 것 같으냐!" 아까 장군의 자살 시도에 대해 알려주었던 홍위병도 함께 외쳤다.

붉은 완장을 찬 병사가 장군의 얼굴에 찬물 한 컵을 부었지만 장군은 움직이지 않았다. 병사는 몸을 숙여 장군의 머리칼을 움켜쥔 채 들어올렸다. 우리는 손뼉을 치며 웃어댔다. 늙은 장군은 신음 소리를 내며 기계적으로 턱을 움직였다. 마치 물에 빠진 사람처럼 말이다.

"연극을 잘 하는군." 우리 옆의 홍위병이 말했고 우리는 함께 웃었다.

"우리를 속이려 들지 마!" 내가 외쳤다. "똑바로 일어서 우리를 보란 말이야!"

병사는 다시 그를 의자에 앉혔다. 나는 손을 뻗으면 장군의 얼굴을 만질 수 있을 정도로 가까운 곳에 있었다. 섬뜩하도록 창백한 그 얼굴은 며칠이 지난 후에도 내 눈앞에 똑똑히 떠오를 정도였다. 젖은 눈동자, 푸른 입술, 분필이 묻은 바싹 여윈 뺨, 땀에 절은 더러운 초록 군복, 닳아버린 훈장, 떨리는 두 손 등 모든 것이 말이다. 물론 그 끔찍한 모습을 보면서도 나는 아무런 동정심도 느끼지 않았다.

집회의 대상이 제자리를 잡았으므로 본격적인 순서가 진행되었다. 모든 집회가 그렇듯 시작을 알린 것은 확성기를 통해 우레처럼 울리는 구호들이었다. 확성기들은 무대 가장자리를 따라 반원을 그리며 두꺼비처럼 늘어서 있었다. 내 자리에서 채 3미터도 떨어지지 않은 거리였다. 그래서 나는 확성기에서 나오는 음절 하나하나가 내 얼굴을 때리는 것처럼 느껴졌다.

"참회가 아니면 죽음이다!"

"붉은 혁명, 만세!"

"위대한 문화혁명, 만세!"

우리는 주먹을 흔들며 확성기와 함께 구호를 외쳤다. 큰 소리로 함께 외치는 구호의 효과는 즉각적이었다. 피가 끓어올랐고 앞에 앉은 적에 대한 분노가 점점 더 커졌다. 한사람씩 기소장을 읽어나갈 차례가 되었을 때도 우리는 구호를 외쳤다. 집회가 절반 정도 진행되었을 때 늙은 장군의 몸이 다시 앞으로 무너져내렸다.

"또 죽는 연기를 하고 있군!" 우리는 소리쳤다. "어서 일으켜 세워! 어서!"

병사가 다가가 장군을 의자에 앉히려 했다. 그러다가 갑자기 얼굴을 찌푸리고 장군의 맥박을 확인했다. "죽었어!" 그가 무대 앞쪽에 대고 말했다. "정말로 죽어버렸어!"

우리는 믿을 수 없었다. 몇몇 사람이 무대로 뛰어올라가 다시 맥박을 확인했다. 사실이었다. 장군은 죽어 있었다. 아마 심장마비를 일으킨 것이리라.

하지만 불쌍하다는 생각은 들지 않았다. 혁명가는 적에게 동정심을 느껴서는 안 되었다. 그건 어린시절부터 익히 배워온 사항이었다. 우리는 오히려 그가 그렇게 빨리 죽어버렸다는 데 대해 분노를 느꼈다. 집회는 한층 더 열광적으로 한 시간이나 이어졌고 나는 다른 홍위병들과 어울려 장군의 사체에 대고 구호를 외쳐대며 혁명을 피해간 장군의 배신 행동을 성토했다. 죽은 사람을 직접 본 것은 그때가 처음이었다. 하지만 죽음의 공포는 느껴지지 않았다. 혁명의 광기가 그 순간 공포조차 제압했던 것이다.

두 번째 '만인 집회'의 대상은 베이징 시장 펑전彭眞이었다. 집회는 전의 것보다 한층 더 재미있었다. 무대 위에 올려진 시장은 붉은 페인트가 뿌려진 크림색 서양 양복을 입고 자기 키만큼이나 높은 종이 모자를 쓰고 있었다. 뚱뚱한 시장 부인은 우스꽝스럽게 꽉 끼는 붉은 드레스 차림이었다. 드레스의 옆트임을 통해 붉은 속옷이 드러났고 그와 함께 살찐 흰 넓적다리도 보였다. 신발은 형편없이 작아보이는 뾰족 구두였다. 집회 도중 몇몇 홍위병이 시장 부인의 머리칼 절반을 밀어버린 후 무대를 한 바퀴 돌게 했다. 뾰족 구두를 신고 머리칼이 절반만 남은 머리를 이리저리 돌리며 걷는 시장 부인의 모습은 너무도 우스웠다. 우리는 배꼽을 잡고 웃었다. 시장 부부는 현명한 이들이었고 시키는 대로 다 해냈다. 무릎을 꿇고 머리를 바닥에 소리나게 부딪치며 절을 하기도 했다. 관중들은 인민 앞에 고개 숙인 시장 부부의 모습에 만족했다. 그리고 그런 완벽한 복종 덕분에 시장 부부는 집회가 끝날 때까지 별다른 상처를 입지 않고 목숨을 보전할 수 있었다. 그날의 집회는 드물게 모두를 유쾌한 기분으로 만들어주었다.

세 번째 대중 집회의 희생양은 육군 부사령관인 헤이匯 장군이었다. 이전의 희극적인 분위기는 간데없는 아주 심각한 집회였다. 처음 시작부터 이번 상대는 혁명 대중의 뜻에 복종할 뜻이 전혀 없는 악랄한 적이라는 점이 분명했다. 무대로 끌려나온 장군은 끝내 군중 앞에 서 머리를 숙이지 않았다. 홍위병 두 사람이 머리를 잡고 억지로 고개를 숙이게 하려 들었지만 체격이 좋은 장군은 여전히 고개를 빳빳이 세우고 있었다. 마침내 귀가 멍멍하도록 울리는 확성기의 구호 소리에 맞춰 성난 홍위병 한 명이 무대로 올라가 장군의 뺨을 때리고 붉은 훈장을 떼어버린 후 속옷만 남기고 군복을 홀라당 벗겨버렸다. 우리는 모두 신이 나서 박수를 쳤다.

"맞아, 그렇게 해야지!" 코흘리개가 외쳤다. "제대로 가르쳐야 해!"

"민중 앞에 고개 숙이려 들지 않는 자들에게 죽음을!"

"악랄한 적, 헤이 장군을 처단하자!"

선동자 두 명이 확성기에 대고 성난 소리로 외쳐댔고 우리는 모두 주먹을 흔들며 구호를 따라했다. 장군의 입에서 피가 흘러내렸다. 좀 전에 맞은 일과 우레처럼 울려대는 수천 명의 외침 소리에 충격을 받은 것 같았다. 그는 저항을 포기하고 머리를 바닥에 대었다. 하지만 군중은 만족하지 않았다. 갑자기 누군가 "공중제비를 태워라!"라고 외쳤다. "그래, 그래! 공중제비를 태우자!" 우리도 한꺼번에 답했다. 대중의 요구에 따라 홍위병 세 명이 장군의 팔을 등 뒤로 꺾고 얼굴이 바닥에 닿을락말락할 정도로 등을 구부리게 했다. 몇 분 만에 장군의 얼굴은 진한 자주색으로 변했고 입에서 침이 질질 흘렀다. 하지만 그런 고초를 겪은 후에도 장군의 꼿꼿한 태도는 여전했다. 자비를 구하려 들지도 않았다.

집회가 끝난 후 속옷 차림의 장군은 행진하듯 다위안을 한 바퀴 돌았다. 홍위병이 장군 목에 밧줄을 메고 개를 다루듯 이끌었다. 우리는 그 옆을 따라다니며 조금이라도 속도가 늦어진다 싶으면 장군의 옆구리를 막대기로 찔러댔다. 팔다리에 난 상처를 꼬챙이로 쑤시면서도 나는 조금도 죄책감을 느끼지 않았다. 그것은 훌륭한 혁명가의 행동이었기 때문이다.

* * *

이렇듯 가혹하고 극적인 '투쟁 집회' 외에 대중 오락 모임도 있었다. 모닥불을 피워놓고 노래하고 춤추는가 하면 병사들이 위대한 지도자를 위해 작은 로켓이나 폭죽을 쏘아댔다. 그런 모임에서는 위대한 지도자에 대한 찬양이 광기 수준으로 발전하곤 했다. 헤이 장군을 응징하는 대중 집회 바로 다음에도 그런 모임이 개최되었는데 모임의 주제는 마오쩌둥 주석이 베이징의 홍위병에게 보낸 망고 한 상자였다. 열대 지역인 하이난섬海南島에서 받은 선물을 다시 홍위병에게 전달했던 것이다. 사람들은 그 망고가 홍위병에 대한 위대한 지도자의 사랑과 신뢰를 상징한다고 주장했고 즉각 밀랍으로 그 망고 모형을 만들어 온 중국에 보냈다. 수천 명의 경건한 참배자들이 눈물을 흘리며 그 망고 앞에서 절을 했다. 당시의 내 눈으로 보기에도 학교 복도에 전시된 밀랍 망고 앞에 절하는 사람들의 모습은 우스꽝스러웠다. 물론 감히 그런 말을 입 밖에 내지는 못했지만 말이다. 진짜 망고가 어떻게 되었는지는 알 수 없었다. 그저 생각날 때마다 궁금해했을 뿐이다. 분명 그 누구도 망고를 먹어치우지는 못했으리라. 그럼 보존 처리를 해두었을까? 회충을 담아놓은 학교 생물실의 포르말린 병처럼 망고도 커다란 유리병의 포르말린 액 속에 들어갔을까? 어쩌면 결국 썩어버렸는지도 모른다. 그래도 사람들은 감히 버릴 엄두를 내지 못했을 것이다. 그건 위대한 지도자에게 불경한 짓일 테니 말이다. 당시 불과 열두 살에 불과한 나이였지만 그런 질문은 누구에게도 하지 말아야 한다는 것을 나는 잘 알고 있었다.

* * *

그러던 어느 날 오후, 즐겁기만 하던 혁명이 갑자기 다른 모습으로 다가오기 시작했다. 피투성이 시신을 처음으로 보게 된 오후였다. 그제야 비로소 혁명의 끔찍한 이면이 감지되었고 그 야만적인 힘에 공포가 느껴졌다.

늘 그렇듯 덥고 끈적끈적한 오후였다. 일꾼들이 매미를 박멸한다며 포플러 나무에 석회 물을 뿌리고 지나간 후였다. 나는 샤오룽, 코흘리개와 함께 점심을 먹기 위해 공동 식당에 막 자리를 잡은 참이었다. 갑자기 바깥에서 소란스러운 소리가 나더니 사람들이 '소 자금성' 방향으로 몰려갔다. 나도 젓가락을 던져버리고 밖으로 내달렸다.

"무슨 일이야?" 나는 내 또래 아이 하나를 붙잡고 물었다.

"사람이…… 죽었대! 건물에서…… 뛰어내려서……." 아이는 숨이

차 헐떡거리며 대답했다.

나는 식당으로 다시 들어가 친구들에게 소리쳤다. "어서 가자! 누군가 건물에서 뛰어내렸대."

우리가 도착했을 때 짙은 녹색 사무 빌딩 앞에는 이미 사람들이 몰려들어 있었다. 대부분은 우리 나이 정도 되는 아이들이었다. 사람이 많았음에도 불구하고 사방이 쥐 죽은 듯 조용했다. 모두들 꼼짝하지 않고 콘크리트 바닥에 놓인 뒤틀린 형체를 바라보았다. 머리가 절반 정도만 남은 것으로 보아 거꾸로 떨어진 모양이었다. 검붉은 피가 갈색 제복을 흠뻑 적셨다. 두 손은 등 뒤로 묶인 상태였다. 얼굴을 아래로 하고 엎어져 있었기 때문에 뒤통수만 보였다. 피로 엉긴 흰머리가 고슴도치 등처럼 삐죽삐죽했다.

"대체 누구야?" 샤오롱이 속삭였다.

"헤이 장군이야." 키가 크고 비쩍 마른 젊은이가 우리 쪽을 보지도 않은 채 대답했다. 며칠 전 속옷 바람으로 행진하면서 고통을 당하던 장군의 모습이 떠올랐다. 내 꼬챙이가 장군의 넓적다리를 찌르는 느낌까지도 생생히 기억해낼 수 있었다.

"불쌍히 여길 필요 없어." 붉은 완장을 찬 병사가 침묵을 깼다. "장군은 혁명의 숨은 적이었어. 충분한 처벌을 받은 셈이지."

좀전에 무슨 일이 일어났는지 내게 알려주었던 아이가 앞으로 나서 시체 옆에 다가갔다. 손에 막대기가 들려 있었다. 아이는 조심스레 막대기를 죽은 장군의 가슴께에 집어넣더니 그것을 지렛대 삼아 시체를 뒤집었다. 시체가 정면을 드러내자 이상하게 소름이 끼쳤다. 나는 두 눈을 감아버렸다. 사람들이 웅성거리는 소리를 냈다. 눈을 떠보니 끔찍하기 이를 데 없는 모습이 보였다. 피로 범벅이 된 장군의 얼굴은 코도, 눈도, 입도 구분할 수 없을 정도로 완전히 편평했다. 마치 짙은 자줏빛 종이 위에 크레용으로 그려놓은 얼굴처럼 말이다. 기분 나쁜 미소라도 짓듯이 앞으로 튀어나와 있는 하얀 이빨 두 개가 그 모습을 한층 더 끔찍하게 만들었다.

나도, 친구들도 시체가 치워질 때까지 남아 있고 싶은 생각이 들지 않았다. 점심밥을 마저 먹기 위해 식당으로 돌아가지도 않았다. 그 후 한참 동안 나는 사무 빌딩 근처에도 가지 않았다. 그래도 바닥에 남은 검붉은 자국이 눈에 보이고 죽음의 악취가 느껴질 지경이었다.

그럼에도 불구하고 나는 그 추악한 죽음으로 마음이 흔들려서는 안 된다며 스스로를 다잡으려 했다. 위대한 지도자도 말하지 않았던가. 혁명은 점잖거나 우아할 수 없는 것이라고. 혁명은 디너 파티도, 아름다운 그림이나 자수도 아닌 것이다. 혁명가들이 때리고 욕보인 적들을 불쌍히 여겨서는 안 되었다. 하지만 아무리 그렇게 생각을 하려 해도 미소짓는 듯한 무서운 얼굴은 잊혀지지 않았다. 나는 두려웠다. 나 역시 장군의 죽음에 한 몫을 했기 때문이었다. 언제 처벌받을지 모르는 일이었다. 친구들에게는 차마 말하지 못했지만 나는 이후 몇 달 동안이나 어두운 곳을 걸을 때면 두 손에 돌멩이를 단단히 쥐고 장군의 유령과 맞붙어 한판 싸울 준비를 하곤 했다.

3. 그건 내 피아노야!

 당시 내 혁명 정신을 흔들어놓은 사건은 헤이 장군의 죽음뿐만이 아니었다. 또 다른 사건이 있었던 것이다. 그 사건 역시 죽음으로 귀결되어 내 마음에 씻을 수 없는 죄책감을 남겨놓았다. 그리고 서서히 내 인생을 바꾸어놓았다. 여러 해가 지난 후에야 내가 분명히 감지하게 된 변화이기는 했지만 말이다. 사건은 어느 날 아침, 샤오룽이 의례적인 노크도 없이 불쑥 방으로 들어서면서 시작되었다.
 "어서 일어나! 가자고! 서둘러!" 나는 몸의 열을 식히기 위해 젖은 깔개 위에 누워 있었다. 헤이 장군이 죽은 지 두 주가 지난 뒤였다. 그동안 나는 희생자를 처단하는 투쟁 집회에 참석하지 않았다.
 "왜 그렇게 서둘러? 집에 불이라도 난 거야?" 나는 천천히 몸을 일으켜 세우면서 물었다. 또다시 투쟁 집회가 열리는 모양이라고 생각하면서 말이다.

"군사 작전이야. 일급 비밀이라고!" 샤오룽이 서둘러 말했다.

샤오룽은 '군사'라는 말만 들어가면 극도로 흥분하는 버릇이 있었다. 아주 어릴 때부터 샤오룽은 싸움을 좋아했다. 막상 싸움이 벌어지면 때리는 것보다는 맞는 횟수가 월등히 많은 수준이었음에도 불구하고 말이다. 그의 꿈은 장군이 되는 것이었다. 그리고 이름에 '룽龍' 자가 들어가 있는 만큼 자신은 틀림없이 용감한 군인의 삶을 살게 될 것이라 믿었다. 중국 전설에서 용은 가장 무서운 전사이기 때문이다. 용의 해가 아니라 뱀의 해에 태어났다는 사실에도 아랑곳하지 않았다. "뱀은 작은 용이거든. 이름에 '룽' 자를 쓰는 사람들은 어떻든 장군이 되는 일이 많지. 허룽賀龍 장군도 뱀의 해에 태어났단 말씀이야." 샤오룽은 이렇게 정색을 하며 설명하곤 했다.

"그런데 무슨 작전이야? 어떤 장군이 나왔는데?" 내가 되물었다.

"대 자본가들의 집을 수색하는 작전이야." 샤오룽의 표정이 진지해졌다. "그리고 대장은 바로 우리 누나야. 지금 막 출발했는데 어디로 가는지 알아두었거든."

나는 귀가 솔깃했다. 샤오룽의 큰 누나가 다위안의 군 자녀들만 가입할 수 있는 엘리트 훙위병 조직으로 유명한 '붉은 행동위원회'에 최근 들어갔다는 점을 알고 있었던 것이다. 다른 조직과 차별화하기 위해 그 위원회 소속원은 초록빛 군복을 입고 흰 농구화를 신었으며 너비가 2인치나 되는 벨트에 수가 놓인 붉은 실크 완장을 찼다. 반짝반짝 빛나는 자전거를 타고 다위안을 누비는 그 조직은 '최고로 붉은 팀'이라고 불렸다. 자신들은 붉디붉은 나머지 자줏빛이 될 정도라고 주장하기도 했다. 이 조직의 유명세는 눈에 띄는 차림새보다는 '붉은 테러, 만세!'라고 외치는 전투적인 구호와 일단 반동이나 부르주아, 배신자로 규정한 상대에 대해서는 조금의 자비도 없이 가해지는 잔혹한 공격 때문에 얻어진 것이었다.

"갈 거야, 안 갈 거야? 벌써 늦었다고!" 샤오룽이 안달을 했다.

특별히 준비할 것도 없었다. 나는 발을 고무신에 쑤셔넣고 집을 나섰다. "어서 가자."

* * *

샤오룽과 내가 버스를 타고 황성 바로 뒤에 있는 유서 깊은 주거지로 가 문제의 집에 도착한 것은 정오 무렵이었다. 사각형 뜰이 딸린 전통적인 주택들이 좁은 골목길을 따라 늘어선 곳이었다. 샤오룽의 누나 또래인 10대 후반 청소년들이 이미 삼사십 명 정도 모였고 반짝거리는 자전거들이 벽을 따라 나란히 세워져 있었다. 초록빛 군복에 붉은 실크 완장으로 복장을 통일한 '붉은 행동위원회' 소속원들은 한결같이 소매를 걷어올리고 있었다. 조직의 상징인 흰 농구화가 햇빛을 받아 빛났다. 내게는 그 통일된 복장이 매우 인상적이었다.

샤오룽과 함께 무리에 합세하게 되자 나는 흥분감에 휩싸였다. 몇 사람은 곤봉을 들고 있었고 넓은 군용 혁대를 손에 든 이들도 있었다. 샤오룽의 누나는 이미 무리를 넷으로 나누어놓았다. 최종 지시가 내려졌다. "1조는 정문을 공격한다. 2조는 뜰 뒷문을 막는다. 3조는 가족들이 무언가 뒤로 감추지 못하도록 감시한다. 그리고 4조가 집 안을 수색한다. 혁명의 적에게 자비란 있을 수 없다. 자, 마오쩌둥 주석을 위해 나가자! 붉은 테러, 만세!"

"붉은 테러, 만세!" 모두가 합창하듯 외쳤다.

전투의 시작을 알리는 구호였다. 이어 흰 농구화들이 서로 다른 방향으로 앞 다퉈 달려갔다. 나는 첫 번째 조를 따라 정문으로 갔다.

길게 구불거리는 콧수염을 기른 젊은 남자가 1조를 지휘했다. 그는 계단을 올라가며 소리쳤다. "어서 문을 열어! 붉은 행동위원회다!" 그러고는 손에 든 곤봉으로 검은 칠이 된 커다란 대문을 두드려댔다.

곤봉이 문을 때리자마자 문이 열렸다. 마치 손님을 기다리고 있기라도 했던 것처럼 말이다. 문 뒤에는 마흔다섯 살쯤 되어보이는 신사가 서 있었다. 흰색 비단 셔츠에 주름 하나 없이 다림질된 바지 차림이었다. 그는 미소를 지으며 우리를 환영한다는 듯 두 팔을 벌렸다.

"홍위병 동지들, 어서······."

하지만 미처 인사말을 마치기도 전에 콧수염 조장은 신사의 뺨을 후려쳤다. "사악한 부르주아 놈 같으니라고!" 그가 호통을 쳤다. "어째서 이렇게 문을 늦게 여는 거야? 기분 나쁘게 웃지 마! 분명 무언가 숨기느라 꾸물거린 것이겠지? 이제 홍위병을 어떻게 존경해야 하는지 가르쳐주지!"

콧수염 조장의 말은 욕설투성이였다. 동네 불량배 같은 말투 때문에 욕설이 더욱 살벌하게 들렸다. 조장은 다시 주먹을 휘둘렀다. 신사는 얼굴을 가리려는 듯 팔을 살짝 들었지만 감히 얼굴까지는 올리지 못했다. 조장의 노여움을 사서 괜히 더 많이 맞게 될까봐 두려웠을 것이다. 주먹은 신사의 코를 강타했다. 비틀거리며 한걸음 물러서는 신사의 얼굴은 여전히 미소짓고 있었다. 갑자기 나는 신사가 불쌍하다는 생각이 들었다. 비록 혁명의 적을 상대로 한 것이기는 했지만 나는 콧수염 조장의 무자비함이 마음에 들지 않았다.

"어서 비키란 말야!" 조장은 곤봉으로 신사의 등을 찔러 옆으로 비켜서게 했다.

그리고 모두들 뜰로 뛰어들었다. 나도 합세했다. 스쳐 지나가면서 본 신사의 얼굴에는 아직도 억지 미소가 떠올라 있었다. 오른쪽 눈 주위로 혹이 부풀기 시작하고 콧구멍에서는 가느다란 붉은 핏줄기가 내려와 흰 비단 셔츠를 적시는 와중에도 말이다.

* * *

커다란 녹색 벽돌로 포장된 직사각형 뜰은 널찍하고 시원하며 고요했다. 무덥고 지저분한 바깥 거리와는 전혀 딴판이었다. 덩굴 식물로 휘감긴 높은 돌담이 바깥의 열기를 막아주는 모양이었다. 커다란 대리석 징검다리가 포도 덩굴 정자를 통과해 현관까지 이어져 있었다. 정자 오른쪽에는 100살은 족히 되어보이는 커다란 참나무가 섰고 그 아래 꽃이 만발했다. 화단 너머로 작은 대리석 탁자와 대리석 의자 네 개가 있었는데 탁자 위에는 멋진 흰 찻주전자와 찻잔들, 펼쳐진 신문, 볶은 땅콩 접시가 놓여진 채였다. 책에서 읽었던 낭만적인 정원이 바로 이런 모습이려니 싶은 생각이 들었다.

"못된 부르주아들!" 군모 아래로 땋아내린 머리가 엉덩이까지 내려오는 소녀가 앞으로 나섰다. 소녀는 대리석 테이블로 다가갔다. "문화혁명 중에도 여기 숨어 부르주아 생활을 누리고 있다니!"

소녀는 손에 들었던 막대기를 한 번 크게 휘둘렀다. 흰 주전자와 찻잔이 만개한 화단으로 떨어졌고 땅콩이 사방에 날렸다. 어디선가 닭

두 마리가 달려나와 열심히 땅콩을 쪼아먹기 시작했다. "저 닭은 나중에 요리해먹도록 하자." 샤오롱의 누나가 우리를 돌아보며 말했다. 우리는 미소를 지었다.

현관 앞의 발코니는 정교한 인형 집으로 장식되어 있었다. 앙증맞은 등나무 의자 네 개가 반원을 그리며 늘어선 모습이 보였다. 거실로 이어지는 문은 활짝 열려 있었다. 나는 머리를 길게 땋아내린 소녀 뒤를 따라 발코니를 통과해 거실로 들어갔다. 문턱을 넘어서는데 꼼짝 않고 서 있는 어머니와 두 딸인 듯 보이는 세 사람이 눈에 들어왔다. 세 사람은 문 뒤에 반쯤 숨은 채 서로 꼭 붙어 있었다.

아까 보았던 신사의 가족임에 분명했다. 여드름투성이의 키 큰 소년이 곤봉을 들고 여자들을 감시했다. 어머니는 눈이 아주 크고 살결이 고왔는데 마흔다섯 살도 채 안 된 것 같았다. 크고 둥근 얼굴에 비하면 코는 작은 편이었다. 옆에 선 두 딸 중 키가 큰 쪽은 몸매가 약간 야위었을 뿐 어머니랑 똑같았다. 20대 초반쯤으로 보이는 큰 딸은 어머니를 꽉 껴안은 채 눈을 아래로 내리깔고 울고 있었다.

하지만 큰 딸보다 조금 어려 보이는 작은 딸의 태도는 전혀 달랐다. 그토록 사람의 마음을 사로잡는 외모를 나는 현실에서나 영화에서나 본 적이 없다. 어머니나 언니가 둥글고 부드러운 느낌을 주는 것과 달리 이 여인은 얼굴이 각지고 날카로웠다. 그러면서도 깜짝 놀랄 정도로 아름다웠다. 코가 오똑하고 눈은 아주 크고 아름다웠으며 가늘고 창백한 입술에 뚜렷한 보조개가 있었다. 두 눈썹은 마치 터키 단도처럼 위쪽으로 급한 곡선을 그렸다. 그녀의 아름다움은 사랑과 애정을 불러일으킨다기보다는, 나를 포함하여 주위의 평범한 사람들을 주눅

들게 하는 그런 종류의 아름다움이었다. 미움이 가득한 시선으로 그녀는 내 쪽을 바라보았다. 그러자 나는 금방 마음이 불편해졌고 나 자신을 의식하게 되었다. 나는 고개를 떨궈 그 시선을 피했다.

하지만 고개를 숙이자 마음이 한층 더 불편해졌다. 눈처럼 하얀 그녀의 양말과 윤나는 검은 구두가 보였기 때문이다. 여동생이 가지고 놀던 외국 인형의 발에 신겨 있던 바로 그런 양말과 구두였다. 여기저기 마른 땀자국으로 지저분한 내 갈색 고무신과는 너무도 대조적이었다. 애써 무관심한 척했지만 나는 그녀 앞을 지나면서 마치 평형대 위를 걷는 듯 살짝 비틀거렸다. 두 사람이 내 뒤를 따라와 그 오만하고도 아름다운 눈길로부터 나를 떨어뜨려 준 것이 천만다행이었다.

* * *

어느 방에서인지 벽이 넘어지는 둔중한 소리가 들렸다. 욕설과 웃음이 그 뒤를 이었다. 내가 들어선 방도 엉망진창이었다. 전체 방의 4분의 3을 차지할 정도로 크고 멋진 양탄자는 종이 조각과 더러운 발자국으로 뒤덮였다. 불을 내뿜는 두 마리 금색 용이 서로의 꼬리를 뒤쫓는 문양이라는 것을 간신히 알아볼 정도였다. 한구석에 서 있는 커다란 유리 장식장 문도 활짝 열린 채였고 소년 소녀들이 반짝이는 유리잔이며 그릇들을 탁자에 꺼내놓느라 바빴다. 왼편에서는 긴 머리를 땋아내린 소녀가 의자에 앉아 그랜드 피아노의 뚜껑을 열려고 낑낑거리는 중이었다. "누구 드라이버 가진 사람 없어?" 소녀가 외쳤지만 대답하는 사람은 아무도 없었다. 샤오룽은 창가에 놓였던 커다란 가죽 소파를 뒤집어 아래쪽을 조사하는 중이었다. 나는 빠른 걸음으로 옆문 쪽으로 향했다. 다시 한 번 뒤쪽에서 이글거리는 시선을 느꼈기 때문이었다.

옆문은 널찍하고 시원한 방으로 연결되어 있었다. 도서실이었다. 바닥에서 천장까지 멋진 책꽂이가 빼곡하게 줄을 지어 있었다. 방 한 가운데에는 커다란 마호가니 책상과 가죽 의자들이 놓였다. 여기에서도 몇몇 사람들이 서가를 뒤져 책을 꺼내 넘겨보고는 바닥으로 던지느라 한창이었다. 샤오롱의 누나는 책상 서랍을 조사하고 있었다. 나는 주위를 둘러보다가 커다란 화집들을 발견했다. 그 중 한 책의 표지는 젖가슴이 커다란 벌거벗은 여인을 그린 그림이었다. 벌거벗은 여인을 난생 처음 본 나는 저절로 얼굴이 붉어졌다. 그림 속의 뚱뚱한 외국 여자는 길게 누워 한 손으로는 머리를 받치고 다른 한 손은 허리에 올려둔 모습이었다. 벌거벗은 여인의 그림에만 관심 있는 것으로 보이지 않기 위해 다른 두세 권의 책을 한꺼번에 꺼낸 나는 카펫 위에 앉아 책을 살펴보기 시작했다. 외국어로 되어 있어 글은 읽을 수 없었으므로 그림만 찾아 훑어보았다. 많은 수가 벌거벗거나 반쯤 벗은 여인들을 그린 것이었다.

"이런 걸 보면 안 돼!" 누군가 책을 휙 낚아챘다. 굵은 벨트를 한 소년이었다. "이건 전부 부르주아 책들이야. 나중에 불태워버리자고." 그러고는 그 책을 방 한구석의 책 더미로 던졌다.

하지만 나는 곧 또 다른 재미있는 책을 찾아냈다. 아프리카 원주민들의 컬러 사진을 담은 책으로 역시 외국어로 되어 있었다. 여자들은 아랫입술에 커다란 나무판을 달아 마치 오리처럼 보였다. 상체에는 모두들 아무것도 입지 않은 채 축 늘어진 젖가슴을 드러내고 있었다.

아랫도리는 대부분 짚으로 엮은 치마를 입었지만 개중에는 벌거벗은 여자들도 있었다. 나는 그 책을 옆구리에 끼고 벌거벗은 여자가 나오는 책이 또 없나 찾기 시작했다.

"내가 뭘 찾아냈는지 좀 보라고!" 샤오룽의 누나가 갑자기 외쳤다.

모두들 커다란 마호가니 책상 주변에 모였다. 책상 위에는 노랗게 빛나는 커다란 사각형 물체가 세 개 놓여 있었다. 우리 모두 생전 처음 보는 금괴였다.

"저 놈은 모든 재산을 정부에 바쳤다고 말했어. 그러면서 이걸 책 표지처럼 생긴 상자 속에 감춰둔 거지." 샤오룽의 누나가 신이 나서 떠들었다. "책을 꺼내들었는데 이상하게 무겁더라고. 그 덕분에 찾아낸 거야. 아마 언젠가 다시 옛날 세상이 돌아올 거라 생각하고 숨겨둔 모양이야."

"무게가 얼마나 되는데?" 굵은 벨트를 한 소년이 물었다.

"100온스라고 씌어 있는데." 머리를 짧게 자른 소녀가 금괴에 새겨진 숫자와 외국어 문자를 가리켰다.

굵은 벨트 소년이 나섰다. "어디 한번 들어보자." 그는 우리를 보며 싱긋 웃었다. "금은 세상에서 가장 무겁다고 하던데."

모두들 돌아가며 금괴를 만져보았다. 나도 하나 들어올려 보았다. 금괴는 차갑고 매끈했으며 퍽 무거웠다.

"자, 이제 모두들 잘 들어." 금괴를 본래대로 기름종이에 싸면서 샤오룽의 누나가 말했다. "주위의 모든 것을 세심하게 살피도록 해. 무언가 또 숨겨놓은 물건이 있을 거야. 찢을 수 있는 건 다 찢어봐. 소파 아래, 마룻바닥 아래, 벽 속도 살피라고. 물론 그 부르주아 놈에게

이 금괴를 들이대고 또 어떤 것을 숨겼는지 물어보겠지만 말야."

"지하실과 천장, 뜰도 수색해야 해." 굵은 벨트 소년이 덧붙였다. "지난주에는 늙은 여자 지주의 뜰에서 미국 은화가 가득 든 단지를 파낸 적이 있거든. 부르주아 놈들은 늘 숨겨놓은 것이 있게 마련이야."

"내가 부르주아 놈을 심문하지." 콧수염 소년이 나섰다. 나를 포함해 몇 사람이 그의 뒤를 따라 바깥쪽으로 갔다. 콧수염 소년은 빠른 걸음으로 걸어가 신사를 붙잡은 뒤 다짜고짜 따귀부터 몇 차례 갈겼다. "지금 막 네 놈이 감춰둔 금괴를 찾아냈다." 소년은 웃는 얼굴로 천천히 말했다. "자, 다른 것들을 어디 감췄는지 어서 말해! 아니면 네 놈의 몸에서 한 방울씩 기름을 짜낼 테다!" 소년은 다시 손을 들어 공중에서 잠시 멈췄다가 천천히 신사의 얼굴을 쓰다듬었다. 정말로 기름을 짜내려는 듯 말이다. 그러다 갑자기 주먹으로 신사의 얼굴을 세게 때렸다. 신사는 신음 소리를 냈다. 나는 마치 내가 맞은 듯 몸이 움찔했다. 그리고 신사가 소리라도 지를까봐 걱정이 되었다.

신사는 두 손으로 얼굴을 감싼 채 모기만한 소리로 말했다. "제발 때리지 마십시오, 홍위병 동무! 전부 털어놓겠습니다. 침대 매트리스 속에도 감춰둔 것이 있는데 깜빡 잊고 말씀드리지 못했습니다. 죄송합니다." 곧 샤오룽의 누나는 매트리스를 찢어 금반지와 다이아몬드 목걸이가 든 작은 비단 주머니를 찾아냈다. 하지만 이는 우리 모두에게 무언가 나올 것이 더 있으리라는 짐작을 하게 만들었다.

* * *

우리는 두 시간 동안 닥치는 대로 찢고 부수며 수색을 계속했다. 벽지까지도 갈기갈기 찢어버렸다. 다시 거실에 모여 각자 찾은 것을 보고할 때쯤에는 벌써 바깥이 어둑어둑했다. 참나무 탁자 위에 놓인 전리품들은 상당했다. 금괴 세 개, 닭장 안 작은 단지에서 나온 미국 은화 64개, 금반지 세 개, 다이아몬드 목걸이, 은팔찌 두 쌍, 100달러짜리 미국 지폐 다섯 장(이건 내가 그림책 속에서 찾아낸 것이었다), 모두 6만 위안이 예금된 저금통장 세 개, 몸 수색 때 어머니의 브래지어 속에서 나온 황금 체인 두 개, 그리고 기름종이에 싸여 쌀통에 들어 있던 작은 권총도 있었다. 샤오룽의 누나는 모든 것을 조심스레 가방에 집어넣은 후 가족과 함께 바닥에 앉아 있던 신사 쪽으로 몸을 돌렸다.

"이 나쁜 부르주아 놈." 샤오룽의 누나 목소리는 단호했다. "권총과 금은보화를 감추는 죄를 저질렀군. 이건 물론 빙산의 일각에 불과하겠지. 널 본부로 끌고 가야겠다. 일단 거기 가면 틀림없이 이제까지 잊어버리고 있던 것들이 다 기억날 게야. 자, 어서 트럭에 태워!"

"제발 부탁입니다." 신사는 두 손을 모으고 그 자리에 넙죽 엎드렸다. "마오쩌둥 주석에 대고 맹세합니다. 제가 가진 건 이미 모두 말씀드렸습니다. 이게 거짓이라면 천벌을 받아도 좋습니다. 저는 위대한 지도자와 혁명 앞에 언제나 충성을 다해왔습니다." 말라붙은 코피로 얼룩진 신사의 손이 눈에 띄게 떨렸다.

"어서 일어서!" 콧수염 소년이 신사의 정강이를 사정없이 걷어찼다. 신사는 앞으로 푹 고꾸라졌다. "헛된 수작 부리지 마. 그래봤자 아무 소용없으니까. 네 놈이 얼마나 교활한지 이미 잘 알고 있단 말이다!"

두 소년이 앞으로 나서 신사의 팔을 잡고 문으로 끌고 나갔다. "나도 혁명가란 말입니다. 위대한 지도자에게 봉사하기 위해 미국에서

왔어요. 위대한 지도자가 나를 초청하셨거든요. 제발……." 신사는 질질 끌려가면서 계속 애원했다. 신사의 식구들 중 큰 딸과 어머니가 흐느끼기 시작했다. 하지만 둘째 딸은 여전히 침착했다. 그 자리에 가만히 서서 우리를 노려볼 뿐이었다.

"피아노도 가져가자." 샤오롱의 누나가 명령했다. "트럭에 실어. 그 밖의 가벼운 물건은 모두 싣도록 해. 나머지는 봉인해두겠다. 그리고 너희들." 샤오롱의 누나가 구석에 선 세 모녀를 가리켰다. "지금부터 너희들은 대문 옆 하인방에 머물도록 해. 이 집은 추후 지시가 있을 때까지 봉쇄한다."

"옷가지를 좀 챙겨도 될까요?" 어머니가 머뭇거리며 물었다.

"안 돼." 샤오롱의 누나는 어머니 쪽을 쳐다보지도 않은 채 말했다. "여기 있는 모든 물건은 이제 인민의 소유다. 아무것도 만져서는 안 돼. 이제부터는 노동자처럼 사는 법을 배우도록 해."

주위에서는 이미 물건을 트럭으로 나르기 시작했다. 어서 밖으로 나가고 싶던 나는 소년들 무리에 끼어 피아노를 밀기 시작했다. 콧수염 소년이 피아노의 앞길을 인도했다. 피아노는 너무 크고 무거웠다. 결국 문틀에 걸리고 말았다. 콧수염은 화가 나서 피아노를 걷어찼다.

"그건 내 피아노야! 가져가서는 안 돼!" 갑자기 새된 목소리가 들려왔다. 우리는 순간 깜짝 놀라 당황했다. 모두들 감히 누가 홍위병에 대항하는지 보기 위해 몸을 돌렸다.

"그건 내 피아노야!" 구석에 선 둘째 딸이 다시 말했다. 크지는 않지만 또렷하고 강한 목소리였다. 자리에서 일어선 그녀의 두 눈은 피아노 곁의 우리 모두를 향한 적의로 불탔다. 한순간 침묵이 흘렀다.

우리 모두 무슨 말을 해야 할지 몰랐던 것이다.

"대체 무슨 소릴 하는 거야?" 마침내 콧수염 소년이 입을 열었다. 콧수염 소년은 그녀 앞으로 걸어가 그 창백한 얼굴을 노려보았다. "네 피아노라고? 다시 한 번 말해보지 그래? 아직도 부르주아 노릇을 계속하고 싶은 건가?" 콧수염 소년이 우리 쪽을 돌아보았고 몇몇 소년이 킬킬거리며 웃기 시작했다. "네 이름이 뭐야?" 다시 그녀를 향해 콧수염 소년이 물었다.

"리링李玲이야." 그녀는 상대의 얼굴을 정면으로 바라보면서 분명하게 대답했다.

"자, 리링, 안됐지만 이제 저 피아노는 너 같은 부르주아의 것이 아니야. 전 인민의 피아노가 되었거든. 오늘밤에 저걸 쪼개 커다란 모닥불을 피울 거야. 원한다면 너도 와서 춤춰도 좋아." 소년은 자기 말을 증명하려는 듯 말하는 중간중간 곤봉을 휘둘러 흠 하나없이 반짝이던 피아노 표면에 깊은 상처를 냈다. "이래도 또 할 말이 있나? 그렇다면 우리 홍위병을 존경하도록 확실히 가르쳐주겠어."

콧수염 소년은 금방이라도 리링의 뺨을 때릴 듯이 손을 움직이며 커다란 소리로 웃었다. 그녀는 입술을 깨물고 아무 말도 하지 않았다. 하지만 분노에 불타는 눈은 여전히 콧수염 소년의 얼굴에 못박혀 있었다.

커다란 사진첩을 옆구리에 낀 채 피아노 뒤에 서 있던 나는 갑자기 콧수염 소년에게 달려들어 흠씬 두들겨패고픈 마음이 들었다. 뒤에서 달려들어 그 무릎을 걷어차고 바닥에 쓰러뜨리는 장면을 떠올렸다. 하지만 실제로 그렇게 할 용기는 없었다. 그저 그 자리에 가만히 서 있을 뿐이었다.

어머니는 작은 딸의 팔을 잡고 자기 쪽으로 잡아당겼다.

"이제 감히 그런 소리를 지껄이지는 않겠지." 콧수염 소년은 그녀를 향해 사악한 미소를 지은 뒤 어서 계속해서 피아노를 옮기라고 손짓했다.

우리는 다시 피아노를 밀고 당기기 시작했다. 하지만 그러는 내내 나는 미움에 가득 찬 커다란 눈동자가 뒤따르고 있음을 느꼈다. 그 시선은 내 몸을 뚫고 들어올 것만 같았다. 나는 어서 그 자리를 벗어나려고 서둘렀다. 하지만 그럴수록 자꾸 다리가 꼬였다.

* * *

이틀 후 공동 식당에서 저녁을 먹던 중에 나는 샤오롱에게 우리가 습격했던 곳이 누구 집이었느냐고 물었다.

"주인은 베이징대학 병원의 외과 의사였을 뿐이야. 하지만 그 아버지가 대자본가였지. 상하이에 섬유 공장을 두 개나 가지고 있었다지. 그래서 모두들 그 집에 돈이 많다고 생각했던 거야. 그 아버지는 10년 전에 죽었고 아들인 의사가 유산을 물려받았지. 그래서 결국 그런 일을 당하고 말았지. 그런데 그 얘기 들었어? 그 의사는 붉은 행동위원회 본부로 끌려간 뒤 죽어버렸대."

갑자기 먹던 음식을 토할 것 같은 기분이었다. 하지만 나는 애써 냉정한 척했다. "아니, 왜 죽었는데?"

"홍위병들이 정말로 멍청한 짓을 저질렀거든." 샤오롱이 찐빵 한 입을 베어물며 말했다. "처음에는 군용 벨트로 때렸나봐. 하지만 의사는 숨겨놓은 재산에 대해 아무것도 밝히려 들지 않았대. 그러자 한 사람이, 왜 콧수염을 길렀던 사람 기억나지? 그 사람이 글쎄 수술용 메스로 의사 배를 가르고 거기 간장을 부었다지 뭐야. 그랬더니 의사가 돼지처럼 꽥꽥거렸다지. 다음번에는 매운 고춧가루 물을 부었대. 그랬더니 의사는 마룻바닥을 구르며 발작을 했고 내장이 다 쏟아져 나왔다는군. 그런데도 홍위병들은 거기 서서 웃고만 있었던 거야. 결국에는 의사가 계단에서 굴러떨어져 머리가 깨졌고 그날 밤에 죽고 말았대. 거기 있던 형들은 재미있었다고 말했지만 우리 누나도 그건 너무 잔인했다고 했어."

정신이 아득했다. 작고 날카로운 메스가 의사의 배를 가르고 뱀처럼 구불구불한 내장이 드러나는 모습이 눈앞에 떠올랐다.

샤오룽은 그 정도 일로 식욕을 잃는 사람이 아니었다. 샤오룽은 첫 번째 찐빵을 우물거리며 두 번째 찐빵을 집어들었고 어른스러운 말투로 덧붙였다. "하지만 반동분자에게는 너무 잔인하다는 표현을 쓸 수 없지." 샤오룽은 찐빵을 크게 베어물고 젓가락으로 돼지고기 요리를 집었다. "아무한테도 이런 이야기는 하지 마. 외부인이나 그 가족한테는 의사가 4층 창문에서 뛰어내려 자살했다고 말했거든. 어떻든 적의 죽음이니 우리만 입 다물고 있으면 아무도 뭐라 하지 않을 거야."

나는 고개를 끄덕여보이고는 국그릇을 응시했다. 더 이상 이야기를 듣고 싶지 않았다. 이런 종류의 혁명은 진저리가 났다. 의사를 고문하고 죽게 한 일은 너무도 잔인하고 무지했다. 콧수염 소년과 그 동료들은 혁명을 위해서가 아니라 그저 웃고 즐기기 위해 사람들을 고문하고 죽인다는 생각이 들었다. 위대한 지도자가 원한 혁명은 분명

이런 것이 아니었으리라 나는 확신했다. 그리고 앞으로는 그 패거리와 거리를 두어야겠다고 결심했다.

나는 의사 집에서 몰래 가져온 벌거벗은 여자들의 사진첩을 침대 밑에 감춰두었다. 혹시라도 부모님이 볼까봐 걱정이 되었기 때문이다. 그리고 나 혼자 집에 있게 될 때에만 책을 꺼내보곤 했다.

* * *

몇 주 후 나는 다시 우리가 습격했던 의사 집에 가보았다. 남은 세 모녀가 어떻게 지내고 있는지, 특히 리링이라는 여인이 어떻게 되었는지 궁금했다. 하지만 서늘하고 조용했던 그 집 안에는 세 모녀 대신 가난한 여섯 가족이 시끌벅적하게 모여살고 있었다. 뜰은 쓰레기투성이였고 벌거벗은 아이들이 참나무 아래 대리석 탁자 위에서 장난을 치고 놀았다. 세 모녀의 흔적은 어디에도 없었다. 지역 주민위원회 대표라는 키 크고 뚱뚱한 여자 한 사람이 알려주기로는 의사의 죽음이 전해진 후 어머니는 목을 매달았지만 다행히 홍위병이 발견해 살려냈다고 했다.

"자살은 명백한 반동 행위니까요. 이제는 그런 짓을 저지를 수 없게 되었지요. 그 여자는 감시를 받으면서 매일 거리 청소를 한답니다. 반동분자가 편히 살도록 해서는 안 되잖아요." 위원회 대표가 말했다.

나는 크게 실망한 채 그 집을 빠져나와 구 시가지의 좁은 골목길을 돌아다녔다. 혹시라도 우연히 그 여인, 눈빛으로 나를 제압했던 그녀와 마주치지 않을까 생각했던 것이다.

두 시간 가까이 돌아다녔지만 그녀는 그림자도 보이지 않았다. 마침내 포기해버린 나는 톈안먼 광장에서 집으로 가는 버스를 타기 위해 징산공원景山公園을 가로지르기로 했다.

  그런데 공원 입구에 이르렀을 때 갑자기 리링의 모습이 보였다. 커다란 대나무 빗자루를 들고 어머니, 언니와 함께 거리를 쓸고 있었다. 붉은 완장을 찬 젊은 남자가 세 모녀를 감시했다. 몇 분 동안 나는 골목에 몸을 숨긴 채 리링을 바라보았다. 커다란 빗자루 때문인지 리링은 아주 작아보였다. 천천히 그 옆을 걸어가면서 리링의 모습을 자세히 보아야겠다고 생각하는 순간 갑자기 리링이 머리를 들고 내 쪽을 쳐다보았다. 나는 급히 몸을 돌려 다른 쪽으로 걸어갔다. 그리고 다시 리링을 보러갈 엄두를 내지 못한 채 30분가량 근처를 배회했다. 마침내 다시 공원 쪽으로 방향을 바꾼 나는 바쁜 일이 있는 양 눈을 내리깔고 빠른 걸음으로 걸었다. 하지만 그들은 이미 그 자리에 없었다. 마음 한편에 안도감이 들었다. 어쩌면 리링을 보지 않는 편이 더 좋을 것이었다. 버스를 타고 집으로 오면서 나는 리링을 잊어야만 한다고 생각했다. 그런 가족 배경을 가진 사람과 알고 지내봤자 좋을 것이 없었다. 다시는 그 집에도 가지 말아야 했다. 실제로 나는 두 번 다시 그 쪽으로 가지 않았다. 하지만 내 결심과 달리 운명은 엉뚱한 곳에서 다시 나를 리링과 만나게 했다.

4. 만리장성 투쟁조를 결성하고

9월 1일에 나는 혹시라도 학교가 문을 열었나 보러갔다. 하지만 교문에 붙은 공고문을 읽을 필요도 없이 학교는 여전히 텅 비어 있었다. 선생님과 직원들이 대부분 사라져버렸던 것이다. 여자같이 가는 목소리로 수학을 가르쳤던 늙고 뚱뚱한 티엔—선생님을 비롯한 몇몇은 홍위병에게 반동 혐의로 체포되어 학교 지하실에 갇혀 있었다. 별 문제가 없는 것으로 분류된 다른 교직원들은 홍위병에 합류하거나 다른 혁명 활동에 매달려서 시간을 보냈다. 교실은 다양한 홍위병 조직의 본부로 사용되고 있었기 때문에 사실 수업할 장소도 없었다. 학교 건물을 돌아다니던 나는 그저 뜻 맞는 서너 명이 홍위병 조직을 만들어 교실 하나를 본부로 차지하면 그만이라는 점을 알게 되었다. 그러자 좋은 생각이 떠올랐다.

그날 공동 식당에서 점심을 먹다가 나는 친구들에게 '만리장성 투쟁조'라는 홍위병 조직을 만들자고 제안했다. 그리고 아버지 면도칼로 지우개를 파서 만든 조직의 대표 인장을 보여주었다. "이것만 있으면 우리는 공식적인 홍위병 조직이 되거든. 그리고 교실 하나를 우리 본부로 정하는 거야. 자, 나랑 함께 조직을 만들 사람?" 예상대로 즉석에서 네 명을 모을 수 있었다.

우리의 공식 인장을 확인한 후 교감 선생님은 '마오쩌둥 주석의 홍위병'이라고 쓰인 붉은 완장과 3층의 교실 열쇠를 건네주었다. 새 완장을 찬 우리는 의기양양하게 본부로 행진해갔다. 코흘리개가 교실 문에 페인트로 '만리장성 투쟁조 본부'라고 써넣었다. 우리는 책걸상을 한구석으로 밀어두고 첫 번째 회합을 가졌다. 먼저 내가 입을 열었다. "시작하기 전에 일단 각자의 직위를 정하도록 하자. 공산당 정치국처럼 만드는 거야. 직위가 없다면 제대로 된 혁명 조직은 될 수 없어. 자, 나는 조장을 할게. 샤오룽, 너는 부조장 겸 안보 담당을 맡도록 해. 넌 싸움을 잘하니까. 그리고 코흘리개, 너는 물건을 잘 훔치니까 보급 담당을 해야겠다. 캥거루는 글씨를 잘 쓰니까 서기를 맡고 마지막으로 참새, 너는 그림을 잘 그리니 선전 담당을 하면 되겠지?"

모두들 자기 직위에 만족해했다. 다음으로 우리는 어떤 투쟁을 해야 할 것인지에 대해 열띤 토론을 벌였다. 결국 전 의장이었던 류샤오치에 대한 비판 운동을 벌이기로 했다. 그를 희화화하는 만화를 그리기로 한 것이다.

다음날 아침 우리는 열성적으로 작업에 착수했다. '제1차 선전 운동'은 순조롭게 진행되었다. 보급 담당인 코흘리개가 학교 창고에 숨어들어가 붓과 물감, 종이, 풀 등을 가져왔다. 선전 담당인 참새는 홍위병 신문에 실렸던 만화를 커다란 종이에 옮겨그렸다. 그날 오후 포스터가 완성되자 모두 함께 일층으로 내려가 사람들이 많이 모이는 건물 전면 게시판에 붙였다. 게시판 바로 앞이 번화한 거리였기 때문에 우리 그림은 곧 행인들의 관심을 끌었다. 두 소녀는 지나가다가 우리 포스터를 읽고 킥킥 웃어대기까지 했다. 우리 손으로 그린 포스터 앞에 사람들이 모이는 모습을 보자 저절로 마음이 뿌듯해졌다. 마침내 혁명에 무언가 기여한 느낌이었다. 웃던 소녀 중 하나가 다른 소녀에게 "만리장성 투쟁조라는데 혹시 이게 어떤 조직인지 아니?"라고 물었다. 다른 소녀는 고개를 저었다. 나는 당장이라도 앞으로 나서 "바로 우리가 만리장성 투쟁조랍니다."라고 말하고 싶었지만 그럴 용기는 없었다. 어떻든 나와 친구들은 그 순간 퍽 행복했다.

* * *

하지만 우리 노력의 결실은 오래 가지 않았다. 바로 다음날 예상치 못한 문제가 발생했던 것이다. 아침 일찍부터 나는 친구들과 함께 다시금 우리 작품을 보러갔다. 그런데 놀랍게도 우리 포스터는 간 곳 없고 다른 조의 포스터가 그 자리를 대신 차지하고 있었다. 우리 포스터를 덮어버린 포스터를 그린 조는 '두려움없는 붉은 혁명군'이라는 이름이었다.

"도대체 어떤 놈들이야?" 샤오롱이 화를 냈다. "지금 당장 이 포스터를 찢어버릴까?"

"잠깐 기다려." 내가 말렸다. "저기 포스터를 보는 사람들이 있잖아. 대낮에 큰길에서 혁명 포스터를 훼손해서는 안 돼."

"하지만 이걸 가만둘 거야?" 캥거루가 말했다. "이게 어떤 조직인지 알아. 세 가르마란 녀석이 속한 7학년들 조야. 세 가르마의 아버지는 '마오쩌둥 주석의 강철 병사들' 대장이래."

세 가르마에 대해서는 나도 들어본 적이 있었다. 머리에 가르마가 세 개 있다고 해서 붙은 별명인데 선생님들의 골치를 썩이던 말썽꾼이라고 했다.

"자, 우리 본부로 가서 그림을 더 그리자." 내가 말했다. "내일 아침에는 그 쪽에서 쓴맛을 보게 하자고."

그날 밤 학교에 사람이 아무도 없을 때까지 기다렸다가 우리는 살그머니 적의 포스터를 떼어내고 그 위에 우리 것을 붙였다. 그리고 멋지게 복수했다는 생각에 통쾌해하며 집으로 향했다. "이제 우리 포스터를 어떻게 보호해야 할지 방법을 강구하자고." 각자 흩어져 집으로 돌아갈 때 코흘리개가 이렇게 말했다.

"걱정 마. 나한테 완벽한 계획이 있으니까." 우리 팀의 안보 담당 샤오룽이 말했다.

다음날 아침, 우리는 샤오룽의 완벽한 계획이 무엇인지 알게 되었다. 그것은 바로 우리 3층 본부의 창밖으로 몸을 반쯤 내밀고 누군가 풀과 포스터를 들고 벽에 다가오는 사람이 없는지 감시하는 것이었다. "두려움없는 붉은 혁명군 팀이 다가오는 것이 보이면 호루라기를 불 테니 모두 함께 우르르 내려가면 되는 거야." 샤오룽이 설명했다.

정오 무렵이 되었을 때 마침내 기다리던 적이 나타났다. 세 가르마와 또 다른 한 명이 우리 포스터로 다가가는 모습이 보였던 것이다. 지체 없이 호루라기 소리가 울렸고 우리는 모두 달려내려가 제 때에 포스터 앞을 막아설 수 있었다. 세 가르마는 빠른 걸음으로 걸어오더니 자기들 포스터가 없어진 것을 대뜸 알아챘다. "대체 어떤 놈이 우리 포스터 위에 다른 걸 붙여버린 거야?" 그는 큰 소리로 화를 내며 우리 포스터를 살펴보았다. "만리장성 투쟁조가 누구야?" 그는 당장이라도 우리 포스터를 찢어버리겠다는 듯 손을 내밀었다.

샤오롱이 앞으로 나섰다. "감히 혁명 포스터를 찢으려는 겁니까?"

세 가르마는 우리 다섯 명을 둘러보고는 한 걸음 물러서며 미소를 지었다. "그저 포스터를 그린 사람이 누구인지 자세히 보려 했을 뿐이야. 만리장성 투쟁조가 누구지?" 그는 뒤쪽에 선 동료에게 물었다.

"바로 우리랍니다." 샤오롱이 뻐기듯 대답했다.

"아하, 그렇군." 세 가르마가 땅에 침을 뱉었다. "너희들을 잘 기억해야겠군. 너희도 우리를 잊지 못하도록 만들어줘야 하고 말야." 그는 등을 돌려 학교를 빠져나갔다.

오후 내내 우리는 긴장해서 세 가르마를 기다렸지만 그는 돌아오지 않았다.

그렇다고 세 가르마가 우리를 잊은 것은 아니었다. 다음날 아침 세 가르마 팀은 우리 포스터를 자기들 포스터로 덮어버렸을 뿐 아니라 만리장성 투쟁조를 악의적으로 공격했다. 포스터의 제목이 '만리장성 투쟁조는 부르주아 뱀들의 은신처이다!' 였던 것이다. 내용을 보니 '셴판과 샤오롱의 아버지는 반동 도당을 조직해 일요일마다 마작 게임을 하면서 불온사상을 전파한다' 고 되어 있었다. 새빨간 거짓말이었다. 세 가르마와 '두려움없는 붉은 혁명군' 조직원 세 명이 포스터를 둘러싼 채 미소를 짓고 있었다.

샤오롱이 분노로 몸을 떨며 세 가르마 쪽으로 다가가려 했지만 내가 팔을 잡고 말렸다. 주먹다짐을 벌일 수는 없었다. 그 쪽이 우리보다 훨씬 더 몸집이 컸던 것이다.

"가자." 내가 낮은 소리로 말했다. "공자가 말했지. 복수의 순간을 위해서라면 10년도 기다리기에 그리 긴 세월은 아니라고 말야."

본부로 돌아온 후 나는 회의를 소집했다. "두려움없는 붉은 혁명군은 우리에게 선전포고를 했어. 이제 진짜 적이 생긴 거야. 저 벽의 진짜 주인이 누구인지 알려주자고."

"당연히 그래야지!" 샤오롱이 열정적으로 말했다. "그들이 전쟁을 원한다면 그렇게 해주자고."

포스터 전쟁은 그날 시작되었다. 이제 와 생각하면 아무런 의미도 없는 전쟁이었지만 당시 우리는 자못 심각했다. 다음날 새벽 3시, 샤오롱과 나는 학교로 숨어들어 세 가르마의 포스터 위에 우리 것을 붙였다. 새 포스터의 제목은 '혁명 인민이여, 양의 탈을 쓴 늑대를 경계하라' 그리고 '혁명의 숨은 적으로 드러난 세 가르마'였다.

이번에는 우리가 세 가르마의 일그러진 얼굴을 보며 미소지을 차례였다. 주위에 어른들이 있었기 때문에 세 가르마와 그 친구들은 우리 포스터를 어쩌지 못했다. 바로 이런 것이 내가 몸으로 즐겼던 혁명이었다. 혁명은 게임이었고 난 그 게임에 정신없이 빠져들었다.

며칠 후 다시금 세 가르마의 포스터가 우리 것을 덮어버렸다. '최신 정보: 캥거루의 어머니는 전에 도둑질을 했고 코흘리개는 아직도 침대에 오줌을 싼답니다!' 유치한 인신공격이었다.

그날 밤 우리는 다시 학교로 가서 새 포스터를 붙였다. '홍위병이

여, 모두 봉기하라! 두려움없는 붉은 혁명군을 쳐부수자! 세 가르마의 추악한 머리통을 박살내자!'

이런 식의 포스터 전쟁은 거의 한달 내내 계속되었다. 상황은 점점 공개적인 대결로 악화되었다. 처음에는 한밤중에 상대방의 포스터를 뜯어버리는 것으로 시작했지만 나중에는 포스터 근처에서 서로 마주쳤을 때 돌멩이를 던지게까지 되었다. 나는 슬슬 걱정이 되기 시작했다. 상대의 몸집이 훨씬 컸고 난 두들겨맞고 싶은 생각이 전혀 없었기 때문이었다. 하지만 다행히도 누군가 심각한 부상을 당하기 전에 예상치 못한 사건이 일어나 세 가르마를 전장에서 내몰았고 우리는 엉겁결에 승리를 거두었다.

그날 아침도 우리는 세 가르마가 또다시 새로운 포스터를 붙여놓았겠거니 생각하며 학교로 갔다. 하지만 놀랍게도 우리 포스터가 멀쩡히 남아 있었다. 그 옆으로 두려움없는 붉은 혁명군이 붙인 작은 안내문이 보였다. '어제 마오쩌둥 주석의 강철 병사들은 세 가르마의 아버지가 공산당 입당 원서에 거짓 정보를 기록했음을 발견했다. 그는 원서에 적은 대로 가난한 가족이 아니라 부농 가문 출신이었던 것이다. 이에 따라 강철 병사들은 거짓을 말한 자를 조직에서 몰아냈다. 또한 '아비가 반동이면 자식도 반동이다' 라는 혁명 원칙에 따라 두려움없는 붉은 혁명군 또한 세 가르마를 축출하기로 한다.' 안내문에는 우리 만리장성 투쟁조와 일시 휴전한다는 내용도 담겨 있었다.

승리의 달콤함은 오래 가지 못했다. 우리 포스터는 아무런 위험도, 경쟁도 없이 한 주 내내 벽에 붙어 있었고 포스터를 읽어주는 사람이 줄면서 우리의 열기도 식었다. 서서히 세 가르마와의 짜릿한 싸움이 그리워졌다. 가슴을 졸이면서 망을 보고 밤이면 몰래 벽으로 다가가 상대방의 포스터를 정교하게 잘라내고 그 위에 우리 것을 붙이는 그런 일들 말이다. 심지어 세 가르마의 못생긴 얼굴도 보고 싶을 지경이었다.

* * *

그런 식으로 시간이 흘러 10월 1일, 중화인민공화국 수립 기념일인 국경절이 되었다. 그날 아침 나는 샤오롱의 누나가 붙인 포스터를 보았다. 당시 샤오롱의 누나는 붉은 행동위원회 지휘관이었다. '다위안의 모든 홍위병에게 급히 알림'이라는 제목을 단 그 포스터의 내용은 붉은 행동위원회를 도와 베이징대학에서 위대한 지도자를 지켜내자는 것이었다. 안 그래도 베이징대학에서 홍위병 조직 사이에 충돌이 일어났다는 소식을 들은 참이었다. 쓸모없는 포스터를 만들어내기보다는 현장으로 달려가 실제 작전을 경험하는 편이 훨씬 좋을 듯했다.

"진짜 전투가 마침내 시작되었어." 그날 오후 나는 조직원들에게 선언했다. "가서 샤오롱의 누나를 돕도록 하자. 내일 베이징대학으로 가자고."

"물론 가서 도와야지. 하지만 얼마나 오랫동안 거기 있어야 하는 거지?" 코흘리개가 물었다. "부모님한테 뭐라고 말하면 될까?"

"아마 며칠 걸릴 거야." 내가 대답했다. "베이징대학에서 열리는 홍위병 집회에 참가한다고 하면 되지."

당시 홍위병 집회가 열리면 늘 시市에서 식사를 공급해주었다. 더군다나 샤오롱의 누나와 함께 있다고 하면 부모님을 설득하는 데는 별 문제가 없었다. 우리는 모두 허락을 받아냈고 버스를 타고 베이징대학으로 향했다. 나는 만리장성 투쟁조의 이름이 찍힌 붉은 휘장을 자랑스럽게 지니고 있었다. 세 가르마와 벌였던 게임 같은 전쟁이 되리라 예상했기에 가벼운 마음이었다. 실제로 어떤 어려움에 부딪칠 것인지 전혀 알지 못한 채 말이다. 베이징대학의 15번 건물에 도착하기까지는 두 시간이 넘게 걸렸다. 학생 기숙사였던 회색빛의 3층짜리 15번 건물은 붉은 행동위원회가 본부로 쓰고 있었다. 일층 사무실에서 우리는 샤오롱의 누나를 만났다. 누나는 우리를 열렬히 환영해주었다. "전투를 보고 싶은데 어디로 가면 될까?" 샤오롱이 누나에게 물었다. "걱정 마. 곧 전투에 참여하게 될 테니. 먼저 한 번 둘러본 후에 내가 전선에 배치해줄게." 누나가 대답했다.

샤오롱의 누나를 따라 우리는 건물 주위를 한 바퀴 돌았다. 작은 연못을 지나 중국삼목이 늘어선 2차선 시멘트 길 끝의 초소에 다다랐다. "이 길의 남쪽은 우리가 관할하지만 북쪽은 '마오쩌둥 선봉대'라는 적이 차지하고 있어." 누나가 말했다. "지난 몇 주 동안 적은 우리를 여러 번 공격했고 건물 세 채를 빼앗아갔지."

"저쪽을 좀 봐." 샤오롱의 누나가 창문이 다 깨져 벽돌로 막아놓은 회색 건물을 가리켰다. "12번 건물이야. 지난주에 두 번 공격받았고 네 사람이 부상당했지. 추가 인력이 절실히 필요한 곳이야. 너희들을 저기 배치할 작정이야. 저 건물을 맡고 있는 망치가 곧 올 거야."

망치를 기다리는 동안 샤오롱의 누나는 망치가 어떤 사람인지를 설명해주었다. 망치는 붉은 행동위원회의 전설적인 전사라고 했다. "베이징대학 대표단에서 활약하던 운동선수였는데 지금은 마오쩌둥 선봉대에게 공포의 대상이 되고 있지." 누나는 자랑스럽게 말했다. "지난주 적들이 공격했을 때 혼자서 입구를 맡아 네 명을 상대로 싸웠단다. 그리고 창으로 두 명에게 부상을 입혔지. 마오쩌둥 선봉대원들은 모두 망치를 두려워해. 망치는 마을 빈농 연합회장을 지낸 아버지의 혁명 정신을 물려받았어. 겨우 여섯 살일 때 아버지가 지주 부부를 강둑에서 쏴죽이는 모습을 보았다더군. 적을 어떻게 다루어야 하는지 확실히 배운 거지."

곧 망치가 나타났다. 체구가 아주 컸고 헐렁한 붉은 셔츠에 갈색 바지를 무릎까지 걷어올린 차림이었다. 내게는 우리 대장의 거대한 몸집이 퍽 인상적이었다. 툭 튀어나온 가슴 근육, 마디가 진 커다란 두 손, 울퉁불퉁 혈관이 튀어나온 짧은 종아리. 모든 것이 엄청난 힘을 보여주는 듯했다. "어린 병사가 다섯이나 왔군! 환영한다!" 그는 환한 미소를 지으며 우리 어깨를 한 사람씩 힘있게 잡아주었다. "전투를 보고 싶어했다지?" 망치가 샤오롱의 누나를 보았고 누나는 고개를 끄덕였다. "자, 그럼 전투를 보러가도록 하지."

그가 앞장섰고 우리는 모두 신나게 뒤를 따랐다.

축구장을 가로질러 가자 곧 12번 건물이 나타났다. "먼저 기관총을 보여주지." 망치가 말했다. "기관총은 3층에 있어. 그 다음에 여기 있는 홍위병들과 인사하도록 해." '기관총'이란 나뭇가지를 V자 모양으로 만든 후 자전거 튜브를 연결한 새총이었다. 총알은 깨진 붉은 벽돌이었다. 구릿빛 피부가 땀으로 번들거리는 소년 하나가 자전거 튜브의 길이를 조정하는 중이었다. "저 사람은 물소라고 해." 망치가 소개했다. "이곳 소대장이지. 최고의 사수이기도 하고." 아래층으로 내려가자 부서진 책상을 세워 입구에 바리케이드를 만들고 있는 사람들이 보였다. "입에 흰 담뱃대를 물고 있는 바싹 마른 사람이 보이지? 저 사람은 골초 악마라고 부르지. 노련한 전사야. 창을 든 사람은 구레나룻이라고 부르면 되고." 나는 구레나룻을 바로 알아보았다. 문짝에 그려놓은 사람을 상대로 한창 창던지기 연습을 하는 중이었다. 불쾌한 느낌이 온몸을 스쳐갔다. 나는 그가 의사의 배를 가르고 간장을 부어넣는 모습을 상상했다. 그가 그토록 잔혹한 방법으로 사람을 죽였으리라고는 아무도 생각지 못할 것이었다.

우리의 견학은 2층의 커다란 방에서 끝이 났다. 그곳에서는 나보다 한두 살이나 많을까 말까 한 두 소녀와 한 소년이 마이크 앞에 앉아 있었다. "여기는 우리 선전조가 일하는 곳이야. 베이징 연극학교 출신들이지. 지붕에 확성기가 설치되어 있고." 망치가 설명했다.

커다란 선전실은 부엌으로도 사용되는 모양이었다. 한구석의 탁자 위에는 찐빵이 담긴 커다란 바구니가 놓였고 그릇과 젓가락도 쌓여 있었다. 망치는 그 쪽으로 가서 우리에게 찐빵과 절인 오이 한 개씩을 건네주었다. "자, 저녁들 먹지." 그러고는 자신도 찐빵을 베어물었다. "어서 먹고 싸울 준비를 하라고." 우리는 모두 배가 고팠기 때문에 맛있게 먹었다.

* * *

다음 이틀 동안 전쟁은 확성기로 진행되었다. 우리와 마오쩌둥 선봉대 사이를 갈라놓은 좁은 시멘트 길 양쪽에서 확성기가 울려댔다. 나는 선전실에서 대부분의 시간을 보냈다. 마오쩌둥 선봉대를 공격하는 글을 교대로 읽고 그들을 반동분자들, 자본주의 관료들의 개, 공산주의의 배신자 등등 우리 어린 머릿속에서 생각해낼 수 있는 온갖 경멸적인 표현을 동원해 비난하느라 바빴다. 상대도 경계선에서 불과 50미터 가량 떨어진 13번 건물 옥상에 설치한 확성기를 통해 똑같은 선전 방송을 해댔다.

도착한 지 사흘째가 되었을 때 마침내 기다렸던 전투가 시작되었다. 해가 지기 직전인 저녁 7시, 마오쩌둥 선봉대의 확성기가 '평화로운 토론'을 제안했다. 나는 상대의 공격 의사를 알고 있는 상태에서 평화로운 토론이란 말도 안 되는 제안이라고 생각했다. 하지만 망치는 곰곰이 생각한 후 제안을 받아들이기로 결정했다. 틀림없이 몰래 공격 계획을 짜놓은 모양이었다. 망치는 자신의 결정을 발표한 뒤 건물을 돌아다니며 토론 참여자를 뽑기 시작했다. 우리 모두 참여하기를 원했다. 혹시라도 기회를 놓칠까봐 샤오룽과 나는 내내 망치의 뒤를 따라다니며 애원했다. "시키는 대로 다 할게요. 우리는 대장이 생각하는 만큼 어리지 않습니다. 전투 경험도 아주 많다고요. 두려움없는 붉은 혁명군이라는 거대한 조직과 싸워 이긴 적도 있다니까요."

한 시간 정도 지나자 마침내 망치도 두 손을 들었다. "함께 가도 좋아. 하지만 물소나 골초 악마 뒤에 꼭 붙어 있도록 해. 혹시라도 불상사가 일어나면 샤오룽의 누나가 날 가만두지 않을 테니."

8시가 되자 상대방 측 대표 열다섯 명이 경계선 쪽으로 걸어오는 모습이 보였다. "좋아." 망치가 말했다. "만약 전투가 벌어진다면 적에게 인정사정 두지 않기로 한다. 이제 적을 만나러가기 전에 위대한 지도자의 말씀을 낭송하도록 하자." 무슨 구절을 얘기하는지 우리 모두 잘 알고 있었다. 그것은 바로 전투가 시작될 때 홍위병들이 부르는 노래, 〈마음을 강건하게〉였다.

> 마음을 강건하게
> 희생을 두려워말자.
> 수만 가지 장애를 딛고 나가
> 궁극적인 승리를 쟁취하자!

건물의 모든 홍위병이 낭송에 합세했다. 우리의 목소리는 건물 전체를 울렸다. 선서를 하고 있자니 적들도 똑같은 구절을 낭송하는 소리가 들렸다. 나는 다른 '병사들'과 함께 걸어나가면서 자부심과 불안감을 동시에 느꼈다. 우리는 만약을 대비해 돌멩이나 막대기 같은 무기를 몰래 지니고 있었다. 대표단은 시멘트 길 가운데에 나란히 줄지어 섰다. 두 발자국 정도 사이를 떼어놓고 말이다. 참으로 이상한 '토론'이었다. 대형이 갖추어지자마자 시작 신호도 없이 모든 사람이 말하기 시작했다. 그러고는 곧 고함치기 시합으로 변모했다. "배신자 선봉대는 자폭하라!" "너희야말로 배신자들이다!" 모두들 고함을 질렀다. 나는 몹시 혼란스러웠다. 모두들 큰 소리를 내는 바람에 내 앞에 선 상대방이 무슨 소리를 하는지도 들리지 않았다. 내 상대는 키가 크고 예쁜 소녀였다. 소녀는 쉴새없이 입을 움직이며 나를 꼬마 반동분자라고 비난했지만 나는 신경 쓰지 않고 소녀의 희고 부드러운 목과 살짝 열린 셔츠 아래로 보이는 가슴 부분을 바라보았다. 나도 모르게 다정한 감정이 생겨났고 이름을 물어보아야겠다는 멍청한 생각까지 들었다.

자기 소리가 잘 들리게끔 하려는 생각에 대열 사이는 점점 좁아졌다. 결국 몇몇이 주먹을 날리기 시작했다. "놈들이 날 때렸어!" 소년이 소리쳤다. 주위를 둘러보니 초록색 코트를 입은 선봉대원 두 사람이 야구 방망이를 꺼내 사정없이 휘두르는 모습이 눈에 들어왔다. 상대방도 전투 준비를 했던 것이다. 사람들이 비명을 질렀다. 야구 방망이가 둔탁한 소리를 냈다. 누군가의 두개골을 때린 것일까. 그러는 와중에 내 앞에 섰던 예쁜 소녀가 주머니에서 자전거 체인을 꺼내 내게 휘두르는 것이 보였다. 나는 본능적으로 몸을 숙여 옆으로 굴렀다. 자전거 체인은 내 머리를 스쳐 지나가며 머리털을 잘라냈다. 나는 어둠 속으로 내달았다. 평소 달리기에는 자신이 있었다. 바람이 귀를 윙윙 울렸다. 비명 소리, 욕설, 야구 방망이 휘두르는 소리 등으로 주위는 엉망이 되었다. "피로써 혁명을 사수하자!" 어둠 속에서 여자 목소리가 들려왔다.

포플러 나무 그늘에 안전하게 몸을 숨긴 후 나는 사방을 둘러보았다. 검은 그림자들이 온통 뒤엉켜 싸움을 벌이는 중이었다. 가로등 아래 누워 있는 사람들도 보였다. "마오쩌둥 주석. 만세!" 물소가 이렇게 외치며 앞으로 돌진했다. 동료들이 싸우고 있는데 혼자 숨어 있다는 것이 부끄러웠다. 하지만 앞으로 나서려 해도 다리가 말을 듣지 않았다. 내 두 다리는 마치 나름의 의지를 가진 듯 내 명령을 따르려 들지 않았다. 나는 호흡을 가다듬고 위대한 지도자의 말씀을 되뇌었다. '마음을 강건하게, 희생을 두려워말자. 수만 가지 장애를 딛고 나가 궁극적인 승리를 쟁취하자!' 하지만 다리의 떨림은 멈추지 않았다. 주

먹으로 다리를 때리면서 다시 한 번 낭송했지만 마찬가지였다. 병사들에게 언제나 용기를 주는 구절이라고 했는데, 내 두 다리는 병사가 아니었다.

한참 시간이 지나서야 다리의 마비 증세가 풀렸다. 나는 전투에 참여하려고 몸을 움직였지만 미처 시멘트 길에 다가서기도 전에 어둠 속에서 호루라기가 울렸다. 그 소리를 신호로 마오쩌둥 선봉대원들은 흩어지며 뒤로 물러나기 시작했다. 내 쪽으로도 우리 편 전사들이 몰려왔다. "퇴각하라! 퇴각하라!" 물소가 외쳤다. 나는 그 뒤를 따랐다. 건물 가까이 다가가자 쿵쿵 소리를 내며 무엇인가가 벽에 부딪치고 있었다. 적들이 포탄을 쏘기 시작한 것이다. 건물 입구에서 골초 악마와 물소가 나를 바리케이드 위로 밀어넣었다. 망가진 책상들 위를 기어 지나가는 순간 내 머리 바로 옆으로 벽돌이 굴러떨어졌다.

"빌어먹을! 어서 우리도 발사해!" 망치가 위층에 대고 소리쳤다.

곧 벽돌이 벽에 부딪치는 둔중한 소리가 연달아 울리고 어둠 속에서 깨지는 소리가 요란했다. 벽돌 포탄과 함께 양측 확성기들은 마오쩌둥 주석의 〈마음을 강건하게〉를 큰 소리로 틀어대면서 상대의 비열한 공격을 비난했다.

3층의 2번 기관총 근처에서 나는 샤오룽을 찾아냈다. 사수들을 돕느라 정신이 없는 모습이었다. 뺨에 상처를 입었는지 피가 배인 붕대를 대고 있었다. 하지만 상처에는 아랑곳하지 않는 듯했다. 샤오룽의 두 눈은 처음 사냥에 나선 강아지의 눈처럼 즐거움으로 빛났다.

"션판, 내가 싸우는 걸 봤어?" 그가 물었다. "한 놈 얼굴에 대고 벽돌을 발사해버렸지. 바로 피가 나더라고. 하지만 덕분에 내 쪽으로 날

아오는 벽돌은 못 보고 말았어."

사령부에서 망치는 부상자들의 상태를 확인했다. 가장 심각한 부상을 입은 사람은 연극 학교 출신의 소년이었다. 머리를 야구 방망이로 맞은 소년은 거의 의식이 없었다. 망치는 홍위병 두 사람에게 소년을 병원으로 데려가도록 했다. 또 골초 악마와 샤오룽을 포함해 돌로 맞은 부상자가 다섯 명 있었다. 마오쩌둥 선봉대 측의 확성기는 아홉 명이 심각한 부상을 입었다고 떠들고 있었다.

30분쯤 지났을 때 확성기는 토론 팀의 대표로 나섰다가 투포환에 머리를 맞고 부상한 사람이 죽었다고 전했다. 그 소식을 들은 망치는 자랑스럽다는 듯 큰 소리로 웃었다. 나는 망치가 늘 주머니 속에 투포환을 넣고 다닌다는 점을 알고 있었다. 구레나룻 또한 전투의 영웅이었다. 벽돌로 적 세 명의 머리를 깨버린 것이다. 밤새도록 확성기는 우리의 위대한 승리를 선전했다.

샤오룽의 누나는 다음날 축하연이 열릴 것이라고 알려주었다. 비록 비겁하게 도망가기는 했었지만(그건 나 외에는 아무도 모르는 일이었다) 나 역시 우리가 혁명을 위한 전투를 벌여 승리했다는 점이 기뻤다. 그날 밤 녹초가 된 나는 바닥에 누워 요란하게 코를 골았다. 그리고 인민대회장에서 위대한 지도자로부터 영웅 칭호를 받는 행복한 꿈을 꾸었다.

* * *

하지만 다음날 채 날이 밝기도 전에 누군가 나를 마구 흔들어깨웠다. 눈을 뜨자 총을 멘 군인들이 우리를 둘러싸고 있었다. 어둠 속에서 병사들은 우리를 에워싼 채 학교 밖으로 내몰았다. 그리고 찬바람 속에 오들오들 떨고 있는 우리에게 당장 해산하지 않으면 체포해버리 겠다고 위협했다. "대체 왜 우리를 내쫓는 겁니까?" 내가 한 병사에게 물었다.

"공산당 중앙위원회는 어제 여기서 벌어졌던 싸움을 불법으로 규정했어. 지난 밤 적들이 홍위병을 공격했고 위대한 지도자는 적을 체포해오라는 명령을 내리셨지."

나는 어안이 벙벙했다. 우리는 위대한 지도자를 위해 용감하게 싸우지 않았나. 병사들은 우리를 마오쩌둥 선봉대로 오인한 것이 틀림없었다. 그쪽이야말로 병사들이 찾는 숨은 적이었다. 망치 같은 최고의 홍위병과 함께 싸운 우리는 절대 위대한 지도자의 적이 될 수 없었다. "우리는 훌륭한 홍위병들이에요." 내가 말했다. "아저씨들이 체포해야 할 사람은 저쪽 선봉대라고요." 병사들은 내 말을 들으려 하지 않았다. "너희들 모두를 해산시키라는 명령을 받았어. 당장 떠나지 않으면" 병사는 우리에게 총을 겨눴다. "반동분자로 체포하겠다."

우리는 정오 무렵까지 교문 주위를 서성거렸지만 할 수 있는 일은 아무것도 없었다. 병사들은 아예 학교를 봉쇄해버렸다. "자, 이제 너희들은 집으로 가도록 해." 마침내 샤오룽의 누나가 말했다. "여기 상황이 정리되면 다시 데리러갈 테니까."

"어린 전사들, 잘 가라." 망치가 다정하게 인사를 건넸다. "너희들은 위대한 지도자를 위해 훌륭하게 싸웠어." 우리는 집으로 가는 버스에 올랐다. 나는 만리장성 투쟁조의 붉은 휘장을 버스 창문으로 내밀어 휘두르는 것으로 인사를 대신했다. 물소와 골초 악마가 답이라도 하듯 휘장을 흔들었다. 눈시울이 뜨거워졌다. 불과 며칠을 함께 지냈을 뿐이지만 저 충성스럽고 용감한 홍위병들과 강한 유대감이 느껴졌다. 나무 아래 앉아 있는 구레나룻조차도 싫지 않은 기분이었다.

* * *

베이징대학에서 돌아온 우리는 만리장성 투쟁조 본부에 모여앉아 샤오롱의 누나가 다시 불러주기를 기다렸다. 하지만 누나의 전갈 대신 베이징대학에서 벌어진 전투에 대한 어처구니없는 소식을 전해듣게 되었다. 공동 식당에서 저녁을 먹은 후 집으로 돌아가보니 아버지가 굳은 표정으로 〈런민르바오〉를 읽고 계셨다. "너희들이 어제 돌아와 정말 다행이었다." 아버지가 말씀하셨다. "혁명의 적이 홍위병 조직에 숨어들어 베이징대학에서 홍위병끼리 싸움을 벌이도록 만들었다는구나. 너는 싸움에 참여하지 않았겠지?"

"그럼요. 우리는 싸우기에 너무 어리잖아요." 나는 거짓말을 했다.

나는 아버지가 다 읽은 신문을 집어들어 사설을 보았다. '베이징대학의 적들 또한 늘 그렇듯이 상황을 오판했다. 위대한 지도자이며 현명한 영도자이신 마오쩌둥 주석께서는 늘 단숨에 적을 궤멸하는 전략을 사용하신다. 지난 밤 무적의 인민해방군은 적을 섬멸하고 모두 체포하였다. 위대한 지도자의 혁명에 반항하는 적들은 모두 바위 앞의 계란 신세라는 진리가 다시 한 번 확인된 것이다.'

신문이 말하는 적은 마오쩌둥 선봉대임에 틀림없었다. 나는 선봉대가 모두 인민해방군에 체포되었다는 사실에 기뻐하면서 샤오롱의 집으로 갔다. 하지만 샤오롱은 울고 있었다.

"망치 형과 우리 누나가 체포되었어." 샤오롱이 울면서 전했다. "두 사람 다 위대한 지도자의 교활한 적들이래."

나는 충격을 받았다. 그건 최악의 형벌을 받게 된다는 뜻이었다. "말도 안 돼. 두 사람은 홍위병 영웅이잖아. 망치는 위대한 지도자를 경애하고 있어. 그런데 어떻게 적이 될 수 있다는 거야?"

나는 머릿속이 뒤죽박죽이 된 채 집으로 돌아왔다. 혁명은 이제 완전히 혼란스러운 사건으로 변모했다. 누가 훌륭한 사람이고 누가 적인지 전혀 알 수 없었다. 내가 아직도 훌륭한 혁명가인지조차 헷갈렸다. '교활한 적들' 편에서 싸웠다면 나는 뭐가 되는 건가? 인민해방군이 도대체 왜 망치와 샤오롱의 누나를 잡아갔는지 이해할 수 없었다. 내가 아는 한 가장 충성스러운 홍위병들을 말이다. 나는 위대한 지도자가 정말로 위대한지 의심하기 시작했다. 가장 충성스러운 홍위병도 알아보지 못하고 체포해버리다니! 물론 그런 의심은 대단히 위험한 것이었고 나는 내 생각을 철저하게 감추었다. 가장 가까운 친구들에게도 한 마디 하지 않았다. 하지만 아무리 감추어도 의심은 사라지지 않았다. 한 방울씩 떨어지는 물처럼 그 의심은 점차 내가 배웠던 모든 것, 위대한 지도자와 혁명에 대해 믿어왔던 모든 것을 뒤흔들기 시작했다. 그것은 그때까지 숭배해왔던 위대한 지도자에 대한 저항의 출발점이었다.

5. 혁명은 목숨을 난도질한다는 뜻

베이징대학 사건은 우리 만리장성 투쟁조에 연이어 밀어닥칠 불운의 전조와도 같았다.

나는 '혁명'의 원뜻이 '목숨을 끝장내다'라는 것을 알고 있었다. 하지만 그건 어디까지나 헤이 장군 같은 적의 목숨에만 해당된다고 생각했다. 그러나 혁명은 순식간에 동지를 적으로 바꿔놓는 기묘한 힘을 지니고 있었다. 베이징대학 사건 이후 몇 주 사이에 문화혁명은 가장 열성적이었던 홍위병들에게서 등을 돌렸다. 샤오룽의 누나는 반동분자라는 죄목을 받고 7년의 중노동 형에 처해졌다. 충성스러운 홍위병 대장이었던 망치는 인민의 적이라는 죄목으로 10년 동안 징역을 살아야 했다. 나중에 나는 망치가 감옥에서 끔찍한 고문을 당했다는 소식을 들었다. 일명 '호랑이 의자'라는 고문으로 무릎 부분을 의자에 묶은 채 뒤꿈치 아래에 벽돌을 계속 밀어넣는 것이었다. 다리 곳곳이 심하게 부러진 그는 결국 평생을 절름발이로 살아야 했다. 또 다른 전투 영웅이었던 구레나룻은 다른 홍위병들과 싸움을 벌이다가 곤봉으로 맞아죽었다고 했다. 문화혁명은 처음에 자본가들에게 그랬던 것처럼 이제 혁명적인 홍위병들의 목숨도 빼앗아가고 있었다.

불운은 우리 만리장성 투쟁조에도 찾아왔다. 첫 희생자는 선전 담당인 참새였다. 1967년 2월의 어느 날 샤오롱이 내 방으로 들어와 무서운 소식을 전했다. "참새 아버지가 죽었어. 지난밤에 공원의 소나무에 목을 매달아 자살했대."

"아니, 왜?" 내가 물었다.

"어제 홍위병들로부터 배신자로 낙인찍혔기 때문이지."

"그게 사실이야?"

"내 생각엔 아닌 것 같아." 샤오롱이 대답했다.

우리는 참새의 집으로 갔다. 우리들 아파트에서 불과 한 구역 떨어진 곳이었다. 하지만 우리의 위로는 친구에게 별다른 힘이 되지 못했다. 며칠 뒤 참새 가족은 더 이상 다위안 안에서 살 수 없으며 즉시 떠나라는 명령을 받았다. 참새네는 베이징 시의 반대편 끝으로 옮겨갔고 이후 나는 참새를 거의 보지 못했다.

한 달 뒤, 이번에는 혁명의 가차 없는 손길이 우리 조직의 서기인 캥거루를 덮쳤다. 며칠 동안 캥거루는 만리장성 투쟁조 본부에 나타나지 않았다. 그래서 우리가 캥거루를 찾아갔다. 하지만 캥거루의 집은 이미 텅 비었고 대문에는 봉인이 찍혀 있었다. "대체 어디로 간 거지?" 우리는 주위를 돌아다니며 물어보았다. "이틀 전 한밤중에 온 가족이 떠나버렸단다." 이웃 사람이 알려주었다. "캥거루 아버지가 가짜 당원이었거든. 그래서 공직을 박탈당했어." 갑자기 사라져버린 캥거루에 대해 우리가 알아낼 수 있었던 것은 그게 다였다.

몇 주 후 나는 캥거루가 보낸 편지를 받았다. 중국 황제들이 죄수를 유형 보내던 머나먼 신장新疆의 국영농장이 주소지였다. 편지 내용은 자못 긍정적이었다. 흰 눈을 뒤집어쓴 산들이며 양떼, 목장에서 바로 짠 말젖을 먹는 즐거움 등이 적혀 있었다. 하지만 나는 멸시받는 아버지를 둔 그의 삶이 대단히 고달프리라는 점을 알고 있었다. 나는 곧 찾아가겠다는 답장을 보냈다. 하지만 그 편지 이후 다시는 소식을 들을 수 없었다.

나는 참새와 캥거루, 두 친구가 몹시 그리웠다. 두 친구가 사라지고 나자 한때 시끌벅적 즐거웠던 만리장성 투쟁조 본부도 한산하고 썰렁해졌다. 나는 학교에 가는 일이 점점 줄었고 대신 집에서 시간을 보내며 무엇이든 읽을거리를 찾으려 했다.

* * *

불운은 캥거루에서 끝나지 않았다. 두 달 정도 지났을 때 다시 한 번 혁명의 불길한 손길이 다가왔다. 이번에는 우리 가족 차례였다.

어느 일요일 밤 나는 여동생과 함께 공동 식당에서 돌아오다가 쟌메이 이모가 어머니와 함께 뒷문 쪽에서(우리 집은 일층이었다) 낮은 소리로 두런거리는 것을 보았다. 바람이 차고 가는 비가 내리고 있었음에도 불구하고 집 안으로 들어올 생각이 없는 듯했다. 몇 년 만에 처음 보는 반가운 이모 모습이었다. 얇고 검은 코트를 입은 이모는 얼굴을 숨기기라도 하려는 듯 커다란 회색 숄로 머리를 감싸 묶고 있었다.

농담을 할 때면 찡긋거리곤 했던 작고 빛나는 두 눈은 흐리멍덩했고 불안한 듯 쉴새없이 주위를 살폈다. 나는 기쁜 마음에 냉큼 이모에게 달려갔다. 하지만 어머니가 나를 막아섰다.

"어서 안으로 들어가렴." 엄한 말투였다. "이모와 심각하게 의논할 것이 있단다." 이모는 살짝 미소지으며 내게 고개를 끄덕여보였.

이모는 좀 덜렁거렸지만 너그럽고 재미있는 사람이었다. 커다란 체구에 목소리도 큰 이모는 줄담배를 피워댔고 술에 관한 한 모르는 것이 없었다. 우리 집에 찾아올 때면 백조 알, 육포, 티베트 버터, 은행 그리고 이모 부부가 일하는 칭하이靑海 지역에서 유행하는 농담 등 수많은 선물을 가져왔다. 이모부는 칭하이 호숫가에 위치한 해군 무기 공장의 책임자였고 이모는 공장의 물품 공급 담당자였다. 한번은 이모가 커다란 바닷가재를 잔뜩 사와 가재 파티를 한 적도 있었다. 나는 그때 이모가 사온 것만큼 맛있는 가재를 아직 먹어보지 못했다. 오랜 세월이 지났음에도 불구하고 여전히 그렇다.

집으로 들어간 후 나는 어머니와 이모가 이야기하는 모습을 창가에서 지켜보면서 어서 이모가 들어오기를 기다렸다. 이모를 위해 끓여놓은 차는 점점 차가워졌다. 하지만 15분이 지난 후 이모는 집 안에 발도 들이지 않은 채 가버렸다.

"이모는 어딜 간 거죠?" 내가 어머니에게 물었다.

어머니 얼굴은 잿빛이었다. "묻지 말아라." 어머니가 말했다. "그리고 이모가 여기 왔었다는 얘기도 절대 해서는 안 돼. 이모는 혼자서 칭하이에서 도망쳐왔어. 홍위병이 집을 습격해 이모부를 강철봉으로 때렸다는구나. 지금 이모를 찾고 있대. 이모는 여기서 며칠이라도 숨어 있으려고 왔지만 어떻게 그렇게 해줄 수 있겠니? 우리도 여기서 어려운 상황이니 다른 곳을 찾아보라고 했다."

도대체 쟌메이 이모가 어디로 갔는지 알 수 없었다. 어머니가 이모를 그냥 쫓아버린 것이 슬펐지만 그런 냉정함을 비난할 수도 없었다. 혁명가라면 반동으로 낙인찍힌 친척과 명확히 선을 그어야 했다. 어머니는 우리 가족을 위해 그렇게 하신 것이었다. 그럼에도 불구하고 그 추운 밤에 이모를 떠나보낸 어머니가 나는 원망스러웠다. 대체 이모가 어디로 갈 수 있다는 말인가? 몇 달 후 나는 이모부가 홍위병들 손에 죽임을 당했다는 소식을 들었고 참을 수 없을 정도로 강한 죄책감을 느꼈다. 그 죄책감은 오늘날까지도 남아 있다. 쟌 메이 이모는 결국 체포되어 칭하이의 강제노동 수용소로 보내졌다. 하지만 다행히 이모는 문화혁명의 폭풍이 지나갈 때까지 살아남았다.

* * *

이모가 다녀간 지 이틀 후 또 다른 시련이 닥쳐왔다. 샤오롱과 놀다가 늦게 집으로 돌아오니 집 안이 온통 어둡고 조용했다. 대문이 활짝 열린 채로 불은 꺼져 있었다. 그 시간쯤이면 아버지와 여동생이 집에 있어야 했다. 나는 의아한 마음으로 걸어 들어가 거실의 불을 켰다.

그 순간 갑자기 어머니 목소리가 들려왔다. "어서 불 꺼! 네 방으로 가거라." 어머니의 말투만으로도 무언가 엄청난 일이 일어났다는 것을 직감할 수 있었다. 어머니는 열렬한 혁명가였고 문화혁명이 시작된 후 직장인 자연사박물관에서 밤 늦게까지 일하곤 하셨다. 내가 잠들기 전에 집에 돌아오는 일은 거의 없었다.

"어째서 불을 켜면 안 되는 거야?" 나는 여동생에게 물었다.

"쉿! 엄마는 홍위병들이 불빛을 보면 되돌아올까봐 걱정하는 거야." 여동생은 한참 동안 울었는지 목소리가 갈라져 있었다.

"아니, 왜? 무슨 일이야?" 내가 다시 물었다.

"마오쩌둥 주석의 강철 병사들이라는 홍위병 조직이 오늘 오후에 왔었어. 그리고 아버지를 반동분자라면서 잡아갔어."

우리 아버지가 반동분자라고! 나는 너무도 어처구니없는 소리에 충격을 받았고 무척 화가 났다. 어떻게 우리 아버지가, 불과 열두 살에 위대한 지도자의 공산당 군대에 참여한 사람이 반동일 수 있다는 말인가! 아버지는 수많은 메달을 받은 군 영웅이 아닌가! 홍위병 조직에 가입한 것은 다소 늦었지만 어떻든 늘 위대한 지도자에게 충성해야 한다고 내게 가르치시지 않았나!

"대체 왜 아버지가 반동이라는 거야?" 내 물음에 동생이 대답했다. "아버지가 도망자를 보호하려 했다는 거야. 그러면서 쟌메이 이모가 어디로 갔는지 말하라고 했어."

"아버지가 그걸 어떻게 안단 말이야. 이모는 혼자서 떠나버렸는데."

나는 이렇게 말했지만 상황은 분명했다. 홍위병과는 누구도 논쟁할 수 없었다. 홍위병은 곧 법이었다.

아버지는 그날 밤 결국 돌아오시지 않았다. 사흘이 지나도록 소식이 없었다. 그 사흘 동안은 내게 몽롱한 기억으로 남아 있다. 나는 내내 잠을 잤다. 어머니가 밤에도 불을 켜지 못하게 하셨기 때문에 밤인지 낮인지도 어렴풋이 구별될 뿐이었다. 난생 처음으로 나는 공포를 느꼈다. 아버지가 반동분자라면 나 또한 반동이었다. 반동의 자식이 어떤 취급을 받는지는 누구보다도 잘 알고 있었다. 커다란 대나무 빗자루를 들고 거리를 쓸던 세 모녀의 모습이 여전히 생생했다. 내 친구들 중에 나를 찾아오는 사람은 샤오룽뿐이었다. 잠깐 들렀다가 금방 가버리기는 했지만 말이다. 반동의 자식을 만나는 것이 남의 눈에 띄어서 좋을 것은 없었다.

아버지가 체포된 후 어머니는 신경발작을 일으켰다. 며칠 동안 미친 듯이 울거나 벽을 손가락질하며 "쓸모없는 친척들! 원망스러운 친척들! 골칫거리만 안겨주다니!"라고 고함을 지르기만 했다. 쟌메이 이모에게 욕설을 퍼붓기도 했다. 한밤중에 우리 방에 와서 여동생을 숨이 막혀 비명을 지를 정도로 세게 껴안았다가는 다음 순간 더러운 돼지 새끼라도 보듯이 밀쳐내기도 했다.

나흘째 되던 날 아버지가 돌아왔다. 하지만 아주 잠깐뿐이었다. 노동 수용소로 가기 전에 옷가지를 챙기러 들른 것이었다. 창백하고 굶주린 모습의 아버지는 아무 말도 하지 않았다. 아버지는 전에도 말이 많은 사람은 아니었지만 그런 일을 겪으면서 완전히 벙어리나 다름없이 되어버렸다. 이후 여러 해 동안 아버지는 아무도 믿지 않았다. 자식인 우리들까지도 말이다. 아버지가 떠난 후 어머니도 다른 노동 수용소로 보내졌다. 다만 한 주에 한 번씩 집에 들러 우리를 만나도 좋다는 허락을 받았다.

* * *

내 인생에서 가장 암울한 시기였다. 불과 며칠 사이에 나는 자랑스러운 홍위병에서 반동의 자식으로, 사회의 쓰레기로 전락했다. 친구들은 감히 나를 만나러올 엄두를 내지 못했다. 나도 친구들을 보고 싶지 않았다. 반동의 자식이라는 부끄러움, 그리고 홍위병이 나를 공격할지 모른다는 두려움 때문에 나는 밖에 거의 나가지 않고 집 안에서 여동생과 함께 지냈다.

부모님이 안 계신 상황이었으므로 나는 스스로 집 안을 관리하며 살아가는 법을 배워야 했다. 보리죽 끓이는 법, 빨래하는 법, 청소하는 법 등을 익혔다. 며칠이 지나자 나는 집안일에 아주 능숙해졌고 오빠로서 여동생을 돌볼 수 있다는 점이 자랑스러웠다. 나는 스스로 마치 쥐처럼 강한 생존본능을 타고난 모양이라고 생각했다. 쥐는 모든 생명체 중에서 가장 끈기 있게 살아남는 동물이다. 가장 천대받는 운명을 타고났음에도 불구하고 말이다.

끝없이 길게 느껴졌던 두 달이 지나고 부모님은 일시적으로 풀려났다. 마오쩌둥 주석의 강철 병사들은 부모님을 반동분자로 몰 만한 충분한 증거를 찾지 못했고 그래서 '보완 교육이 필요한 동지들'로 분류한 후 놓아준 것이다. 이는 아직도 부모님에게 문제의 소지가 남아 있다는 뜻이었다. 여전히 어두운 그림자가 드리워져 있기는 했어도 어떻든 부모님의 귀환은 내 주위 상황을 즉각 바꾸어놓았다. 나는 다시금 꼬마 혁명가가 되었다. 부모님이 돌아온 다음날 나는 팔에 홍위병 완장을 차고 만리장성 투쟁조 본부로 가서 코흘리개와 샤오룽을 만났다. 그리고 전에 그랬듯이 포스터를 읽고 투쟁 집회에 참여하며 혁명 활동을 벌이려 했다. 하지만 두 달 동안 반동분자의 아들로 지냈던 경험이 혁명에 대한 내 태도를 영원히 바꾸어버렸다는 점을 곧 확인하게 되었다.

쓰라린 경험은 위대한 지도자와 문화혁명에 대해 깊은 의구심을 갖게 했다. 나는 어렴풋이 깨닫기 시작했다. 문화혁명에는 실제로 가치 있는 목표란 없다는 것, 그리고 숨은 적도 없다는 사실을 말이다. 위대한 지도자는 한때 내가 그랬듯 혼란에 빠져 망치나 우리 아버지 같은 충성스러운 사람들에게 실수를 저지른 것이다. 도대체 자신을 신처럼 떠받드는 추종자들을 왜 희생시켜야 하는지 이해가 가지 않았다. 다만 한 가지는 분명했다. 나는 더 이상 의미 없는 혁명에 관심을 갖지 않을 것이었다. 물론 겉으로는 여전히 열심히 혁명에 참여했고 열성적인 혁명가 노릇을 해야 했다.

혁명과 위대한 지도자에 대해 의구심을 갖게 된 것 외에 두 달 동안의 고난은 이후 위대한 지도자에 반기를 들게 하는 또 다른 계기를 제공했다. 지루하고 두려웠던 그 시기 동안 여동생과 집에 틀어박혀 지내면서 나는 신나게 불태워버렸던 '나쁜' 책들을 미칠 듯이 그리워했다. 기사나 용이 나오고 원숭이와 괴물이 등장하는 그 책들 말이다! 위험한 생각이라는 점을 알고 있었지만 억누를 수 없었다. 물론 그것은 공허한 상상일 뿐이었다. 문화혁명 이후 모든 도서관은 홍위병에 의해 봉쇄되었고 서점에는 붉은 혁명 도서만이 남아 있었다. 너무도 철저하게 책을 불태운 탓에 친구들 집에는 소설 한 권 보이지 않았.

중국에는 '간절히 바라면 이루어진다'는 격언이 있다. 집에 갇혀 지내던 시기가 끝나고 며칠 지나지 않아 내 위험한 소망은 갑자기 실현되었다.

6. 금지된 책들을 사냥하다

어느 날이었다. 밖으로 나가 혁명 포스터를 읽는데도 진저리가 나 버린 나는 아침밥을 먹은 후 방에 앉아 의사 집에서 가져온 벌거벗은 여자들 사진첩을 꺼냈다. 벌써 수백 번 꺼내본 사진첩이었다. 천천히 책장을 넘기면서 나는 책 주인이었던 신사에게 일어났던 일, 그리고 아버지의 죽음 후 사회에서 매장당했던 그의 딸에 대해 생각했다. 너무도 골똘히 생각에 잠긴 나머지 샤오롱이 집 안으로 들어와 등 뒤에 다가선 것도 깨닫지 못했다. 당시 우리는 문을 잠그는 법이 없었다.

"이런, 나쁜 책이잖아!" 샤오롱이 반라의 여인을 가리키며 소리쳤다. 나는 의자에서 벌떡 일어났다. 이런 책을 가지고 있다는 사실이 알려지면 큰일이었다. 나는 당장 책을 침대 아래에 숨겼다.

"이봐, 나한테까지 감출 건 없어." 샤오롱이 나를 진정시키려 했다. "이런 책을 읽을 배짱만 있다면 내가 백 권이라도 가져다주지."

"네가 나쁜 책을 가지고 있다는 말이야?" 나는 여전히 놀란 가슴을 가라앉히려 애쓰면서 물었다. "우리 모두 함께 몽땅 불태워버리지 않았어?"

"글쎄, 몽땅 그랬던 것은 아니지."

"그럼 네가 나쁜 책들을 숨겨두었다는 거야? 어떻게 감히 그럴 수가 있지?" 나는 짐짓 혁명가의 목소리를 가장하려 했다. 하지만 워낙 나를 잘 아는 만큼 샤오룽은 그런 시늉에 놀라는 척도 하지 않았다. "책이 어디 있는데?" 마침내 내가 물었다.

"비밀 장소에." 친구는 자랑스럽다는 듯 대답했다. "몇 권 가지고 싶니? 네 책을 좀 보여주면 널 그리로 데려다주지."

"좋아." 내가 말했다. "하지만 그 전에 네 책을 먼저 보여줘야지."

"그럼 오늘 저녁 7시에 1번 버스정류장에서 만나자. 손전등하고 가방을 가져와야 할 거야."

그날 저녁 우리는 금어대가金魚大街에서 버스를 내렸다. 노란 가로등 불빛 아래 저녁 시장을 보는 사람들로 거리가 왁자지껄했다. 우리는 시장 거리를 지나 트럭 너비 정도밖에 안 되는 좁은 골목 앞에 멈춰섰다. 회색 벽돌담에 거리 이름이 쓰인 녹슨 금속판이 붙어 있었다. 골목 안으로 들어서기 전, 샤오룽이 어깨 너머로 흘깃 뒤를 돌아보았다. 중국 영화에 나오는 미국 간첩들 같은 그런 눈길이었다. 뒤따르는 사람이 없음을 확인한 후 샤오룽은 느린 걸음으로 들어갔다. 나도 뒤따랐다. 나도 모르게 어설픈 할리우드 간첩 흉내를 내면서 말이다.

골목 끝까지 걸어가자 대리석이 깔린 넓고 화려한 입구가 나타났다. 낡아빠진 주변 집들과는 사뭇 대조적이어서 엉뚱하다는 느낌까지

주었다. 대문에는 조롱박 모양을 한 커다랗고 녹슨 자물쇠가 매달려 있었다. 붉은 끈 두 개가 길게 십자로 교차해 자물쇠 위에 묶여 있었다. 어두워서 글씨는 보이지 않았지만 홍위병들이 잠가놓은 것이 분명했다.

"바로 여기야." 샤오롱이 속삭였다.

"이게 뭔데?"

"홍위병들의 창고지. 본래는 유명한 배우의 연습실이었대. 배우가 자살한 후로는 붉은 행동위원회가 보관할 가치가 있다고 결정한 것들을 넣어두는 창고가 된 거야. 그러니까 홍위병들이 자기 집으로 가져가 버리지 않은 물건은 여기 있는 거지. 라디오처럼 값나가는 것은 없지만 책은 많아. 누나랑 한 번 와본 적이 있어."

홍위병들이 소녀의 집에서 약탈했던 피아노도 여기 있을지 궁금해졌다. 일단 안으로 들어가는 길을 찾아야 했다.

샤오롱은 골목 밖으로 고개를 내밀고 지나가는 사람이 없는지 살폈다. 문에서 몇 미터 떨어진 곳에 느릅나무가 서 있었다. 한참 애를 쓴 끝에 우리는 나무에 기어올라 담 안으로 숨어들 수 있었다. 희미한 달빛이 주위를 밝혀주었다.

집으로 들어가는 문에도 자물쇠가 걸려 있었지만 샤오롱이 그 안에 드라이버를 집어넣고 힘껏 돌리자 간단히 열렸다. 문은 나무토막이 서로 부딪치는 것 같은 둔중한 소리를 냈다. 우리 둘은 걸어 들어가면서 손전등을 비춰보았다. 커다란 거실이 나타났다. 거실의 3분의 2정도를 차지하는 공간에 우리 엉덩이 높이까지 책이 쌓여 있었다. 온 사방이 먼지와 거미줄투성이였다.

"자, 바로 여기야." 샤오롱이 말했다. "원하는 대로 집으렴. 단, 서둘러야 해. 도둑으로 잡히고 싶진 않으니까."

"괜찮아. 공자님도 그랬지, 책 도둑은 도둑이 아니라고 말야." 내가 책 더미 쪽으로 다가가며 말했다.

거실에서는 희미하게 '666' 살충제 냄새가 났고 먼지 때문에 숨쉬기가 힘들었다. 우리는 미리 계획이라도 한 듯 서로 다른 방향으로 탐색을 시작했다. 샤오롱은 날쌘 동작으로 책들을 살펴본 후 마음에 들지 않는 것은 자기 다리 사이로 해서 뒤로 던졌다. 샤오롱은 오직 한 종류의 책만을 찾고 있었기 때문에 작업이 간단했다.

"좀 살살 할 수 없어?" 나는 재채기를 하며 말했다. "우리 둘 다 먼지로 숨이 막혀 죽겠다."

"서둘러. 그리고 장군이나 군대에 대한 책이 나오면 나한테 던져주고. 알았지?" 샤오롱은 고개도 들지 않은 채 대답했다.

하지만 친구와 달리 나는 정확히 어떤 종류의 책을 찾아야 할지 알 수 없었다. 《봉신연의封神演義》《서유기西遊記》《삼국지三國志》《홍루몽紅樓夢》 등 중국 고전들이 보였다. 모두 봉건주의의 상징으로 여겨지는 책들이었다. 다위안에서 불태웠던 책들이기도 했다. 하지만 이제는 가장 비난받는 그 책들이 가장 매력적이었다. 나는 중국 고전을 모두 가방에 집어넣었다.

"와! 이것 좀 봐!" 샤오롱이 외쳤다. 허리를 펴고 선 샤오롱의 얼굴에서 땀방울이 흘러내렸고 셔츠는 땀으로 젖어 몸에 바싹 붙어 있었다. 샤오롱이 책에 손전등을 비추었다. "《금병매金瓶梅》야. 들어본 적 있어? 나쁜 책 중에서도 가장 나쁜 책이라고들 했지."

나도 그 책을 알고 있었다. 나이 많은 홍위병들이 그 책에 대해 귓속말로 하는 얘기를 엿들은 적도 있었다. 골초 악마는 그 책이 중국문학에서 최고로 야하다고 말하기도 했다. 갑자기 심장 박동이 빨라졌다. 나는 감탄하며 책을 어루만졌다.

"이건 정말 일급비밀이야. 절대로 아무한테도 이 책 얘기를 해서는 안 돼." 샤오롱은 그 책을 내 가방 속에 밀어넣으면서 속삭였다. 나는 고개를 끄덕였다. 이런 책을 가지고 있다가 발각되는 경우 어떤 무서운 결과가 빚어질지 우리 둘 다 너무도 잘 알았던 것이다.

가방을 가득 채우는 데는 시간이 오래 걸리지 않았다. 중국 고전문학 외에 나는 중국어로 번역된 여섯 권짜리 서양문학 전집도 찾아냈다. 재빨리 작가를 살펴보았지만 아는 이름이라고는 러시아 사람인 레프 톨스토이Lev Nikolaevich Tolstoi(1828~1910)와 안톤 체호프Anton Pavlovich Chekhov(1860~1904)뿐이었다. 어떻든 나는 그 두꺼운 책들을 챙겨넣었다.

* * *

거실을 나서려는 순간 바깥쪽에서 무슨 소리가 들렸다. 사람들이 다가오는 중이었다. 느릅나무 잎사귀 사이로 불빛이 보였다.

"쉿!" 샤오롱이 속삭였다. "다시 안으로 들어가자."

덜그렁덜그렁 소리가 들렸다. 사람들은 대문의 녹슨 자물쇠를 따려는 참이었다. "열쇠가 누구한테 있지?" 날카로운 목소리가 말했다.

"잠깐만. 자, 여기 있군." 다른 목소리가 대답했다.

대문이 활짝 열렸다. 창문을 통해 붉은 완장을 찬 사람들이 걸어 들어오는 모습이 보였다.

샤오롱이 땀에 젖은 손으로 내 소매를 잡아당겼고 우리는 더 안쪽으로 숨어들었다. 누군가 소리쳤다. "여기 문이 열려 있는걸. 안에 사람이 있나 봐." "어서 도둑을 잡자!"

사람들은 웃으며 거실로 들어섰다. 샤오롱의 뒤를 따라 화장실로 기어들어가면서 나는 땀에 젖은 셔츠가 등에 차갑게 달라붙는 것을 느꼈다. 변기를 밟고 올라선 샤오롱이 작은 창문을 열었다. 요란한 소리가 났다.

"저기 있다! 도둑 잡아라!" "도둑 잡아라!"

먼저 가방을 밖으로 내던진 샤오롱이 창틀로 뛰어올라 머리부터 빠져나갔다. 나도 가방을 내던지려 했지만 무거운 가방이 창틀에 걸려버렸다. 상수도관을 타고 올라선 나는 두 발로 가방을 힘껏 찼다. 창문이 깨지면서 가방이 떨어졌다.

"저기다!" 몇 사람이 고함을 질렀다. "도망치지 못하게 해!"

"붙잡아서 가로등에 목을 매달자고!"

그건 빈말이 아니었다. 홍위병은 반동분자에게 인정사정없는 존재였다. 어떻게든 빠져나가야 했다. 화장실 바닥에 사람 그림자와 횃불이 어지럽게 나타났을 때 나는 젖 먹던 힘을 다해 창문에서 뛰어내렸다. 그리고 땅에 떨어져 있는 가방을 끌어안고 어두운 곳까지 굴러간 후 몸을 일으켰다. 조금만 더 가면 가로등이 훤한 큰 길이었다.

"어서 서둘러! 도둑이 빠져나갔다. 집 근처를 수색해!" 다시 사람들이 외치는 소리가 들렸다.

"가자." 어느 새 나타난 샤오롱이 나를 끌어당겼다. 뒤쪽 화장실

창문에서 횃불이 빛났다. "저기 있다!" 그 소리와 함께 우리는 대로를 향해 달렸다. 죽을 둥 살 둥 달리던 중 왼쪽 손이 물기로 미끈거린다고 느꼈다. 창문 유리에 베인 모양이었다. 하지만 일단은 살아서 도망치는 것이 우선이었다. 천만다행으로 대로는 사람으로 복잡했고 갑자기 튀어나온 두 소년에게 관심을 기울이는 이들은 없었다.

* * *

왼손의 상처는 다섯 바늘이나 꿰매야 할 정도로 깊었다. 나는 어머니가 눈치 채지 못하도록 한참 거짓말을 꾸며내야 했다. 하지만 충분히 그럴 만한 가치가 있는 일이었다. 나는 침대 밑에 책을 숨겨두고 몇 달 동안이나 밤낮없이 읽어댔다. 먼저 중국 고전을 읽었고 그 다음에 서양문학을 펼쳐들었다.

중국 고전문학 가운데 나는 《서유기》가 가장 마음에 들었다. 그것은 천상의 옥황상제에게 반기를 든 원숭이 한 마리가 벌이는 모험담이었다. 나는 원숭이의 자유로운 영혼이 좋았다. 나의 영웅은 장난스러우면서도 동시에 두려움을 모르는 그런 존재였다. 권위에 대한 복종을 거부하면서 원숭이는 부처님 손바닥에 오줌을 씨기도 하고 옥황상제의 술을 훔치는가 하면 술에 취한 후 천마를 마구 풀어놓아 천상에 대혼란을 일으킨다. 이후 위대한 지도자에 나름대로 저항하면서 나는 스스로를 그 원숭이에 비교하곤 했다.

서양문학 중에서는 스탕달Stendhal(1783~1842)과 잭 런던Jack London(1876~1916)이 좋았다. 《서유기》가 내 저항정신을 자극했다면 스탕달과 잭 런던은 '야망'이라는 위험스러운 씨앗을 뿌려놓았다. 그것은 혁명가에게는 있을 수 없는, 발각되었다가는 영원한 파멸을 가져올 씨앗이었다. 스탕달의 《적과 흑Le Rouge et le Noir》 그리고 잭 런던의 《마틴 에덴Martin Eden》은 내게 비슷한 모습으로 다가왔다. 그것은 열정과 인내심을 지닌 인물들이 꿈을 추구하며 주어진 운명을 넘어서는 이야기였다. 절대 가서는 안 될 길이라는 점을 분명히 알고 있었지만 그럼에도 불구하고 나는 소설을 읽으면서 여러 차례 눈물을 흘렸다. 특히 마틴 에덴이라는 주인공이 마음에 들었고 나도 그렇게 수많은 어려움을 이겨내 결국은 성공하는 인물이 되고 싶었다.

하지만 《금병매》는 실망이었다. 축약본인 데다가 곳곳에 지워진 부분이 있었다. 단어나 문장, 심지어는 문단 전체가 지워지기도 했다. 불길에 던져지는 위험을 피하기 전부터 검열이 책을 난도질했던 것이다. 나는 혹시라도 어머니에게 발각될까 두려워 다 읽은 후에는 대부분의 책을 불태워 없앴다. 하지만 《적과 흑》과 《마틴 에덴》만큼은 도저히 없애버릴 수가 없었다. 그래서 침대 아래에 테이프로 붙여 보관하면서 반복해 읽었다. 이 책들이 내 마음속에 뿌린 씨앗은 이후 서서히 뿌리를 내리고 피어날 운명이었다. 그리고 결국 위대한 지도자가 내게 부여한 운명에 맞서는 길고 힘든, 외로운 전투를 벌이게끔 만들고 말았다.

7. 위대한 지도자와 홍위병의 만남

내가 방에 틀어박혀 금지된 책들을 읽고 있는 동안 문화혁명에는 중대한 변화가 일어났다. 혁명 다음 해인 1967년 여름, 위대한 지도자는 서로 아옹다옹 다투는 홍위병 조직들을 하나로 규합해 붉은 군대의 정신으로 무장시키겠다는 결정을 내렸다. "이 순간부터 중국은 거대한 병영이 되고 모든 사람이 붉은 병사가 되는 것입니다." 위대한 지도자는 선언했다. 홍위병은 위대한 지도자의 지시를 기쁘게 받아들였고 즉각 이를 실천에 옮기기 시작했다.

곧 베이징 곳곳에서 집회가 열렸다. 하늘에서 폭죽이 터졌고 요란한 북 소리가 울렸다. 200년 된 낡은 집들이 대청소를 실시했으며 반목하던 홍위병 조직들이 손을 맞잡고 인민해방군의 군사훈련을 신청했다. 어느 날 우리 투쟁조 본부로 가보았더니 '만리장성 투쟁조'라는 자랑스러운 이름이 지워져 있었다. "때마침 왔구나." 코흘리개가 말했다. "자, 여기 새 완장을 차도록 해. 이제 베이징의 모든 홍위병은 똑같은 완장을 차야 해." 완장에는 '만리장성 투쟁조' 대신 '수도 홍위병'이라고 적혀 있었다. 코흘리개는 나와 마찬가지로 우리 투쟁조의 종말을 아쉬워하는 표정이었다. 하지만 이와 대조적으로 샤오롱은 별로 개의치 않는 듯했다. "혁명위원회는 우리가 다음 주에 군사훈련을 받아야 한다고 했어." 샤오롱은 흥분한 목소리였다. "진짜 총 쏘는 법을 배우는 거야. 우리 학교의 모든 홍위병이 하나의 연대를 구성한대. 연대장이 누구인지 아니? 바로 코흘리개 아버지라고!" 나는 코흘리개를 쳐다보았다. 그는 미소를 지었다.

코흘리개의 아버지가 이끄는 병사들 한 소대가 우리 학교로 왔고 이어 군사훈련이 시작되었다. 우리는 열을 지어 오리걸음을 걸었고 제1차 세계대전 때 사용되던 고물 총으로 목표 사격 연습도 했다. 훈련은 퍽 힘들었다. 모두들 지쳐버렸다. 나는 위대한 지도자가 바로 이런 결과를 바랐던 것이 아닌가 하는 생각을 했다. 홍위병들이 모두 강도 높은 훈련을 받게 되면 더 이상 떼 지어 거리를 돌아다니는 일이 없을 테고 나라의 질서를 유지하기가 더 쉬워질 테니까.

통합된 홍위병에 대한 애정을 표시하기 위해, 또한 위대한 지도자를 위해 홍위병들이 달성해낸 위업(실제 그것이 무엇이든 간에)을 치하하기 위해 마오쩌둥 주석은 7월부터 대중 집회에서 홍위병을 사열하기 시작했다. 위대한 지도자를 직접 만난다는 것은 홍위병에게 더할 나위 없이 큰 영광이었다. 한 번이라도 그런 기회를 얻기 위해 수백만 명에 이르는 전국의 홍위병들이 수도로 몰려들었다. 불과 몇 주 만에 베이징 시내 곳곳이 천막으로 뒤덮였고 그 수는 날마다 불어났다.

다위안의 공원에도 거대한 천막촌이 만들어졌다. 위대한 지도자가 홍위병을 사열하는 모습이 야외 스크린에서 반복 상영되었다. 우리는 모두 그 장면을 여러 차례 보았다. 화면 속 사람들은 마치 짝짓기를 하는 개구리들처럼 미친 듯이 뛰어오르며 기쁨의 눈물을 터뜨리고 있었다. 모두들 너무도 행복해보였다. 다위안의 홍위병들 역시 그런 기회를 얻을 수 있다고들 했다.

하지만 그런 대규모 사열이 언제 있을지는 아무도 몰랐다. 그저 때가 되면 알려준다는 것이었다. 어느 날 코흘리개가 말했다. "아버지 말이 이제 우리도 천막촌에 옮겨가 있는 편이 좋겠대. 잘못하다가 위대한 지도자를 못 보기라도 하면 어떡해?" 나는 위대한 지도자를 보고 싶다는 마음이 그리 절실하지 않았지만 홍위병이라면 응당 그렇게 행동해야 한다는 점을 알고 있었다. 나는 친구들을 따라 천막촌으로 옮겼다. 부모님은 물론 아무런 이의를 달지 않았다. 위대한 지도자를 보기 위해서라니 말이다.

* * *

8월부터 9월까지 우리는 밤낮으로 그저 기다리면서 시간을 보냈다. 천막촌에서 멀리 떨어진 곳으로는 감히 갈 엄두도 내지 못했다. 사기가 떨어지지 않도록 하기 위해 군인들은 하루 종일 우리에게 대열을 지어 오리걸음 걷기 등 힘든 훈련을 시켰다. 저녁에는 끝없는 수업과 대회가 이어졌다. 우리는 위대한 지도자의 《에세이 세 편》이나 〈불멸의 시〉를 공부하고 암송했다. 한 사람도 빠짐없이 그 뛰어난 작품들을 찬양하는 글을 써야 했고 가장 뛰어난 글은 천막촌을 둘러싼 게시판에 전시되었다. 나는 약간의 글솜씨를 타고난 덕분에 글짓기 대회에서 곧 주목을 받았다. 혁명가로서 키워지고 교육받은 모든 과정이 마침내 보상을 받는 듯했다. 내가 쓴 혁명의 글은 과장된 표현과 위대한 지도자가 쓴 작품의 인용으로 뒤범벅되어 있었다. 비록 스스로는 내가 쓴 글을 단 한 마디도 믿지 않았지만 인정과 칭찬을 받으면서 나는 우쭐해졌다. 몇 번인가는 저녁 집회에 모인 군중들 앞에서 내 글을 큰 소리로 읽어달라는 부탁도 받았다. 집회가 끝나면 그 글이 게시판 한가운데 붙곤 했다.

하지만 결국 글을 통해 나는 치명적인 실수를 저질렀다. 나와 가족의 삶을 파멸시킬 뻔한 실수였다. 그 사건을 통해 나는 혁명이라는 것이 부주의한 병사에게 얼마나 위험한 것인지를 절실히 깨달았다.

그날 저녁 나는 위대한 지도자의 시 〈루산盧山을 오르며〉를 찬양하는 새 글을 게시판에 자랑스럽게 붙이고 있었다. 그런데 갑자기 등 뒤에서 날카로운 고함 소리가 들렸다. "이걸 좀 봐!" 한 젊은이가 내 글 아래쪽을 가리키며 쓰촨四川 사투리가 섞인 말투로 떠들어댔다. "이 글자를 좀 보라고! 이건 위대한 지도자에 대한 공격이야. 반동이라고! 저 놈을 감시해! 도망가지 못하도록 말야. 당장 이 일을 보고해야만 해!" 그리고 그는 황급히 본부 건물로 달려갔다.

게시판 주위에 서 있던 사람들은 한동안 아무도 움직이지 못했다. 무거운 침묵이 흘렀다. 내 글 아래쪽을 살펴보던 나는 온몸이 와들와들 떨렸다. 다리에 힘이 빠졌고 머리가 어지러웠다. 서늘한 기운이, 마치 털투성이 거미가 기어가듯, 내 등 위를 스쳐갔다. 글 마지막에 의례적으로 붙는 '마오쩌둥 주석, 만세!'라는 표현의 만萬이 무無로 적혀 있었다. 다른 누구도 아닌 내 손으로 적은 글씨였다. 무의식적으로 손을 움직이다가 저지른 실수였지만 이것이 얼마나 끔찍한 결과를 빚을 것인지는 분명했다. 홍위병은 이보다 훨씬 경미한 죄로도 수많은 사람을 죽이지 않았나.

처음에 내 곁에 서 있던 샤오룽과 코흘리개는 슬금슬금 대중 쪽으로 물러났다. 사람들은 나를 둘러싼 채 서로 중얼거리고 고개를 끄덕였다. 나는 철저하게 혼자였다. 나와 내 동지들 사이에 보이지 않는 경계선이 그어진 것이다. 모든 사람이 자신과 나 사이에 그 선을 그어 버렸다. 내 생애를 통틀어 가장 외로운 순간이었다.

* * *

134부대 중대장인 오리알은 이 중대한 사건을 즉각 연대에 보고했다. 오리알이라는 별명은 눈부시게 빛나는 대머리라는 외형과 검은색 오리알 요리를 특히 좋아하는 식성 때문에 붙은 것이었다. 오리알은 수수께끼 같은 혁명의 손길이 진흙탕에서 건져올려 깨끗이 닦아낸 후 영웅으로 만들어준 그런 인물이었다. 문화혁명이 일어나기 전까지 글도 모르는 요리사로 살았다는 그는 중대장이라는 지위를 매우 자랑스러워했고 훌륭한 혁명가와 숨은 적들 간의 싸움을 발견해내려고 늘 신경을 곤두세우고 있었다. 그날 저녁 내 글에 담긴 실수는 그가 끊임없는 노력 끝에 마침내 찾아낸 계급 투쟁의 확고한 증거였다. 오리알은 당장 나를 끌고 연대 본부로 갔다.

"이걸 좀 보십시오!" 오리알은 천막 안에 들어서자마자 신이 나서 외쳤다. 그러고는 코흘리개의 아버지인 치齊 연대장에게 내 글을 건네주었다. "위대한 지도자에 대한 사악한 공격입니다. 차마 제 입에 담을 수도 없는 표현을 했어요. 사소한 실수로 보기에는 너무도 엄청난 일입니다. 당장 대중 집회를 조직해 이놈을 비판하고 경찰에 넘겨야 합니다." 오리알이 한 마디 한 마디 내뱉을 때마다 내 몸은 와들와들 떨렸다.

치 연대장은 내 글을 읽어내려 가면서 고개를 숙였다. 분명 내 이름을 알아보았던 것이다. 연대장은 또한 자기 자신에게 닥칠 위험도 알고 있었다. 나는 연대장의 아들과 둘도 없는 친구였고 함께 만리장성 투쟁조를 조직하기도 했으니 말이다. 내가 반동으로 규정된다면 그의 아들도 그렇게 될 테고 연대장 자신도 무사하지 못할 것이었다.

"내가 처리하겠소." 치 연대장이 입을 열었다. "직접 조사한 뒤 어떻게 할지 결정하겠소. 중대장 동지가 큰일을 해냈구먼."

그날 밤, 내가 치 연대장의 천막에서 반성문을 쓰고 있는데 어머니가 들어왔다. 연대장은 어머니를 바로 알아보았다. 어머니는 나를 보자마자 달려왔다.

"어떻게 그렇게 바보 같은 짓을 저지를 수 있니? 네 부모를 파멸시킬 셈이니? 네가…… 어떻게 네가……." 어머니는 소리쳤다. 자그마한 두 눈에서 분노의 눈물이 쉴새없이 흘러나왔다. "이런 짓을 저지르다니 너는 더 이상 내 아들이 아니다!" 갑자기 어머니는 탁자 위에 놓인 커다란 자를 집어들더니 내 이마를 세게 내리쳤다. 그리고 또다시 자를 치켜올렸을 때 치 연대장이 우리 사이를 가로막았다.

"제발 진정하십시오, 쟌 동지." 연대장이 어머니를 의자에 앉혔다. "자, 션판, 내가 어머니하고 이야기하는 동안 좀 나가 있을래?"

나는 무거운 마음으로 천막에서 나왔다. 어머니가 내 편을 들어주지 않으신 것에 화가 나기는 했지만 결국 내가 한 짓이 부모님에게 씻을 수 없는 상처를 남겼다는 점은 분명했다. 내 부주의로 인해 부모님의 혁명가 경력은 완전히 끝장날 수도 있었다. 30분 정도가 흐른 후 어머니가 밖으로 나왔다. 다소 진정된 듯했다. "연대장님은 네가 의도적으로 한 짓이 아니라고 생각하신다. 심각한 벌은 내리지 않으실 거야." 어머니가 말했다. "하지만 길고 감동적인 자아비판문을 써서 사람들 앞에서 읽어야 할 게다." 내가 사는 천막으로 함께 돌아오면서 어머니는 내 팔을 잡으려는 듯 손을 뻗쳤다. "명심해라, 네가 하는 행동 하나하나가 네 주위 사람들에게 영향을 미친단다. 이번 사건은 네게 좋은 교훈이 되었을 거야. 우리 가족은 이미 한 번 어려움을 겪었잖니. 다시 한 번 정치적인 문제가 생긴다면 끝장이야." 나는 어머니의 손을 피했다. 배신감을 느꼈기 때문이었다.

나는 장문의 자아비판문을 대중 집회에서 낭송했고 손으로 사본 다섯 장을 만들어 천막촌 곳곳의 게시판에 붙였다. 다음 집회에서 연대장은 사건이 종결되었다고 공식 발표했다. 하지만 그 일로 인한 내 마음의 상처는 영원히 남았다.

* * *

10월 15일 새벽 1시, 행군 명령이 떨어졌다. 어둠 속에서 우리는 군용 트럭에 나눠탔고 한 시간 이상 어두운 길을 이동한 후 내렸다. 베이징의 가을 밤은 쌀쌀했다. 강풍이라고는 할 수 없지만 끊임없이 부는 바람 때문에 덮개가 없는 트럭에서 내릴 때 우리 몸은 이미 덜덜 떨렸다. 곧 길 전체가 사람으로 뒤덮였다. 하지만 온 사방이 너무도 조용했다. 우리는 중대별로 모여 중대장의 지휘를 받았다.

대열은 가로등이 희미하게 비치는 길을 따라 조용히, 하지만 신속하게 움직였다. 한동안 오래된 도심지를 돌던 우리 중대는 마침내 드넓은 톈안먼 광장으로 행진해 들어갔다. 우리 외에도 열 개는 충분히 넘을 대열이 사방에서 동시에 광장으로 들어오는 모습이 보였다.

엄청난 수의 사람들이 뒤섞이는 상황이 되자 우리 중대는 인민 영웅들을 위한 기념비 쪽으로 방향을 틀었다. 세계 최대의 광장을 둘러싼 건물들이 여명 속에서 서서히 모습을 드러냈다. 황성을 방비하는 문들 중 첫 번째인 톈안먼도 위용을 드러냈다. 고대의 황제들이 처형당한 죄수의 머리를 걸어두었다는 높다란 문 위에는 이제 위대한 지도자의 거대한 초상화가 자리잡았다. 역사박물관의 편평한 지붕 위로 아침 해가 떠오를 무렵, 우리 중대는 톈안먼에서 500여 미터 떨어진 기념비 앞에 자리를 잡았다. 위치가 좋은 덕분에 나는 광장 전체가 인파로 메워진 모습을 볼 수 있었다. 갈색 제복 그리고 붉은 배지와 완장이라는 두 가지 색깔의 거대한 바다였다. 다음날 〈런민르바오〉는 120만 명의 홍위병이 집회에 참석했다고 보도했다.

기다림은 오래 계속되었다. 위대한 지도자가 10시에 톈안먼에 나타날 것이라 말하는 사람도 있었지만 10시는 아무 일도 없이 지나갔다. 광장 주변 가로등 위에 올려진 확성기에서는 위대한 지도자의 붉은 책을 인용해 만든 노래들 〈마음을 강건하게〉, 〈혁명은 디너 파티가 아니다〉, 〈젊은이는 아침의 태양이다〉 등이 쩌렁쩌렁 울려퍼졌다. 사람들이 확성기 소리에 맞춰 흥얼거렸다. 해가 떠올라 사방이 환하고 따뜻해졌다. 수면 부족으로 모두 피곤했지만 사기는 충천했다.

하지만 딱딱한 바닥에 몇 시간씩 앉아 있자니 다리가 뻣뻣해졌다. 다리를 움직이려다 나도 모르게 옆 사람을 걷어차곤 했다. 샤오롱과 코흘리개는 카드놀이拱猪를 했다. 나도 잠들지 않으려면 무언가 놀 거리를 찾아야 했다. 주위를 둘러보니 중대장 오리알이 회의에 불려가고 도시락 가방만 남아 있는 게 보였다. 갑자기 장난기가 발동했다. 대체로 나는 얌전했지만 간혹 대담하고 우스꽝스러운 일을 벌이곤 하는데 그때가 바로 그런 경우였다. 나는 벌떡 일어나 팔을 몇 번 움직인 뒤 몸을 돌려 반대쪽을 향해 앉았다. 오리알의 도시락 주머니 바로 위였다. 삶은 달걀과 찐빵이 내 무게에 눌려 납작해지는 것이 느껴졌다. 짜릿한 즐거움이 온몸을 스쳐갔다. 잠시 후 나는 어리둥절한 표정을 지으며 일어섰다. 다행히 아무도 내 쪽을 보고 있지 않았다.

정오 무렵이 되자 하늘에 구름이 잔뜩 끼었다. 노래 부르며 앉아서 기다리는 데 지친 사람들이 하나둘씩 점심 도시락을 열었다. 전날 저녁 이후 아무것도 먹지 못한 나는 허겁지겁 찐빵을 베어먹으며 곧 일어날 재미있는 광경을 기대했다.

드디어 오리알이 모임에서 돌아와 점심을 먹으려고 자리에 앉았다. 나는 그 빛나는 대머리와 약간 비껴난 곳에 앉아 기다렸다. 오리알은 가방에서 납작해진 찐빵과 달걀을 꺼냈고 곧 미친 듯이 화를 내며 고함쳤다. "이게 뭐야? 대체 어떤 놈이 내 점심을 짓밟은 거야?" 그는 망가진 달걀을 쳐들며 주위를 둘러보았다. 우리는 모두 안됐다는 표정을 지었다. 하지만 망가진 찐빵과 달걀 꼴이 너무 우스웠기 때문에 샤오롱을 비롯한 몇몇이 킥킥거리기 시작했다. 나도 따라 웃었다. 물론 다른 사람보다 더 큰 소리를 내지는 않으려 조심하면서 말이다. 그건 내가 당한 일에 대한, 작지만 완벽한 복수였다.

오후 2시가 되자 축제 분위기는 사그라들었다. 점심시간도 끝났고 맥이 풀린 사람들은 두세 명씩 모여 낮은 소리로 이야기를 나누었다. 간혹 흰 들것에 실려나가는 사람도 보였다. 그런 집회에서는 늘 기절하는 사람이 나오게 마련이었다.

4시 30분쯤 되었을까, 내 앞에 앉은 통통하고 젊은 여자가 집회는 다음날 오후로 연기되었다는 소문을 퍼뜨렸다. 위대한 지도자가 참석한 중요한 회의가 아직 끝나지 않았다는 것이었다. 5시 30분이 되자 여자의 말을 증명이라도 하듯 확성기에서 〈대양을 건너갈 수 있는가는 키잡이에 달렸다〉가 흘러나오기 시작했다. 그 노래는 집회가 끝날 때 나오는 것이었다. 사람들은 한숨을 쉬며 가방을 챙겼다.

* * *

그때 갑자기 모든 확성기가 멈췄다. 그러고는 〈동방은 붉은 색이다〉가 울려퍼졌다. 위대한 지도자가 등장할 때 항상 나오는 노래였다. 톈안먼 가까이 있던 사람들이 자기 자리에서 마구 뛰어오르고 붉은 책을 흔들면서 "마오쩌둥 주석, 만세!"를 외치기 시작했다. 곧 광장 전체가 뛰고 소리치게 되었다. 귀가 멍멍했다. 수십만 명의 머리 위로 위대한 지도자의 모습을 잠깐이라도 보려는 듯 내 주위의 모든 사람들도 쉴새없이 뜀뛰기를 했다. 헛소문을 퍼뜨렸던 뚱뚱한 여자는 큰 소리로 흐느끼며 연신 눈가의 눈물을 닦아냈다. 하지만 머리 하나만 큼씩 큰 어른들이 앞을 막고 있던 탓에 나는 아무것도 볼 수 없었다.

샤오롱과 나는 한껏 발돋움을 해 뛰어보았지만 아무런 소용이 없었다. 위대한 지도자는 너무 멀리 있었다. 개미만큼 작은 사람이 움직이고 있다는 것을 간신히 알아볼 정도였다. 기계적으로 손을 흔들고 만세를 외치면서 나는 주위 어른들을 원망했다. 속았다는 느낌이었다. 하지만 동시에 나 자신은 전혀 흥분되지 않는다는 데 죄책감을 느꼈다. 위대한 지도자가 눈앞에 나타나면 당연히 흥분해야 했다. 진정한 혁명가라면 그래야 하는 법이었다. 위대한 지도자가 중국을 위해 행한 훌륭한 일들을 생각하고 그 자애로운 얼굴을 보면서 눈물을 흘려야 마땅했다. 하지만 일부러 그렇게 하려 해도 맥박이 빨라지지 않았고 눈물도 나오지 않았다. 아무런 변화도 없었다. 위대한 성인聖人이 등장했음에도 불구하고 나는 아무렇지도 않았다. 갑자기 주위 사람들이 정말로 행복한 것인지 의심스러워졌다. 저기 개미처럼 보이는 위대한 지도자를 보고 그토록 감격할 수 있다는 말인가. 하지만 내 친구들은 달랐다. 코흘리개의 눈에 눈물이 반짝였다. 샤오롱은 강력 배터리라도 단 것처럼 지칠 줄 모르고 뛰고 있었다. 제대로 보이는 것도 없는데 친구들은 어떻게 저렇게 흥분할 수 있을까?

"들것! 들것!" 몇 사람이 소리쳤다. 첫소문을 피뜨렸던 통통한 여자, 미친 듯이 울부짖던 여자가 쓰러져버렸다. 너무 흥분한 나머지 기절한 것이다. 곧 두 사람이 달려와 여자를 들것에 싣고 갔다. 들것은 사람들 머리 위를 넘어 광장 구석으로 옮겨졌다. 모두들 존경과 경탄의 눈길로 들것을 바라보았다. 그런 영웅적인 흥분 상태는 아무나 도달할 수 있는 것이 아니니 말이다. 마침내 들것이 사라졌고 사람들은 다시 소리치고 뛰어오르기 시작했다. 나도 동참했다. 온 힘을 다해 뛰어오르면 그래도 눈물이 좀 나오지 않을까 생각했기 때문이다. 그런데 갑자기 더 좋은 생각이 떠올랐다. 나는 높이 뛰어오른 후 낼 수 있는 가장 큰 목소리로 '마오쩌둥 주석, 만세!'를 외친 후 그대로 땅에 떨어져 눈을 감아버렸다.

"들것! 들것! 션판이 기절했어!" 샤오룽이 외쳤다. 곧 여러 사람의 손이 나를 들어올려 들것에 뉘었다. 그리고 사람들 머리 위를 지나 옮겨지는 것이 느껴졌다. 나는 두 눈을 감고 그 순간을 즐겼다. 땅에 내려진 후 살짝 눈을 떠보았더니 뚱뚱한 여자 바로 옆이었고 샤오룽과 코흘리개, 그리고 오리알 중대장이 나를 내려다보고 있었다. 오리알의 두 눈에 존경의 빛이 어린 것을 보자 퍽 만족스러웠다. 나는 웃음을 터뜨려 들통이 나지 않도록 다시 눈을 감았다.

그 후로도 반 시간 가까이 고함 소리가 계속되었다. 그러더니 갑자기 조용해졌다. 확성기에서 〈대양을 건너갈 수 있는가는 키잡이에 달렸다〉가 나왔다. 집회가 끝났다는 뜻이었다. 질서를 유지하며 광장을 빠져나가라는 목소리도 들렸다. 나는 다시 들것째 들어올려져 광장을 빠져나가 트럭에 뉘어졌다. 트럭이 다위안의 천막촌에 도착한 것은 새벽 5시경이었다. 돌아오는 길에는 아무도 입을 열지 않았다. 목소리를 낼 기운이 전혀 남지 않았던 것이다. 나는 눈을 감은 채 지쳐 쓰러져버린 영웅 노릇을 계속했다.

2주 후 그날의 홍위병 사열에 대한 뉴스가 영화관에서 상영되었을 때에야 마침내 나는 그날 보지 못했던 위대한 지도자의 얼굴을 보았다. 희고 통통한 손을 천천히 흔드는 위대한 지도자의 얼굴에는 아무런 표정이 없었다. 바로 뒤에 선 부의장을 포함해 100만 명이나 되는 사람이 붉은 책을 흔들며 자기를 위해 만세를 외치는 것을 전혀 이해할 수 없다는 듯 말이다. 기쁨의 감정을 담기는커녕 짜증스럽다는 얼굴이었다. 하지만 사람들은 그 영상물을 보면서도 흥분해서 눈물을 흘렸다. 나는 당황하지 않을 수 없었다. 대체 내가 보지 못하는 무엇을 사람들은 보는 것일까? 앞쪽에 앉은 사람은 위대한 지도자의 얼굴이 나올 때마다 만세를 외치기도 했다. 어떤 여자는 어떻게 해볼 수 없을 정도로 거세게 흐느꼈다. 목소리로 보아 집회 때 근처에 앉았다가 기절해버린 바로 그 여자 같았다.

  영화를 보면서 나는 톈안먼 위에서 갈색과 붉은 색 바다를 내려다보며 손을 흔들 때 위대한 지도자가 홍위병을 위해 무언가 다른 계획을 세우고 있던 모양이라고 생각했다. 그렇게 소리를 질러대며 자기를 귀찮게 하는 홍위병에 대해서 말이다. 어쩌면 한층 강도 높은 군사훈련이 실시될지도 모르겠군, 나는 생각했다. 물론 그때는 위대한 지도자의 계획에 따라 불과 몇 개월 안에 내 인생이 완전히 바뀌어버리리라는 점을 전혀 알 수 없었다. 그는 나를 포함해 충성스러운 홍위병 수천 명을 길고 혹독한 여행길에 내몰게 될 것이었다. 《서유기》에 나오는 원숭이의 여행길이 그랬듯 나 또한 서쪽을 향해 베이징으로부터 수천 킬로미터 떨어진 곳까지 가야 했으며 그 와중에 수많은 싸움을 벌이고 결국에는 옥황상제에게까지 반기를 들게 될 것이었다.

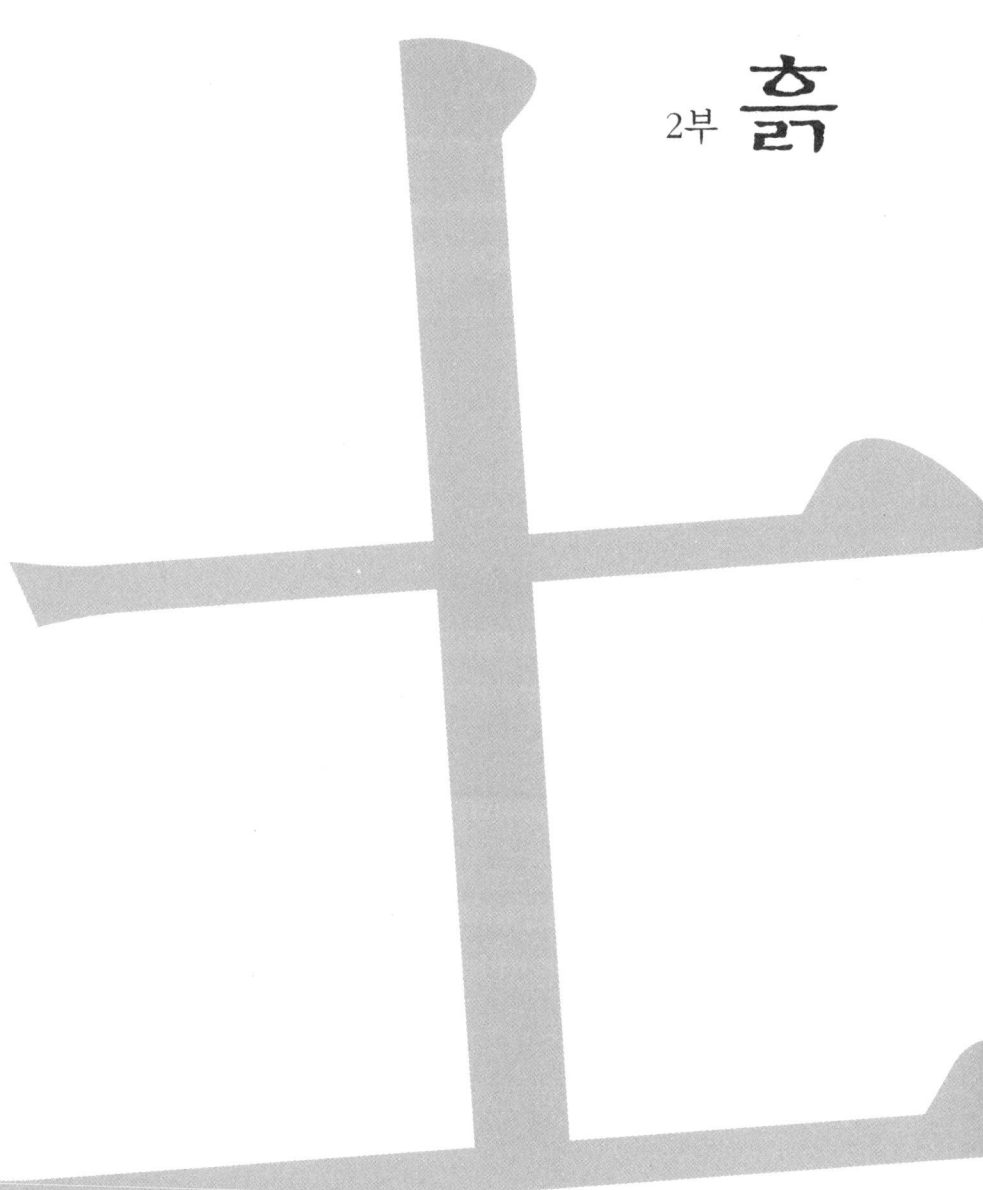

2부 흙

길이 줄곧 이렇게 오르막인가? 그래, 끝까지 그렇지.
– 크리스티나 로세티Christina Rossetti

8. 서쪽으로의 여행

 도대체 왜 위대한 지도자가 홍위병 수백만 명을 궁벽한 시골로 보내 농민으로 살게 했는지, 그리고 이를 통해 지방 경제를 파탄으로 내몰고 젊은이들의 삶을 망쳐버린 것인지 추측이라도 할 수 있기까지 여러 해가 걸렸다. 이는 아마 홍위병을 길들이는 또 하나의 방법이었을 것이다. 또한 문화혁명 이후 대부분의 공장이 문을 닫은 결과 나타난 도시 젊은이들의 엄청난 실업 사태를 해결하려는 목적도 있었으리라. 하지만 물론 1968년 1월에 발표된 위대한 지도자의 지시에는 그런 설명이 없었다. 그저 "모든 홍위병은 남은 평생 혁명적인 농민 틈에 섞여 살며 힘든 노동을 통해 붉은 군대의 기상을 배워야 한다."고 했을 뿐이었다.
 진짜 이유가 무엇이었든 간에 그 계획은 완전히 실패했다. 결국 시골에서 붉은 군대의 기상을 배워 진정한 혁명가가 된 사람은 거의 없

었으며 대부분 가난한 지방을 탈출해 도시로 돌아오고 말았기 때문이다.

하지만 1968년 당시, 위대한 지도자의 결정에 감히 의문을 제기하는 사람은 아무도 없었다. 위대한 지도자는 곧 신이었다. 전국적인 이동이 시작되었고 불과 몇 주일 만에 홍위병 수백만 명이 지방으로 떠났다. 기꺼이 떠난 사람도 있었지만 나처럼 억지로 간 사람도 많았다. 나는 첫 번째로 떠나는 무리에 끼이게 되었다. 우리 가족의 정치적인 오점 때문에 혁명위원회는 내게 시골에서의 교육이 특별히 필요하다고 판단한 것이다.

2월 초, 중대장 오리알이 혁명위원회를 대표해 내가 샨베이陝北로 가게 되었다고 통보해왔다. 샨베이는 전 중국을 통틀어 가장 가난한 지역 중 하나였다. "셴판, 축하하네. 제 일진一陣으로 샨베이에 간다는 것은 마오쩌둥 주석이 내리신 커다란 영광이네. 혁명 농민들로부터 교육받는 기회도 한없이 귀중한 것이지. 우리 중대에서 제 일진의 구성원이 나오게 되어 기쁘네." 오리알은 이렇게 말했다. 나는 그 번지르르한 말을 믿지 않았다. 오리알은 내가 작문하면서 저질렀던 실수 때문에 혹은 내가 자기 점심을 망쳐버린 범인임을 알아냈기 때문에 나를 선택했을 것이다.

"이번에는 그 영광을 다른 사람에게 주면 안 될까요?" 나는 어떤 대답이 나올지 뻔히 알면서도 한 번 물어보았다.

"안 돼." 오리알의 대답은 단호했다. "혁명위원회는 충분한 논의를 거쳤어. 자네는 가족 배경 때문에 제일 먼저 가도록 결정된 거야."

오리알과 논쟁을 벌여보았자 아무 소용없는 짓이었다. 나는 집으로 갔다. 소식을 들은 어머니는 슬피 울었다. 하지만 결국은 "어떻든 넌 가야 한다. 가족을 생각하렴. 네가 가지 않으면 나랑 아버지는 더 큰 어려움에 처하게 될 거야. 우리 가족은 더 이상 문제에 휘말려서는 안 된다. 위대한 지도자의 지시를 따르자꾸나."라고 말씀하셨다. 나는 어머니가 나한테까지 혁명적인 표현을 사용하는 것이 싫었지만 반박할 수 없었다. 위대한 지도자의 명령에 불복한다는 것은 꿈도 꾸지 못할 일이었다.

* * *

2월 23일, 나는 무거운 마음으로 기차에 몸을 싣고 베이징을 떠났다. 마음이 무거운 이유는 부모님과 헤어져야 한다거나 내 나이가 불과 열네 살이고 한 번도 집을 떠나본 적이 없기 때문이 아니었다. 만리장성 투쟁조의 두 친구 중 누구와도 함께 떠날 수 없다는 점이 섭섭했다. 나 같은 운명을 피하기 위해 샤오룽은 다위안을 떠나 군대에 들어갔다. 아버지의 힘을 빌어 순식간에 군인이 되어버린 것이다. 그 얼마 후 코흘리개 역시 다위안을 떠났다. 혁명위원회 위원장인 그의 아버지가 철도 공무원 자리를 마련해주었던 것이다.

하지만 홍위병들로 만원을 이룬 특별 열차 안에서 나는 곧 반가운 얼굴을 만났다. 베이징대학 전투에서 알게 된 두 홍위병이 함께 타고 있었던 것이다. 그런 상황에서 골초 악마와 물소를 만나니 얼마나 마음이 든든했는지 모른다. 나는 두 사람과 같은 마을로 가기로 했다. 열차에 타고 있던 책임자는 내가 어떤 마을로 가든 별 상관없다고 생각했는지 쉽게 허가서를 내주었다. 내 보호자이자 교사가 되어준 두 친구를 만난 것이 얼마나 큰 행운이었는지 깨닫는 데는 시간이 오래 걸리지 않았다.

베이징에서 시안西安까지의 기차 여행은 길고 지루했다. 검은 증기 기관차는 이틀 낮밤을 쉬지 않고 움직인 끝에 우리를 시안에 내려놓았다. 고대 도시 시안은 여러 왕조의 수도가 되었던 곳이다.

나는 차 안이 거의 빌 때까지 기다렸다가 가방 두 개를 끌고 차에서 내렸다. 역 풍경은 고적하고 쓸쓸했다. 검댕을 뒤집어쓴 열차는 마지막 증기를 뿜어올렸고 무거운 짐 때문에 허리를 굽힌 사람들이 바쁜 걸음으로 옆을 스쳐갔다. 내가 어디로 가는지 관심을 가진 사람은 아무도 없었다. 쌀쌀한 바람을 맞으며 나는 가족과 수백 킬로미터 떨어진 낯선 도시에 홀로 서 있다는 것, 남은 평생을 농민들 틈에서 살아가야 한다는 것을 뼈저리게 느꼈다. 가난한 마을에서 농민들과 살아야 한다는 생각을 하니 온몸에 기운이 빠졌다.

나는 가방을 둘러메고 출구로 향했다. 서로 먼저 나가려는 사람들로 출구는 아직도 혼잡했다. 앞쪽으로 역시 가방을 둘러멘 채 인파를 뚫고 나가는 두 친구의 모습이 보였다. 불안한 마음으로 나는 두 친구를 지켜보았다. 장거리 버스표를 끊으려면 가능한 한 빨리 기차역을 빠져나가야 했다. 시안까지의 기차 여행은 여정의 절반, 그것도 지극히 편한 절반에 불과했다. 이제 버스를 타고 포장도 안 된 울퉁불퉁한 길을 따라 500킬로미터나 가야 했던 것이다. 버스는 하루에 세 대뿐이었고 제때 버스표를 사지 못한 사람은 며칠이고 혼잡한 기차역에서 기다려야 했다. 딱딱한 벤치 위에서 눈을 붙이면서 말이다. 우리 중 여관에 들어갈 돈을 가진 사람은 거의 없었다. 친구들의 뒷모습을 눈으로 뒤따르며 천천히 움직이던 내게 농촌 소녀가 다가왔다.

"삶은 달걀 안 사시겠어요? 10전입니다. 아주 신선해요." 소녀는 사투리로 말하면서 계란을 얼굴에 들이댔다. 소녀의 다른 한 손에는 삶은 달걀과 찐빵이 담긴 대바구니가 들려 있었다.

"아니오." 내가 대답했다. 짐 속에 어머니가 싸주신 삶은 달걀 두어 개가 아직 남아 있었던 것이다.

"그럼 찐빵은요? 두 개에 10전이에요. 바로 오늘 만들었답니다. 샨베이로 가는 버스를 타실 건가요? 그럼 하루 종일 걸릴 텐데 버스에는 먹을 것이 없어요." 소녀는 달걀을 바구니에 넣고 커다란 찐빵 두 개를 꺼냈다. 찐빵을 든 손이 심하게 일그러져 있었다. 마치 독수리 발을 보는 듯했다. 심한 화상을 입었는지 손가락이 거의 붙은 상태였다.

소녀가 불쌍하다는 마음이 들었다. 기껏해야 내 또래로 보이는 소녀였다. 나는 가방을 내려놓고 주머니에서 구겨진 10전 지폐를 꺼내 찐빵을 샀다.

20분 후, 나는 역 출구에서 가방을 빼냈다. 두 친구는 버스 정거장 앞에 침낭을 깔고 의기양양하게 앉아 있었다. 이미 버스표를 샀던 것이다. 물소는 갈색 셔츠의 단추를 열고 신문지로 부채질을 해댔다.

"지금 자장면 한 그릇만 먹을 수 있다면……" 물소는 킁킁 냄새를 맡으며 역 광장 한 귀퉁이에 있는 작은 식당을 하염없이 바라보았다. 자장면은 물소가 가장 좋아하는 음식이었다. 하지만 일년에 한 번, 봄 축제 전날에나 먹을 수 있는 귀한 음식이기도 했다.

위로하는 마음으로 나는 농촌 소녀에게서 산 찐빵 한 개를 내밀었다. 물소는 크게 한입 베어물며 고맙다는 표정을 지었다.

물소 옆에 앉은 골초 악마는 찐빵을 거절한 채 길다란 담뱃대로 연기 내뿜는 연습을 했다. 아직 어린 나이였지만 어찌나 담배를 많이 피웠는지 이미 손가락은 누렇게 물들었고 입술은 가지색이었으며 얼굴도 절반은 갈색을 띠고 있었다. 담배에 관한 한 전문가 수준이어서 수많은 궐련과 파이프 담배를 종류별로 미세한 차이까지 모두 구분해냈다. 담배에 관해 그가 모르는 것은 없었다. 골초 악마의 짐 속에는 담뱃대가 열 개도 넘게 들어 있었다. 진흙, 자기, 도기, 구리, 철, 체리목, 사시나무, 소나무 등 각기 서로 다른 재료로 만들어진 담뱃대들이었다. 그리고 대부분은 그가 직접 만든 것이었다. 하지만 나를 정말 놀라게 한 것은 담배에 관한 그의 해박한 지식이 아니라 담배 연기로 부리는 기막힌 묘기였다. 일명 '일곱 구멍 내뿜기'라는 그 묘기는 천천히 콧구멍과 입으로 연기를 내뿜는 동시에 고개를 살짝살짝 움직여 연기 방향을 조절함으로써 결국 머리에 있는 일곱 개 구멍, 즉 두 눈, 콧구멍 두 개, 입, 그리고 양쪽 귀 모두에서 연기가 나오는 듯 보이게 하는 것이었다. 그는 스스로도 그 묘기를 퍽 자랑스러워했다.

"인생은 연기와 같아." 골초 악마는 나름의 경구를 만들어내기도 했다. "연기가 머물러 있는 동안 즐겨야 하는 거야." 버스 정거장 앞에 앉아 있던 그 순간도 그는 일곱 구멍 내뿜기 묘기를 부리며 충분히 즐기고 있었다. 나는 옆에 주저앉아 찐빵을 먹기 시작했다.

"저 사람들 좀 봐." 골초 악마가 턱으로 버스표 판매대 앞에 늘어선 이들을 가리켰다. "버스에 올라타야 할 때가 되면 저렇게들 점잖지는 않을걸."

시끌벅적한 인파를 바라보니 슬슬 걱정이 되었다. "버스에서 자리를 잡을 수 있다면 좋을텐데."

골초 악마는 몇 차례 더 묘기를 부리더니 담뱃대에서 재를 떨어버리고 일어섰다. "내 짐 좀 봐줘. 산책을 좀 해야겠군." 그가 내게 말했다.

30분 후 골초 악마는 번들번들한 검은 코트 차림의 중년 남자와 함께 돌아왔다. 버스 운전사 같았다. 나와 물소는 짐을 챙겨 일어났고 남자 뒤를 따라 버스 정류장 뒤편으로 갔다. 버스는 1950년대에 소련에서 만들어진 고물로 온 사방이 진흙과 녹투성이였다. 남자는 말 한 마디 없이 우리 짐을 버스 지붕의 짐칸으로 던져 올리더니 문을 열어주었다. 버스에 오르던 나는 골초 악마의 놋쇠 담뱃대가 남자의 윗주머니에 꽂혀 있는 것을 보았다.

운전사 바로 뒷자리에 편안히 앉은 골초 악마는 솜씨 좋게 궐련을 말더니 불을 붙여 맛있게 피우기 시작했다. 연기는 완벽한 원을 그렸다. "담배는 만국 공통의 언어라니까." 골초 악마가 우리를 바라보며 우쭐한 미소를 지었다. "담배 피우는 사람은 모두 서로를 돕는 형제나 다름없어. 이제 운전사는 샨베이까지 가는 길 내내 우리를 돌봐줄 형제라고. 무려 열 시간이나 걸리는 길이야. 자리에 앉지 못하면 다리가 성하지 못할 거야. 자, 이제 창문들을 닫으라고. 나중에 말썽이 없도록 말야." 나보다 겨우 세 살 많은 소년일 뿐이었지만 이제 골초 악마의 말은 플라톤의 철학처럼 들렸다. 그는 마치 인생의 온갖 고난을 다 겪었고 그 결과 모든 진리를 깨달았다는 투로 말을 했다. 나는 그런 친구를 두었다는 것이 몹시 자랑스러웠다.

* * *

30분 후 운전사가 차로 돌아와 시동을 걸었다. 낡은 엔진이 덜덜거리며 돌자 차체가 떨리며 진흙이 떨어졌다. 버스는 자갈길을 따라 굴러갔다. 그리고 천천히 역 앞으로 다가갔다. 커다란 짐을 든 사람들이 길게 줄을 서 버스를 기다리고 있었다. 하지만 버스가 정거장에 멈춰서기도 전에 줄은 무너지고 말았다. 사람들이 온 사방에서 버스로 돌진했다. 마치 아마존 강에 빠진 소에게 덤벼드는 육식 물고기 피라니아piranha 떼처럼 말이다. 전에도 베이징에서 서로 먼저 버스에 오르려 다투는 사람들을 본 적이 있었지만 이건 완전히 다른 수준이었다. 이토록 처절한 전투는 평생 처음 보는 것이었다. 운전사가 문을 열자마자 문은 사람의 몸뚱이로 꽉 막혀버렸다. 아무도 순서를 양보하려 들지 않았다. 젊은이들은 친구의 어깨를 밟고 창문을 통해 들어오려 했다. 창문에서 한참 떨어진 사람들은 버스를 향해 마구 자기 짐을 던졌다. 그 서슬에 버스가 흔들렸다. 가방 하나는 너무 높이 던져진 탓에 버스 지붕을 넘어 반대편 소녀의 머리 위로 떨어졌다. 소녀는 비명을 지르며 쓰러졌다. 몇몇 사람이 소녀를 부축해 아수라장 바깥에 뉘어놓았다. 내 뒤에서는 창문을 통해 올라온 청년 하나가 꽈당 소리와 함께 버스 바닥에 떨어졌다. 하지만 그는 좌석 다리에 부딪친 이마를 문지르며 재빨리 몸을 일으켜 다시 창문으로 달려갔다. 자기 친구를 끌어올려야 했던 것이다.

땀에 절어버린 구겨진 제복 차림의 키 크고 여윈 남자가 버스 창틀을 잡고 내게 끌어올려 달라고 사정을 했다. 위로 쳐든 그의 얼굴이 얼마나 가까웠는지 흐르는 땀방울까지 선명히 보일 정도였다. 초록색 배낭 끈이 좁은 어깨를 파고든 모습도 보였다. "제발, 도와주구려." 그는 사정했다. 땀방울이 입 속으로 굴러 들어갔다. "어린 동무, 제발 부탁하오. 은혜는 잊지 않겠소."

나는 최소한 가방이라도 받아주어야겠다는 생각에 몸을 일으켜 창문을 열려고 했다.

"안 돼!" 골초 악마가 몸을 돌리며 고함을 쳤다. "저 사람을 보지 마! 이건 네가 살면 내가 죽어야 하는 상황이야. 도움을 청하는 모든 사람을 도와줄 수는 없어."

나는 그 말에 순종했다. 그리고 창문을 외면했다. 버스 안을 살펴보던 나는 골초 악마의 말이 옳다는 것을 확인했다. 이미 버스는 꽉 차 있었다.

전투가 끝나는 데는 15분이 넘게 걸렸다. 하지만 출발까지는 아직도 한참 기다려야 했다. 이미 모든 자리는 꽉 찼다. 1인용 좌석에 대부분 두세 명씩 앉아 있었고 지붕 위의 짐칸도 터져나갈 듯했다. 하지만 여전히 버스 안으로 들어오려 몸싸움을 벌이는 사람들이 있었다. 남자 둘은 발 하나씩을 버스에 올려놓은 채 매달려 있었다. 갑자기 그 뒤에서 커다란 여자 목소리가 터져나왔다.

"당장 내려와! 거기 두 사람! 버스는 이미 쇠똥구리 공처럼 꽉 찼다고!" 여자 차장은 뒤쪽에서 남자들의 가방을 잡아당겨 버스에서 떼어놓으려 했다. 하지만 두 사람은 안간힘을 다해 매달려 있었다.

"빌어먹을! 이제 가자고!" 갑자기 운전사가 소리쳤다. 그때까지 그는 느긋하게 앉아 아비규환을 구경하고 있었다. 그는 자리에서 일어나 고개를 길게 빼고 버스 입구 쪽을 보더니 욕설을 퍼부었다. "차장이 타지 못하면 우리 모두 아무 데도 가지 못해! 이미 30분이나 늦었다고! 당장 내려서지 못해! 아니면 당장 달려가 걷어차주고 말 테다!" 그러더니 운전사는 제일 가까이 있던 사람 얼굴에 대고 누더기 조각을 던졌다.

두 남자가 마침내 손을 놓았다. 버스 문은 간신히 차에 오른 차장 뒤에서 억지로 닫혔다. 버스가 굴러가기 시작했다. 겨우 속도가 난다 싶더니 갑자기 버스가 덜컹 멈춰섰다. 그 바람에 무거운 짐이 굴러 떨어져 누군가의 머리에 맞았다.

"대체 운전을 어떻게 하는 거야!" 차장이 운전사에게 고함을 질렀다. 운전사는 창문으로 고개를 내밀고 버스 앞을 가로막은 사람에게 소리쳤다. "뭐 하는 짓이야! 죽고 싶은가보지?" 운전사의 목에 푸른 핏줄이 밧줄처럼 두드러졌다. "차 밑에서 납작해져도 내 책임은 아니라고!"

창 밖을 내다보니 창백한 얼굴의 어린 소년이 버스 앞을 가로막고 있었다. 소년은 운전석 옆으로 달려와 두 손을 입에 둥글게 가져다대고 소리쳤다. "제 짐이 버스 위에 있어요! 제 짐이요!"

"망할! 타지도 못할 거면서 짐은 왜 던져올린 거냐?" 운전사가 화를 냈다. 하지만 어쩔 수 없었는지 한숨을 쉬며 소년이 버스 위로 기어올라가 짐을 찾는 동안 기다려주었다.

버스 주위는 이제 조용했다. 그 버스에 올라탈 만큼 운이 좋지 못했던 사람들은 다시 그늘로 흩어져 네 시간 후에 올 다음 버스를 기다리기 시작했다. 사람들 틈에서 나는 언뜻 한 여자를 보았다. 침낭을 깔고 앉아 버스를 바라보고 있는 그 소녀는 푸른 셔츠에 푸른 바지 차림이었다. 피부는 두드러지게 희었다. 커다란 눈망울과 급한 곡선을 그리는 눈썹이 왠지 낯익었지만 어디서 만난 사람인지 알 수 없었다.

다시 버스가 움직이기 시작해 그녀 앞을 지나갈 무렵 나는 화들짝 놀랐다. 그녀의 두 눈 속에서 이글거리는 불꽃을 보았던 것이다. 가슴이 마구 뛰었다. 점차 기억이 분명해졌다. 집을 수색하는 홍위병들 앞에 어머니와 함께 서 있던 두 딸이 떠올랐다. 콧수염 소년이 리링이라는 여자를 위협했었지. 난 커다란 사진첩을 안고 그녀의 미움에 찬 시선을 피해 걸었었다. 그 눈길은 평생 잊을 수 없을 것이었다. 벌거벗은 여인의 사진첩은 내 가방 속에 들어 있었다. 그것은 내가 끝내 태워버리지 않고 남겨둔 책 세 권 중 하나였다.

분명 리링은 버스 안에 탄 나를 알아보지 못했을 것이다. 다행이었다. 내가 자기 아버지를 죽인 홍위병 중 하나라는 점을 안다면 당장 덤벼들 것이 뻔했다. 나는 기억하기도 싫은 그 수치스러운 사건으로 말미암아 리링과 나 사이에 특별한 관계가 맺어졌다고 느꼈다. 그리고 운명이 다시 한 번 그녀와 나를 만나게 할 것인지 궁금했다. 비록 다시 만난다 해도 말을 건넬 용기는 없을 테지만 말이다. 버스를 타고 가면서 꾸벅꾸벅 조는 와중에도 침낭에 앉아 버스를 기다리던 리링의 모습이 지워지지 않았다. 나는 다시 만나게 된다면 리링에게 무슨 말을 해야 할 것인지를 가끔씩 생각했다.

9. 베이징에서 온 아이들

우리는 다음날 아침 용협공사龍峽公社에 도착했다. 귀뚜라미 아저씨가 본부 건물 마당에서 우리를 맞았다. 그는 제3생산조의 당비서를 맡은 사람이었고 우리를 자기 마을로 데려가기 위해 온 것이었다. 나이는 채 쉰이 안 된 듯했지만 겉모습은 훨씬 더 늙어보였다. 거친 갈색 얼굴에 깊은 주름이 새겨져 있었다.

귀뚜라미 아저씨의 옷차림은 다른 농민들과 좀 달랐다. 집에서 만든 땀에 절은 검은 셔츠 대신에 푸른색 인민복을 입고 있었다. 물론 첫눈에는 푸른색인지 회색인지 구분하기 어려울 정도였지만 말이다. 특히 겨드랑이 부분은 완전히 탈색된 상태였다. 13년 동안 뜨거운 햇볕 아래 입고 또 빨아온 결과였다. 그 옷이 몇 년 되었는지는 아저씨 본인이 말해주었다. 연달아 딸을 다섯이나 낳는 고통과 치욕 끝에 마침내 막내 외아들을 본 기념으로 구입했다고 했다. 그 외아들이 이제 열세 살이었다. 세월을 감안하면 옷 상태는 좋은 편이었다. 나중에 알게 된 일이지만 귀뚜라미 아저씨가 특별한 경우에만 그 옷을 입은 덕분이었다. 우리를 만난 그날이 그에게는 매우 특별했던 것이다.

귀뚜라미 아저씨는 두 대의 마차에 우리 짐을 실은 후 아홉 명의 '베이징 아이들'을 태우고 신나게 마차를 몰았다. 그는 위대한 지도자의 지시를 가슴 깊이 명심하고 있었고 도시 출신의 젊은이들을 '재교육시킬' 사명감에 넘쳤다. 마차가 울퉁불퉁한 시골길로 접어들었을 때 첫 번째 강의가 시작되었다. 귀뚜라미 아저씨는 거친 사투리를 썼으며 마차가 덜컹거릴 때마다 말이 뚝뚝 끊어졌다. "언제나 눈을 크게 뜨고 있어야 한다. 어디에나 적이 숨어 있거든. 우리 동네에는 아직도 지주 아들이 살고 있어. 아주 위험한 적이지. 늘 그놈을 감시해야 해." 우리는 미소지으며 고개를 끄덕였다. 농민과 함께 마차를 타고 있다는 새로운 경험은 나를 들뜨게 했고 오랜 여행의 피로도 잊게 만들었다. 여섯 시간 동안 마차 속에서 흔들리면서 나는 친구들과 함께 아는 혁명가를 죄다 불러댔다. 그 중에는 물론 〈마음을 강건하게〉도 있었다. 청명한 아침이었다. 우리의 어린, 하지만 열정적인 목소리가 메마른 언덕에 울려퍼졌다.

* * *

제3생산조는 인구 800명의 큰 호저豪猪 마을 전체를 포함했다. 큰 호저 마을에서 동쪽으로 5킬로미터를 가면 검은 호저 마을이 있고 남서쪽으로 6킬로미터 떨어진 곳에 작은 호저 마을이 있었다.

우리가 머물게 될 '동굴집' 두 채는 마을 외곽, 언덕 중간쯤에 있었다. 그 지역의 다른 동굴집과 마찬가지로 우리 집 또한 누런 진흙을 둥글게 파낸 반원형의 구멍이었다. 너비는 대여섯 발짝, 깊이는 열 발짝 정도였다. 구멍 앞은 진흙 벽돌담으로 막은 후 문과 창문을 내 놓았다. 창문에는 유리 대신 거친 마분지가 덮여 있었다. 동굴집 내부에서 가장 중요한 것은 중국식 온돌이라고 할 수 있는 커다란 벽돌 침대 '캉炕'이었다. 왼쪽에 있는 약간 큰 동굴집에는 나를 포함해 모두 여섯 명의 남자가 오른쪽은 여자들이 차지했다. 오른쪽 동굴집에는 아주 커다란 나무 화덕이 있어 공동 식당으로도 사용되었다. 전기나 상하수도 따위는 없었다. 경사진 오솔길 끝, 언덕 위에 화장실이 있었는데 밀짚으로 가장자리를 두른 구멍 네 개가 다였다. 오솔길은 '용골짜기 강'이라는 거창한 이름의 개울이 흐르는 계곡 아래까지 이어졌다. 우리는 교대로 거기서 물을 퍼와 커다란 물통 두 개에 채워넣고 요리와 세면용으로 사용했다.

남자 동굴에는 나 외에 골초 악마, 물소, 그리고 새로 만난 동지들인 초록 올리브, 거울 왕씨, 그리고 심장마비가 함께 살았다.

초록 올리브는 나보다 한 살이 많았음에도 불구하고 머리 하나만큼은 작았다. 열 살 이후로 성장이 멈춰버린 것이 틀림없었다. 집에서 만든 윗옷을 입고 있었는데 최소한 두 치수는 컸기 때문에 마치 허수아비처럼 보였다. 하지만 그는 아주 원만한 성격이었고 옷차림이 이상하다는 것에는 아무런 신경도 쓰지 않는 듯했다.

초록 올리브의 편안하면서도 외향적인 성격과 대조적으로 거울 왕씨는 말이 없고 예민했다. 두꺼운 안경을 쓴 그는 학자 집안 출신이었다. 부모님이 모두 베이징 사범학교에서 중국문학을 가르치는 선생님이라고 했다. 우리는 모두 머리가 짧았지만 거울 왕씨는 긴 머리를 단정하게 빗어넘기고 있었다. 그리고 그 머리에 무척 신경을 써서 아무도 자기를 보고 있지 않다고 생각될 때면 어김없이 주머니에서 작은 거울을 꺼내 머리 상태를 확인하곤 했다. 말을 할 때면 문장 하나가 끝날 때마다 손을 올려 재빨리 머리를 매만지는 것이 버릇이었다.

심장마비는 열여덟 살의 잘생긴 젊은이였다. 네모진 턱에 광대뼈가 튀어나온 얼굴이었다. 심장마비라는 별명이 붙은 데는 사연이 있었다. 우리가 도착하기 한 주 앞서 이곳에 온 그는 용협공사에서 마을 배치를 기다리다가 그만 기절해 병원에 실려갔던 것이다. 입원한 이틀 동안 그의 심장 박동이 어찌나 빨랐던지 의사들이 베이징의 가족에게 '사망 임박' 통지를 보냈을 정도였다. 하지만 이틀 후 형이 도착하자 그는 기적적으로 회복되었다. 의사들은 문제가 무엇이었는지 도저히 찾아낼 수 없었다. 어떻든 이후 그는 심장마비라는 별명을 달게 되었고 스스로 그 별명을 매우 자랑스럽게 여기는 모양인지 누군가 '심장마비'라고 외치면 즉각 신나게 대답을 하곤 했다.

옆 동굴집에는 세 여자가 살았다. 스물한 살의 야룽亞榮은 베이징 아이들 중 나이도 가장 많고 몸집도 컸다. 커다란 얼굴이 둥근 어깨 위에 얹혀 있었다. 목은 보이지도 않았다. 거대한 머리통 뒤로는 땋아내린 머리 두 가닥이 밧줄처럼 늘어져 있었다. 베이징 아이들 중 나는 야룽이 제일 싫었다. 혁명적인 농민으로부터 교육받고자 하는 열정에 넘치는 듯 마차를 타고가는 길 내내 귀뚜라미 아저씨 옆에 붙어앉아 미소짓고 있었기 때문이었다. 우리는 야룽이 가져온 커다란 침낭, 그리고 우람한 몸집을 빗대 '대형 이불'이라는 별명을 붙였다.

대형 이불과 함께 지내는 두 소녀 인인陰陰과 양양陽陽은 쌍둥이였지만 얼굴만 같을 뿐 성격은 정반대였다. 그 부모는 이름을 지으면서 성격을 분명하게 나눠버린 듯했다. '흐린 날씨'를 뜻하는 인인이라는 이름의 소녀는 늘 언짢은 표정에 웃는 법이 없었다. 반면 '햇빛 나는 날씨'를 의미하는 양양이라는 이름의 소녀는 자매의 결점을 메워주기라도 하듯 늘 웃고 떠들며 지냈다. 첫 한 해 동안 인인은 우리를 위한 식사를 준비하며 집 안에서 지냈고 양양은 들에 나와 남자들에게 노래를 불러주었다. 물론 남자들은 양양을 제일 좋아했다.

* * *

긴 여행에 지쳐버린 나는 이틀 내내 뜨거운 캉 위에 누워 잠을 잤다. 사흘째가 되자 귀뚜라미 아저씨가 와서 작업 준비를 지시했다. "우리 마을은 '지구 재건설'이라는 야심찬 계획을 시작했다. 여러분이 왔을 때 마을 곳곳에 붙어 있던 포스터를 기억하리라 믿는다. 이 계획은 위대한 지도자께서 직접 세우신 것이다. 중국의 모든 자치구 공동체가 힘을 합쳐 황무지를 농토로 바꾸는 재건설 작업을 해내야 한다. 자, 이제 여러분도 재건설 작업에 참여할 때가 되었다."

다음날 새벽 4시, 나는 요란하게 문을 두드리는 소리에 잠에서 깼다. 추위에 몸을 떨면서 나는 재빨리 두툼한 외투를 챙겨입었다. 낡은 군복 외투를 어머니가 개조해 만들어주신 솜옷이었다. 동굴집은 얼음처럼 차가웠다. 잠들기 전에 뜨겁게 달구어놓았던 캉은 밤 사이에 이미 차디차게 식은 지 오래였다. 나는 어둠 속에서 더듬거리며 문을 찾아 열었다. 사방이 깜깜한 가운데 차가운 바람이 밀려들었다. 바람과 함께 귀뚜라미 아저씨의 검은 그림자도 안으로 들어왔다.

"이미 수탉이 울었어!" 아저씨는 노랫소리 같은 사투리로 고함을 쳤다. 이전과는 딴판으로 무뚝뚝하고 거친 모습이었다. 아저씨는 성냥을 그어 램프에 불을 붙였다. 그리고 나머지 다섯 명 모두가 여전히 침대에 누워 있는 모습을 보자 "당장 일어나!"라고 외치면서 초록 올리브의 담요부터 홱 걷어젖혔다. 그러자 비쩍 마른 몸뚱이가 벌벌 떠는 모습이 드러났다. 마치 털 뽑힌 닭처럼 말이다. "마을 사람들은 이미 들에 나갔다. 우린 늦었다고. 어서 서둘러!"

"악질 지주 쩌우周나 다름없군. 이제 겨우 새벽 4시인데 말야." 초록 올리브는 귀뚜라미 아저씨가 여자들 동굴집으로 가자마자 불평을 했다. 악질 지주 쩌우는 한밤중에 수탉 흉내를 내며 울어댄 후 일꾼들을 들로 내몰았다는 부농富農 이야기의 주인공이었다. 하지만 우리는 그 말에 웃어줄 여유도 없었다. 골초 악마는 물소가 무언가 먹을 것이 없는지 주위를 살피는 동안 먼저 화장실을 차지하기 위해 언덕 위로 내달았다.

10분 후 우리는 일하러 나섰다. 몇 안 되는 별이 깜박일 뿐 하늘은 캄캄했고 동트기 전의 면도날 같은 바람은 피부를 파고들었다. 귀뚜라미 아저씨가 앞장을 서고 우리는 삽과 괭이를 둘러멘 채 줄지어 눈길을 걸어갔다. 길은 좁고 경사가 급했다. 미끄러져 떨어지지 않도록 두 손과 무릎으로 기어야 하는 곳도 많았다. "나도 인인처럼 현명해야 했는데." 골초 악마는 가느다란 다리로 비틀비틀 걸어가면서 우울하게 중얼거렸다. 식사를 맡은 인인은 유일하게 동굴집에 남아 있는 사람이었고 따라서 이렇게 일찍 일어날 필요도 없었다. 나 역시 골초 악마와 전적으로 같은 생각이었다.

언덕을 올라갔다가 내려가고 다시 언덕을 오르는 일을 반복하며 우리는 모두 똑같아 보이는 수많은 언덕을 지났다. 한참을 걸어 하늘이 짙은 푸른색을 띠게 되었을 무렵 눈 덮인 완만한 언덕 위로 불쑥 솟아 오른 커다란 둥근 바위가 보였다. 귀뚜라미 아저씨는 의도적으로 이 언덕을 선택한 듯했다. 우리를 바위 아래에 모이게 한 후 강의가 시작되었다. "이곳이 붉은 군대 언덕이다. 지금 여러분이 서 있는 바로 이곳에서 붉은 군대의 후투胡圖 장군이 1946년, 국민당 놈들과의 전투를 지휘하셨지. 전투 중 장군께서는 적군의 총탄에 맞아 현장에서 돌아가셨다. 그 후 순교자의 피로 적셔진 이 땅은 혁명의 상징이 되었지. 이제 우리는 붉은 군대의 정신으로 무장하고 이 황무지를 개간하고자 한다. 위대한 지도자는 이 과업을 통해 여러분의 혁명 정신을 확인하고자 하신다."

반 문맹의 농민치고는 놀라울 정도의 달변이었다. "여러분은 '지구 재건설' 계획을 가장 먼저 실현하는 것이다." 귀뚜라미 아저씨는 주위의 어둑어둑한 언덕을 가리켰다. "당이 베이징에서 온 여러분에게 이토록 중대한 과업을 부여한 것은 커다란 영광이다. 당을 실망시켜서야 되겠는가? 위대한 지도자께서는 붉은 군대의 정신을 보이는 자는 베이징으로 돌아가겠지만 그렇지 못한 자는 평생을 여기서 보내야 한다고 말씀하셨다. 마을이 여러분을 지켜보고 있다. 당이 여러분을 바라보고 있다. 위대한 지도자께서 주목하고 계신다. 자, 일을 시작하기 전에 위대한 지도자의 〈마음을 강건하게〉를 암송하도록 하자."

귀뚜라미 아저씨의 말은 감동적이었다. '그래, 이것은 위대한 지도자가 내리신 시험이다. 나는 절대 여기서 실패할 수 없다.' 일이 시작되자마자 나는 열성적으로 매달렸다. 나이로 보나 성격으로 보나 우리가 하는 일의 현실성 여부에 의문을 제기할 수는 없었다. 여덟 명의 젊은이들은 삽과 괭이를 사용해 거대한 언덕을 평지로 만드는 데 착수했다. 다음 단계는 고르게 된 평지의 침식을 막기 위해 골짜기 아래에서 돌을 메고 올라와 쌓는 것이라 했다. 내 머릿속에는 귀뚜라미 아저씨에게 내 뜨거운 붉은 혁명 정신을 충분히 과시하여 언젠가 베이징으로 돌아갈 수 있도록 해야겠다는 생각뿐이었다.

고된 작업이었다. 땅이 얼어 있었기 때문에 삽이 땅을 내리칠 때마다 손은 물론 심장에까지 전기 충격 같은 고통이 전해졌다. 하지만 그 고통의 결과는 너무도 미미했다. 그저 하얀 흔적이 남고 호두알만한 흙이 벗겨져나오는 데 그쳤던 것이다. 얼음 층을 벗겨내는 데만도 몇 차례 삽을 휘둘러야 했다. 작업 진행은 너무도 더뎠다. 얼마 시간이 지나지 않아 내 손에는 벌써 물집이 여러 개 잡히고 말았다.

하지만 그런 가혹한 상황에서도 우리는 처음 두 시간 동안 맹렬히 일했다. 함께 왁자하게 웃음을 터뜨리기까지 하면서 미친 듯이 삽을 휘둘렀다. 골초 악마는 양양에게 노래를 불러달라고 청했고 그럴 때마다 양양은 위대한 지도자의 말씀을 바탕으로 만들어진 노래로 답했다. 즐거운 분위기였고 그래서 마치 위대한 지도자가 우리를 위해 유쾌한 게임을 마련한 듯 느껴지기도 했다. 곧 끝날 작업이라 믿었기에 물집 잡힌 손의 고통도 대단치 않게 느껴졌다.

* * *

노래와 웃음이 어우러진 분위기는 오래가지 못했다. 아무리 힘들다 해도 평지 고르기 작업은 준비 단계에 불과했다. 자그마한 땅이 편평해지자 귀뚜라미 아저씨는 다음 단계 작업을 지시했다. 강둑에서부터 언덕 위까지 돌을 져나르는 일이었다. 처음 돌이 든 바구니를 메고 일어선 순간 나는 중심을 잃고 뒤쪽 강으로 떨어질 뻔했다. 바구니 무게는 내 몸무게보다도 무거울 것 같았다. 언덕으로 오르는 한 걸음 한 걸음이 고통이었다. 나는 내내 기어가다시피 했다. 귀뚜라미 아저씨가 서 있는 중간까지 기어가는 데도 오랜 시간이 걸렸다. 아저씨를 막 스쳐 지나는 순간 나는 발을 헛디뎌 쓰러지고 말았다. 바구니가 등에서 풀려 미끄러졌다. 그 자리에 엎어진 나는 축축한 눈 냄새를 맡았고 내 코에서 나오는 코피 방울이 흰 눈을 붉게 물들이는 모습을 보았다. 한동안 그렇게 누워 있고 싶었지만 귀뚜라미 아저씨가 몸을 돌려 비난의 눈길을 보내자 안간힘을 쓰며 일어날 수밖에 없었다. 위대한 지도자의 시험에 불합격해 평생 시골에서 썩을 수는 없었다. 돌 바구니를 다시 챙겨 멘 후 나는 온몸을 짓누르는 무게를 느끼며 다시 천천히 기어올라갔다. 마지막 50미터는 그야말로 지옥의 행진이나 다름없었다. 나는 발을 질질 끌며 간신히 걸음을 옮겼다. 어깨와 팔이 어찌나 아픈지 금방이라도 몸 일부가 떨어져나갈 것 같았다. 하지만 나는 신음 소리를 내지 않았고 걸음도 멈추지 않았다.

돌 바구니를 메고 가장 먼저 언덕 꼭대기에 다다른 사람은 대형 이불이었다. 두 번째로 넘어졌다가 간신히 일어났을 때 언덕 위에서 대형 이불이 외치는 소리가 들려왔다. "마오쩌둥 주석, 만세!" "혁명 정신, 만세!" 나는 못 견디게 대형 이불이 미워졌다. 그 열성과 성공은 남은 모두를 열등하게 만들었고 결국 우리는 허둥거리며 더 빨리 해

내려 발버둥쳐야 했다.

아침 10시, 식사시간이 될 때까지 나는 두 차례 왕복해 돌을 날랐다. 더 이상은 한 발짝도 떼어놓지 못할 것 같았다. 손에 물집이 잡히고 여기저기 까진 탓에 장갑이 피로 끈적끈적해진 것은 제쳐두더라도 어깨가 심상치 않았다. 쇄골이라도 부러져버렸는지 외투만 스쳐도 저절로 움찔거릴 정도로 아팠다. 둥근 바위에 기대앉아 있자니 셔츠와 외투가 완전히 젖어버린 것이 느껴졌다. 나는 찬바람에 몸을 덜덜 떨며 인인이 가져온 옥수수 찐빵과 소금에 절인 순무 한 줄기를 먹었다.

식사시간에 귀뚜라미 아저씨는 대형 이불에게 위대한 지도자의 붉은 책에서 몇 구절을 읽어달라고 부탁했다.

그리고 낭독이 끝나자 연설을 시작했다. "여러분은 훌륭히 해내고 있다. 마오쩌둥 주석이 말씀하신 바와 같이 진정한 혁명 정신은 땀과 피를 통해서만이 길러질 수 있다. 하지만 아직은 시작에 불과하다. 진짜 시험은 이제부터야. 아무리 어렵고 힘들다 해도 위대한 지도자의 말씀을 기억하는 한 우리에게는 끝없는 힘이 샘솟아 결국 자연을 정복할 수 있을 것이다. 마오쩌둥 주석이 여러분에게 힘을 주신다. 다시 작업을 시작하기 전에 위대한 지도자의 〈마음을 강건하게〉를 한 번 더 낭송하도록 하자." 아저씨는 특유의 사투리로 낭송을 시작했다.

"마음을 강건하게, 희생을 두려워 말자. 수만 가지 장애를 딛고 나가, 궁극적인 승리를 쟁취하자! …… 마음을 강건하게, 희생을 두려워 말자. 수만 가지 장애를 딛고 나가, 궁극적인 승리를 쟁취하자!"

암송이 반복되면서 놀라운 일이 벌어졌다. 대형 이불은 식사시간이 채 끝나지도 않았는데 자리에서 벌떡 일어나 계곡을 향해 언덕을 내려가기 시작했다. 심장마비와 양양이 뒤를 이었다. 심지어 골초 악마까지도 마오쩌둥 주석의 말씀에 주문이라도 걸린 듯 몸을 일으켰다. 나는 자괴감이 들었다. 일어서려 했지만 온몸이 너무도 아파 차가운 땅바닥에 주저앉고 말았다. 녹초가 된 내 몸에는 신과 같은 지도자의 말씀도 효과가 없었다. 톈안먼 광장에서 위대한 지도자를 보았을 때와 똑같은 의문이 다시금 떠올랐다. 어딘가 잘못된 거 아냐? 왜 나는 다른 사람들처럼 위대한 지도자의 말씀만으로 힘을 얻지 못하는 거지? 나는 마음속으로 다시 한 번 위대한 지도자의 말씀을 되뇌어보았다. 하지만 찢어질 듯한 온몸의 고통에는 아무런 변화도 없었다.

휴식 시간이 끝나고 얼마 지나지 않아 나는 다시 쓰러졌다. 이번에는 바구니가 땅에 떨어지더니 언덕을 굴러내려가 차가운 물 속으로 빠져버리고 말았다. 하지만 그 모습을 보자 일종의 안도감이 느껴졌다. 두 무릎이 얼어붙은 땅바닥에 세게 부딪쳤지만 손을 짚어 충격을 완화하려는 생각도 들지 않았다. 더 이상 아무것도 중요할 것이 없었다. 그저 단 일분만이라도 쉬고 싶은 마음뿐이었다. 하지만 그 순간 불만스럽다는 듯 중얼거리며 내 쪽으로 다가오는 귀뚜라미 아저씨의 모습이 보였다. 어쩔 수 없었다. 마지막 힘을 짜내 자리에서 일어서야 했다. 나는 천천히 언덕 아래로 내려가 강물에서 바구니를 건져냈다.

저녁 식사 직전에 대형 이불도 마침내 쓰러졌다(나는 자업자득이라고 생각했다). 커다란 돌 바구니를 메고 언덕 꼭대기에 거의 도착한 순간 갑자기 다리를 가누지 못하고 쓰러졌는데 그 바람에 바구니에 들어 있던 돌이 대형 이불의 머리며 등, 상체 여기저기에 떨어지고 말았다. 얼굴도 돌에 맞았고 그 바람에 이가 부러져 입에서 튀어나왔다.

우리가 달려갔을 때 대형 이불은 마치 죽은 듯 보였다. 얼굴이 피투성이가 되어 10분가량이나 꼼짝 못하고 누워 있었던 것이다. 슬슬 그 괴물처럼 뚱뚱한 몸을 어떻게 마을까지 옮겨갈 것인지 걱정이 되기 시작했다. 그건 돌 바구니를 옮기는 것보다 훨씬 더 고약한 일처럼 여겨졌다. 다행히 그 순간 발을 약간 움직이는 것 같더니 대형 이불이 눈을 떴다. 그러고는 놀랍게도 몸부림을 치며 일어나 바구니를 잡는 것이었다. 마치 혁명 이야기에 나오는 영웅 같은 모습이었다. 나는 그런 영웅 흉내를 내기 위해 대형 이불이 일부러 쓰러졌던 것이 아닐까 의심스러운 마음이 들었지만 귀뚜라미 아저씨는 정말로 감동한 듯했다(대형 이불에 대한 내 미움은 그 순간 열 배로 더 커졌다. 그건 톈안먼 광장에서 꾀병을 부려 남은 시간 내내 편안히 쉴 수 있었던 내 경험을 연상시켰다). 그날 저녁 제3생산조 전체가 모인 자리에서 귀뚜라미 아저씨는 대형 이불의 강인한 정신과 헌신적인 자세를 극구 칭찬했다. 그리고 "도시 출신의 가냘픈 소녀가 위대한 지도자를 위해 이토록 몸이 부서져라 일할 수 있다면 남은 우리가 그렇게 하지 못할 이유가 무엇이란 말입니까?"라며 대형 이불의 모범을 따르자고 역설했다.

첫째 날의 노동은 어두워질 때까지 끝나지 않았다. 그날 밤 도대체 어떻게 내가 지친 몸을 끌고 붉은 군대 언덕에서 동굴집까지 돌아올 수 있었는지 기억도 나지 않는다. 동굴집의 뜨거운 캉은 너무도 편안했다. 나는 젖은 옷을 벗지도 못한 채 고꾸라져 잠들었다.

둘째 날과 셋째 날은 한층 더 힘들었다. 둘째 날에는 눈이 내려 길이 더 미끄럽고 위험했다. 부상자가 하나 둘 생겨났다. 셋째 날, 거울 왕씨가 계곡에서 미끄러져 얼음처럼 차가운 강물에 빠졌다. 덕분에 감기에 걸린 그는 며칠 동안 침대에 누워 있어야 했다. 첫째 주가 끝나갈 무렵 골초 악마는 척추골이 골절되었다는 자가 진단을 내렸고 며칠 동안 인인의 식사 준비를 도우며 집에 있어도 좋다는 허락을 얻어냈다. 물소도 발목을 삐어 나올 수 없게 되었다. 두 번째 주말 무렵이 되자 일하는 사람은 다섯뿐이었다. 나는 귀뚜라미 아저씨가 유독 나를 주목한다고 느꼈고 그래서 감히 꾀병 부릴 생각을 하지 못했다.

다음 2주 동안 나는 기계처럼 일했다. 너무도 피곤해 밤이면 아무 것도 느끼지 못하고 잠에 빠져들었다. 젖어서 냄새나는 옷도, 어깨와 등의 통증도, 물소의 코골이도, 초록 올리브의 잠꼬대도, 골초 악마의 담배 연기도 느껴지지 못했다. 단 한 가지 내 잠을 방해할 수 있는 것은 새벽녘에 귀뚜라미 아저씨가 요란하게 문을 두드리는 소리였다. 그 2주가 끝나가면서 이미 나는 그 마을에서 탈출할 수 있다면 어떤 짓이든 하겠다고 맹세하기에 이르렀다. 그런 곳에서 평생을 보낼 수는 없었다. 위대한 지도자의 명령이든 아니든 간에 나는 혁명 농민으로는 단 하루도 더 살고 싶지 않았다.

등뼈가 부서져라 일하는 과정은 3주 동안 계속되었다. 3주째 되던 날 우리는 붉은 군대 언덕 꼭대기에 몇 개의 좁은 평지를 완성했다. 멀리서 보면 마치 거위 털 몇 개가 황무지 위에 떨어져 있는 듯 보일 것이었다. 죽을 둥 살 둥 작업했건만 결국 얻어낸 평지 면적은 1,000 제곱미터 정도에 불과했다. 귀뚜라미 아저씨는 그곳을 '베이징 아이들이 만든 조각 농지'라고 부르며 생산조에게 자랑스럽게 공개했다. 하지만 성과는 오래가지 않았다. 어쩌면 해룡海龍이 자신의 성지를 함부로 침입한 우리를 못마땅하게 여겼는지도 모른다(나중에 들어 알게 된 것이지만 농민들은 그 언덕 위에 해룡이 산다고 믿고 숭배해왔다고 했다). 4월에 폭우가 내렸고 그 결과 힘들게 져올렸던 돌은 대부분 씻겨 내려가고 말았다. 언덕은 다시 황무지로 변했다. 나는 봄철 밭갈이 작업을 면제해준 그 폭우가 고맙기 짝이 없었다. '지구 재건설'이란 농업 생산보다는 정치적 선전을 염두에 둔 정신나간 계획이었다.

"내년 봄에 돌아오마!" 귀뚜라미 아저씨는 폭우 직후 열렸던 제3생산조 주일 대중 집회에서 선언했다. 그 말을 듣자 저절로 몸이 떨려왔다. 또다시 그런 식으로 3주 동안 작업해야 한다면 버텨낼 수 있을 것 같지 않았다. "우리 혁명 농민들은 절대 자연에 굴복하지 않는다. 마오쩌둥 주석의 지도와 붉은 군대 정신으로 무장한 한 우리는 붉은 군대 언덕을 점령하게 될 것이다. 위대한 지도자도 말씀하셨듯 인간은 하늘도 지배하게 될 것이다! 위대한 지도자, 만세!"

이제 귀뚜라미 아저씨의 말이나 행동은 광대짓으로만 보였다. 하지만 나는 어떻게든 그의 눈에 들어 이 산촌을 빠져나갈 방법을 찾아야 했으므로 큰 소리로 함께 외쳐댔다. "인간은 하늘을 지배할 것이다! 위대한 지도자, 만세!"

10. 혁명 농민으로 거듭나는 방법

마을을 탈출하고픈 내 소망은 쉽사리 실현되지 않았다. 하지만 나는 곧 산촌에서의 생활을 좀더 편하게 만드는 방법을 배웠다. 물론 여기에는 우리의 정신적 지도자인 골초 악마의 도움이 컸다. 그가 '혁명' 농민들처럼 느긋하게 생활하는 다양한 방법을 전수한 것이다.

"위대한 지도자는 우리가 혁명 농민으로부터 학습해야 한다고 하셨다. 그러니 우리는 지도자의 말씀을 그대로 따라야 한다." 어느 날 아침 우리에게 배정된 들판에 도착했을 때 골초 악마가 말했다. 늦은 봄이었다. 조각 농지를 만드는 대신 봄 밭갈이를 해야했다. 콩밭에 누워 실없는 이야기를 주고받는 농민들을 가리키며 골초 악마가 말을 이었다. "저 진정한 농부들을 보아라. 진정한 혁명 농민이 되자면 그들처럼 말하고, 그들처럼 입고, 그들처럼 담배 피우고, 그들처럼 일해야 하는 것이다!" 우리는 모두 웃음을 터뜨렸다.

골초 악마는 빈말을 지껄이는 데 그치지 않고 '진짜 농민이 되기 위한 혁명'에 착수했다. 다음날 그는 자기 바지와 맞바꾼 널따란 농민 바지를 입고 밭으로 나왔다. 농민처럼 속옷도 입지 않았다. "이건 우리 상황에 딱 맞는 위생적이고도 경제적인 바지야." 골초 악마는 돼지도 숨길 수 있을 정도로 넓은 바지를 뽐냈다. "일생에 딱 두 번, 태어났을 때와 땅에 묻힐 때에나 목욕을 하는 촌사람들에게는 이 바지가 제일 위생적이야. 속옷을 입지 않으니 이나 벼룩이 숨을 장소가 없고 폭이 넓으니 더운 날씨에도 바람이 잘 통하고 말야. 게다가 돈도 절약되지. 속옷 따위를 살 필요가 없으니까." 수긍이 가는 얘기였다. 다음날 물소, 초록 올리브, 심장마비는 모두 넓은 검은색 바지 차림으로 나타났다. 나도 농민 바지 하나를 얻었는데 냄새가 영 마음에 들지 않았지만 억지로 입었다. 농민 옷차림을 해야 다른 농민과 한 덩어리로 보일 테고 그러면 밭에서 누워 잠잘 때에도 귀뚜라미 아저씨가 멀리서 나를 구분해내지 못할 것이기 때문이었다.

"이번에 배울 것은 농민들처럼 대마를 피우는 거야." 며칠 후 우리 교사인 골초 악마가 말했다. 자주색 줄기의 대마는 제3생산조의 주된 작물이었다. 이는 땔감이자 식용유로 이용되었을 뿐 아니라 마을 사람 모두를 위한 유일한 오락거리이기도 했다. 여자고 남자고 할 것 없이 누구나 대마로 물담배를 피워댔던 것이다. "샨베이의 대마는 세계 최고야." 골초 악마가 단언했다. "마리화나처럼 강력하지. 눈앞에 악마가 나타날 정도라니까. 하지만 농부들처럼 물담배로 피우면 아주 부드러워. 한 모금 쭉 빨아들이면 신선이 되어 남중국해南中國海에서 푹 쉬는 기분을 느끼게 될걸." 다음 몇 주 동안 베이징 아이들은 모두 알아서 물담뱃대를 구했다. 담배를 피우지 않는 거울 왕씨와 나도 동료들에 동조하기 위해 담뱃대를 마련했다. 물담배를 피워대는 모습을 보자 농민들은 우리를 자기네 사람으로 인정하기 시작했고 귀뚜라미 아저씨가 밭으로 다가오면 늘 경고해주었다.

"아직 가장 중요한 일이 남았어. 혁명 농민처럼 일하지 않는다면 절대 진정한 혁명 농민이라고 할 수 없지." 어느 날 골초 악마 선생은 다시 강의를 시작했다. "일은 그저 단순한 작업이 아냐. 일은 예술이지. 노동의 예술성을 제대로 이해하는 법을 배워야 해. 혁명 농민들이 일하는 방식을 보고 그대로 따르자고." 베이징 아이들은 모두 이 탁월한 가르침에 감사해했다. 우리는 농민들을 관찰하고 그대로 따랐다.

여전히 아침에 일어나는 시간은 귀뚜라미 아저씨가 깨우러 오는 이른 새벽이었고 날이 밝기 전에 들판으로 나가야 했다. 하지만 아저씨가 회합에 가기 위해 마을 쪽으로 돌아서기 무섭게 우리는 모두 드러누워 해가 떠오르고 아침식사가 도착할 때까지 잠을 잤다. 점심을 먹은 후에는 또다시 긴 낮잠에 빠져들었다. 그리고 낮잠 자는 사이사이에 느긋하게 콩이나 옥수수, 혹은 대마밭에서 김을 맸다. 물론 조각 농지를 만들 때처럼 맹렬하게 일하는 법은 없었다. 한 줄 김을 매고 나면 우리는 다른 농민들과 함께 주저앉아 담배를 피웠다. 그 후 잡담 시간이 이어졌다. 바로 그 시간에 우리는 마을의 부인네들, 그리고 처자들에 대한 온갖 이야기를 들을 수 있었다.

골초 악마는 사투리를 익히는 데도 재주가 뛰어났다. 채 석 달이 지나지 않아 그는 완벽한 샨베이 사투리를 구사하게 되었다. 관용적 표현은 물론이고 노랫소리 같은 특유의 어조까지 어느 한구석 부족한 점이 없었다. 새로운 능력을 십분 활용해 그는 농민들과 자유로이 대화했고 현재와 과거에 있었던 마을의 모든 사건과 이야깃거리를 알아냈다. 그러고는 언어 능력이 덜 뛰어난 동료들에게 전해주었다. 그 중에는 붉은 군대 언덕과 해룡에 대한 이야기도 있었다. 붉은 군대 언덕 재건설이 어째서 정신 나간 계획인지를 설명해주는 이야기였다.

* * *

골초 악마에 따르면 문화혁명 후 이름이 바뀌기 전까지 그곳은 젖꼭지 언덕이라 불렸다고 한다. 이름은 천년 전의 전설에서 유래했다.
"아주, 아주 오래전에," 그는 물담배를 피우며 이야기를 시작했다.
"끔찍한 가뭄이 있었대. 그 전 두 해 동안에도 비가 거의 내리지 않았지만 그해에는 정말이지 비라고는 단 한 방울도 구경하지 못했다는군. 우선 농작물과 풀이 말라죽었지. 다음으로는 나무와 동물이 죽었고 마침내 사람들이 죽기 시작했대. 매일같이 사람들은 언덕 꼭대기의 해룡 사원에 모여 비를 내려달라고 빌었지. 어느 날 밤 사람들이 여전히 빌고 있는데 천둥 번개가 치더니 목소리가 들렸대. '마을의 젊은 어머니를 이곳에 바쳐라. 그래야 비가 내릴 것이다.'
소식을 들은 마을의 어느 젊은 어머니가 자신을 희생시켜 마을을 구해내겠다고 결심했대. 그날 밤 남편과 어린 아들에게 작별 인사를 하고 혼자 사원으로 올라갔지. 사원은 깜깜했어. 천장에 촛불 하나가 매달려 있을 뿐이었지. 덥고 건조한 바람 때문에 촛불이 깜박거렸어. 무섭게 생긴 해룡 조각상이 불빛 때문에 벽에 반사되어 거대한 괴물처럼 보였지. 금방이라도 여자를 덮칠 것처럼 말야. 여자는 조각상 앞에 무릎을 꿇고 제발 비를 내려달라고 빌었지. 그러다가 무언가 발을 건드린다고 느꼈어. 눈을 떠보니 커다란 검은 호저豪豬 한 마리가 있었다지. 아주 늙고 못생긴 호저였대. 갈색 눈은 반쯤 감겨 있고 등에 난 길다란 가시들은 여기저기 부러져 있고 말야. 1,000살은 된 듯 보이는 그 호저는 몹시 쇠약했고 갈증으로 죽어가고 있었어.

'무언가 마실 것이 있을까요?' 호저가 머리도 들지 못한 채 중얼거렸어. 하지만 물은 없었지. 여자는 늙은 호저가 불쌍한 나머지 손으로 안아들고 젖을 먹였어. 달콤한 젖이 죽어가던 동물의 입으로 흘러 들어갔지. 호저의 가시가 여자의 손과 가슴을 찔렀지만 여자는 아랑곳하지 않았어. 마침내 호저는 살아났어.

'고맙습니다.' 호저가 인사를 했고 그제야 여자는 호저를 내려놓았어. 천천히 기어나가는 늙은 호저의 눈에 눈물이 반짝였어. 호저가 어둠 속으로 사라진 후 벼락이 하늘을 찢더니 비가 내리기 시작했어. 사흘 동안이나 비가 내렸지. 마침내 해가 났을 때 사람들은 해룡 사원이 사라지고 커다란 둥근 바위가 서 있는 것을 발견했지. 젖꼭지 모양의 바위였어. 그 다음부터 언덕은 '젖꼭지 언덕'이라 불리기 시작했지. 마을 사람들은 젊은 어머니가 바위로 변한 것이라 믿고 있어."

"이제 알겠군." 골초 악마가 이야기를 마친 후 다시 담뱃대를 채우는 동안 내가 말했다. "어째서 4월에 그토록 심한 비가 내려 우리가 만든 조각 농지를 쓸어내버렸는지 말야. 그곳은 해룡의 땅이었던 거야."

"당연하지." 골초 악마가 맞장구쳤다. "아마 귀뚜라미 아저씨는 마을에서 유일하게 해룡을 믿지 않는 사람인 것 같아. 아저씨 이야기가 나왔으니 우리의 당비서에 얽힌 이야기도 해볼까?" 우리는 열심히 고개를 끄덕였고 골초 악마는 귀뚜라미 아저씨에 얽힌 최근 사건들을 털어놓았다. 젖꼭지 언덕 이야기만큼 흥미진진한 내용이었다. 그는 훌륭한 이야기꾼이었다. 간장이며 식초, 매운 양념을 적절히 섞어 넣어가며 술술 풀어놓는 그의 이야기는 언제나 사람을 홀딱 빠져들게 만들었다. 야한 이야기는 특히 그랬다. 나는 남녀 사이에서 벌어지는 일을 너무도 훤히 알고 있는 그에게 찬사를 보내지 않을 수 없었다. 그건 분명 열일곱 살 소년의 지식 범위를 넘어서는 수준이었다.

골초 악마의 이야기에 따르면 귀뚜라미 아저씨는 마을 농민들의 존경을 받고 있다고 했다. 다만 그것은 위대한 지도자에 대한 충성심 때문이 아니라 초자연적인 수준이라고까지 할 만한 아랫도리 힘 덕분이었다. 어느 농민은(골초 악마는 그의 이름을 밝히려 들지 않았다) 귀뚜라미 아저씨가 마을 여자들 중 절반과 함께 잠을 잤다고까지 말했다는 것이다. 자식이 여섯이라지만 여기저기서 낳은 아이를 다 합치면 열여덟 명이나 된다고 하는 사람도 있었다. 그리고 바로 지금도 베이징 출신 여자애 하나가 아저씨와 잠을 잔다고 했다.

나는 충격을 받았다. 하지만 어렵지 않게 추측해낼 수 있었다. "틀림없이 대형 이불일 거야." 내가 이렇게 말하자 골초 악마는 빙그레 웃었다. 우리가 마을에 온 뒤 거의 매일 저녁 귀뚜라미 아저씨가 찾아와 함께 당 본부로 가서 위대한 지도자의 말씀을 공부하자며 대형 이불을 불러내 데려갔던 것이다. "대형 이불은 이미 훌륭한 젊은이지만 그래도 진정한 혁명가가 되려면 특별 교육이 필요하지." 나는 귀뚜라미 아저씨의 말을 떠올렸다.

그 이야기를 들은 지 몇 달이 지나자 대형 이불에 대한 귀뚜라미 아저씨의 특별 교육이 빚어낸 결과가 모든 사람의 눈에 명백해졌다. 하루가 다르게 배가 나오기 시작한 것이다. 어느 날 밤 대형 이불은 특별 교육에 갔다가 돌아오지 않았다. 다음날 귀뚜라미 아저씨가 여자들 동굴집에 나타나 대형 이불의 물건을 챙긴 후 소식을 전해주었다. "위대한 지도자의 말씀을 열심히 학습하고 농민들의 혁명 정신을 습득한 결과 대형 이불은 당에 선발되어 옌안延安의 간호학교에서 공부하게 되었다. 나머지 사람들도," 귀뚜라미 아저씨는 인인과 양양 쪽을 의미심장한 눈길로 바라보며 덧붙였다. "열심히 학습하고 혁명 농민들의 가르침을 익힌다면 여기서 나갈 수 있다. 대형 이불은 여러분 모두의 귀감이 될 것이다. 위대한 지도자가 왜 너희를 여기로 보냈는지 잊어서는 안 된다. 바로 혁명 농민들로부터 배우라는 것이다."

"혁명 농민들로부터 배우자!" 우리는 히죽거리며 구호를 외쳤다. 골초 악마와 내 목소리가 제일 컸다.

나중에 나는 대형 이불이 낙태 수술을 받았으며 큰 호저 마을에서의 중노동에서 해방되어 몹시 행복해한다는 소식을 전해들었다. 그런 식의 탈출 방법은 마음에 들지 않았지만 어떻든 그 경험을 통해 나는 귀뚜라미 아저씨를 어떻게 다루어야 할지 교훈을 얻었으며 이는 후일 큰 도움이 되었다.

* * *

"이제 우리는 모두 혁명 농민이 되었다. 하지만 아직 할 일이 남았어." 어느 날 오후 골초 악마 선생이 만면에 웃음을 머금고 말했다. 그는 낮잠에서 일어나 기지개를 켜며 뜨거운 가을 햇살 아래 나자빠져 있는 우리를 둘러보았다. 7월 말, 밀 수확기가 시작될 무렵이었다. "우리를 여기 보내신 위대한 지도자에게 감사하는 뜻에서 여기서 얻을 수 있는 혁명적인 기회를 남김없이 모두 사용해야 해." 골초 악마는 그때 막 생각해낸 계획을 말하려는 참이었다. 그 계획이란 베이징 출신 아이들에게는 노동량에 상관없이 연 200킬로그램의 곡물을 배급해야 한다는 정부의 최근 지시를 이용하는 것이었다.

가을 수확이 끝난 10월, 골초 악마와 물소는 햇곡식을 규정된 몫만큼 받은 후 교묘한 계획을 실천에 옮겼다. 첫눈이 내리자마자 두 사람은 병이 들었다. 아니, 만성 질환이 재발했다는 편이 옳았다. 골초 악마는 다시 척추골이 골절되었다고 했고 물소는 등의 통증이 심하다고 호소했다. 베이징의 병원에 가보아야 한다는 것이었다. 귀뚜라미 아저씨는 허가서를 써주었고 두 사람은 받은 곡물을 팔아 기차표를 산 후 1월에 베이징으로 떠났다. 중국의 설 명절인 춘절에 딱 맞춰서 말이다. 6개월 동안 두 사람은 베이징에 머물다가 힘든 농사일이 마무리되고 난 늦여름에 돌아왔다. 그리고 얼마 간 일하는 흉내를 내더니 다시 할당된 몫의 곡물을 받아 팔아치운 후 베이징으로 가버렸다.

두 사람은 아주 수완이 좋았다. 베이징으로 가기 위한 허가증을 부탁하면서 골초 악마는 귀뚜라미 아저씨에게 "저는 혁명 농민들로부터 배우는 것이 너무도 행복합니다. 그러니 아무리 많은 척추 뼈가 부러졌다 해도 몸을 움직일 수 있게 되면 바로 돌아오는 것이지요. 우리는 위대한 지도자의 지시를 충실히 따라야 하니까요."라고 말했다. 두 번째 해에는 심장마비도 가세했다. 만성인 심장 발작이 일어나 베이징으로 치료받으러 가야 한다며 허가서를 얻어낸 것이다. 세 사기꾼은 심지어 같은 열차를 타고 여행하는 객기까지도 부릴 정도였다.

하지만 나는 그런 농간을 부릴 수 없었다. 부모님이 여전히 정치적으로 의심받는 상황이었기 때문에 춘절을 지내기 위해 베이징으로 간다는 것은 꿈도 꾸지 못할 일이었다. 산촌을 떠났다가 혹시라도 오리알 중대장이 알게 된다면 부모님은 커다란 어려움을 겪을 것이었다.

골초 악마와 물소가 집으로 떠난 후인 4월에 나는 샤오롱에게서 편지를 받았다. 최근 샤오롱의 가족은 다시 형편이 좋아졌다고 했다. 그의 아버지가 신임 국방장관과 가까운 사이가 되었고 얼마 전 국방차관으로 임용된 것이다. 샤오롱의 가족은 다위안을 떠나 방이 열네 개나 되는 베이징 중심지의 커다란 집으로 이사를 갔다고 했다. 일년 동안 군에 복무한 샤오롱은 이사를 돕기 위해 특별 휴가를 얻었는데 샤오롱의 새 집은 전에 우리가 홍위병과 함께 습격했던 의사 집 바로 옆이라는 것이었다. '뱃속에 간장이 가득 든 채 죽어갔던 그 의사를 생각하면 지금도 섬뜩해.' 샤오롱은 이렇게 썼다.

샤오롱의 행운은 내 기분을 좋게 하지 못했다. 어두운 동굴집에 앉아 희미한 기름 등잔 빛에 의지해 편지를 읽는 내 신세가 한층 더 비참하게 여겨졌을 뿐이다. 나는 어떻게 해서든 산촌을 탈출하겠다고 결심했다. 그리고 그날 밤 오래도록 잠을 이루지 못했다. 어떻게 귀뚜라미 아저씨로부터 허가를 받아낼 것인가가 문제였다.

11. 큰물이 산촌을 덮쳤다

샤오롱의 편지를 받은 다음날, 나는 일과가 끝난 후에 귀뚜라미 아저씨의 사무실을 찾아갔다. 그리고 미소를 지으며 말을 꺼냈다. "혁명 사상에 대해 정말 많은 것을 배웠습니다. 하지만 아직도 배울 것이 많군요. 대형 이불이 그랬듯이 제게도 위대한 지도자의 말씀에 대한 특별 교육을 시켜주실 수는 없나요? 그리고…… 혹시 저희 중 누군가가 학교에 가서 공부할 기회가 생긴다면 저를 보내주시면 좋겠는데요."

"글쎄, 션판." 당비서는 별 흥미가 없다는 듯한 시선으로 나를 바라보았다. "자네 열정은 훌륭하네만, 혁명 농민으로부터 배우는 과정은 아주 길다는 점을 기억하게. 이제 시작일 뿐이야. 위대한 지도자도 말씀하셨지만 학교에서보다는 들판에서 더 많은 것을 학습할 수 있다네. 지금은 너무 바빠 특별 학생을 받을 수 없지만 앞으로 자네의 진전 상황에 관심을 가지도록 해보지. 자네가 어느 정도 준비가 되었다

생각되면 당위원회에 알려 자네 문제를 의논하도록 하겠네." 그 공식적인 말투는 나를 도울 의사가 전혀 없음을 분명히 했다. 그의 도움을 얻자면 말로 하는 부탁을 넘어선 무언가가 필요할 듯했다. 무언가 그에게 아주 큰 도움을 줌으로써 나를 돕도록 만들어야 했던 것이다.

다행히 그런 기회는 머지않아 찾아왔다. 우리가 큰 호저 마을에 자리잡은 지 2년째 되던 해에 가뭄이 들었다. 결국에는 내가 원하던 가능성을 열어준 가뭄이었다.

지독하게 더운 해였다. 1월 초, 마을 사람 하나가 젖꼭지 언덕에서 야생 붉은 염소를 보았다고 했다. 모두들 나쁜 징조라고 야단이었다. "겨울에 붉은 염소가 나타나면 여름에 대지가 타들어가는 법이지." 다시 말해 심한 가뭄이 든다는 것이었다. 귀뚜라미 아저씨조차도 이번에는 걱정스러운 얼굴이었다. 마을 집회에서는 미신 따위는 봉건적 사고방식이라고 일축했지만 말이다. 하지만 결국은 농부들의 미신적 믿음이 옳았다.

3월에 밭을 갈아놓은 이후로 비가 한 방울도 내리지 않았던 것이다. 어찌나 가물었는지 5월이 되자 우리 동굴집 아래를 흐르던 용골짜기 강이 말라버렸고 마을에 있던 우물 세 곳 중 두 곳도 검은 두꺼비투성이의 진흙으로 변해버렸다. 다행히 세 번째 우물은 마르지 않았지만 물 한 동이를 받으려면 한 시간이나 걸렸다. 그 우물로는 간신히 마을 사람들의 식수를 충당할 수 있을 뿐이었다. 우리는 매일 두 사람씩 당번을 정해 우물 앞에 길게 줄을 서 물을 받았다. 필요한 물을 받기까지 두세 시간이 걸렸다. 그나마 6월이 되자 물 나오는 속도가 급격히 느려져 가구당 하루 반 동이씩으로 제한해야 했다. 말, 소,

돼지, 염소 등은 물을 마시지 못하게 되면서 여위어가다가 결국 죽어버렸다. 일부 사람들은 젖꼭지 언덕의 해룡에게 비를 내려달라고 몰래 빌었다. 하지만 당위원회는 그런 행동을 엄격히 금지했고 귀뚜라미 아저씨는 발각될 경우 엄한 처벌을 내리겠다고 위협했다.

* * *

미신에 대항하기 위해 귀뚜라미 아저씨는 6월에 당위원회 비상회의를 열었고 새 우물을 파자는 결정이 내려졌다. 샨베이 마을에서 우물 파기는 아주 중요한 행사였다. 어디에 팔 것인가는 풍수 전문가가 마을에 흐르는 기의 흐름을 파악한 후 결정하는 것이 전통이었다. 하지만 혁명을 거치면서 풍수 전문가는 모두 추방되거나 살해되고 말았다. 정부는 풍수론이 봉건 사회의 잔재라고 생각한 것이다.

결국 귀뚜라미 아저씨가 우물 팔 자리를 결정했다. 어떻게 그 자리를 선택했는지 정확한 이유는 아무도 몰랐지만 우물 후보지는 기이하게도 어느 농부의 집 뒤편이었다. 농부의 아내가 귀뚜라미 아저씨와 불륜 관계라는 소문이 파다했다. 뒷마당을 우물 자리로 내놓는 보상으로 농부는 트랙터 운전사라는 수지 맞는 자리를 얻었다. 실린더 한 개짜리 트랙터를 몰고 산촌과 읍내를 오가며 물자를 나르는 일이었다. 농부는 뜻밖의 행운에 희희낙락했다. 그가 트랙터를 운전하며 자주 집을 비우게 되면 불륜 관계의 두 남녀도 더 즐거울 것이었다.

새로운 우물파기 작업은 즉시 시작되었다. 24시간 내내 교대로 파들어갔기 때문에 작업 속도는 빨랐다. 사흘째 되자 구멍 깊이는 이미 20여 미터가 되었다. 나흘째가 되자 34미터였다. 기존의 가장 깊은 우물보다 4미터나 깊은 셈이었다. 하지만 물줄기는 그림자도 찾을 수 없었다. 귀뚜라미 아저씨는 조금만 더 파면 틀림없이 물이 나온다며 작업을 독려하고 때로는 직접 아래로 내려가 진행 상황을 확인하곤 했다. 사람들은 그 장소를 포기하고 다른 곳을 찾아야 한다고 수군거렸지만 감히 드러내놓고 그런 제안을 하지는 못했다.

닷새째 되는 날, 저녁을 먹은 후 초록 올리브와 나는 우물 근처에 앉아 있었다. 초록 올리브는 물담뱃대를 꺼내 담배를 채웠다. 원치 위에 매달린 등유 등 불빛 때문에 우물에서 파올린 엄청난 흙더미가 기괴한 푸른빛을 띠었다. 우물 안에서 작업 상황을 확인하는 귀뚜라미 아저씨를 제외하고는 모두들 휴식 중이었다.

"여기서 시간 낭비하는 것이 지겨워." 나는 금방이라도 농부의 집을 삼켜버릴 듯 쌓인 흙더미를 바라보며 말했다. 초록 올리브는 고개를 끄덕이며 계속 담배를 피웠다. 최근 골초 악마로부터 '일곱 구멍 내뿜기' 기술을 전수받아 열심히 연습하는 중이었다.

"귀뚜라미 아저씨는 우물 안에서 대체 뭘 하는 거지?" 내가 말을 계속했다. "위대한 지도자의 붉은 책이라도 읽고 있나 보지? 여기서는 물이 나오지 않는다는 걸 누군가 얘기해야만 해." 괴로운 심정이었다. 그러다가 갑자기 예의 장난기가 발동했다. 나는 당장 자리에서 일어났다. 나는 흙덩이를 끌어올릴 때 쓰는 마대 자루 두 개를 쥐고 우물 입구로 다가가 소리쳤다. "동무들! 다시 일을 시작할 시간입니다. 어서 서두릅시다." 그러고는 귀뚜라미 아저씨가 우물 안에 있는 것을 모른다는 듯 자루를 우물 안으로 던져넣었다. 축축하게 젖은 무거운 자루는 검은 구멍으로 빨려 들어갔다. 마치 배고픈 용의 입 안으로 사라져버리듯 말이다.

몇 초 후 둔탁한 소리가 울렸다. 우물 안을 들여다보며 나는 만족스러운 미소를 지었다. 무거운 자루들이 귀뚜라미 아저씨의 머리에 명중해 진흙을 덮어씌웠던 것이다.

일분 이상이 흐르고 나서야 검은 구멍 아래에서 욕지거리가 흘러나왔다. "어떤…… 어떤 새끼가 우물 안에 마대 자루를 던져넣은 거야? 감히 이 당비서를 죽이려 드는 놈이 누구야!" 나와 초록 올리브는 소리를 죽이고 웃었다. 산촌에 간 이후 가장 즐거운 순간이었다.

원치로 끌어올려진 귀뚜라미 아저씨는 온몸이 진흙투성이였다. 회색 머리털은 진흙으로 뒤엉켜 관자놀이 옆으로 휘어진 뿔처럼 매달려 있었다. 아저씨는 꼬챙이로 손톱 밑에 끼인 흙을 파내느라 바빴다. 저녁 교대조로 온 농민들은 간신히 웃음을 참는 눈치였다.

"어떤 놈인지 잡아내고 말 테다. 이건 반동분자의 복수가 틀림없어." 귀뚜라미 아저씨가 분을 못 참아 중얼거렸다. 그 와중에도 입과 코에서는 계속 진흙 덩어리가 떨어져내렸다.

나는 동정심을 가장하며 달려가 더러운 걸레로 귀뚜라미 아저씨의 얼굴을 닦아내었다. "아니, 아저씨가 계신 줄 몰랐어요! 정말 바보 같은 실수를 저지르고 말았군요. 어서 일을 시작해야 한다고 서두르다가 그만 이런 일이! 이번 우물 파기 작업이야말로 저희의 혁명 정신을 발휘할 가장 좋은 기회라고 생각한 나머지 이런 일이 벌어졌습니다. 아저씨의 지휘하에 당이 선도하는 일은 틀림없이 옳다는 것을 어서 빨리 증명하고 싶었거든요. 저와 초록 올리브는 그저 위대한 지도자의 말씀을 가슴에 새기며……." 초록 올리브는 웃음을 터뜨리지 않기 위해 뒤돌아서 딴청을 해야 했다.

귀뚜라미 아저씨의 얼굴은 마치 경극에 등장하는 가면처럼 보였다. 진흙과 지푸라기가 뒤범벅된 채 잔뜩 찌푸린 그 표정이 말이다. 아저씨는 계속 화를 내야 할지 나의 혁명적 열성을 칭찬해야 할지 판단이 안 선다는 듯 이해할 수 없는 소리를 중얼거리며 농부의 집으로 비틀비틀 걸어갔다. 그러고는 이틀 동안이나 우물 근처에 얼씬도 하지 않았다.

* * *

7월 말, 밀 수확기가 시작되기 훨씬 전부터도 거두어들일 것이 거의 없으리라는 점은 분명해졌다. 새로운 우물 파기는 기록적인 깊이인 44미터까지 계속되었다. 하지만 끝까지 마른 땅이었기 때문에 결국 버려졌다. 귀뚜라미 아저씨는 그래도 실망하지 않았다. 600제곱킬로미터에서 얻어진 밀이 한 자루도 채 되지 않았던 비참한 여름 수확이 끝난 후 열린 집회에서 아저씨는 공허한 선언을 해댔다. "우리 혁명 농민들은 자연재해에 절대 굴하지 않을 것이다. 혁명의 적들이 우리를 지켜보고 있다. 우리가 개처럼 기어가 먹을 것을 구걸하리라 기다리는 것이다. 소련 수정주의자들도, 미국 제국주의자들도, 대만의 국민당 반동분자들도 우리를 보고 있다. 하지만 절대 그들이 우리를 비웃게 내버려두지는 않을 것이다. 혁명 정신만 잃지 않는다면 가뭄과 굶주림을 이겨낼 길은 분명 나타난다. 제3생산조는 다른 모든 자치구의 모범이 되리라. 올해에 우리는 풍작을 거두지 못했지만 여느 해와 다름없는 양을 국가에 바칠 것이다. 위대한 지도자가 말씀하셨듯 혁명 정신은 하늘도 이길 것이기 때문이다."

집회 말미에 우리는 작은 소리로 구호를 따라했다. 말들이 작년 수확 비축분을 정부에 헌납하기 위해 실어내가는 모습을 바라보면서 귀뚜라미 아저씨는 다시금 '마오쩌둥 주석, 만세! 위대한 프롤레타리아의 문화혁명, 만세! 인민 자치구, 만세!'를 외치게 했다. 오늘날까지도 나는 어떻게 사람들이 그토록 어리석을 수 있었는지, 광적인 열정에 휩쓸려 어떻게 스스로를 죽음으로 몰아넣을 수 있었는지 도무지 이해가 되지 않는다.

다음날 제3생산조는 곡물 창고를 열고 남아 있는 작년 수확 비축분을 분배했다. 베이징 아이들을 제외한 마을 사람들은 한 사람당 기장과 수수 12킬로그램씩을 받았다. 여름 수확 이후 통상 분배받던 양의 10분의 1도 안 되는 수준이었다. 우리는 용협공사가 곡물을 지원해준 덕분에 1인당 30킬로그램을 받았다. 먹기에도 부족한 양이었으므로 골초 악마와 물소는 하는 수 없이 신발이며 낡은 회중시계 등 가지고 있던 물건을 팔아 간신히 기차표를 구했다. 두 사람은 말뿐인 '여름 수확'이 끝나자마자 마을을 떠났다. 기차표 살 돈을 마련하지 못한 심장마비는 그해에는 남아 있어야 했다.

여름과 마찬가지로 겨울 수확도 전무하다시피 했다. 지독한 가뭄은 다음해까지 이어졌다. 1970년의 봄이 오기 훨씬 전부터 대부분의 농가에서는 배급받은 곡물이 바닥났고 농부들은 묽은 기장죽에 나무껍질을 섞은 것으로 연명했다. 매일 식사 때면 열 명이 넘는 배고픈 아이들이 우리 동굴집 근처에 몰려와 말없이 우리를 바라보곤 했다. 차마 우리만 먹을 수 없었기에 아이들에게도 빵 하나씩을 쥐여줘야

했다. 그러던 어느 날 저녁 식사가 끝난 후 요리 담당인 인인이 말했다. "배급받은 곡물이 빠른 속도로 줄어들고 있어. 내일부터는 점심 때에만 옥수수 빵을 먹기로 하자. 아침과 저녁은 죽이야. 이렇게 해도 식량이 5월까지 갈 수 있을지 걱정이야." 하지만 식량은 훨씬 더 빠른 속도로 줄어들었다. 4월이 되자 우리는 마을 주변의 느릅나무와 뽕나무에서 딴 이파리를 섞어넣은 묽은 기장죽을 그나마 하루 두 번씩만 먹을 수 있었다. 하지만 먹을 수 있는 이파리도 곧 동이 났다. 봄이 지나갔지만 아무것도 심을 수 없었다. 심을 땅이 없었다. 온 사방의 땅이 너무도 건조해 거북이 등처럼 쩍쩍 갈라져 있었다. 아니, 설사 땅이 있다 해도 뿌릴 씨조차 남아 있지 않았다.

춘절이 지나자 거지 떼가 마을에 나타났다. 그와 함께 북쪽 지역의 대기근과 죽음에 대한 소식도 전해졌다. 여름이 시작되자 거지 떼는 무섭게 불어났다. 열 명씩, 열다섯 명씩 무리를 지은 비쩍 마른 남녀노소 거지들은 수레를 끌고, 혹은 아이를 등에 엎고 매일같이 마을을 통과해 남쪽으로 향했다. 물과 먹을 것을 찾아가는 피난이었다. 한번은 노인 한 사람과 아이 하나가 마을을 지나다가 미처 먹을 것을 얻기 전에 굶어죽어 버리기도 했다. 마을 사람들은 동정심이 많았지만 기껏해야 멀건 기장죽 한 그릇을 줄 수 있을 뿐이었다. 식량이 떨어진 마을 사람들 일부도 거지 무리에 합류해 남쪽으로 떠나갔다.

나와 동료들도 배고픔을 느끼기 시작했다. 배급받은 곡식이 떨어진 후 우리는 가지고 있는 물건을 팔았다. 하나뿐인 트랜지스터라디오, 옷가지와 신발 등을 먹을 것과 바꾼 것이다. 심장마비의 라디오는 보통 때라면 밀가루 100킬로그램 값은 되었겠지만 겨우 옥수수 가루

1킬로그램과 달걀 여섯 개를 받고 넘겨주어야 했다. 그건 우리 한 끼 식사도 되지 않는 양이었다. 나는 자신과 동지들이 매일매일 변화하는 모습을 지켜보았다. 다리가 퉁퉁 부었고 살을 눌러보면 움푹 들어갔다. 초록 올리브는 워낙 비쩍 마른 몸이었는데 한층 더 쪼그라들었다. 심장마비는 이제 카드놀이를 할 기운도 없어 하루 종일 캉에 누워 시간을 보냈다. 뺨이 푹 들어가고 눈이 튀어나온 거울 왕씨는 몇 달째 거울에는 손도 대지 않았다. 거울 왕씨의 부모님이 때마침 베이징에서 식량을 보내주시지 않았다면 우리 상황은 훨씬 더 비참했을 것이다.

마을의 확성기는 밤낮으로 혁명 행진곡을 틀어댔다. 위대한 지도자의 〈마음을 강건하게〉가 울려퍼지는 가운데 혁명 정신으로 굶주림을 이겨내자는 귀뚜라미 아저씨의 목소리가 들려왔다. 하지만 배가 고픈 상황에서 그런 짓거리는 우스꽝스러울 뿐이었다. 이글거리던 태양이 지고 난 저녁이면 마을 사람들이 천천히 젖꼭지 언덕에 올라 종이돈을 태우며 해룡에게 비를 내려달라고 빌었다. 귀뚜라미 아저씨는 직접 나서 길을 막아서면서 봉건적 미신의 잔재를 중단시키고자 했지만 사람들은 아저씨의 눈을 피해 계속 언덕에 올랐다.

* * *

1970년 7월 23일, 마침내 비가 내렸다. 그치지 않고 미친 듯이 계속 내렸다. 처음에는 모두들 빗속에서 웃고 떠들며 춤을 추었다. 하지만 몇 시간이고 폭우가 계속되자 두려워하기 시작했다. 진흙과 짚풀로 엮은 지붕에 물이 새어들었고 바짝 말랐던 땅은 진흙투성이 내울로 변했다. 오래된 동굴집들은 여기저기 부서지기도 했다.

"내 잘못이야." 폭우가 이틀째 계속되던 날 한 농부가 말했다. 그는 다시 젖꼭지 언덕에 빌러 가는 참이었다. "지난주에 빌면서 약속을 해 버렸거든. 비를 내려주면 마누라를 바치겠다고 말이지. 이렇게 비가 많이 내릴 줄 알았다면 마누라 절반만 준다고 할 걸 그랬어."

비는 나흘 밤낮 동안 퍼부었다. 셋째 날부터 겁에 질린 농민들은 너도 나도 젖꼭지 언덕으로 향했다. 비를 내려준 해룡에게 감사하고 이제 그만 그쳐달라고 부탁하려는 것이었다. 넷째 날 아침, 마침내 폭우가 가랑비로 변했다. 젖꼭지 언덕으로 향하던 한 떼의 농부들 중 한 사람이 갑자기 엎드리더니 땅에 귀를 댔다. 곧이어 몸을 일으킨 그는 기대와 두려움이 섞인 표정으로 북쪽의 깊은 골짜기를 가리켰다. 동굴집 앞에 서 있던 내게도 얼마 지나지 않아 이상한 소리가 들렸다. 하지만 농부가 왜 그렇게 불안해하는지는 알 수 없었다.

낮게 웅웅거리는 소리였다. 처음에는 잘 느껴지지도 않았다. 하지만 점차 커졌다. 마치 공기가 진동하는 것과 같았다. 소리와 함께 싸늘한 바람과 썩은 냄새가 언덕을 넘어왔다. 유령의 출현이라도 예고하는 듯했다. 마을 사람들은 우리 동굴집 앞에 모여 용골짜기 저 너머의 갈색 점을 가리켰다. 그 점은 빠른 속도로 점점 커졌다. 마침내 나는 그 이상한 현상의 정체를 파악했다.

"저길 봐! 계곡에 큰물이 났어!" 농부 한 사람이 찢어지는 듯한 소리로 외쳤다.

불과 수초 만에 아래쪽 골짜기를 따라 시꺼먼 물이 미친 듯이 쏟아져 내려오기 시작했다. 지진이라도 난 듯 땅이 흔들렸다. 거센 바람이 얼굴을 때렸다. 물살이 아래쪽 집들을 집어삼킨 후 마른 소똥처럼 마구 가지고 노는 광경은 내게 공포보다는 장관으로 다가왔다. 순식간에 우리 동굴집 앞의 좁고 깊은 골짜기가 커다란 호수로 변했다. 큰물을 타고 내려온 온갖 것들이 떠다니는 호수였다. 나무, 널빤지, 가구, 죽은 동물 등이 엎치락뒤치락하며 흘렀다. 마치 커다란 솥 안에서 잘게 썬 양배추와 콩이 떠다니듯 말이다.

* * *

내가 입을 벌리고 구경하는 동안 누군가 마을에 있는 종을 울렸다. 배고픈 농민들은 어느덧 새로운 호수의 가장자리가 된 우리 동굴집 앞으로 몰려들었다. 그리고 물살을 이용해 떠내려가는 것들을 건져 올리기 시작했다. 생산조의 경리 담당이 첫 번째 성과를 올렸다. 퉁퉁 불어 있는 죽은 염소를 건진 것이다. 경리 담당의 아내는 바로 그 자리에서 염소를 손질했다. 칼로 배를 가르자 초록색이 섞인 노란 물이 왈칵 쏟아져 땅을 물들였다. 염소는 한동안 물 속에 있었던 것이 틀림없었다. 여자는 마치 베갯잇을 벗기듯 손쉽게 염소 껍질을 벗겼다.

귀가 한쪽밖에 없는 또 다른 농부는 갈퀴를 던져 커다란 나무 장롱을 건졌으나 거센 물살 때문에 쩔쩔매고 있었다. 그는 용을 쓰면서 도와달라고 소리쳤지만 모두들 각자 너무 바빠 도울 겨를이 없었다. 건질 만한 것을 찾아 끌어올리느라 다들 정신이 없었던 것이다. 곧 마을에서 움직일 수 있는 사람은 모두 모였다. 사람들은 동물 시체나 탐나는 가구가 멀리 보일 때마다 한숨을 쉬며 안타까워했다. 10대 소년 두 명이 던진 갈고리가 요행히 돼지 새끼에 걸렸지만 서로 다른 방향으로 잡아당기는 바람에 돼지가 양쪽으로 갈라지고 말았다. 바로 그때 커다란 나뭇가지에 걸린 소 한 마리가 흘러갔다. 물가에서 멀지 않은 곳이었다. 모든 사람의 눈이 기대로 빛났다.

즉각 귀뚜라미 아저씨가 나섰다. 트라팔가 전쟁에서 프랑스 함대를 지휘했던 넬슨 제독 같은 모습이었다. "동지들, 저 소를 그냥 흘려보내서는 안 됩니다!" 그건 할 필요도 없는 말이었다. 이미 사람들은 줄지어 서서 미친 듯이 갈고리를 던지고 있었기 때문이다. 하지만 갈고리가 닿기에는 먼 거리였다. 젊은이들은 재빨리 허리에 밧줄을 매고 물로 뛰어들어 소 쪽으로 헤엄치려 했다. 하지만 물살이 워낙 센 탓에 불과 몇 미터 가는 것이 고작이었다. 한 사람은 물살에 휩쓸렸다가 여러 사람이 30분이나 끌어당긴 끝에 나올 수 있었다.

소 옆으로 사람 시체도 엎어진 채 흘러갔다. 하지만 아무도 주의를 기울이지 않았다. 시체가 여자인지 남자인지 구분할 수 없었다. 목 부분의 회색 살이 벌어져 있고 그 곳에 무슨 벌레 같은 것이 까맣게 들러붙어 꿈틀거리는 모습이 보였다.

"도대체 멍청히 서서 뭘 하는 거야?" 떠내려오는 나무 탁자에 눈독을 들이고 달려가던 농부 하나가 내게 말했다. "이런 행운은 100년에 한 번도 찾아오기 힘든 거야. 하늘이 우리에게 식량을 내려주셨다고!" 그는 여름철의 메뚜기처럼 행복한 모습으로 〈마음을 강건하게〉 곡조를 흥얼거렸다. 그것이 아마 그가 아는 유일한 노래인 모양이었다.

잔뜩 들뜬 사람은 그 농부뿐이 아니었다. 물 가에 선 모든 사람들이 활기에 넘쳤다. 물 가에는 이미 널빤지, 가구, 죽은 동물 등 건져올려진 온갖 보물이 널렸고 여자와 아이들이 지키고 있는 참이었다. 남자들은 모두 영웅이 되는 순간이었다.

"자, 받아." 초록 올리브가 밧줄을 매단 갈고리를 건넸다. "네가 더 잘 던지잖아. 이제 우리도 일을 시작해보자고. 오늘 같은 날 빈손으로 집에 갈 수는 없지."

운이 따랐는지 내 갈고리에 처음 찍힌 것은 물에 빠져 죽은 돼지였다. 귀뚜라미 아저씨와 근처 모든 농부들이 부러운 시선을 보냈다. 돼지가 어찌나 컸는지 나와 초록 올리브, 심장마비가 모두 달려들어서야 물 가로 끌어올릴 수 있었다. 150킬로그램은 족히 될 듯했다.

"오늘 밤에 잔치를 열어야겠군." 심장마비가 맛있겠다는 듯 돼지 살을 바라보았다. "인인한테 어서 물을 끓이라고 해야지."

"난 먹을 수 있을 것 같지 않아." 나는 돼지 입에서 나오는 검은 흙탕물을 보자 속이 메스꺼웠다.

"오늘 밤에 돼지 갈비 냄새를 맡으면서도 그런 소리를 하는지 두고 보자고." 심장마비가 말했다.

심장마비의 말이 옳았다. 구운 돼지 냄새는 배고픈 내 위장에 너무도 큰 유혹이었다. 나는 내 몫의 돼지 갈비를 깨끗이 먹어치웠다. 물론 돼지를 손질하면서 보았던 반쯤 썩은 내장을 떠올리지 않으려 무진 애를 쓰기는 했지만 말이다. 몇 달 동안 굶주린 끝에 먹는 고기는 정말이지 너무너무 맛있었다. 심장마비는 너무 많이 먹은 나머지 다시 심장이 멈춰버릴 것 같다고 밤새도록 투덜거렸다. 초록 올리브는 말없이 캉 위에 웅크리고 누워 있었다. 많이 먹은 탓도 몹시 너무 지쳐버린 때문이기도 했다. 거울 왕씨는 식사가 끝난 후 아무도 자기를 보고 있지 않다고 생각했는지 거울을 꺼내 머리를 손질했다. 몇 개월 만에 보는 광경이었다.

그날 밤은 마을 전체가 축제 분위기였다. 그 어떤 춘절보다도 즐거웠다. 밤새도록 마을에서 웃음소리, 노랫소리가 들려왔다. 심지어 딱총을 쏘고 마을의 종을 울리는 사람도 있었다. 확성기에서는 〈사회주의가 신이다〉 그리고 〈공산당만이 중국을 구한다〉라는 노래 두 곡이 계속 흘러나왔다. 우리 모두 잘 아는 노래였다.

우리는 남은 돼지고기에 소금을 치고 말린 후 여자들 동굴집에 걸어두었다. 그리고 베이징 아이들을 대표해 내가 돼지의 4분의 1을 귀뚜라미 아저씨에게 선물했다. 아저씨는 썩은 닭 한 마리 외에는 아무것도 건지지 못해 의기소침한 상태였던 것이다. 돼지고기를 내밀자 잠시 의례적으로 사양하던 아저씨는 기쁘게 선물을 받았다. 그리고 다음 번 회합에서 홍수 때 보여준 베이징 아이들의 영웅적 행동과 혁명 농민에 대한 깊은 배려를 칭찬했다. 나는 귀뚜라미 아저씨의 회합이 늘 싫었지만 그날만큼은 즐거웠다.

"우리의 혁명 정신이 마침내 80년 만의 기록적 가뭄과 기아를 이겨냈습니다." 제3생산조의 일요 회합에서 귀뚜라미 아저씨는 이렇게 선언했다. "이는 문화혁명과 마오쩌둥 주석을 위한 위대한 승리입니다. 당위원회의 지도력, 셴판을 비롯한 베이징 아이들의 용감한 행동을 찬양하는 바입니다. 당위원회는 셴판을 '올해의 혁명 농민'으로 선정하였습니다!"

돼지가 충분히 역할을 다한 셈이었다. 드디어 마을을 떠날 기회가 찾아온 것이다.

12. 맨발의 의사가 되어

물이 빠지면서 내게 행운이 찾아왔다. 큰물이 난 지 3주가 지났을 때 귀뚜라미 아저씨는 돼지를 잡아올린 공을 치하하면서 나를 '맨발의 의사'로 추천해주었다. 아저씨의 추천서를 품에 넣고 3개월 간의 교육을 받기 위해 용협공사로 떠나면서 나는 한껏 들떠 있었다. 그것은 마을을 영원히 떠나기 위한 과정의 첫 단계였으니 말이다.

맨발의 의사 프로그램은 얼마 전에 발표된 정치운동이었다. 위대한 지도자는 마을마다 한 명씩 맨발의 의사를 두어야 한다고 지시했다. 맨발의 의사란 낮에는 농부들과 마찬가지로 들에서 일하고 저녁이나 중간 휴식 시간에 환자를 치료하는 존재였다.

용협공사에서의 교육은 빠른 속도로 진행되었다. 하지만 첫 한 달 동안 우리는 의술과 관련된 것은 하나도 배우지 않았다. 그저 위대한 지도자가 역설하는 인민에 대한 봉사를 학습했을 뿐이었다. 자치구의 당비서인 샤구아沙刷가 그 첫 달의 교육을 담당했다. "언제나 마오쩌둥 주석의 가르침을 기억해야 합니다. 우리에게는 의사로서의 기술보다는 붉은 마음이 더 중요합니다. 의술은 뛰어나다 해도 마음이 허옇다면 아무 소용없습니다. 먼저 혁명가가 되어야 합니다. 의사는 두 번째입니다. 한시도 이를 잊지 마십시오." 수업에서 당비서는 이렇게 말했다.

하지만 나는 그 말에 전혀 수긍이 가지 않았다. 훌륭한 의학 지식 없이도 좋은 의사가 될 수 있다는 건 얼토당토않은 소리였다. 나는 마음이야 허옇든 붉든 상관없이 좋은 의사가 되고 싶었다. 두 번째 달에야 기초의학 교육이 시작되었고 나는 열심히 공부했다. 그리고 가져갔던 얼마 안 되는 돈으로 두꺼운 책을 몇 권 샀다. 《맨발의 의사를 위한 안내서》《약초학 입문》(맨발의 의사는 대부분의 약품을 직접 만들어야 했다) 《인간 해부학 입문》 그리고 《일반 외과학》 등이었다. 사실상 이는 자치구의 작은 서점에서 구할 수 있는 의학서 전부였다.

나는 아주 짧은 시간 안에 많은 것을 배워야 했기 때문에 일분일초를 아껴 썼고 하루에 서너 시간밖에 자지 않았다. 하지만 석 달이 다 지난 후에도 여전히 아무것도 모른다는 느낌이었다. 이렇게 지식이나 경험이 짧은 나를 마을 사람들이 과연 신뢰해줄까 걱정도 되었다.

하지만 마을로 되돌아갔을 때 그런 걱정은 기우에 불과하다는 점을 즉시 확인할 수 있었다. 나는 거의 신과 같은 대우를 받았다. 사실 그건 내가 가져간 나무로 만든 흰색 진료 상자 덕분이었다. 상자 뚜껑에는 붉은 색 십자가가 그려져 있었다. 안에 든 것이라고는 붕대 한 뭉치, 침술 도구, 직접 산 외과 수술 도구, 감기와 기침에 쓰는 약초가 고작이었지만 그 상자로 인해 귀뚜라미 아저씨까지 포함해 온 마을 사람들이 나를 존경의 눈길로 바라보았다. 병원이 있는 읍내까지는 하루가 꼬박 걸리는 길이었고 또한 다들 치료비를 낼 만한 형편도 못 되었다. 따라서 십자가가 그려진 진료 상자를 들고 나타난 나는 큰 병원이 그렇듯 모든 병을 치료해줄 수 있는 존재로 여겨진 것이다. 여든 살의 마을 어른부터 시작해 온 주민이 의사 선생이라 부르며 공손히 대했다. 몇 달 전 해룡에게 비를 기원하면서 보였던 바로 그 태도였다.

신뢰는 깊고 완전했다. 처음 사흘 동안 동굴집은 마치 '병病의 축제'가 열린 듯했다. 마을 사람들이 모두 한 번씩 찾아왔다. 지어낸 병세도 다양했다. 그러고는 내 마술 상자에서 무언가 하나씩 받아들고서 즐거이 돌아갔다. 전 주민이 우리 동굴집 안팎에 모여 웃고 떠들면서 내 마법의 손길을 기다렸다. 남자들은 찰과상에서부터 등의 통증까지 다양한 증세를 호소했고 여자들은 대개 월경 주기에 문제가 있다고 했다. 증세가 무엇이든 나는 모두에게 공평했다. 세계에서 가장 민주적인 국가에서도 찾아보기 어려울 정도의 공평성이었다. 환자들은 모두 침을 한 대씩 맞고 기침약을 마신 후 감쪽같이 나았다며 감사 인사를 했다.

하지만 나흘째에 첫 번째 심각한 환자가 찾아왔다. 나는 덜컥 두려운 마음이 들었다. 기침약 따위로 넘겨버릴 수 있는 상황이 아니었다. 젊은 어머니가 데려온 세 살짜리 아이였다. 아이는 왼쪽 팔에 더러운 누더기가 감겨진 것만 빼면 실오라기 하나 걸치고 있지 않았다. 3주 전 말벌에 쏘였는데 상처가 낫지 않는다고 했다. 창백했고 간신히 움직일 수 있을 정도로 쇠약했으며 내가 물린 부위를 만져도 가냘프게 신음 소리를 낼 뿐이었다. 어머니는 기껏해야 열여섯 살을 넘지 않은 듯했지만 또 다른 아이에게 젖을 물리고 있었다.

환자를 캉에 눕히고 나는 상처에 달라붙어 있는 누더기를 조심스레 벗겼다. 아이가 가느다란 소리로 울었다. 썩은 달걀에서 풍기는 듯한 냄새가 코를 찔렀다. 팔꿈치 아래 상처 부위는 동전 크기만큼 벌어져 있었는데 어찌나 깊은지 흰 뼈가 보일 정도였다. 짙은 보라색 손은 갓 구운 빵덩이만큼 부풀어오른 상태였다. 열도 많이 났다. 썩은 정도로 보아 아이는 2~3일을 버티지 못할 듯했다. 아직 한 번도 수술을 해보지 않았지만 내게 다른 선택의 가능성은 없었다.

"아이가 살기를 바라신다면 팔을 잘라야 합니다." 나는 젊은 어머니에게 말했다. 여자는 고개를 들었지만 처음에는 제대로 이해하지 못한 듯했다.

그러다가 마침내 정신을 차렸는지 소리를 지르기 시작했다. "우리 아들 팔을 자를 수는 없어요! 집에 데려가겠어요! 아이 아버지가 일 끝나면 집에 올 거예요. 아이 아버지는 절대 그런 일을 허락하지 않을 거예요!" 어머니는 울면서 아이의 팔을 붙잡았다. 팔에 안겨 있던 젖먹이는 젖꼭지가 입에서 떨어지자 울음을 터뜨렸다.

발작 상태에 빠진 어머니에게 무언가 설명하려 해보았자 소용없었다. 아이는 곧 쇼크 상태에 빠질 텐데 내게는 항생제도 없었다. 나는 심장마비에게 귀뚜라미 아저씨와 아이 아버지를 불러와달라고 했다.

한 시간 후 두 사람이 왔다. 나는 찬찬히 상황을 설명했다. 귀뚜라미 아저씨가 허락을 했고 아이 아버지도 마지못해 수술에 동의했다.

메스며 가위를 늘어놓는 내 손이 벌벌 떨렸다. 공포스러웠다. 당연한 일이었다. 나는 자치구 병원에서 몇 건의 수술을 참관했을 뿐이었다(그것은 맹장 수술, 뼈가 부러진 환자의 경우 두어 번, 그리고 편도선 절제술이었다). 나는 갓 열일곱 살 어린 나이였고 닭 잡는 칼도 손에 쥐어 본 적이 없었다. 마음을 가라앉히기 위해 나는 황급히 《맨발의 의사를 위한 안내서》를 찾아 읽어보았다. 그리고 아이 아버지와 심장마비에게 아이를 잡아달라고 부탁했다. 마음을 강건하게 가지려 애쓰면서 상처를 소독하고 혈류를 차단하기 위해 아이 팔에 아마 줄을 묶었다.

사람들이 고개를 돌린 가운데 나는 아이 팔에 칼을 가져다댔다. 날카로운 칼날이 살 속으로 파고들면서 이상하게 침착해졌다. 손도 더 이상 떨리지 않았다. 아이가 우는 소리를 내며 발을 약간 움직였다. 나는 솜으로 피를 닦아내며 더 깊이 잘랐다. 책에 나와 있던 수술 절차가 머릿속에서 또렷이 왕왕 울렸다.

한 시간 반이 흐른 후 나는 지쳐버린 상태에서 아이의 팔을 붕대로 감고 집으로 돌려보냈다. 솔직히 어떻게 수술을 마쳤는지 기억도 나지 않았다. 다음 몇 주 동안 나는 매일 아이 집에 가서 약초 물 먹인 붕대를 바꾸어주었다. 합병증 없이 아이가 3주 만에 회복된 것은 기적이라고밖에 할 수 없었다. 순전히 운이 좋았을 뿐이었지만 아이 부모는 내가 굉장한 의사라고 생각했다.

그 후 매년 춘절 며칠 전이면 아이의 부모가 보낸 달걀 한 바구니가 도착했다. 나중에 내가 그 마을을 떠나 달걀을 보낼 수 없게 된 후에는 집에서 만든 월병 한 상자를 보내주었다.

* * *

한 달이 지났을 때 검은 호저 마을에 있던 베이징 출신 여자아이가 실려왔다. 경험 없는 맨발의 의사에게는 또 다른 두려움을 자아낸 부상이었다. 베이징 홍위병 출신들과 함께 조각 농지를 만들기 위해 돌을 쌓고 있던 중 한 소년이 놓쳐버린 돌에 이마를 맞았던 것이다. 그 바람에 오른쪽 눈이 튀어나와 버렸다. 피투성이 눈알이 안구에 대롱대롱 매달려 있는 모습을 처음 보았을 때 나는 속이 울렁거렸다. 예쁜 소녀의 얼굴이 그렇게 되어버린 것이 가슴 아팠다. 아마 자기 상태를 정확히 알았더라면 그 소녀는 차라리 죽는 길을 택했을 것이다.

나는 무력감을 느꼈다. 어떻게 해야 할지 결정하기 위해 일단 상처를 닦기 시작했다. 소녀를 데리고 온 베이징 출신 소년 일곱 명이 불안한 시선으로 내 손을 응시했다. 부담스러운 시선이었다. 동굴집 안의 공기도 숨 막힐 듯 무거웠다. 나는 입술을 깨물며 최대한 조심스럽게 솜으로 피를 닦아냈다. 등줄기가 서늘할 정도로 긴장이 되었다.

나는 소녀의 눈을 살릴 방법은 없다고 결론지었다. 내가 할 수 있는 일이라고는 감염을 막기 위해 눈알을 잘라내는 것이 다였다. 우선 모두를 내보냈다. 불안한 시선을 더는 견뎌낼 수 없었기 때문이다. 소년들이 나가자마자 나는 가위를 들고 눈알을 매달고 있던 조직을 신속히, 깨끗이 잘라냈다. 한 순간이라도 지체했다가는 억지로 짜낸 용기가 다 사라져버릴 것 같았다. 마취제 따위는 없었다. 그저 고통이 심하지 않기를 바랄 뿐이었다. 소녀는 신음 소리를 내더니 기절하고 말았다. 나는 상처를 닦아내고 약초로 드레싱을 했다.

문간에서 숨죽인 흐느낌 소리가 들렸다. 나중에 알고 보니 돌을 놓쳐 소녀 쪽으로 떨어뜨린 소년이었다. 내가 소녀를 치료하는 동안 검은 호저 마을 베이징 아이들의 회의가 열렸다. 소녀는 영원히 불구가 되어버렸고 결혼도 하지 못할 것이므로 사고를 낸 소년이 소녀와 결혼해야 한다는 결론이 내려졌다. 소년은 자기 의무를 받아들였다.

다음날 빌린 마차를 일곱 시간이나 타고 간 끝에 나와 그 소년은 소녀를 병원에 입원시켰다. 병원 의사는 내가 소녀의 생명을 구했다고 칭찬했다. 나는 일을 망쳐버리지 않은 데 대해 안도의 한숨을 내쉬었다.

결혼식은 두 달 후, 우리 집과 똑같이 생긴 동굴집에서 열렸다. 그 지역에 정착한 베이징 아이들 사이의 첫 번째 결혼식이었다. 나는 특별손님으로 초대되어 그날의 첫 술잔을 받았다. 한쪽 눈에 검은 천을 대고 있었음에도 불구하고 붉은 비단 윗옷에 푸른 바지를 입은 신부는 아름다웠다. 위대한 지도자의 초상화 앞에 세 번 절한 뒤 신혼부부는 함께 〈동방은 붉은 색이다〉를 불렀다. 하객들도 모두 따라 불렀다. 당시 유행하던 혁명 결혼식이었다. 결혼식장에서 위대한 지도자에게 절하는 것이 좀 우스운 짓이라는 생각은 들었지만 그럼에도 불구하고 즐거운 결혼식이었다. 나는 맨발의 의사로서 거둔 성과에 으쓱했다.

* * *

다음 두 해 동안 나는 약간의 명성을 얻었다. 20킬로미터 떨어진 마을에서까지 환자들이 찾아왔다. 경험이나 장비보다는 본능에 의존하여 나는 열 건이 넘는 수술을 해냈다. 대부분은 작업 중에 얻은 부상이었다. 모든 수술이 성공했던 것은 아니다. 골짜기에서 떨어져 목이 부러졌던 남자 한 명과 트랙터에 깔린 노인 한 사람은 수술 중에 사망했다. 하지만 어떤 상황이든 간에 찾아오는 환자를 거부할 수는 없었다. 나는 산촌의 마지막 희망이었다.

장비와 약품 부족 때문에 즉석에서 기지를 발휘해 문제를 해결해야 하는 상황도 자주 발생했다. 몇 년이 지난 후까지도 생각할 때마다 몸서리쳐지는 일이었다. 하지만 한 번은 그런 상황 때문에 한 부인의 생명을 구하고 내 명성이 한층 높아지기도 했다. 나는 그날을 어제 일처럼 생생히 기억한다. 바로 내 열여덟 번째 생일날이었다. 자정이 막 지났을 때 작은 호저 마을의 농가에서 전갈이 왔다. 막 출산한 부인이 계속 피를 흘린다는 것이었다.

캉 위에 누운 부인은 몸이 퉁퉁 부어 있었다. 얼굴은 백짓장처럼 희었고 맥도 잡히지 않았다. 출혈은 몸 안쪽, 뱃속에서 일어나고 있었다. 당장 출혈을 멈추지 않으면 죽고 말 것이었다. 혈관만 막는다고 해결될 일은 아니었다. 수혈이 시급했다. 하지만 부인이나 혈액 제공자의 혈액형을 알 방법이 없었다. 그 밤중에 혈액 제공자를 찾는 것도 큰일이었지만 말이다. 갑자기 방법이 하나 떠올랐다. 나는 지체 없이 부인의 배를 열고 커다란 주사기들을 꺼내 고여 있던 피를 빼냈다. 그러고는 잘라진 혈관을 찾아 막은 후 팔 혈관에 주사기를 차례로 꽂으며 받아낸 피를 다시 집어넣었다. 이미 죽은 것이나 다름없는 상황이었던만큼 감염 따위는 생각하지 않았다. 수술이 끝났을 때 부인은 맥박이 잡히지 않았고 호흡도 멈춰 있었다.

원시적인 자가수혈은 결국 실패로 돌아간 듯했다. 부인이 살아 있다는 기미는 전혀 없었고 남편은 캉 옆에 주저앉아 울고 있었다. 극도로 지쳐버린 나는 의자에 앉아 벽돌 난로에 등을 기댔다. 뭘 어떻게 해야 할지 알 수 없었다. 그러다가 잠들어버렸던 것 같다. 얼마 후 눈을 떴을 때 남편은 울음을 그치고 아내의 손을 잡고 있었다. 부인도 숨을 쉬고 있었다. 우여곡절 끝에 내가 부인의 목숨을 구한 것이다.

그 긴박했던 수술이 있은 지 한 달 후 나는 부인의 상태를 보러 왕진 갔다가 채마밭에 앉아 김을 매고 있는 모습에 깜짝 놀랐다. 젖먹이는 밭 옆 버드나무 요람에 누워 손위 두 누나들과 놀고 있었다. 남편이 내 모습을 보고 인사하러 달려왔다.

"저 사람이 얼마나 건강해졌는지 좀 보세요, 선생님." 남편은 자랑스럽게 말했다. "저 사람이 죽지 않을 거라는 걸 알고 있었어요. 말의 해에 태어났기 때문에 말처럼 튼튼하거든요. 저기 동생을 보고 있는 아이가 큰딸인데 역시 말의 해에 태어나 어머니처럼 튼튼하죠. 내년이면 열네 살이 돼요. 농부 딸도 괜찮다 하시면 저 아이를 선생님 아내로 드렸으면 합니다. 선생님께서는 의향만 알려주시면 됩니다."

나는 미소를 지었다. 남편은 갓난 동생과 함께 있던 딸에게 소리쳤다. "어서 닭을 잡고 불을 피워라! 의사 선생님이 함께 점심을 드실 거야!" 소녀는 즉시 집 뒤편으로 뛰어갔다. 남편은 뿌듯한 표정으로 딸을 바라보았다. "요리도 아주 잘 하죠. 올 초에 벌써 중매가 들어왔지만 아직은 좀 이르다고 생각해서요." 그 순간 나는 스스로가 퍽 자랑스럽고 뿌듯했다.

13. 달덩이와의 만남

 큰물이 난 해의 겨울은 특히 길고 추웠다. 골초 악마와 물소가 떠나버린 데다가 무릎 깊이로 쌓여 꽁꽁 얼어버린 눈에 길까지 막혀버린 탓에 동굴집에서의 생활은 느리고 단조롭게 흘러갔다. 초록 올리브, 심장마비, 인인과 양양은 하루 종일 카드놀이를 하며 시간을 보냈다. 구석에 앉은 거울 왕씨는 놀이를 구경하는 척하며 조용히 머리를 매만지고 있었다. 나는 외롭고 지루했다. 읽을 책이나 말상대라도 있었으면 싶었다. 그러다 결국 나는 재미있는 말상대를 찾아냈다. 비록 마을에서 가장 위험하다고 여겨지는 인물이기는 했지만 말이다.
 그의 이름은 니커밍尼克明이었지만 그렇게 불러주는 사람은 아무도 없었다. 대신 크고 창백한 얼굴 때문에 '달덩이'라는 별명이 붙어 있었다. 달덩이는 세 곳 호저 마을의 땅을 거의 남김없이 소유하던 지주의 아들이었고 그래서 마을에서 가장 '위험한' 인물이었다. 중화인

민공화국이 세워진 후 처음 실시된 1951년 토지 개혁 때 그의 아버지는 군중 집회에서 총살당했다. 그리고 그가 소유했던 땅은 소작인들에게 분배되었다.

처음 우리 베이징 아이들이 그 마을에 도착했을 때 귀뚜라미 아저씨는 마을에 사는 유일한 적에 대해 경고했고 가까이 하지 말라고 주의를 주었다.

"그놈은 온갖 혁명 교육을 받았음에도 불구하고 결국 개혁되지 못한 지주의 아들이야. 그 머릿속에는 아직도 불순한 생각이 많아. 계급 투쟁은 영원히 끝나지 않는다는 위대한 지도자의 말씀을 증명하는 존재라 할 수 있지."

아버지가 처형당했을 때 달덩이는 열 살이었다. 그리고 그날 이후 그는 아버지를 대신해 정치적 선동이 있을 때마다 혁명의 적으로 지목되었다. 전국적으로 자치구 수립 바람이 불었던 1958년에는 위대한 지도자의 초상화를 악의적으로 모독한 죄로 3년의 중노동 선고를 받았다. 마오쩌둥의 초상화가 그의 집 방바닥에 놓여 있었다는 것이었다. 아침에 작업을 나갈 때에만 해도 초상화가 분명히 벽에 걸려 있었다는 그의 주장에는 누구도 귀를 기울이지 않았다. 문화혁명이 시작된 1966년, 그는 홍위병이 체포한 첫 번째 죄인이었다. 이후 그는 용협공사의 모든 마을을 돌아다니며 끝없는 정치 집회에서 매번 고초를 겪어야 했다. 검은 호저 마을에서 있었던 집회 때는 쌓아올린 단의 맨 위에 매달렸다고 했다. 그러다가 홍위병 하나가 제일 아래 있던 단을 걷어 차내자 그대로 떨어져 다리와 갈비뼈 세 대가 부러졌다. 제대로 치료도 받지 못한 결과 그는 절름발이가 되었다. 당시 막 서른이 넘은 나이였지만 이미 머리가 세고 등이 구부정해 노인처럼 보였다. 말라빠진 몸뚱이는 만성적인 기침 때문에 요동을 쳤다.

완벽한 사회적 낙오자였다. 모든 사람의 멸시를 받으며 그는 마을 외곽, 버려진 동굴집에서 살았다. 낡은 집 문짝에는 커다란 사과 크기만한 구멍이 곳곳에 뚫려 있었다. 문앞에 누더기를 대놓았지만 겨울바람을 막기에는 턱없었다. 그래서 늘 기침을 하는지도 몰랐다.

처음 몇 달 동안 나는 그 위험한 적에 대해 많은 이야기를 들었다. 그 중에는 들으면서 진지한 표정을 유지하기 힘들 정도로 얼토당토않은 것도 있었다. 마을에서 보낸 첫 두 해 동안에는 달덩이와 접할 기회가 거의 없었다. 귀뚜라미 아저씨가 일부러 그를 먼 곳에 배치했기 때문이었다. 마을 젊은이들, 특히 베이징 출신 아이들이 오염되는 일이 없도록 하기 위해서였다. 나는 맨발의 의사가 된 지 몇 달 후에야 비로소 그를 알게 되었다.

* * *

그해 겨울에 유달리 심했던 기침과 다리 통증 때문에 달덩이는 약초를 얻기 위해 우리 동굴집에 자주 찾아왔다. 늘 늦은 밤 시간이었고 몹시 조심스러워해서 처음에는 제대로 입도 열지 않았다. 내 한정된 약초는 어차피 그에게 큰 도움이 되지 않았다. 다리는 이미 류머티즘으로 발전한 듯했다. 하지만 우리는 오래지 않아 문학이라는 공통의 화제를 찾아냈다. 나는 그가 중국의 거의 모든 고전을 다 읽었다는 것을 알고 깜짝 놀랐다. 《삼국지》《홍루몽》《서유기》 등은 물론이고 찰스 디킨스Charles Dickens(1812~1870)나 발자크Honoré de Balzac(1799~1850)

같은 외국 작가들의 작품도 잘 알고 있었다. 특히 러시아 작가들을 좋아해 톨스토이, 투르게네프Ivan Sergeevich Turgenev(1818~1883), 도스토예프스키, 고리키Maksim Gor' kii(1868~1936)의 작품 번역본을 도서관에서 빌려다 읽었다고 했다. 문화혁명이 일어나기 전 외로웠던 세월에 그는 일요일마다 새벽 2시에 일어나 열 시간을 걸어 도서관으로 갔고 두 권을 빌려(두 권이 대출 한도였다) 한밤중에 집에 돌아왔다는 것이다.

책에 대해 이야기를 나눌 상대로 달덩이보다 더 재미있는 사람은 만나본 적이 없었다. 그는 기억력이 비상해 읽은 책을 거의 다 암기했다. 또한 열 권이 넘는 공책에 읽은 책의 내용을 상세히 기록했다. 하지만 공책은 홍위병이 압수해 불태워버렸다고 체념조로 덧붙였다.

"하지만 여기엔 남아 있다고." 그는 자기 머리를 가리켰다. "여기 있는 것은 절대 사라지지 않지." 불현듯 친구들과 함께 다위안의 불길 속으로 신나게 책을 집어던지던 일이 떠올라 얼굴이 화끈거렸다.

달덩이는 뛰어난 이야기꾼이었다. 밤마다 그는 자신이 읽었던 책 이야기를 들려주었다. 특히 놀라운 것은 복잡한 문어적 표현과 길다란 외국어 이름을 마치 보고 읽듯 정확하고 부드럽게 발음하는 그의 능력이었다. 이야기 전개에 따라 달덩이의 목소리는 때로는 느리고 조용했다가 때로는 긴박해졌다. 우리 모두 넋 빠진 듯 빨려들 수밖에 없었다. '우리' 라 하는 이유는 나 혼자만 청중이 되는 경우가 많지 않았기 때문이다. 심장마비, 초록 올리브, 쌍둥이 자매들도 카드놀이를 하다가 지루해지면 캉 위에 올라앉아 이야기를 들었다. 심지어 거울왕씨까지도 가까이 다가와 머리를 다듬으며 귀를 기울였다. 달덩이에게서 나는 다양한 화술 기법을 익힐 수 있었다(그리고 그 덕분에 훗날 목숨을 구하게 되었다). 달덩이는 《패왕별희霸王別姬》《백사白蛇》《서상염담西廂艷譚》 등 베이징 고전 경극의 장면들을 노래로 들려주기도 했다. 우리는 그 여성스러운 목소리에 감탄했다. 낭만적인 가락에 완전히 몰두한 그의 커다란 눈가에서 때로 눈물방울이 반짝였다.

추운 겨울에 우리 동굴집의 커다랗고 따뜻한 캉은 유일하게 편안한 장소였다. 땔감조차 사기 어려웠던 달덩이에게는 더욱 그러했을 것이다. 정부의 배려 덕분에 우리는 옥수숫대를 연료로 쓰는 농부들과 달리 넉넉한 석탄을 받았다. 달덩이는 경우가 바른 사람이었고 혹독하게 추운 겨울밤에 우리의 따뜻한 캉에 앉을 수 있도록 해준 데 대해 감사 인사를 잊지 않았다.

* * *

우리는 달덩이의 방문에 대해 아무한테도 말하지 않았다. 하지만 그럼에도 불구하고 결국 소문은 귀뚜라미 아저씨 귀에까지 들어갔다. 그는 '검은 호저 마을에서 나타난 계급투쟁의 새로운 신호'에 바짝 긴장했고 당장 당 간부와 베이징 아이들을 대상으로 긴급회의를 소집했다. 달덩이를 베이징 아이들로부터 멀리 떼어놓아야 한다는 결정이 만장일치로 내려졌다. 회의가 끝나기 전 귀뚜라미 아저씨는 위대한 지도자의 붉은 책에서 계급투쟁에 대한 부분을 소리내어 읽으라고 명령했다. 내가 읽기를 마치자 엄격한 표정으로 덧붙였다. "똑똑히 기억해야 하네, 션판 동무. 계급투쟁은 절대 끝나지 않아. 마오쩌둥 주석은 적들의 가장 사악하고 교활한 책략이 어린이들을 오염시키는 것이라 말씀하셨지. 반동분자들은 자네처럼 젊은 사람에게 마지막 희망을 걸고 있네. 내가 신속히 행동을 취하지 않았다면 자네는 결국 달덩이의 농간에 넘어가고 말았을 거야. 달덩이는 단순히 이야기를 들려주었던 것이 아니야. 그걸 통해 부르주아 이념을 전파하려는 거지. 듣자니 부르주아 외국 작가들이 쓴 이야기를 들려주었다지?"

나는 귀뚜라미 아저씨의 주장이 얼토당토않다는 것을 잘 알고 있었지만 반박하지 못했다. 회의 내내 달덩이를 변호하는 말은 단 한 마디도 할 수 없었다. 천성적으로 나는 수줍었고 권위에 대한 정면 대응을 좋아하지 않았다. 저항해보았자 내 입지만 취약해질 뿐이었다. 반동분자에게 동조하는 행동이 얼마나 위험한지도 알고 있었다. 나는 그저 귀뚜라미 아저씨의 말에 고개를 끄덕거릴 수밖에 없었다.

달덩이가 나를 '오염시킬' 가능성을 차단하기 위해 귀뚜라미 아저씨는 60킬로미터 떨어진 댐 건설 현장으로 그를 보내버렸다. 그리고 현장 감독에게 감시를 늦추지 말라고 부탁했다.

나는 내 친구가 처한 상황이 너무도 가슴 아팠다. 그가 떠나기 전날 밤 나는 남 몰래 그를 찾아갔다. 그리고 내가 가진 단 한 벌의 스웨터를 내밀었다. "받으세요. 기침을 가라앉히는 데 도움이 될 거예요."

"받을 수 없어요." 달덩이는 손을 내저었다. "션판에게도 필요하잖아요."

"전 필요 없어요." 나는 스웨터를 그의 캉 한 구석에 놓았다. "전 이번 겨울에는 별로 나다니지 않을 거예요. 나중에 한번 찾아갈게요." 나는 그가 스웨터를 되돌려주기 전에 서둘러 뒤돌아 나와버렸다.

14. 골초 악마, 결혼하다

네 번째 해가 저물어가면서 베이징 아이들은 산촌을 떠나기 시작했다. 직업학교로 보내지기도 했고 공장에 채용되기도 했다. 어떤 길이 되었든 산촌의 힘든 생활보다는 나을 것이었으므로 우리는 떠나는 사람들을 진심으로 축하해주었다. 큰 호저 마을의 제3생산조에서도 이미 떠난 사람이 많았다. 귀뚜라미 아저씨에게 특별 수업을 받은 결과 간호학교에 가게 되었던 대형 이불 외에도 거울 왕씨가 통추안銅川익 석탄 광부로 일하러 떠났다. 인인은 귀뚜라미 아저씨의 도움으로 농학을 공부하러 옌안延安 농업학교로 가게 되었다. 인인은 농학보다는 정치학이나 역사를 공부하고 싶어했지만 어떻든 학교로 간다는 것은 매일같이 여덟아홉 명 분의 식사를 준비하는 것보다 나은 일이었다. 인인의 쌍둥이 자매 양양은 귀뚜라미 아저씨의 추천을 받아 용협공사의 '대약진 피클 공장'에 취직했다. 심장마비에게도 행운이 찾아왔다. 귀뚜라미 아저씨가 그를 옌안 벽돌 공장에 추천했던 것이다.

  가장 놀라운 소식은 5월 달에 전해졌다. 물소가 마을을 떠나 베이징으로 돌아가게 되었다고 밝힌 것이다. 다른 어떤 곳도 아닌 베이징이라니! 집으로 돌아가는 최초의 베이징 아이가 된 셈이었다. 겉으로 내세운 이유는 만성적인 등의 통증이 악화되어 베이징에서만 가능한 치료를 받아야 한다는 것이었다. 하지만 실제로는 그의 아버지가 조기 퇴직을 결심하여 물소가 가업인 육류 포장 공장을 물려받게 되었기 때문이라는 것을 우리 모두 알고 있었다. 물론 이를 위해서는 적지 않은 뇌물이 필요했다. 귀뚜라미 아저씨는 구운 베이징 오리 세 마리를 받았다는 소문이 돌았다. 하지만 그건 물소 가족이 베이징의 관리들에게 써야 했던 돈에 비하면 새발의 피라고 했다.

  친구들이 하나둘 떠나면서 나는 점점 더 불안하고 외로워졌다. 간절하게 마을을 떠나고 싶었지만 '가족 문제' 때문에 어찌 해볼 도리가 없었다. 아버지가 여전히 노동 수용소에 계시다는 사실이 내 신상 명세서에 분명히 나와 있었던 것이다.

* * *

  물소의 성공에 힘입어 골초 악마도 베이징으로 돌아가기 위한 작전을 개시했다. '척추 골절'이 다시 악화되었고 베이징에서 치료를 받지 않으면 평생 불구로 살아야 한다고 주장한 것이다. 몇 주 동안 골초 악마는 끈질기게 노력했다. 귀뚜라미 아저씨에게 베이징 오리를 여러 마리 선물했고 그의 부모는 필요한 서류를 만들기 위해 베이징에서 돈을 썼다. 하지만 작전이 거의 성공하려는 시점에 예기치 못한 사건이 일어나 계획은 엉망이 되어버렸다.

한가한 날이면 골초 악마는 마을을 어슬렁거리며 돌아다니곤 했다. 늘 어딘가 아프다고 주장했기 때문에 그에게는 한가한 날이 퍽 많은 편이었다. 언제 어떻게 해서 귀뚜라미 아저씨의 막내딸과 어울리게 되었는지는 분명치 않다. 막내딸의 이름은 차이훙彩虹이었다. 무지개라는 뜻이었다. 열다섯 살인 차이훙은 마을에서 제일 예쁜 소녀였다. 둘 사이에 무슨 일이 일어났는지도 정확치 않았다. 심지어 골초 악마 자신도 잘 모르는 듯했다. 그가 떠드는 소리를 그대로 믿는다면 말이다. 어떻든 귀뚜라미 아저씨의 허락 없이 두 사람이 불장난을 벌인 것은 분명했다. 덤불 숲에서 무언가 일이 벌어졌다고도 했다. 그리하여 골초 악마가 베이징으로 돌아가기 위해 필요한 서류를 다 준비한 그 시점에 차이훙은 아버지에게 임신 사실을 털어놓았다.

귀뚜라미 아저씨가 비밀을 유지하기 위해 최대한 애썼음에도 불구하고 그 흥미진진한 소문은 하룻밤 사이에 온 산촌에 퍼졌다. 다음날 머리끝까지 화가 난 귀뚜라미 아저씨는 자치 경찰 조직의 대장인 큰아들과 함께 우리 동굴집에 찾아와 골초 악마를 데리고 갔다. 사무실로 끌려간 골초 악마는 결혼해서 산촌에 머물든지, 아니면 깅간 죄로 감옥에 갇히든지 둘 중 하나를 선택해야 하는 기로에 섰다고 한다. 강간 혐의를 입증하는 것은 일도 아니었다. 귀뚜라미 아저씨는 얼마든지 증인을 만들어세울 수 있었던 것이다. 그리고 강간 죄는 중벌을 받게 마련이었다. 현명한 골초 악마는 금방 상황을 파악하고는 그 자리에서 귀뚜라미 아저씨를 '장인어른'이라고 불렀다.

온 동네 사람이 모두 초청되기는 했지만 골초 악마의 결혼식은 소박했다. 특별한 날에만 마련되는 전통 음식 '하하탕哈水湯'이 행사의 중심이었다. 국수가 끓자 커다란 사발에 국물과 국수를 담아 젊은 여자들이 날라다주었다. 하지만 보통 때와 달리 국수는 몇 가닥뿐이었다. 사람들은 국수만 건져먹고 국물은 다시 모아 솥에 부었다. 온 동네 사람들의 침이 뒤섞인 그 국물은 다시 끓은 후 국수 몇 가닥과 함께 사람들에게 분배되었다. 한 번에 받는 국수가 겨우 한입거리밖에 되지 않았으므로 배를 채우기 위해서는 스무 번 이상을 먹어야 했다. 그리고 마지막에야 국물을 마실 수 있었다. 그때쯤 되자 한 사람당 한 사발씩 돌아갈 정도의 국물만 남았다. 하지만 솔직히 나는 그 국물에서 아무런 특별한 맛을 느낄 수 없었다.

"내 걱정이 무엇인지 알아?" 골초 악마는 하하탕을 다 먹은 후 내게 말했다. "저 멍청한 장인이 밤마다 마오쩌둥 학습을 시킬 것 같아. 신혼부부가 함께 잠도 못 자게 하면서 말야. 너희들이 부럽다. 이제 난 덫에 걸린 것이나 다름없어. 아무런 자유도 없거든." 하지만 타고난 낙관주의자인 골초 악마였던만큼 우울한 기분은 오래가지 않았다. "아아, 내 걱정은 하지 마. 난 재미있게 지낼 거야. 이 골초 악마가 아직은 산 송장이 아니라는 걸 보여주지. 골초 악마는 여전히 팔팔하다고." 굳이 그렇게 말할 필요도 없었다. 재난을 승리로 만들 수 있는 유일한 사람이 골초 악마라는 걸 우리는 이미 잘 알고 있었다.

그럼에도 불구하고 그 결혼식은 내게 슬픈 사건이었다. 골초 악마가 먼저 산촌을 벗어나서 나를 도와줄 것이라 기대했기 때문이다. 이제 그는 산촌에 머물게 되었고 나는 혼자서 방법을 찾아야 했다.

15. 귀뚜라미 아저씨의 죽음

　골초 악마의 결혼식 직후 나는 귀뚜라미 아저씨의 지시에 따라 맨발의 의사로서 삼홍기三紅旗 댐 건설 현장에서 6개월 간 근무하게 되었다. 생활에 변화가 생긴 것이 기뻤다. 매주 있던 귀뚜라미 아저씨의 지루한 강의를 벗어나게 되었을 뿐 아니라 달덩이를 다시 만나 문학 이야기를 할 수 있을 테니 말이다. 정말 즐거운 일이었다.
　건설 현장은 끔찍했다. 농부들과 베이징 아이들 3,000여 명이 동원되어 2년 이상 중노동에 시달리고 있었지만 작업은 겨우 절반 정도 이루어졌을 뿐이었다. 젖꼭지 언덕의 조각 농지와 마찬가지로 댐 건설 또한 잘못 설계된, 따라서 실패할 수밖에 없는 혁명 프로젝트였다. 중장비는 아예 없었다. 한국전쟁 때 노획했다는 미국산 불도저 한 대는 벌써 오래전에 망가져 현장 한 구석에 버려져 있었다. 외바퀴 손수레와 지게로 흙을 져날라 수동 반죽기로 개어 바르는 형편이었다. 작업 진행 속도는 느렸고 부상자가 속출했다. 자연히 나도 바빴다.

진료소는 망가진 불도저 근처 텐트에 만들어졌다. 일종의 이정표가 되어버린 불도저 덕분에 현장 어느 곳에서나 잘 보이는 장소였다. 대부분의 부상은 삐거나 베이는 등 사고로 인한 것이었고 간혹 다리가 부러지는 일도 있었다. 사소한 상처는 내가 치료했지만 뼈가 부러진 경우에는 상태만 안정시킨 후 큰 병원으로 보냈다. 늦가을로 접어들자 감기 환자도 늘어났다. 한번은 상한 염소 고기 때문에 식중독이 번지기도 했다.

도착한 순간부터 정신없이 바빴지만 귀뚜라미 아저씨의 눈치를 보지 않고 마음껏 달덩이와 이야기할 수 있어 좋았다. 매일 저녁, 우리는 현장 숙소를 내려다보는 언덕 위에 올라 가을 바람을 맞으며 몇 시간씩 책 이야기를 했다.

* * *

3개월이 흐른 어느 날 뜻밖의 환자가 찾아왔다. 두 남자가 들것에 싣고 온 젊은 여자였다. 얼굴이 백짓장처럼 희었다. 하지만 진흙투성이가 되어 고통스럽게 찡그린 상태에서도 아름다운 얼굴이었다. 나는 바로 누군지 알아보았다. 남달리 커다란 두 눈과 급한 곡선을 그리는 그 눈썹을 잘못 볼 수는 없었다. 시안의 버스 정류장에서 얼핏 본 것을 마지막으로 4년이 흐른 시점이었다. 리링은 완전히 성숙한 처녀가 되어 있었다. 물론 리링은 나를 알아보지 못했다.

데려온 남자는 리링이 지게로 흙을 나르다가 발을 헛디뎌 흙더미 위로 굴러떨어졌다고 설명했다. 급히 진찰을 해보니 등 부상은 심각한 수준이었다. 발뒤꿈치를 꼬집어도 아무런 반응이 없었다. 다리에도 감각이 없는 듯했다. 팔은 약간 마비되기는 했어도 감각이 살아 있었다. 겉으로는 아무 말 하지 않았지만 나는 최악의 상태를 예상했다. 척추뼈가 부러졌을지도 몰랐다. 그러면 평생을 불구로 살아야 했다. 남자들의 도움을 받아 나는 리링을 옆으로 누이고 윗옷을 올려 등뼈와 목을 진찰했다. 흰 살결을 만지는 순간 한 번도 경험해보지 못한 야릇한 느낌에 온몸이 떨렸다. 나는 상기된 얼굴이 보이지 않도록 고개를 숙였다. 다행히 등에는 부풀어오른 부분도, 붉은 반점도 없었다. 하지만 안심하기에는 일렀다.

그런 상황에서는 고통을 덜고 감각 회복을 촉진하기 위해 침을 놓는 것이 유일한 방법이었다. 나는 리링의 손과 발에 침을 꽂았고 효과를 높이기 위해 침 끝을 살짝살짝 돌려주었다. 눈을 감은 리링은 한층 진정된 모습이었다.

침 시술에 30분이 걸렸다. 침을 빼자마자 트럭 소리가 들렸다. 식량을 싣고 왔다가 내려놓고 읍내로 돌아가는 트럭이었다. 나는 달려나가 운전사에게 상황을 설명했다. 그리고 함께 리링을 차에 태우고 병원으로 향했다.

그날 저녁 나는 리링을 병원에 둔 채 다시 식량 트럭을 타고 현장으로 돌아왔다. 리링은 이제 그럭저럭 안정된 상태였다. 심각한 부상이기는 했지만 다행히 불구가 되는 일은 면했고 다리의 감각도 많이 되찾았기 때문에 나는 안심했다. 하지만 의사는 아마 평생 동안 등의 통증이 계속될 것이라면서 퇴원 후에도 계속 침을 놓아주라고 내게 부탁했다.

내 텐트에 돌아오니 밤 10시가 넘은 시간이었다. 바로 침대로 들어가려는 데 용협공사에서 온 급한 전화 메모가 보였다. 골초 악마가 보낸 것이었다. '션판, 당장 큰 호저 마을로 돌아오기 바람. 귀뚜라미 아저씨가 위독함. 서두를 것!'

나는 그길로 일어나 아무 차나 잡아타고 출발했다. 큰 호저 마을에 도착하니 새벽 3시였다. 산촌은 어둡고 조용했다. 진료 상자를 들고 곧바로 마을 한가운데의 귀뚜라미 아저씨 집으로 향했다.

귀뚜라미 아저씨는 상태가 좋지 않았다. 몇 달 전보다 몹시 수척해져서 깜짝 놀랄 지경이었다. 거무스름한 피부는 헛간에 매달려 한참 전에 첫 서리를 지낸 오이처럼 쭈글쭈글했다. "며칠 동안 설사 병으로 시달렸지만 병원에 안 가겠다고 하시잖아." 골초 악마가 설명했다. 말 소리를 들은 아저씨는 눈을 떠 내 쪽을 보는가 싶더니 다시 잠에 빠져들었다. 맥박이 약했고 호흡은 불규칙적이었다.

진찰을 마친 후 나는 부엌과 연결된 바깥방으로 나왔다. 골초 악마는 임산부인 아내 차이훙을 깨워 내게 줄 국수를 끓이게 했다.

"다시 만나 기쁘다." 골초 악마는 담뱃대에 불을 붙이며 말했다. 언제나처럼 이번에도 주로 말하는 쪽은 그였다. "당비서 집에서 사는 건 정말이지 피곤한 노릇이야. 처음 석 달 동안은 그야말로 미칠 것 같았지. 하루에 최소 다섯 번은 위대한 지도자에게 감사하고 그 말씀을 읽는 시간이 있었으니까. 그러니까 밥 먹을 때 세 번, 아침에 일어났을 때하고 저녁에 자기 전에 말야. 위대한 지도자에게 저 정도로 충성하는 당원은 보다 처음이야. 그건 그렇고……" 그는 잠시 말을 멈춘 뒤 부엌에서 들려오는 아내의 칼질 소리에 귀를 기울였다. 그리고 우리 얘기를 엿듣고 있지 않다는 점을 확인한 후 말을 이었다. "저 늙은이가 왜 병에 걸렸는지 알아? 곰팡이 핀 오리 한 마리를 다 먹어치웠기 때문이야. 초록 올리브가 베이징에 다니러가서 보낸 선물이었지. 초록 올리브도 물소의 뒤를 이어 베이징에서 직장을 얻을 작정이었거든. 우리는 모두 그 오리를 먹지 말라고 말렸지. 요리한 지 최소한 열흘은 지난 상태였으니까. 하지만 저 늙은이는 평생 워낙 굶었던 일이 많아 먹을 수 있는 것이라면 절대 버리는 일이 없어. 그래서 곰팡이가 퍼렇게 핀 부분만 잘라내고는 다 먹어치웠지. 바로 그날 밤부터 토하면서 물똥을 싸기 시작했어. 식중독이라고 아무리 말을 해도 인정하지도 않았지. 그저 속이 뒤집힌 것이니까 한잠 자고 나면 괜찮아질 거라나."

"지금 당장이라도 병원으로 가야 해." 내가 말했다. "식중독이 틀림없어. 상태가 아주 나쁜걸."

"병원에 가자고 하면 널 죽이려 들걸. 그럴 힘이 조금이라도 남았다면 말이지. 우리가 이미 별별 수를 다 써보았지만……"

"국수가 별로 맛이 없네요." 차이홍이 들어와 무럭무럭 김이 나는 국수 사발을 탁자 위에 놓으면서 말했다. 음식을 내놓으면서 그렇게 말하는 것이 중국의 전통이다. "전 요리를 잘 못해요. 그래도 만든 정성을 봐서 조금이라도 드세요." 잘게 썬 매운 고추와 커다란 돼지고기 조각이 둥둥 떠 있는 국수에서는 집에서 만든 식초 냄새가 풍겼다. 나는 그제야 배가 고프다는 것을 깨달았다.

골초 악마는 손짓으로 아내를 내보냈고 아내가 곁을 지나갈 때 귀엽다는 듯 엉덩이를 살짝 꼬집었다. 국수는 아주 맛있었다. 나는 순식간에 사발을 비웠다. 차이홍은 음식 솜씨가 퍽 좋았다.

나는 다시 귀뚜라미 아저씨의 상태를 확인했다. 이제 좀더 깊이 잠든 듯했고 호흡도 편안해졌다. 벌써 새벽 4시가 지났기 때문에 골초 악마와 나는 날이 밝는 대로 마차를 빌려 아저씨를 병원에 데려가기로 했다. 아저씨가 무어라 하든 상관 않고 말이다. 녹초가 된 나는 두 시간이라도 잠을 자두려고 동굴집으로 갔다. 그리고 그랬던 행동을 오늘날까지도 후회하고 있다.

나는 해가 뜨기 전에 골초 악마의 집으로 돌아갔다. 예상 외로 아저씨는 마차에 옮겨지면서 아무런 저항도 하지 않았다. 그저 몇 차례 신음 소리를 내고는 다시 잠에 빠져들 뿐이었다. 우리는 해뜰 무렵 출발했다. 늦은 오후면 병원에 도착할 것이었다. 하지만 출발한 지 채 두 시간이 못 되어 아저씨의 상태를 확인해보니 맥박이 없었다. 젖꼭지 언덕 근처였다. "가능한 한 빨리 가!" 나는 말을 몰고 있는 골초 악마에게 소리쳤다. "상태가 아주 나빠."

골초 악마는 채찍을 내리치며 속도를 높였다. 마차가 시끄러운 소리를 내며 흔들렸다. 나는 너무 늦었다고 느꼈다. 정오 무렵, 잠시 쉬기 위해 말을 멈췄을 때 다시 확인했지만 아저씨는 숨을 쉬지 않았다. 30분 동안 나는 물과 침으로 아저씨를 살리기 위해 안간힘을 다했다. 하지만 아저씨는 이미 죽어버린 후였다. 마침내 나는 골초 악마에게 사실을 알리고 돌아가자고 했다. 장인의 시체를 본 골초 악마는 마차를 되돌리면서 울음을 터뜨렸다. 그가 우는 모습을 보기는 처음이었다. 나 역시 가슴이 아팠다. 귀뚜라미 아저씨의 과장투성이 혁명 강의는 정말 질색이었음에도 불구하고 말이다.

사흘 후 귀뚜라미 아저씨는 젖꼭지 언덕 아래 묻혔다. 처음에 우리가 '베이징 아이들의 조각 농지'를 만들었던 바로 그곳이었다. 기이하게도 그의 죽음은 결국 내가 산촌을 벗어나게 해주었다.

* * *

귀뚜라미 아저씨가 죽은 지 한 달이 되었을 때 내 인생의 방향을 바꾸는 두 가지 사건이 일어났다. 하나는 갑자기 아버지가 '석방'된 것이었다. 몇 년 동안이나 노동 수용소를 들락거리던 아버지는 갑자기 복직이 되었고 곧이어 군 전략 연구소의 부소장으로 발령이 났다. 어머니의 정치적인 문제도 마찬가지로 한순간에 해결이 되어 베이징 자연사박물관의 당비서로 승진까지 했다. 정치적 지위가 높아지면서 다위안의 더 큰 집으로 이사도 했다. 그 갑작스러운 상황 변화의 이유는 알 수 없었지만 어떻든 내 머리 위에 드리워져 있던 암울한 구름이 걷힌 것은 반가운 일이었다. 이제 나는 어디든 채용될 수 있었다. 다만 필요한 것은 당의 추천이었다.

거의 동시에 일어난 두 번째 사건은 달덩이에게 행운이 찾아온 것이었다. 얼마 전 댐 건설 현장을 방문했던 당비서가 숙소 주변에 붙은 포스터를 보고는 멋진 글씨의 주인이 누군지 궁금해했던 것이다. 그건 바로 달덩이였다. 잠시 만나 이야기를 나눈 당비서는 달덩이를 아주 마음에 들어했고 당장 자기 비서로 일하게 만들었다. 곧이어 당비서와 달덩이는 연인 사이로 발전했다고 했다. 하지만 그 소문은 몇 년 후에야 내 귀에 들어왔다.

1972년 2월, 춘절 직후 나는 달덩이에게 구운 베이징 오리와 함께 편지를 보냈다. 당비서를 통해 내가 갈 자리를 좀 알아봐달라고 부탁하는 편지였다. 달덩이는 곧 답장을 보내왔다. 오리를 전달했으며 마침 동풍비항공창東風飛航工廠에서 인력 추천 의뢰가 와 있던 참이라 당비서가 나를 추천했다는 것이었다. '그 공장은 최고의 군수 시설이라고 해. 당비서의 아들도 그곳에 가게 된다는군. 곧 연락이 갈 거야.' 달덩이는 이렇게 썼다.

한 주 뒤 두꺼운 등기 우편물이 왔다. 공장에 채용되었으므로 지체 없이 옌안으로 가서 신체검사를 받으라는 내용이었다. 나는 내 행운을 믿을 수 없었다.

큰 호저 마을을 떠나던 날은 마치 꿈을 꾸는 듯했다. 4년이 넘도록 나는 눈길 닿는 끝까지 메마른 누런 언덕만 이어지는 그 산촌을 떠날 날을 꿈꾸었던 것이다. 그날이 오면 마치 영화에 나오는 사람처럼 미친 듯이 웃어댈 것 같았지만 정작 그 순간에는 아무런 감정 표현도 하지 않았다. 초록 올리브의 마음을 생각해서였다. 이제 그는 한때 북적거리던 동굴집에 마지막으로 남은 베이징 아이였다. 나는 가능한 한 조용히 짐을 챙겼다. 초록 올리브에게 남기는 이별의 선물은 내 진료상자와 책들이었다. 그는 내 뒤를 이어 새로운 맨발의 의사가 될 것이었다.

그날 오후 하늘은 맑았고 공기는 청명했다. 산길은 진흙탕이었다. 혹독한 겨울 추위 이후 땅이 녹는 시점이었다. 초록 올리브와 골초 악마가 버스 정거장까지 배웅해주었다. 마차가 천천히 돌아 젖꼭지 언덕과 귀뚜라미 아저씨의 무덤을 지나갈 때 나는 고개를 들어 '베이징 아이들의 조각 농지'가 남긴 흔적을 바라보았다. 우리 아홉 명이 처음

도착하던 날이 떠올랐다. 침낭과 짐가방이 높이 쌓인 마차를 끌면서 귀뚜라미 아저씨는 말에게 고함을 쳤지. 우리 노랫소리가 골짜기에 울려퍼졌어……. 대형 이불이 언덕 위에서 기절했던 추운 아침도 생각났다. 큰물이 난 후 벌였던 잔치, 골초 악마의 결혼식 때 먹었던 하하탕 등 가지가지 사건이 머리를 스쳤다. 그 고된 노동과 고통, 굶주림, 공포가 마침내 지나갔다는 생각에 나는 더 이상 참지 못하고 큰 소리로 노래를 부르기 시작했다.

마음을 강건하게
희생을 두려워 말자
수만 가지 장애를 딛고 나가
궁극적인 승리를 쟁취하자!

나는 내 노래가 메아리치는 소리에 귀를 기울였다. 위대한 지도자의 말씀이 그때처럼 달콤하게 들린 적은 없었다. 나는 위대한 지도자를 상대로 한 첫 번째 전투에서 승리했다. 그것도 위대한 지도자의 지시를 충실히 따른 결과 얻어진 승리였다. 나는 마차를 타고 가는 내내 목소리가 더 이상 나오지 않을 때까지 노래를 불렀다.

그동안 골초 악마는 거의 아무 말도 하지 않고 담배를 피워댔다. 정거장에서 가방을 내릴 때에도, 옌안으로 가는 버스를 기다릴 때에도 말이 없었다. 우리 셋이 나란히 버스 정거장에 앉아 지는 해를 바라보고 있자니 몹시 슬펐다. 마침내 버스가 오자 마음이 놓일 정도였다. 나는 다른 사람들이 모두 탈 때까지 기다렸다. 버스가 움직이기 시작했을 때 나는 창 밖으로 손을 내밀어 친구들과 마지막 악수를 했다. 골초 악마는 악수 끝에 무언가 딱딱한 물건을 손에 쥐여주며 재빨리 덧붙였다. "날 위해 이걸 좀 간수해줘." 갈라진 목소리였다. 서둘러 뒤돌아서는 골초 악마의 눈가에 이슬이 맺혀 있었다. 딱딱한 물건은 그가 가장 아끼던 자기磁器 담뱃대였다.

* * *

옌안의 더럽고 초라한 식당에서 나는 달덩이를 만났다. 마침 그가 업무차 옌안에 와 있었던 것이다. 내가 동풍비항공창으로 떠나기 바로 전날이었다. 달덩이는 몇 달 전 당비서 밑에서 일하게 된 후 겉모습이 많이 바뀌어 있었다. 몸무게가 늘었고 창백한 얼굴에도 살이 붙었으며 볼에 붉은 홍조까지 돌았다. 그는 당비서를 모시고 여러 자치구를 돌아다니는데 가는 곳마다 엄청난 대접을 받는다고 말했다.

"평생 이렇게 많이 먹어보기는 처음이야. 다음번에 만날 때에는 내가 거대한 돼지가 되어 있을까봐 걱정이야." 그는 미소를 지었다. 어딘지 부자연스럽게 느껴지는 미소였다. 나는 그전까지 그가 편안하게 미소짓는 일이 단 한 번도 없었다는 점을 깨달았다.

"네가 산촌을 떠나게 되어 정말 기쁘다." 달덩이는 세 번째 술잔을 들이키고 나서 진지하게 말했다. "션판, 넌 여러 해 동안 나에게 제일 좋은 친구였어. 어떻게 감사해야 할지 모르겠다. 난 평생 누구도 믿어본 적이 없어. 제일 친한 친구를, 아니 친구라는 것 자체를 가져본 적도 없지. 하지만 이제 난 변했어. 다 널 알게 된 덕분이야. 난 널 믿을 수 있거든. 난 평범한 삶을 사는 것이 꿈이었어. 내 집을 가지고 평화롭게 사는 늙은 농부 말야. 지금의 행운이 언제까지 갈지 모르지만 늘 내게도 친구가 있다는 걸 기억할 거야. 물론 넌 나와 다르지. 혁명 가문 출신이고 밝은 미래가 기다리고 있으니."

나는 가슴이 뭉클했지만 왠지 불편했다. 내 기질 탓인지, 길러진 환경 탓인지 모르겠지만 사람들이 깊은 속을 털어놓기 시작하면 늘 어색한 기분을 느끼곤 했다. 비록 나 자신은 다른 누구보다 감정이 풍부했음에도 불구하고 말이다. 나는 술병을 들어 잔을 채웠다.

"오늘은 우리 둘 다에게 좋은 날이에요." 나는 분위기를 바꾸려 했다. "슬픈 얘기는 하지 말자고요. 앞으로 당분간은 만나지 못할 테니 어서 함께 한 잔 하지요." 그건 골초 악마나 할 법한 말이었다. 내 안에 골초 악마가 들어간 모양이었다.

우리는 서로의 행복을 기원하며 잔을 들어 단숨에 마셨다. 즉시 뱃속이 불타는 듯 뜨거워졌다.

"잊어버리기 전에 선물을 드릴게요." 나는 가방에서 커다랗게 포장된 물건을 꺼내 달덩이 앞에 놓았다. 포장지는 유일하게 허용되는 잡지, 〈공산 젊은이〉 과월호에서 찢어낸 종이였다. 달덩이는 조심스레 포장을 열고 초록색 표지가 산뜻한 18세기 중국 고전 《홍루몽》을 꺼냈다. 네 권으로 된 전질이었다. "중국 고전을 좋아하잖아요. 《홍루몽》을 읽지 않았다면 진정한 중국인이 아니다'라고들 하죠. 문화혁명 이후 처음으로 인쇄된 책이에요. 얼마 전에 나왔어요."

매끄러운 표지를 어루만지기도 하고 책장을 넘겨 첫 부분 몇 줄을 읽어보기도 하는 달덩이는 분명 몹시 기쁜 듯했다. "이 책을 세 번 읽었지만 늘 남의 눈을 피해야 했지. 이제는 당당하게 펼쳐서 여섯 번쯤 더 읽을 수 있겠구먼."

식당을 나서는데 길바닥에 앉은 늙은 거지가 보였다. 다리가 없는 불구였다. 다리 부분은 뭉툭하게 흔적만 남아 있었다. 거지 앞에는 '저는 마오쩌둥 주석의 홍위병으로 혁명 와중에 다리를 잃었습니다. 도와주십시오.'라고 씌인 흰 천이 깔려 있었다. 나는 감옥에서 고문받다가 평생 불구가 된 망치를 떠올렸다. 그 상황에서 내가 할 수 있는 것은 주머니를 다 털어 거지의 깡통에 넣어주는 일 뿐이었다. 늙은 홍위병은 고개를 숙여보이고는 주머니에서 위대한 지도자가 그려진 작은 배지를 꺼내 건네주었다. 나는 윗주머니에 배지를 꽂았다. 그저 늙은 홍위병의 기대에 따라주기 위해서였을 뿐 위대한 지도자에 대한 존경심 때문은 절대 아니었다. 그의 지시에 따라 혁명 농민들에게 가서 교육받은 나는 더 이상 마오쩌둥의 혁명에 환상 따위는 없었다. 그건 모두 거짓이었다. 늙은 홍위병은 그가 헌신했던 위대한 지도자가 자신에게 전혀 관심이 없다는 사실을 알고 있을까.

나는 공장에 신규 고용된 다른 50명과 함께 옌안에서의 마지막 밤을 보내게 될 자치구 건물을 향해 천천히 걸어갔다. 핵 폭발 직후 생겨난 것처럼 보이는 거대한 구름이 하늘에 떠 있었다. 나는 막 수확이 끝난 옥수수밭을 가로지르는 지름길을 택했다. 얀강延河에서 강한 바람이 불어왔다. 나는 바람을 거슬러 걸었다. 바람이 가슴을 압박하는 기분 좋은 느낌을 만끽하면서 말이다. 전에 없이 상쾌했다. 마침내 산촌을 떠나게 되었다는 것, 그 와중에 부끄러운 짓은 하지 않았다는 것 때문인 듯했다. 나는 《홍루몽》에 나오는 〈황금과 죽음〉이라는 노래를 흥얼거렸다.

인간은 신처럼 되고 싶어하면서도
자기가 가진 황금을 잊지 못하네
늙어버릴 때까지 모으고 또 모으나
죽을 때가 되면 황금이 무슨 소용인가?

하지만 만사가 그렇듯이 몽상에도 끝이 있었다. 땅은 건조했고 나는 옥수숫대 사이를 조심스레 천천히 걸어갔다. 동풍비항공창에서의 삶은 어떠할까? 어렸을 때 어머니는 내가 기계 만지는 데 소질이 있다고 자주 말씀하셨다. 나중에 크면 아버지처럼 엔지니어가 될 수 있겠다고 말이다. 이제 운명은 내가 아버지처럼 될 또 다른 기회를 제공한 셈이었다. 비록 혁명가로서 뒤를 따르는 데는 실패했지만 이제 아버지를 본받을 새로운 가능성이 등장한 것이다.

3부 쇠

우리는 모두 하수구에 빠져 살지만 그래도 몇몇은 별을 올려다본다.
– 오스카 와일드Oscar Wilde(1854~1900)

16. 쥐, 비행飛行을 꿈꾸다

내가 일하게 된 동풍비항공창의 제8작업장은 거대한 콘크리트 빌딩이었다. MIG-19 전투기의 제트 엔진이 조립되는 곳으로 크기는 축구장만했다.

작업장은 병원을 연상시켰다. 깨끗하고 조용하고 사방은 온통 흰색이었다. 직원들은 모두 흰색 유니폼에 흰 신발을 신었다. 조립 라인도 전체가 흰색으로 칠해져 있었다. 처음으로 작업장에 들어섰을 때 나는 천장에 설치된 레일을 따라 부드럽게 움직이는 흰색 크레인과 티 하나 없이 깨끗한 연장들이 들어찬 흰색 철제 캐비닛을 보고 감탄했다. 조립된 엔진을 소리없이 움직여 건물 밖으로 끌어내는 배터리 차량도 흰색이었고 엔진이 드나드는 거대한 문도 흰색이었다. 너무도 청결한 환경 때문에 약간 불편한 기분이 들 정도였다. 가솔린 연기가 조금 역겨웠지만 최신 기술의 효율성과 성과를 탐험하려는 열정에 들떠 있던 내게 그런 요소는 별 문제가 되지 않았다. 나는 하루 종일 작업장 곳곳에서 들려오는 금속 마찰음에 귀를 기울였고 마치 오케스트라 연주라도 듣듯이 즐겼다. 조립 라인에서 새어나오는 쟁그렁 소리도 좋았고 스테인리스 스틸의 날카로운 마찰음도, 티타늄의 둔중한 소리도, 마그네슘의 경쾌한 울림도, 알루미늄의 불투명한 메아리도, 크롬의 조용한 윙윙거림도, 카드뮴의 낮은 웅얼거림도 다 마음에 들었다. 최신 공업이 만들어내는 음악은 너무도 아름다웠다. 대나무로 로켓을 만들어 쏘아올리던 어린 시절에 가졌던 과학에 대한 관심과 흥미가 다시 살아났다. 내 안의 엔지니어 기질이 발현될 완벽한 무대를 찾은 셈이었다.

나는 아버지의 뒤를 밟을 기회를 준, 그리하여 어머니가 다시금 나를 자랑스럽게 여기게 될 가능성을 제공한 운명에 감사했다. 전쟁이 끝난 후 아버지는 독학 끝에 훌륭한 엔지니어가 되어 군에서 일하셨다. 이제 나도 아버지처럼 엔지니어가 되는 것이다.

* * *

다른 모든 베이징 아이들처럼 나도 밑바닥부터 시작했다. 처음 3년 동안은 견습으로 일하며 한 달에 18위안(당시 환율로 9달러 정도였다)을 받았다. 겨우 기숙사비를 내고 밥을 사먹을 수 있을 정도의 액수였다 (고기 요리를 너무 자주 먹지만 않는다면 말이다). 4년째가 되자 수습이라고 해서 월급이 36위안으로 올랐다. 그리고 5년째부터 정식 직원 대우를 받으며 42위안 52전을 받게 되었다. 고정 급여였고 5년이나 6년마다 조금씩 인상될 뿐이었다. 나는 낮은 월급에 신경 쓰지 않았다.

열심히 노력하면 머지않아 조립 라인의 일반 직원을 벗어나 승진하게 되리라 확신했기 때문이다.

1972년에 처음으로 공장에 발을 내딛던 때 내 꿈은 원대했다. 신체검사를 받기 위해 옌안에 갔을 때 나는 중고서점에 들러 엔지니어의 길을 열어줄 것으로 보이는 책 두 권을 샀다. 하나는 소련의 유명한 항공 설계자인 야코블레프Aleksandr Sergeyevich Yakovlev(1906~1989) 전기였다. 공장에서 노동자로 일하며 독학으로 유명한 엔지니어가 된 그의 이야기는 흥미진진했다. 하룻밤 만에 책을 독파한 나는 독학으로 중국의 야코블레프가 되겠다고 결심했다. 겨우 5학년을 마친 학력이 전부인 상황에서 그건 허무맹랑한 꿈이었다. 독수리처럼 하늘을 날고 싶어하는 쥐새끼나 다름없는 것인지도 몰랐다. 하지만 나는 추호도 성공을 의심하지 않았다.

다른 한 권은 《상대성 이론 입문》이었다. 나는 기계 공학 공부에 이론 물리학은 필요없다는 사실조차 모를 정도로 무식했고 그저 유능한 엔지니어가 되려면 상대성 이론부터 정복해야 한다고 믿었다. 그리고 막무가내로 덤벼들었다. 하지만 아무리 들여다보아도 수학 공식 단 한 개도 이해할 수 없었다.

나는 실망하지 않았다. 아마 그건 무모한 확신 덕분이라기보다는 무지에 힘입은 것이리라. 나는 그저 찬찬히 공부하기만 하면 모든 문제가 해결될 것으로 생각했다. 고등학교에 진학해 수학 공부를 해보지 못했다는 사실에도 아랑곳하지 않았다. 혁명 때문에 진학 기회를 포기했다는 점이 안타깝거나 후회스럽지도 않았다. 공장 생활에 익숙해지자마자 나는 고등학교 수학 교과서를 파기 시작했다. 당시로서는 구하기 쉽지 않았던 옛날 고등학교 수학 교과서를 용케 구했다. 공장 동료가 침대 아래 숨겨두고 있던 거친 마분지 책이었다. 동료는 기꺼이 내게 교과서를 넘겨주었다. 야코블레프 전기에 나온 것처럼 나도 상세한 학습 계획을 짜서 침대 옆 벽에 붙여두었다.

* * *

8번 작업장에서 견습으로 일하게 된 첫날, 내 야심찬 학습도 시작되었다. 다음 몇 해 동안 나는 분 단위로 짜놓은 일과표에서 가능한 한 벗어나지 않으려 노력하면서 공부에 매달렸다. 하지만 시간 관리는 가장 쉬운 부분이었다. 나는 곧 다른 장애에 부딪혔다. 예를 들어 공부를 시작한 다음날에는 건물 전체에 전기가 나가기도 했다. 그런 식의 정전은 거의 매일같이 일어났다. 낡은 건물이라 걸핏하면 퓨즈가 끊어졌던 것이다. 하지만 정전이 되었다고 공부를 하지 못한 것은 아니었다. 전기가 나가면 나는 미리 준비해둔 촛불을 켰다. 샨베이 동굴집에서 이미 익숙해 있던 터라 어두침침하고 불안정한 촛불 빛은 아무렇지도 않았다. 오히려 촛불 아래 앉아 있노라면 2학년 때 읽었던 고대의 학자 이야기가 생각나 내 처지가 행복하게 느껴지기도 했다. 그 학자는 초를 살 돈이 없어 반딧불을 잡아와 그 빛으로 밤에 책을 읽었다는 것이다. 또 반딧불이 없는 겨울이면 집 벽에 구멍을 내어 이웃집 촛불이 비쳐들게 한 뒤 공부를 했다고 한다. 나도 그러한 학자들의 정신력과 자세를 닮고 싶었다.

또 다른 장애물은 피로였다. 공부를 시작한 지 몇 주 안 되어 나는 여덟 시간의 작업과 의무적인 정치 학습 때문에 너무도 피곤한 나머지 집중하기 어렵다는 점을 깨달았다. 책에 머리를 박고 잠들어버리는 일도 많았다. 기숙사에 책상이 없어 의자 하나를 책상 대용으로 삼아야 했다는 점도 피로를 가중시켰다. 새우처럼 등을 구부리고 책을 들여다보자니 곧 등이 아프기 시작했다. 피로와 등의 통증에 맞서 싸우면서 나는 또 다른 옛 학자 이야기를 떠올렸다. 그는 공부하다 잠들어버리는 일이 없도록 자신의 긴 머리카락을 서까래에 묶어두었다고 한다. 꾸벅꾸벅 졸다가 고개가 앞으로 처지면 머리가 당겨져 잠에서 깰 수 있도록 말이다. 또 의자 옆에 송곳을 두고 졸릴 때마다 넓적다리를 찔러 그 고통으로 잠을 이겼다고도 했다. 기숙사에는 내 짧은 머리를 묶어둘 만한 곳이 없었지만 송곳은 사용할 수 있었다. 그 방법은 퍽 효과적이었다. 아직까지도 내 넓적다리에는 흉터가 남아 있다.

이런 문제 외에 더욱 큰 장애물이 있었다. 고대 학자들은 거의 언급한 적이 없는 장애였다. 한 방을 쓰는 동료들이 방 한구석에서 카드놀이를 하면서 시끄럽게 떠들어댔던 것이다. 카드놀이 판을 이끄는 것은 콩나물이라는 친구였고 판凡 사부와 작은 레닌이 주로 합세했다. 진 사람은 바닥을 기어다니며 놀림을 감수하는 벌칙을 받았다. 하지만 내 학습을 가장 많이 방해했던 것은 카드놀이 와중에 콩나물이 늘어놓는 외설적인 이야기였다. 하루는 내가 공부를 시작한 직후 그가 늙은 혁명가에 관한 길고 끈적거리는 이야기를 풀어놓아 저녁 시간이 몽땅 날아가기도 했다.

콩나물은 골초 악마에 뒤지지 않는 이야기꾼이었다. 본래 이름은 난보친南博勤이었지만 길고 가느다란 목 때문에 모두들 콩나물이라고 불렀다. 기숙사만 벗어나면 그는 조용하고 수줍은 모습으로 마치 겁

먹은 새우처럼 보였다. 하지만 일단 카드 판이 펼쳐지고 차를 마시기 시작하면 완전히 다른 사람이 되어 공장 내의 온갖 음담패설을 실감 나게 늘어놓는 것이었다.

"늙은 혁명가의 최근 소식을 들은 사람 있어?" 그날 밤에도 콩나물은 특유의 날카로운 목소리로 이야기를 시작했다.

"우리 수석 당비서에게 무슨 일이라도 생겼어?" 판 사부가 카드를 나누면서 물었다. "사흘 전 점심시간에 봤는데 늘 그렇듯 붉은 송아지를 욕하고 있던걸." 붉은 송아지란 우리 작업장의 당비서였다. 판 사부는 늙은 혁명가의 못마땅한 말투를 흉내냈다. "붉은 송아지, 그 젊은 사기꾼 놈 같으니라고! 하루 종일 하는 일이라고는 담배를 두 갑이나 피워대고 차를 열 주전자씩 마셔댄 후 화장실에 가는 것뿐이야. 그게 다라고!"

"글쎄, 하지만 아마 지금은 그 붉은 송아지의 똥구멍이라도 핥고 싶은 심정일걸." 콩나물이 슬쩍 끼어들었다. "늙은 혁명가는 어제 체포되고 말았다고. 아직은 비밀이지만."

모든 사람이 깜짝 놀라 고개를 들었다. 나 역시 놀랐다. 나는 첫날 공장을 안내해주었던 노인이 퍽 마음에 들었던 것이다.

"붉은 송아지가 늙은 혁명가를 체포했다고?" 판 사부가 물었다. "어떻게 감히 그럴 수가? 늙은 혁명가가 일본군을 상대로 수류탄을 던질 때 붉은 송아지는 기저귀를 차고 있었을 텐데 말야. 죄목이 뭐야?"

"얘기가 길어." 콩나물이 짐짓 판청을 부렸다. "먼저 차 주전자부터 다시 채우지 그래?" 그날 밤 콩나물은 늙은 혁명가의 비극적인 애정 행각을 주제로 그 어느 때보다도 감칠맛 나는 흥미진진한 얘기를 엮어냈다.

"늙은 혁명가의 아주머니라는 사람, 모두들 본 적 있지? 그런데 둘이 함께 잠잔다는 건 몰랐을걸?" 콩나물이 이야기를 시작했다. "그 여자는 아주머니가 아니라 늙은 혁명가의 첫 사랑이었대. 2년 전 어머니 장례를 치르러 고향에 내려갔던 늙은 혁명가가 데리고 온 거지. 그러고는 자기 마누라한테는 딸 방에서 자라고 하고 아주머니가 병이 들어 간호를 해야 한다고 했지. 대체 그 마누라는 어떻게 그런 거짓말을 믿고 2년 동안이나 그 꼴을 참아주었는지 몰라! 마누라가 잠자코 있으니 동네 사람들도 아무 의심 안 했지. 하지만 결국에는 그 마누라도 더 이상 견딜 수 없었는지 공장 관리팀에 다 일러바치고 만 거야. 붉은 송아지는 당장 비밀리에 당 관리들의 긴급 비상회의를 소집했어. 그리고 다음날 밤에 늙은 혁명가를 체포하기로 결정했지. 총으로 무장한 경찰 열 명이 출동해 아파트 근처에서 늙은 혁명가의 아내가 보내는 신호를 기다리게 되었어.

잠시 후 약속한 신호대로 붉은 손전등 불빛이 세 차례 깜박거렸어 (아마 붉은 송아지는 스파이 영화를 많이 본 모양이야). 새벽 2시쯤이었지. 붉은 송아지와 경찰은 미리 받아놓았던 열쇠로 문을 따고 살그머니 안으로 들어갔어. 신속하게 안으로 들어간 일행은 벌거벗은 몸뚱이 둘이 한창 일을 벌이는 장면과 맞닥뜨렸지. 당사자들은 상황을 전혀 몰랐던 거야. 굉장한 광경이었대! 온 침대며 벗은 몸이 끈적거리는 액체투성이였다는군. 이건 현장에 있던 사람한테 직접 들은 거야.

늙은 혁명가는 처음에 항의하려 했지. '대체 무슨 일로 시민의 집에 무단침입하는 겁니까? 이건 불법이에요! 내일 당비서에게 알리겠소!'

그때 붉은 송아지가 나서서 대답했어. '당비서는 여기 있소. 함께 당 본부로 가서 우리의 질문에 답해주셔야겠소.'

두 연인은 각각 따로 심문받았고 즉각 '죄'를 고백했어. 어떤 짓을 어떻게 했는지 상세하게 밝혀야만 했지. 심문 현장에 있던 사람 말로는 늙은 혁명가의 진술이 거의 포르노 수준이었대."

뭐, 대충 이런 이야기들이 밤마다 펼쳐졌던 것이다. 그럴 때면 당연히 나는 수학 문제를 단 하나도 풀 수 없었다.

첫해 여름 내 공부를 방해했던 또 다른 성가신 존재는 빈대였다. 배가 고플 때는 납작한 참깨 모양이지만 피를 잔뜩 빨아먹고 나면 작은 축구공처럼 탱탱해지는 흰색 벌레로 내가 본 것들 중에 가장 지독하게 사람을 못살게 구는 존재였다. 정기적으로 '빈대 퇴치의 날'이 있어 기숙사 전체를 폐쇄하고 살충제로 소독을 하곤 했지만 다음날이 되면 전날 겪었던 불편을 보상받기라도 하려는 듯 빈대가 한층 기세등등하게 덤벼들었다. 여름 내내 나는 공부하면서 물린 부분을 벅벅 긁거나 철썩 때려 빈대를 잡아야 했다. 어느 날 밤에는 벽에 붙은 내 학습 계획표 뒤에서 한 떼의 통통한 빈대들을 발견하기도 했다. 나는 노르망디 상륙작전에 나선 장군 같은 결연한 의지로 무장하고 한 마리도 남김없이 맨 손으로 눌러죽였다. 학습 계획표는 반동분자 놈들의 피로 붉게 물들었다.

* * *

이런 온갖 방해 요소에도 불구하고 나는 책을 놓지 않았고 느리긴 해도 꾸준히 학습을 계속했다. 첫해가 끝날 무렵 고교 수학 과정을 마칠 수 있었다. 계획이 초과달성된 셈이었다. 다음 차례는 물리학과 항공 공학이었다. 하지만 공부를 하면 할수록 내가 얼마나 무식한지 뼈저리게 깨닫게 될 뿐이었다. 상대성 이론에 대한 공부는 포기한 지 오래였다. 진정한 엔지니어가 되려면 대학에 진학해야만 한다는 생각이 들었다. 하지만 당시 상황에서 그건 꿈도 꿀 수 없는 일이었다. 문화혁명 이후 대학은 모두 문을 닫았던 것이다.

공장의 작업에도 능숙해졌다. 열심히 노력한 끝에 채 6개월이 흐르기 전에 나는 하루에 기어박스 두 개를 조립할 수 있는 수준이 되었다. 경험 많은 숙련공과 같은 수준이었다. 하지만 그것은 내가 도달하고자 했던 목표의 시작에 불과했다.

17. 아! 리링

중국에는 '우연이 없다면 책은 씌어지지 못한다'는 말이 있다. 어느 토요일 오후, 기술 관련 잡지 몇 권이 고작인 초라한 공장 도서실에서 나는 그 말을 실감했다. 한 주의 일이 끝나면 그곳에서 잡지를 훑어보는 것이 내 습관이었다. 도서실은 언제나 한적하고 조용했다. 나는 고요하게 흘러가는 그 몇 시간이 너무도 좋았다. 물론 자료를 찾으러오는 기술자나 직원들이 간혹 들르기는 했지만 대부분의 시간은 나 혼자였다.

공장에 간 지 6개월이 지난 그 토요일에도 나는 혼자 도서실에 앉아 〈최신 항공〉이라는 잡지를 뒤적이고 있었다. 갑자기 문이 열리더니 한 처녀가 조용히 들어왔다. 그러고는 잡지를 한 권 뽑아 내 맞은편에 앉았다. 탁자가 하나뿐이었으므로 우리는 마주보는 셈이 되었다. 뜻밖의 방문객이 궁금해진 나는 책장 너머로 모습을 훔쳐보다가 터키 단도처럼 급한 경사를 그린 두 눈썹을 알아보고 깜짝 놀랐다.

문화혁명 이후 유행이 된 '전투적 스타일'의 짧은 머리 대신 리링은 긴 머리를 검은 비단 끈으로 묶고 있었다. 부드럽고 평온한 얼굴 위로 살짝 홍조가 졌고 책에 몰두한 커다란 두 눈은 현명해보였다. 남자 옷인 짙은 녹색의 나사지 재킷 차림이었다.

10분가량 나는 리링을 훔쳐보다가 마침내 잡지를 내려놓았다.

"혹시 리링 아니…… 아니에요?" 내가 물었다. "전 맨발의 의사로 일했었죠. 혹시 작년에 댐 건설 현장에서 등을 다치지 않았어요?"

리링은 잠시 놀란 표정을 지었지만 곧 평온함을 되찾았다. "왠지 낯익은 얼굴이라고 생각했어요. 그러니까 당신이 제 생명을 구해주신 맨발의 의사군요." 리링의 목소리는 졸졸 흐르는 산 속의 개울처럼 시원했고 다정했다. "고맙다는 인사를 전할 기회도 없었어요. 이름이 어떻게 되죠?"

"션판입니다." 내가 대답했다.

"아하, 평범한 대중 속의 한 명이라는 이름이네요. 부모님이 훌륭한 혁명가로 키우고 싶으셨나봐요." 리링이 미소를 지었다. 나는 얼굴을 약간 붉혔다. 내 이름의 혁명적 의미를 바로 잡아냈다는 점이 약간 불편하게 느껴졌지만 혁명에 대한 내 생각을 굳이 설명하지는 않았다.

"등 상태는 어때요?" 나는 화제를 돌렸다.

"가끔 아파요. 심하게 아플 때도 있고요. 베이징에서 여러 병원에 다녔고 침 치료도 많이 받았지만 완전히 낫지는 않는군요. 척추골 하나에 금이 갔는데 그게 없어지지 않는대요."

"그렇군요. 헌데 당신도 기술 잡지를 읽나요?" 나는 너무 뻔한 질문이라고 생각하면서 물었다.

리링은 묘한 미소를 지어 보였다. "제가 MIG-19기와 F-4 팬텀기에 관심 있을 사람으로 보이나요?"

"하지만 지금 〈현대 항공〉 지를 보고 있잖아요?" 내가 리링 손에 들려 있는 잡지를 턱으로 가리켰다.

"표지만 그런 거예요. 겉만 보고 판단하지 말라는 옛말도 있잖아요." 리링이 웃었다. "왠지 당신은 믿을 수 있는 사람 같아요. 당신 역시 책벌레로 보이거든요. 전에도 여기 와 있는 걸 보았죠. 좋아요, 그럼 비밀을 알려드리죠. 하지만 비밀은 꼭 지켜주어야 해요." 리링은 천천히 기술 잡지를 들어올렸다. 그러자 아래에서 작은 책이 나타났다. 갈색 표지에는 《카를 마르크스 전기》라는 제목이 손으로 씌어 있었다.

나는 어리둥절했다. 공산주의 창시자에 관한 책을 읽는데 대체 무얼 숨기고 조심해야 한다는 말인가. "아, 카를 마르크스군요." 내가 중얼거렸다. 리링은 부르주아 출신이지 않은가? 부르주아를 몰아내자는 사상가에 왜 관심이 있는 걸까?

"겉만 보고 판단하지 말라고 이미 이야기하지 않았나요?" 리링은 재미있다는 듯 장난스럽게 웃었다. 그러고는 책을 내 쪽으로 밀어주었다.

표지를 넘겨보니 안에는 다른 제목이 있었다. 니콜로 마키아벨리 Niccoló Machiavelli(1469~1527)의 《군주론》이었다. 처음 보는 책이었다. 누렇게 낡은 책장에 옛날 한문 글씨가 인쇄되어 있었다. 1950년대 문자 개혁 이전에 번역·인쇄된 책이 분명했다.

"내가 제일 좋아하는 책이에요. 프리드리히 니체Friedrich Wilhelm Nietzsche(1844~1900)의 《차라투스트라는 이렇게 말했다》와 함께 말이에요." 리링은 길다란 외국어 이름을 부드럽고 자연스럽게 발음했다. 나는 속으로 감탄했다. "이 책들은 그 누구도 믿어서는 안 된다고 가르쳐주죠." 리링이 미소지었다. "바로 그래서 제가 좋아하는 거예요."

하지만 나를 향한 리링의 미소에 불신은 없었다. "그게 대체 어떤 책들이죠?" 나는 무지를 부끄러워하며 작은 소리로 물었다.

"글쎄요, 잡동사니 부류라고나 할까요. 모든 것을 다 다룬다고도 할 수 있지만 또 아무것도 다루지 않는다고도 할 수 있거든요. 전 이런 책을 읽는 것이 좋아요." 리링이 대답했다. "진정한 철학, 정치학, 경제학, 기타 잡탕 학문이 총망라되어 구체적으로 도움될 것은 없고 머리를 복잡하게 만드는 종류의 책이죠. 당신은 뭐, 다른 것은 읽지 않나요? 그러니까 여기 있는 미그기나 팬텀기에 대한 잡지 외에 쓸데없는 책들은 안 읽느냐고요."

나는 베이징에서 훔쳐내 읽었던 책들에 대해 열심히 설명했다. 만난 지 불과 몇 분이 지났을 뿐이었지만 리링과 강한 유대감이 느껴졌다.

"제 책을 읽고 싶다면 빌려드릴 수 있어요. 하지만," 리링은 고개를 숙이고 작은 소리로 덧붙였다. "루트비히 비트겐슈타인Ludwig Josef Johan Wittgenstein(1889~1951)이라는 오스트리아 철학자가 한 말을 기억하세요. '말할 수 없는 문제에 대해서는 잠자코 있어야 한다'는 걸요. 사람들에게 절대 이런 책 얘기를 해서는 안 돼요."

"물론이죠." 나는 리링의 해박한 지식에 놀랐다. 마치 한 번 읽은 내용은 몽땅 기억하는 듯했다. 어떻게 그럴 수 있을까? 언젠가 그 집에서 땀 자국투성이인 지저분한 고무신이 부끄러웠던 것처럼 이번에는 내 얄팍한 지식이 부끄러웠다. 내 무식함 때문에 우리 둘 사이에는 깊은 심연이 가로놓였다. 도저히 넘어서지 못할 것처럼 보이는 심연이었다.

* * *

알고 보니 리링은 나와 같은 작업장 소속이었다. 하지만 담당 업무가 테스트 팀의 문서 보관이어서 다른 건물에서 근무하고 있었다. 몇 달 동안 나는 매주 한두 권씩 리링의 책을 빌렸다. 리링은 문화혁명 기간 동안 어떻게 금지된 책들을 간직할 수 있었을까? 싸구려 갈색 종이로 싼 뒤표지에 다른 제목을 써두는 방법으로? 어떻든 놀라운 일이었다. 나는 휴식 시간에 리링을 만나 읽은 책에 대해 이야기를 나누곤 했다. 물론 주위에 아무도 없다는 것을 확인한 후에 말이다. 뒤죽박죽 닥치는 대로 읽다보니 결국은 아무것도 이해하지 못한 채 그저 내가 무식하다는 사실만이 분명해지는 경우도 종종 있었다. 너무 어려워서 도저히 끝까지 읽지 못한 책도 여러 권이었다. 예를 들어 나는 마키아벨리 책의 많은 부분을 이해하지 못했다. 니체의 경우는 한층 더했다. 말년에 니체가 정신병자가 되었다는 이야기를 리링에게서 들었을 때 나는 안도감을 느꼈다. 엉뚱한 생각일지도 모르지만 어떻든 안심이 되는 것은 사실이었다. 정상인이 정신병자의 말을 이해 못하는 건 당연한 일이 아닌가? 나는 실질적인 인생 지침을 제공하는 책이 좋았다. 로베르트 슈만Robert Alexander Schumann(1810~1856)이 쓴 《음악과 음악가에 대해》 그리고 벤저민 프랭클린Benjamin Franklin(1706~1790)의 《자서전》 처럼 말이다. 프랭클린의 자기개발 방식은 특히 내게 많은 영감을 주었다. 그가 아들에게 주었다는 열세 가지 삶의 원칙은 이후 여러 해 동안 내 앞길을 인도해주었다. 프랭클린을 통해 나는 실제적인 목표를 세우고 계획을 수립하는 법, 목표 달성을 위해 끈질기게 노력하고 장애를 극복하는 법 등을 배웠다.

그 공장에서 리링을 만나 금지된 책들을 읽을 수 있었던 것은 정말로 큰 행운이었다. 지금도 자주 그런 생각을 한다. 일상생활에서 살아남는 법을 가르쳐준 스승이 골초 악마라면 리링은 내 상상력을 신장시키고 야망의 불꽃을 지핀 영혼의 스승이었다.

동풍비항공창에서는 리링이 최고로 예쁜 처녀라는 데 이견이 없었다. 남자들은 날씬하고 다리가 긴 리링이 지나갈 때면 일제히 추파를 던졌다. 백조에게 달려드는 추한 두꺼비 떼처럼 말이다. 하지만 리링은 늘 눈을 내리깐 채 자세도 흐트리지 않고 재빨리 지나갔다. 이유는 모르겠지만 이상하게도 난 리링이 이성으로 여겨지지 않았다. 지식으로나 외모로나 나보다 훨씬 우월한, 까마득히 높은 곳에 있는 존재였기 때문이리라. 키는 내가 좀더 크다 해도 나는 워낙 깡말라 볼품이 없었다. 공동 욕실에서 벗은 몸을 거울에 비춰보면 정말이지 자랑할 만한 구석이 하나도 없었다. 눈도 작고 가무잡잡한 피부에 소극적인 행동거지……. 어느 모로 보나 리링이 관심을 보일 가능성이 없었던 것이다. 더군다나 리링은 나보다 일곱 살이나 위였고 다른 도시의 공장에서 일하는 남자 친구가 있다는 소문도 있었다. 때때로 나는 그 행운아가 누굴까 궁금했다. 내게 리링은 교사이자 정신적인 지주일 뿐이었다. 다른 마음을 먹는다면 그건 불경스러운 일이 될 것이었다.

우리의 정신적인 그리고 지적인 관계가 다른 방향으로 흘러간 적이 딱 한 번 있기는 했다. 리링이 수집한 우표를 보여주겠다며 나를 기숙사 방으로 초대했을 때였다. 리링의 방은 우중충한 벽돌 건물 3층에 있었는데 정육면체였다. 2인용 대형 침대보다 약간 클 정도로 좁았고 책상도, 의자도, 옷장도 없었다. 창문 반대편으로 좁은 간이침대가 놓여 있었다. 침대 위에 덮인 희고 깨끗한 천 아래로 흠집투성이인 낡은 침대 다리가 보였다. 문 옆에는 시멘트로 만든 싱크대가 있었고 얇은 송판으로 만든 3층짜리 책장이 싱크대와 침대 사이 벽에 놓였다. 벽과 천장을 따라 예닐곱 개쯤 되는 녹슨 파이프가 구불거리며 지나갔다. 전에 부엌으로 쓰였던 곳임에 분명했다.

"본래는 옆쪽의 4인용 방을 배정받았어." 리링이 잔에 뜨거운 물을 따르면서 설명했다. "하지만 여러 명이 한 방을 쓰다보니 밤에 책을 읽을 수가 있어야지. 그래서 부엌을 차지해버린 거야. 이제 친구들은 손을 씻으려면 1층 화장실로 가야 해. 자, 앉아. 차도 마시고."

나는 간이침대에 걸터앉았다. 리링은 침대 아래 트렁크에서 우표책을 꺼내 건네주었다. 내가 본 것 중에 가장 훌륭한 우표책이었다. 폴란드, 체코슬로바키아, 소련, 루마니아, 그 외에도 유럽 각국의 예쁜 우표가 많았다. 또 다른 한 권의 우표책을 건네주면서 리링은 내 바로 옆에 앉았다. 리링의 다리가 내 다리를 살짝 스치고 체온이 느껴질 정도로 가까운 거리였다. 나는 너무도 당황하여 어찌할 바를 몰랐다. 잠시 심장이 멎는 듯했다. 다음 몇 분 동안 리링이 하는 말은 하나도 귀에 들어오지 않았다. 그 하얀 손을 잡아보고 싶은 마음을 억누르기가 너무도 힘들었다. 리링은 너무도 예쁘고 매력적이었다. 희미하게 풍겨오는 비누 냄새를 맡으며 내 심장은 두방망이질을 쳤다. 리링은 일곱 살이 되었을 무렵부터 혼자서 베이징의 우표 가게를 찾아다녔던 일, 우표를 교환하기 위해 기차를 타고 여행갔던 일 등을 설명했다. 그 목소리가 너무도 평온했기 때문에 나는 리링이 그렇게 가깝게 다가앉은 것이 그저 우연히 벌어진 상황이라고 판단했다. 상대에게 낭만적인 의도가 전혀 없는데 내가 덥석 손을 잡는다면 우스꽝스러운 꼴이 되고 말리라.

예쁜 처녀와 단 둘이 앉아 있을 때 청년이 느끼게 마련인 설렘에도 불구하고 나는 리링과 더 이상은 가까워질 수 없다고 느꼈다. 나를 가장 주눅들게 했던 것은 아랫사람을 대하는 듯한 리링의 태도였다. 동등한 존재로 대접받기를 간절히 바랐건만 리링은 늘 누나가 일곱 살 아래 동생을 보살피듯 나를 대했다. 내 자존심에 상처를 주는 일도 있었다. 한 번은 제8작업장과 제14작업장이 배구 시합을 벌였다. 멋진 스파이크를 성공시킨 후 나는 자랑스럽게 리링 쪽을 보았다. 리링은 다른 소녀들과 함께 경기를 지켜보는 중이었다. 관중들의 박수를 한 몸에 받은 내 얼굴은 상기되어 있었다.

수건으로 땀을 닦는데 리링이 친구에게 건네는 말소리가 들려왔다. "쟤 다리가 굽었다는 걸 알고 있었니?"

순간 나는 얼굴이 굳었다. 대체 내가 왜 그런 모욕적인 소리를 들어야 한다는 말인가?

* * *

내가 공장에서 일한 지 일년이 지난 3월의 어느 날, 작업장의 당비서인 붉은 송아지가 나를 호출했다. 공식적인 호출은 처음이었기 때문에 나는 불안한 생각이 들었다. 마흔다섯 살로 아직도 젊은 축인 붉은 송아지는 다정한 태도였고 당비서다운 전형적인 말투도 사용하지 않았다.

"담배 피우겠나?" 붉은 송아지가 담뱃갑을 내밀어보였다. 나는 고개를 저었다. 담배를 피우지 않았기 때문이다. 당비서는 한 대를 피워물었다.

"자네가 온 이후 관심을 갖고 쭉 지켜보았지." 당비서가 말했다. "일을 잘 해내고 있어. 모두들 칭찬하더군. 특히 공부를 열심히 한다면서? 밤마다 의자 위에 책을 놓고 공부한다는 이야기 들었네. 제일 먼저 견습 기간을 끝내고 일을 시작하기도 했고. 당은 바로 그런 정신을 요구하고 있네. 자네처럼 열심히 일하는 젊은이가 더 많았으면 좋겠는데 말야. 그래서 당위원회는 자네에게 새로운 도전의 기회를 주기로 했네. 테스트 팀에서 회로를 다루는 전기 기술자가 되는 거야. 자네도 알겠지만, 지난 몇 달 동안 빈자리가 많이 생겼다네. 아픈 사람들이 많아서 말이지. 그래서 충원이 급한 상황이야. 그건 테스트 팀에서 제일 중요한 직무라네. 문제가 생기면 회로 담당 전기 기술자가 신속히 상황을 판단해야 해. 안 그러면 테스트 팀의 전체 작업이 중단되고 말거든. 당이 자네처럼 젊은 인재를 믿고 중대한 일을 맡긴다는 걸 커다란 영광으로 생각해야 하네. 우리를 실망시키지 말아주게. 덩鄧 사부가 자네를 맡아 여러 모로 도와줄 거야. 그는 테스트 팀의 고위 당원이니 자네의 정치적인 성장에도 도움을 줄 걸세."

나는 기꺼이 새로운 도전을 받아들였다. 전적으로 개인적인 이유 때문이었다. 이제 리링과 같은 건물에서 일하며 매일같이 얼굴을 볼 수 있다!

다음날 나는 2층의 전기 기술자 사무실에서 덩 사부를 만났다. 내가 방으로 들어섰을 때 덩 사부는 찻잔을 앞에 두고 반쯤 졸고 있었다. 희고 통통한 얼굴에 눈꺼풀이 아주 두꺼웠다(나중에 듣자니 신장에 문제가 있어서 그렇다고 했다).

간단히 서로를 소개한 다음 나는 당장 물어보았다. "어디서부터 시작하죠? 어떤 책을 읽어야 하나요?" 덩 사부는 당황한 듯 어쩔 줄을 몰라했다. 졸린 눈으로 천천히 나를 쳐다본 후 마지못해 등을 곧추세우고 책상 서랍을 열더니 두꺼운 책을 꺼내 건네주었다.

"이걸 읽도록 해." 그는 한 마디 던지고 다시 원래 자세로 되돌아갔다.

기름때 묻은 그 책은 오래된 직업학교 교과서로 《기초 전기 이론》이라는 제목을 달고 있었다. 시커먼 마분지에 인쇄된 책장은 너덜너덜했고 떨어져 나온 쪽도 많아 다시 풀로 붙여야 했다. 나는 아랑곳하지 않고 책에 빠져들었다. 하루에 열 시간씩 공부했고 열심히 공책을 채웠다. 한 주도 채 지나지 않아 책을 다 읽을 수 있었다. 하지만 늘 그렇듯이 만족스러운 기분은 들지 않았다. 능수능란하게 문제를 해결하자면 이론만으로는 충분치 않았다. 실무 경험, 일이 어떻게 돌아가는지에 대한 정확한 이해가 필요했다. 두 달째부터 나는 전체 건물의 배선과 회로 구조를 공부하기 시작했다. 손전등과 배선도를 가지고 넓은 건물 곳곳을 돌아다녔다. 테스트 장비 아래에서 몇 시간씩 기어 다니기도 했다. 시스티나Sistine 성당의 천장 변화를 그리기 위해 받침대 위에 누워 작업했던 미켈란젤로Buonarroti Michelangelo(1475~ 1564)처럼 나도 스위치 박스가 있는 바닥에 누워 복잡하게 뒤엉킨 선들을 천천히 분류해나갔다. 그리고 배선도와 실제 배선에 차이점이 발견되면 노트에 꼼꼼히 기록했다. 6개월 정도 지났을 때 나는 테스트 팀의 배선과 제트 엔진의 회로에 관해 훤히 알게 되었다. 문제를 분석하는 법뿐 아니라 문제가 생길 만한 곳까지 파악해낸 것이다. 낡아빠진 소련제 회로판이 말을 안 듣는 경우 때로는 그냥 한 대 때려주는 것이 제일 좋은 해결책이 되기도 했다. 이런 면에서 볼 때 회로는 사람과도 비슷했다.

    열 달 정도 흐르자 나는 공식 직함이 없을 뿐 회로에 관한 한 사부 수준에 오르게 되었다. 공식적으로는 여전히 견습이었다. 하지만 심각한 문제가 생기면 테스트 팀의 기사들도 덩 사부 대신 나를 불러댔다. 본래 계획대로라면 그때부터 더욱 열심히 공부하고 실무 경력을 쌓아야 했겠지만 일은 그렇게 풀리지 않았다. 공장에 대해 점점 잘 알게 되면서 오래 있을 곳이 못 된다는 점을 깨달은 것이다. 열악한 산촌에서 탈출시켜준 고마운 공장은 어둡고 추악한 비밀을 지니고 있었다. 결국 나는 산촌을 탈출하면서 또 다른 덫에 걸려든 셈이었고 다시 한 번 탈출을 위해 몸부림쳐야 했다.

18. 자꾸만 사람이 죽어나갔다

리링과 같은 건물에서 일하게 되면서 우리는 거의 매일 이야기를 나누었다. 그런 시간이 나는 퍽 즐거웠다. 하루에 두 번, 오전 휴식과 오후 휴식 때 모두 만나는 날도 있었다. 나는 그 대화를 위해 산다 해도 과언이 아니었다. 리링과 이야기를 나누고 돌아오면 철학과 역사를 공부하고 싶은 열의에 가득 찼다. 그 두 가지는 리링의 지식이 특히 풍부한 분야였다. 나도 리링처럼 많은 것을 알고, 적절할 때 멋진 말을 던짐으로써 관심을 끌고 칭찬을 받고 싶었다.

리링처럼 되고 싶다는 생각만이 공부의 유일한 동기는 아니었다. 언젠가는 끔찍한 공장을 벗어나 대학에 진학하고 싶다는 열망도 그에 뒤지지 않게 강했다. 공장에 무언가 무서운 수수께끼가 숨어 있어 모든 사람이 탈출을 꿈꾼다는 것을 알게 되어버린 후였다. 겉보기에 공장은 성실한 직원과 그 가족들이 어울려 살고 있는 행복한 곳이었지만 실상은 그와 전혀 달랐다.

처음 도착했을 때 내게 공장은 너무도 깨끗하고 질서정연한 곳이었다. 중공업 공장이라기보다는 요양원이나 병원처럼 여겨질 지경이었다. 단지 내 길은 깨끗이 포장되었고 단풍나무와 자작나무가 줄지어 늘어서 있었다. 사철 푸르른 관목에 둘러싸인 흰 건물은 밝은 태양 아래 밝게 빛났다.

하지만 불과 몇 달 후부터 나는 흰색 건물에서 정체 모를 압박감을 느끼기 시작했다. 공장 입구에서 멀지 않은 곳에 위치한 주거지역도 높다란 흰색 담으로 둘러쳐져 있었다. 공단과 주거단지의 차이라면 주거단지 쪽 건물들이 좀더 작고 서로 다닥다닥 붙어 있다는 점이었다. 그곳 주민들에게는 공장 근처로 접근하는 것이 금지되어 있었다.

공단 내 생활은 엄격한 규정에 따랐다. 마치 다위안의 학교가 그랬듯이 말이다. 기상, 아침식사, 점심식사, 오후 정치 학습, 저녁식사 등 일상 활동은 매일 정확한 시간에 확성기에서 울려퍼지는 군 나팔 소리에 따라 이루어졌다. 매일 아침 6시 30분이면 어김없이 나팔 소리가 터져나왔다. 몸이 오싹할 정도로 난폭한 소리였다. 베이징 아이들을 깨우던 귀뚜라미 아저씨도 떠올랐다. 하지만 산촌에서와 마찬가지로 여기서도 나는 꾸물거리는 배짱을 부리지 못했다. 나팔 소리가 들리면 재빨리 윗옷을 주워입고 거주단지 중심부에 있는 공동 식당 세 곳 중 한 군데로 달려갔다. 식당으로 들어가는 높다란 문은 건물 3면에 뚫려 있었다. 서둘러 달려가는 이유는 줄이 길기 때문이었다. 제대로 식사를 하려면 배식구 세 곳에 차례로 줄을 서야 했다. 한 구멍에서 찐빵을 준다면 야채는 두 번째 구멍에서, 다시 죽이나 국은 세 번째 구멍에서 받는 식이었다. 운이 좋은 날이라 하더라도 이렇게 다 배식받기까지 20분 정도가 걸렸다.

식당은 정치 집회나 장례를 위한 강당으로도 사용되었다. 그건 내가 공동 식당에서 음식을 먹기 싫어하는 이유 중 하나였다. 삶은 야채나 옥수수빵 냄새와 함께 늘 낯선 냄새, 죽음의 냄새가 공기 중에 떠돌았던 것이다. 견습 생활 3년 동안 나는 식당에서 열린 장례식에 여섯 번 참석했다. 함께 밥 먹던 사람들이 때 이르게 떠나가 버리는 자리였다. 공장에는 사람들이 이성을 잃도록 하는, 그리하여 결국 죽게끔 만드는 수수께끼 같은, 아니 불길한 요소가 있었다.

* * *

내가 목격한 첫 번째 기이한 죽음은 견습이 된 지 불과 몇 달이 흘렀을 때 낮잠 시간 중에 일어났다.

늦은 점심을 먹고 기숙사로 돌아와보니 모두들 잠들었는지 조용했다. 내 맞은편 아래층 침대를 쓰는 챠농查農은 모로 누워 이미 잠들어 있었다. 스물여섯 살로 몸집이 호리호리하고 잘생긴 그는 젊은 여성들의 관심을 한몸에 받았다. 그리고 몇 주 전에는 자기 작업장에서 제일 예쁜 처녀와 약혼한 상태였다. 난징항공공학교南京航空學院를 졸업한 숙련된 기술자이기도 했다. 모두들, 특히 나를 포함한 젊은이들은 그의 재능과 인기를 부러워했다.

나는 조용히 침대로 들어가 눈을 감았다. 겨우 10분 정도 지났을까, 나는 쿵쾅거리며 복도를 뛰어가는 발 소리, 그리고 "누군가 지붕에서 뛰어내렸어!"라는 고함 소리에 벌떡 일어났다.

속옷 바람인 사람들 틈에 섞여 나도 일층으로 달려 내려갔다. 그리고 평생 잊지 못할 광경을 목격했다. 바로 챠농이었다. 똑바로 누운 상태인 그는 얼굴이 짙은 자주색으로 변했고 눈은 커다랗게 벌어져 밝은 태양을 정면으로 응시하고 있었다. 얼굴에서는 피가 거의 흐르지 않았지만 몸뚱이는 다위안에서 보았던 헤이 장군처럼 끔찍하게 비틀려 있었다. 다리 하나는 몸 아래 깔렸고 다른 하나는 제멋대로 뒤틀렸다. 목구멍에서 희미하게 그렁거리는 소리가 흘러나왔다. 주위에 선 사람들은 챠농을 들어올려 옮겨야 할지, 구급차를 불러야 할지 의논하는 중이었다. 마치 시간이 정지해버린 것 같았다. 우리는 챠농을 들것에 실어 병원으로 옮기기로 했다. 병원은 금방 닿을 수 있는 거리였다.

공식 발표된 사인死因은 정신발작이었다. 약혼녀는 몇 주 동안이나 울음을 그치지 못했다. 나는 수없이 질문을 던져보았지만 도무지 답이 나오지 않았다. 그렇게 날씨 좋은 오후에 그렇게 예쁜 약혼녀를 두고 지붕에서 뛰어내린 이유가 대체 무엇이란 말인가?

챠농의 죽음은 이후 계속된 알 수 없는 죽음들의 시작에 불과했다. 3주 후 수위가 머리에 권총을 쏘아 자살했다. 한 달 반 후에는 제11작업장에 소속된 스물일곱 살짜리 여자가 공장 담장 바로 밖을 지나는 선로에 누워 있다가 열차에 깔려 죽었다. 일요일 오후 시간이었다. 국경절 직전인 9월 말에는 제3작업장의 40대 당원이 작업 시간이 끝났을 때 몰던 크레인에서 뛰어내렸다. 아내와 어린 두 자식을 남겨둔 채 말이다. 연이은 죽음에는 도무지 공통점이 없었다. 서로 무관한 사건들로 보였지만 빈도가 너무 잦았던 탓에 베이징의 공산당 중앙위원회는 특별 조사를 지시했다. 위대한 지도자의 조카가 직접 이끄는 세 명의 조사단이 공장에 6개월 동안 머물렀지만 결국 공식 보고서도 내지 못한 채 떠날 수밖에 없었다. 그 6개월 사이에 조사단 눈앞에서 두 건의 자살이 더 일어났다. 조사단이 사라지자 기다렸다는 듯 다시금 자살 사건이 늘어났다. 2주 후 제17작업장의 젊은 견습이 화장실에서 손목 동맥을 잘랐다. 다행히 동료들이 제때 발견해 살려낼 수 있었다. 그러고 나서 다시 한 주 후에는 20년 경력을 지닌 베테랑 요리사가 2번 식당의 부엌에서 혼자서 밤 교대 근무를 서다가 목을 맸다.

* * *

수수께끼 같은 죽음이 확산되는 현상을 어떻게든 막아보려는 생각으로 당위원회는 대규모 정치 캠페인을 벌였다. 근무 후 정치 학습 시간이 추가되었다. 여덟 시간의 작업이 끝난 후 다시 한 시간 동안 공산주의 이념을 위해 자신을 아낌없이 희생하라는 위대한 지도자의 말씀을 학습하게 된 것이다. 하지만 교육 프로그램도, 관리진의 대비책도 효과를 거두지 못했다. 직원들은 계속해서 자살하는 이유와 방법을 찾아냈다. 한 달에 한두 번 꼴로 자살 사건이 발생했다. 한 번은 한 달 반 정도가 조용히 지나가자 공장의 당비서 '따라서' 동지(말 중간에 시도 때도 없이 '따라서'라는 단어를 집어넣는 습관 때문에 붙은 별명이었다)가 대중 집회에서 기쁨을 감추지 못한 채 "따라서, 우리의 새로운 교육 프로그램이 전 공장에 혁명 의식을 고취시켰고 따라서, 놀라운 성과가 달성되었습니다. 스스로 세상을 버리려고 하는 자본주의의 잔재가 따라서, 타파된 것입니다."라고 선언했다. 하지만 그 집회 후 일주일 만에 다시 두 사람이 죽었다. 제트 엔진 부품의 전기 도금을 담당하는 제14작업장에서는 서른네 살의 용접 기술자가 용접에 사용하는 시안화물 용액을 병에 담은 후 작업장 입구로 걸어가 동료들에게 미소를 지어보인 후 용액을 들이켰다. 그는 비틀거리며 몇 걸음 걷더니 마치 전기 용접된 금속판처럼 그 자리에 꽈당 엎어졌다고 했다. 사흘 후 이번에는 제1작업장에서 일하는 서른아홉 살의 전기 기술자가 6,000볼트의 전기가 흐르는 변압기에 몸을 던졌고 동료들이 미처 전기를 차단하기 전에 재로 변하고 말았다. 새로운 자살 사건이 일어날 때마다 하얀색투성이인 공장에 대한 내 두려움도 커졌다. 견습 기간이 끝나기까지 3년 동안 자살 사건은 총 37회를 기록했다.

하지만 쟈눙의 죽음을 빼고는 내가 직접 아는 사람은 없었다. 자살 현장은 신속하고 조용하게 정리되어 아무런 흔적도 남지 않았다. '따라서' 동지는 자살 사건에 대해 '헛소문'을 퍼뜨리는 사람은 엄벌에 처하겠다고 강조했다. 자살이 공식 사인으로 발표된 적은 단 한 번도 없었다. 하지만 소문은 입에서 입으로 비밀스럽게, 재빨리 전해졌다. "지난밤에는 제6작업장의 직원이 화장실에서 손목을 그었대." 그 정도가 전부였다. 입 밖으로 내어 말하는 사람은 없었지만 공식 발표처럼 '심장마비'로 죽는 경우는 몇 안 되리라는 것을 모두 알고 있었다.

* * *

연쇄 자살 외에 이상한 병도 돌았다. 공장에 대한 내 두려움은 한층 더 커졌다. 심장 박동수가 심각하게 늘어나는 증후군이었다. 3개월 사이에 건강하던 젊은이들이 갑자기 병자로 돌변했다. 이완시 심장 박동수가 분당 100회 이상이면 입원 조치가 내려졌다. 테스트 팀의 거의 절반이 심장에 문제를 느끼는 때도 있었다. 1975년 겨울이었다. 테스트 팀에 소속된 예순네 명 중에서 서른세 명이 이상 증세를 보이자 '따라서' 동지는 전체 공장에서 테스트 팀으로 옮겨올 인력을 긴급히 뽑아야 했다. 테스트 팀의 업무 시간은 상대적으로 짧은 편이었고(하루 3교대로 여섯 시간씩 일했다) 식용유와 곡물 배급량이 조금 많았기 때문인지 지원자는 많았다.

심장병 문제가 다소 진정되고 새로 배치된 인력이 분위기를 바꿔주고 있을 때 또 다른 돌림병이 나타났다. 안면 마비였다. 마치 전염병이라도 되는 양 일주일 동안 무려 열두 명의 젊은이들이 아침에 일어났을 때 얼굴 반쪽이 마비되었다. 감각이 없고 움직일 수도 없게 되는 것이었다. 공장의 배구팀 선수인 우웃 대인은 어느 날 아침 왼쪽 얼굴에 검붉은 잼 같은 것을 잔뜩 바르고 우리 기숙사 방에 나타났다.

"놀리지 말아." 그는 미소를 지으려고 애쓰며 말했다. 입술 오른쪽 끝이 위로 올라가고 오른쪽 눈은 가늘어졌지만 얼굴의 왼쪽 절반은 움직임이 없었다. 여전히 커다란 왼쪽 눈이 나를 똑바로 바라보았고 왼쪽 입도 벌어진 상태였다. 나는 아무렇지도 않은 척했지만 웃음을 참느라 혼이 났다.

"뱀장어 피를 바른 거야." 그가 왼쪽 얼굴을 가리키며 설명했다. "이게 안면 마비에는 제일 잘 듣는다고 하더군. 이틀 전부터 얼굴이 이렇게 되었어. 아마 밤에 자는 동안 차가운 바람을 맞은 탓인가봐. 지난 이틀 동안 별짓을 다 했어. 쇠똥구리를 꿀과 섞어 바르고 전기침도 맞고 말야. 아는 민간요법이 있다면 좀 알려 줘. 뭐든 해볼 테니. 이제 겨우 스물한 살인데 영영 이렇게 된다면 장가도 못갈 판이야. 그럼 우리 엄마는 돌아버릴걸."

다행히 집단적 안면 마비 현상은 몇 달이 지나자 사라졌다. 죽은 사람이 없었기 때문인지 원인을 찾아내려는 공식 조사도 없었다.

겉으로는 아무도 입을 열지 않았다. 하지만 몇 명이라도 사적인 자리에서 모이게 되면 기이한 현상들을 둘러싸고 끝없이 이야기가 이어졌다. 점심식사 시간에도 삼삼오오 모여 풍수가 안 좋다느니 악귀가 들었다느니 말이 많았다. 자신을 지키기 위해 미신적인 방어책을 세우는 경우도 있었다. 예를 들어 심장병이 번져나갈 때 풍수 신봉자인 판 사부는 밀가루로 만든 작은 인형을 향과 함께 태웠다. 그렇게 하면 악령이 비켜간다는 것이었다. 또 안면 마비가 퍼질 때에는 개구리를 잡아 그 피를 사무실 문틀 위에 발랐다. 그리고 다음날 그와 콩나물, 작은 레닌, 그리고 나까지 네 사람은 개구리 피의 보호를 받기 위해 엄숙한 표정을 짓고 그 아래를 걸어다녔다. 우리가 아무 말 않고 있었음에도 불구하고 당원인 덩 사부까지 포함해 모든 사람이 찾아와 피로 얼룩진 문틀 아래를 걸었다. 보호의 손길이 자신에게도 미치기를 기원하면서 말이다.

첫 해가 끝나갈 무렵 나는 큰 호저 마을을 탈출하면서 한층 더 무섭고 기괴한 덫에 걸려들고 말았다는 점을 깨달았다. 자살이나 이상한 질병의 이유가 무엇인지 도무지 알 수 없었다. 공장에서 사용되는 중금속 때문이었을까? 지하수가 오염되었던 것일까? 고립된 병영 같은 생활이 주는 스트레스가 문제였을까? 알 수 없는 일이었다. 그저 가능한 한 빨리 공장을 벗어나야 한다는 점만이 분명했다.

19. 8월이 두 번 든 해

1976년 설은 엄청나게 추웠다. 하늘은 회색이었고 매서운 북동풍이 하루 종일 사정없이 불어댔다. 시베리아에서 국경을 넘어 남쪽으로 불어오는 바람이 중국을 꽁꽁 얼려버렸다. 전례 없는 자연재해와 정치적 격동으로 얼룩진 한 해, 내 개인적으로도 크나큰 슬픔을 안겨주게 될 한 해의 전조였다.

새해가 아직 한참 남았을 무렵 판 사부가 1976년은 윤년이어서 좋지 않은 해가 될 것이라고 알려주었다. 더 큰 문제는 윤달이 8월이라는 점이었다. 즉 그해에는 8월이 두 번이었다. 그런데 중국의 미신에 따르면 8월이 두 번 든 해에는 천체의 조합이 매우 불길해 인간에게 재앙이 닥치게 된다고 했다. 그 방면의 전문가였던 판 사부는 새해에는 모두들 납작 엎드려 지내야 한다고 충고했다. "가능하면 이곳을 떠나 있는 것이 좋아." 그가 설명했다. "문제가 될 만한 것을 미리 찾아 방책을 마련해두도록 하고. 아주 좋지 않은 한 해가 될 테니까." 나는 대수롭지 않게 흘려들었다. 워낙 철저한 마르크스주의 무신론자 가정에서 키워진 탓에 미신을 믿지 않았던 것이다. 하지만 리링은 그 말 때문이었는지 잠시 휴직을 하고 6개월 가까이 베이징에 가 있었다. 등의 통증이 다시 심해져 집으로 가서 치료를 받아야 한다는 핑계를 댔던 것이다.

판 사부의 예언대로 그해에는 전례 없는 규모의 끔찍한 자연재해가 세 차례나 있었다. 모두가 두 번의 8월 중에 일어났다. 첫 번째 8월 9일(양력으로는 7월 28일), 200년 만에 최악의 지진이 베이징에서 북쪽으로 150킬로미터 떨어진 해안 도시 탕산唐山에서 발생했다. 22만 명이 사망하고 50만 명이 부상했다. 대지진 후 열하루가 지난 8월 20일, 이번에는 황허黃河의 최대 저수지인 마디엔馬店에서 댐이 폭우를 견디지 못하고 무너져 채 세 시간도 안 되는 사이에 마디엔과 주변 마을을 물바다로 만들었다. 그 사고로 수천 명이 물에 빠져죽었다.

"이게 끝이 아니야." 점심시간에 판 사부가 침울한 어조로 말했다. "북쪽에 홍수가 나면 남쪽에는 가뭄이 들게 마련이지." 그의 말이 옳았다. 그해 여름 중국 남동부 지역에 100년 만에 가장 지독하다는 가뭄이 찾아와 수십만 명이 굶어죽고 말았다.

하지만 끔찍한 자연재해는 그해에 중국이 겪은 어려움의 절반에 불과했다. 더 큰 정치적 재앙이 찾아왔던 것이다. 문화혁명이라는 대격동에서 이제 막 벗어나 안정을 찾으려는 시점이었다. 우리 눈에도 이제야 비로소 이성적인 사고가 시작되는구나 싶은 때였다. 그런 상황에 세 명의 정치 거인이 갑자기 사망한 것이다. 7월 8일, 저우언라이

周恩來(1898~1976) 총리가 방광암으로 죽었다. 전 중국이 충격에 휩싸였다. 그는 서로 다른 정파들 사이를 중재하는 온건파였다. 모두들 다시 엄청난 정치적 불안정이 빚어지리라 예상하며 두려워했다. 또 다른 온건파였던 공산당 부의장 주더朱德(1886~1976) 원수의 사망 소식까지 알려지자 걱정은 한층 더 커졌다.

9월 9일, 위대한 지도자인 마오쩌둥이 사망함으로써 8월이 두 번 든 불길한 해의 재앙은 그 절정에 이르렀다. 동풍비항공창의 전 직원은 오후 4시에 확성기에서 들려오는 특별보도를 들으며 경악을 금치 못했다. '마오쩌둥 주석, 만세!'를 그토록 오랜 세월 외쳐온 때문인지 나 역시 주석이 영원히 죽지 않는 신이라고 생각하고 있었던 것 같다. 갑자기 여왕을 잃어버린 개미 무리처럼 사람들은 사방팔방으로 뛰어다니며 어찌할 바를 몰랐다.

* * *

나 개인적으로는 그해의 재난이 거기서 그치지 않았다. 또 하나의 시련이 기다리고 있었던 것이다. 위대한 지도자의 사망 소식이 알려진 다음 주, 동풍비항공창은 완전히 무기력하게 가라앉은 분위기였다. 음악도, 웃음도, 그 어떤 즐거움도 사라졌다. 확성기는 쉴 새 없이 장송곡을 울려댔다. 큰 소리로 이야기하면 불경죄라도 되는 양 사람들은 낮은 소리로 속삭일 뿐이었다. 공단 전체가 유령의 마을 같았다. 금요일 저녁의 정치 세미나가 끝난 후(그날은 마침 판 사부가 '절대 집 밖에 나가지 않아야 하는 날'이라고 경고한 날이기도 했다) 나는 조용한 거리를 걸어 기숙사로 돌아왔다. 하늘이 어두컴컴한 것이 금방이라도 비가 쏟아질 것 같았다. 테스트 팀에서 들려오는 여느 때와 다름없는 제트 엔진의 웅웅 소리를 제외하면 사방이 죽어 있는 듯 무거운 분위기였다. 나는 지친 다리를 끌고 천천히 계단을 올랐다. 몇몇 사람이 식당 쪽으로 내려가고 있었다. 모두들 눈을 아래로 내리깔고 말이 없었다. 3층에 다다랐을 때 복도에서 한기가 느껴졌다. 얇은 콘크리트판 바닥에서 내 발자국 소리가 공허하게 울렸다. 나는 문 앞에 서서 바지 주머니에서 열쇠를 꺼내다가 문이 열려 있다는 것을 알았다. 문을 살짝 밀어서 열었다. 푸른색과 회색이 섞인 희미한 빛이 새어나와 복도의 반대쪽 벽을 비췄다.

 방으로 들어서면서 열쇠를 다시 주머니에 집어넣었다. 그때 창가에 무언가 매달린 것이 보였다. 커다란 박쥐와 같은 형체였다. 나는 두어 걸음 다가서다가 가방을 떨어뜨리고 그 자리에 얼어붙어 버렸다. 창틀에 누군가 목을 매달았던 것이다! 다름 아닌 콩나물이었다! 눈에 잘 보이지도 않는 가느다란 전깃줄이 그의 목을 파고들어가 있었다. 나무 창틀 꼭대기에 있는 못에 줄을 걸었던 것이다. 바닥에는 카드가 10여 장 흩어진 가운데 의자가 넘어져 있었다. 콩나물은 장기인 음담패설이라도 늘어놓으려는 듯한 표정으로 실눈을 뜨고 있었다. 나는 너무도 충격을 받은 나머지 그런 상황에서 사람들이 흔히 그렇듯 비명을 지르거나 눈물을 흘릴 수도 없었다. 그렇게 감정이 재빨리 전환되지 않았던 것이다. 대신 서둘러 달려가 콩나물의 다리를 붙잡고 위로 밀어올려 목에 가해지는 압력을 줄이려 했다. 콩나물의 몸은 무겁고 딱딱했다. 바지는 차갑게 젖어 있었다. 혼자 힘으로는 못에서 전깃줄을 빼낼 수 없다는 것을 깨닫고 나는 그 상태에서 오른쪽 발을 뻗어 의자를 당기려 안간힘을 썼다. 그 위에 올라 전깃줄을 벗길 수 있도록 말이다. 하지만 의자에 발이 닿지 않았다. 손을 놓으면 큰일이라도 난다는 듯 콩나물의 뻣뻣한 다리를 꼭 껴안고 있던 와중에 누군가 복도를 지나가는 소리가 들렸다. 그제야 목소리가 터져나왔다.

"도와주세요! 제발 도와주세요! 콩나물이 목을 맸어요……" 말끝은 어느덧 울음소리로 변했다. 어둠 속에서 몇 사람이 달려와 콩나물의 다리를 잡고 위로 쳐들었다. 다른 사람은 창틀로 올라섰다.

"대체 이게 무슨 일이야? 10분 전까지만 해도 식당에 있었는데 말야!" 한 사람이 숨을 헐떡이며 말했다.

"오래 매달려 있지는 않았을 거야. 오줌을 쌌나?" 다른 사람이 물었다.

"바닥에는 아무것도 없어. 아직 희망이 있는 거야." 콩나물의 몸뚱이가 드디어 바닥에 눕혀졌다. 한 사람이 즉시 인공호흡을 시작했다.

"어서 병원에 알려 구급차를 불러야지?" 우 대인의 목소리였다. 공장 병원은 기숙사에서 얼마 떨어져 있지 않았지만 기숙사 건물에는 전화가 없었다. "제가 갈게요." 나는 가능한 한 빨리 달려 병원으로 갔다.

그 다음에 일어났던 일은 잘 기억이 나지 않는다. 구급차는 콩나물을 싣고 응급실로 달려갔다. 콩나물은 아직 살아 있다고 했다.

다음날 나는 판 사부와 함께 면회를 갔다. 콩나물은 인공호흡기에 의지해 힘들게 숨을 몰아쉬었다. 얼굴과 벗은 몸은 수많은 흰색과 갈색 플라스틱 줄을 통해 침대 주위 기계들과 연결되어 있었다. 우리는 문 앞에 조용히 서서 그의 모습을 바라보았다. 뼈만 남아 앙상하고 거무튀튀한 두 발이 눈앞에서 커다랗게 두드러졌다. 그것이 내가 본 콩나물의 마지막 모습이었다. 그날 오후 나와 판 사부, 작은 레닌은 군용 트럭을 타고 60킬로미터 떨어진 다른 병원에 가서 산소통 다섯 개를 실어왔다. 콩나물이 다음날 하루 동안 숨쉬기 위해 필요한 산소였다. 하지만 셋째 날에 그는 죽고 말았다.

대체 자살 이유가 무엇이었는지 도저히 알 길이 없었다. 만성 간 질환이 있었고 또 가족과 떨어져 지내야 하는 상황이기는 했다. 아내와 아이들은 60킬로미터 떨어진 고향 마을에 살고 있었고 주말에나 만났다. 하지만 그런 이유로 자살까지 했다고는 믿어지지 않았다.

이틀 후 콩나물과 내가 늘 함께 식사하던 식당에서 장례식이 열렸다. 그 식당에서 열린 장례식 중에서 내가 참석했던 가장 슬픈 장례식이었다. 제8작업장의 300명 전 직원이 모였다. 공장에서 독학으로 미술을 공부한 '화가'라는 별명의 직원이 콩나물의 흑백 증명사진을 바탕으로 커다란 초상화를 그려 식당 창문에 걸어놓았다. 그림 양쪽에 근조 화환도 놓였다. 제일 앞줄에는 초상화를 마주보며 콩나물의 아내와 네 아이들이 서 있었다. 군용 트럭이 병원에 데려온 것이다. 식구들은 팔에 상중임을 뜻하는 '孝' 자가 씌인 검은색 비단 완장을 차고 있었다. 가족 뒤로 흰색 작업복 차림의 직원들이 줄을 맞춰 늘어섰다. 모두들 가슴에 흰 조화를 달았다.

장례식은 간단했다. 낡은 축음기에서 장송곡이 흘러나오는 가운데 묵념 시간을 가졌고 이어 당비서인 붉은 송아지가 전형적인 혁명 추도사를 읽었다. 당비서는 배신 행위로 간주되는 자살로 생을 마감한 콩나물에 대한 적절한 찬사를 찾느라 다소 고심하는 듯했다. 마지막 순서는 모두가 차례로 고인의 영정 앞에 고개 숙여 작별 인사를 하는 것이었다. 장례식은 그렇게 무미건조하고 차분한 분위기에서 끝나게 될 터였다. 그런데 갑자기 앞줄에 선 검은 얼굴을 한 여자에게서 맹수 같은 고함 소리가 터져나왔다. 장례식 내내 숨소리도 안 내던 콩나물의 부인이었다. 모두를 깜짝 놀라게 만든 그 소리는 슬픔에 잠긴 미망인의 서러운 울음이라기보다는 상처 입은 늑대가 최후의 절망적인 공격을 감행하면서 내지르는 울부짖음에 가까웠다. 힘차고 야성적인 그 포효는 식당 안을 쩌렁쩌렁 울렸다. 콩나물의 초상화 앞을 막 지나가던 행렬이 멈춰섰다. 아무도 상황을 제대로 파악하지 못하는 사이에 자그마한 체구의 부인이 앞으로 뛰쳐나와 강인한 농부의 두 손으로 붉은 송아지의 목을 움켜쥐었다. 당비서는 뒤로 꽈당 넘어졌고 그 서슬에 축음기가 놓인 작은 탁자가 흔들렸다. 순식간에 질서정연했던 장례식장이 일대 혼란에 빠졌다. 사람들이 사방에서 당비서를 구하기 위해 달려갔다. 누군가 넘어져 밟히고 말았는지 비명을 질렀지만 그 소리는 콩나물 부인의 괴성에 비해 너무도 미약했다. 남자들이 달려들어도 당비서의 목을 조르는 두 손은 막 먹이를 문 배고픈 거북이의 턱처럼 열릴 생각을 하지 않았다. 몇 분이 흐르도록 아무도 손을 쓰지 못했다. 마침내 우 대인이 나무판으로 여자의 머리를 때렸다. 여자의 얼굴 표정이 흐트러진다 싶더니 뒤로 쓰러졌다. 장례식은 거기서 갑자기 끝나버렸다. 몇 사람이 농부 여인을 바깥으로 질질 끌어냈고 다른 사람들은 망가진 축음기를 수습하고 반쯤 넋이 나가버린 당비서를 부축했다.

다음 며칠 동안 아침 일찍부터 해질 때까지 키 작고 까무잡잡한 여자는 자기 남편이 살았던 기숙사 앞에 와서 시간을 보냈다. 앞뒤로 몸을 흔들면서 여자는 검은 손가락으로 콩나물이 목을 매달았던 창문을 가리켰고 욕설과 비난을 퍼붓다가 고함을 지르다가 엉엉 울다가 했다. 무슨 말을 하는지는 아무도 알아들을 수 없었다. 시골 사투리였기 때문이다. 처음에는 붉은 송아지를 욕하는 듯했다. 그러다가 건물을, 창문을, 거리를, 결국에는 지나는 모든 사람들에게 저주를 퍼부었다. 나는 판 사부나 작은 레닌과 함께 여자를 달래 집으로 돌려보내려 했지만 그저 저주의 말을 듣게 될 따름이었다. 사흘이 지나자 아무도 관심을 갖지 않게 되었다. 이에 아랑곳하지 않고 여자는 여전히 콩나물이 목을 매단 창문 아래 앉아 가끔씩 분노의 욕설을 쏟아냈다. 아이들은 목줄에 묶인 개를 놀리듯 여자를 놀려댔다. 여자가 잠시 조용히 앉아 있을 때면 아이들이 코앞에서 알짱거리며 다가가 흉내를 냈다. 손가락으로 창문을 가리키면서 '부엉 부엉! 아줌마는 부엉이처럼 부엉 부엉' 이라고 놀려대는 것이다. 그러면 키 작은 여자는 늙었지만 여전히 기가 죽지 않은 개처럼 당장 뛰쳐일어나 아이들에게 욕을 해댔다. 아이들은 까르르 웃으며 흩어졌다. 그러고는 몇 분 후 다시 장난을 시작하는 것이었다.

　나는 여자가 불쌍했지만 어떻게 도와줄 방법이 없었다. 여자가 밤에는 어디서 지내는지, 밥이나 제대로 먹는지, 아이들은 어디로 가버렸는지 걱정이 되었다. 대체 며칠 동안이나 여자가 공단의 아이들과 실랑이를 벌이고 우리 창문에 대고 욕설을 퍼부었는지 모르겠다. 어떻든 어느 날 아침 기숙사에서 나가보니 여자가 없었다. 콩나물은 26년이나 나라를 위해 일했음에도 불구하고 연금이나 보험을 한 푼도 받지 못했다. 여자가 집으로 돌아가는 대가로 250위안을 받았다는 소문이 떠돌았다.

3년 동안이나 콩나물과 함께 지내며 그 웃음소리와 걸죽한 이야기, 카드놀이를 하던 탁자 밑을 기어다니던 모습 등에 익숙해진 터라 갑작스러운 죽음을 받아들이기가 너무도 힘들었다. 콩나물이 죽은 이후 때 이르게 찾아온 겨울은 몹시 추웠다. 1976년 12월 중순, 기온은 영하 15도까지 내려갔다. 난방 시설이 없는 기숙사에서는 아침에 일어나면 젖은 수건이 딱딱하게 얼어 있을 정도였다.

몇 달 동안이나 나는 안절부절 못하고 불안해했다. 설명할 수 없는 불안감이 마음 깊숙이 자리잡고 있었다. 콩나물의 유령이 나타날지 모른다는 두려움은 아니었다. 나는 무신론자였고 유령 따위는 믿지 않았다. 불안감은 밤에만 찾아왔다. 차가운 바람이 창틈으로 새어들어 천천히 내 몸을 감싸고 스며들기 시작할 때 말이다.

그런 밤에 나는 멀리 날아가는 꿈을 꾸었다. 개구리가 헤엄치듯이 조용히 공기 중으로 날아올랐다. 몇 차례 그런 꿈을 꾸고 나자 날기 실력도 향상되었는지 더 멀리 더 빨리 나는 꿈들이 이어졌다. 아주 높고 멀리 날게 될 때면 드디어 어두운 공포에서 해방되어 다시는 시달리는 일이 없으리라는 확신도 들었다. 하지만 꿈에서 깨어나보면 나는 여전히 기숙사 방에 누워 있었다. 한 번만 공중제비를 넘으면 수천 리를 간다고 생각했지만 결국은 자신이 부처님의 손바닥 위에서 맴돌고 있음을 발견한 원숭이처럼 말이다.

20. 목표는 입당入黨이다!

콩나물에 대한 기억, 그리고 악몽에서 벗어나기 위해 나는 한층 더 공부에 매달렸다. 작업 외의 시간은 몽땅 책에 쏟아부었다. 3년이 지나 견습 기간을 마칠 무렵, 내 학습에는 많은 성과가 있었다. 고교 수학과 물리학 과정이 끝나 미적분 부분에 접어들었다. 하지만 그렇게 힘들여 얻은 이론적 지식을 어디에 쓰게 될지는 전혀 모르는 상황이었다. 뉴턴의 법칙이나 미적분을 통해 어떻게 공포스러운 공장에서 벗어나 대학으로 갈 것인지 방법도 알 수 없었다. 길을 찾지 못한다면 30년이 지나도 여전히 테스트 팀에서 일하며 엔진 소리에 귀를 기울이며 지낼 수밖에 없었다.

콩나물의 장례식 후 몇 주가 지났을 때 그 길을 알려주는 두 통의 편지를 받았다. 하나는 일년 이상 소식을 듣지 못했던 골초 악마가 보낸 것이었다. 아내와 두 딸 소식을 전한 후 그는 공산주의 사회에서 더 잘살기 위한 전략을 알려주었다. "이 얘기를 들으면 놀랄 테지만 난 얼마 전 공산당에 가입했다. 지금 중국에서 인정받고 살려면 그게 제일 좋은 방법이야. 공산당 입당에 대해 생각해본 적 있니? 꼭 생각해보도록 해."

다른 하나는 만리장성 투쟁조에서 함께 활동했던 어린 시절의 친구 샤오롱의 편지였다. 우연의 일치인지 샤오롱 역시 공산당 입당에 대해 골초 악마와 같은 생각을 가지고 있었다. 이미 4년 동안 군에 복무한 그는 지위도 꽤 높아진 상태였다. 그는 당원이 된 후 장교로 진급했다고 했다. 또 당원이었던 덕분에 최근 다시 문을 연 보병학교 신입생으로 선발되었다는 것이었다. 문화혁명 이후 문을 닫았던 학교들은 공산당이 새로운 교육 개혁을 실시하면서 하나둘 문을 여는 중이었다. '새로운 개혁'의 골자는 당에 대한 정치적 충성도를 기준으로 신입생을 선발하는 것이었다.

나는 두 사람의 말이 옳다고 생각했다. 당원이 되면 공장을 떠나 대학에 가겠다는 내 꿈이 실현될 수도 있을 것이었다. 편지들을 받은 지 얼마 안 돼 난징항공공학학교에서 공부할 당원 몇 명을 곧 선발한다는 공고가 났다. 놓칠 수 없는 기회였다.

* * *

'반드시 이루어야 하는 목표는 바로 공산당 입당이다.' 나는 내가 개발한 암호 글자로 비밀 일기에 이렇게 써넣었다. 중대한 결심을 하고 그것을 스스로에게 계속 상기시키고 싶을 때 나는 암호를 사용했다. 결심에는 희생이 따랐다. 당분간 공부를 포기하고 정치 활동에 시간을 바쳐야했다. 내가 제일 싫어하는 그 일에 말이다. 나는 위선적이고 저속한 당 간부들이 끔찍이도 싫었다. 하지만 그때부터는 당 간부들의 눈에 들기 위해 노력해야 했다. 귀뚜라미 아저씨를 상대했던 것처럼 말이다. 학습 계획을 짜듯이 나는 즉각 행동 계획을 수립했다.

입당을 위한 계획의 첫 단계로 나는 또 다른 일기장을 마련했다. 남의 눈에 쉽게 띄도록 일부러 흘리고 다니는 '공개된' 일기장이었다. 일기는 혁명적 사상과 당에 대한 찬양으로 채워졌다. 공산당 선전 문구에 이미 여러 해 동안 익숙해진 터라 일기장을 채우는 작업은 미적분 공부보다 훨씬 쉬웠다. 얼마 걸리지 않아 공책 세 권이 빼곡하게 찼다. 나는 눈에 잘 띄는 붉은색 표지를 만들어 붙였다. 그러고는 사무실 책상과 침대 위에 깜박 잊은 척 두고 다니기 시작했다(물론 티가 날 정도로 부주의해서는 안 되었다). 얼마 지나지 않아 덩 사부가 가끔 내 일기장을 훔쳐보기 시작했다. 그리고 어느 날 점심시간에 나를 한쪽 구석으로 불러내더니 말했다.

"자네가 일기장에 쓴 혁명적인 사상에 감동했네." 그는 일기장을 훔쳐읽었다는 점을 아무렇지도 않은 듯 드러내며 말했다. "당은 자네 같은 젊은이, 재능과 붉은 마음을 가진 사람을 필요로 하지."

그는 커다란 찻잔을 들어올려 찻물을 잔뜩 입에 넣은 후 볼을 부풀리며 입 안에서 굴렸다. 차 향이 입 안에 골고루 스며들자 마침내 꿀꺽 삼키면서 행복하다는 듯 미소를 지었다. 덩 사부에게 그 거대한 찻잔은 마약이나 다름없었다. 다시 내 쪽을 바라보면서 그는 말을 이었다. "식사 후에 마시는 차 한 주전자는 인간을 부처보다도 더 행복하게 해준다지. 공자인지 맹자인지 하여튼 둘 중 한 사람이 그런 얘기를 했어. 그건 그렇고 다시 자네 일기 이야기로 돌아가보면, 자네는 당과 좀더 가까워져야 하네. 당원들과 이야기도 많이 나누고 당을 위해 나서서 일도 하고 말이야. 당비서에게 자네의 정치적 성장에 대해 이미 보고했으니 곧 호출이 있을 걸세."

당비서인 붉은 송아지는 이틀 후에 나를 불렀다. 그리고 내게 많은 희망을 안겨주었다. "공산당에 입당하겠다니 반갑네. '공산주의 청년단'에 먼저 가입하라고 개인적으로 권하고 싶군. 그건 정식 당원이 되기 위한 전 단계니까. 일단 거기서 당을 위해 헌신하겠다는 자네 의지를 보이도록 해. 요즘은 공산주의에 대한 젊은이들의 열의가 많이 식었어. 자네 같은 사람이 나서서 분위기를 쇄신해야 하네. 자네가 부모님의 뒤를 착실히 따르는 것이 기쁘구먼." 당비서는 내 개인 기록에서 부모님 모두가 오랜 당원이라는 점을 이미 확인했던 것이다.

나는 열심히 고개를 끄덕였다. 부처의 가르침을 듣는 작은 원숭이처럼 말이다. 그리고 붉은 송아지의 말을 빠짐없이 받아적었다. "당을 위해 할 수 있는 한 최선을 다하겠습니다." 내가 다짐했다.

* * *

붉은 송아지와 그런 이야기를 나눈 지 한 달 후 나는 공산주의 청년단에 가입할 수 있었다. 그리고 그때부터 당비서의 눈에 들기 위해 더 많은 시간과 에너지를 쏟아부었다. 사무실 책상 위에 마르크스, 엥겔스, 레닌, 마오쩌둥 주석의 책을 산더미처럼 쌓아두었고 휴식 시간마다 그런 책을 붙잡고 씨름하는 모습을 연출했다. 매주 화요일 밤마다 변증법적 유물론, 사적 유물론, 계급투쟁 이론 등에 관한 학습 모임에서 토론을 이끌기도 했다. 매일 벌어지는 정치 세미나에서는 덩 사부를 도와 〈런민르바오〉에 실린 사설이나 위대한 지도자의 붉은 책 일부분을 낭독했다. 또 테스트 팀 작업장 입구 게시판에 지난 한 주 동안 공산 젊은이들이 했던 자랑스러운 일들을 적어서 붙였다. 작업장의 정치 집회에서는 맨 앞줄, 눈에 띄는 자리에 앉아 큰 소리로 혁명 구호를 외쳐댔다.

효과는 금방 나타났다. 2월에 나는 공산주의 청년단의 비서 대행으로 임명되었다. 또 얼마 지나지 않아 작업장의 젊은이 자치 경찰 조직의 단장이 되었다. 기존의 수업이나 학습 모임에 더해 나는 '추가 헌신의 날' 운동을 조직했다. 공산주의 청년단 구성원들이 급여 없이 하루치 일을 더 하자는 것이었다. 결국 나는 덩 사부와 붉은 송아지의 도움과 격려를 받으면서 공산당 입당을 위한 장문의 지원서를 제출했다. 모든 것이 순조로운 듯했다. 입당 원서를 받아든 덩 사부는 함박웃음을 지으면서 다음 번 당 회합 때 내가 당원 자격을 얻을 수 있도록 도와주겠다고 했다. 주간 정치 집회에서도 붉은 송아지가 공산주의 청년단에서의 내 활약을 칭찬했다. "다음 번에 대학으로 보낼 누군가를 추천한다면 션판과 같은 혁명 젊은이를 가장 먼저 떠올릴 것입니다."라는 붉은 송아지의 말에 가슴이 벅차올랐다.

하지만 당원이 되는 과정은 오래 걸렸다. 당에 대한 충성심을 증명하기 위해 여러 가지 시험을 거쳐야 했다. 마지막 단계의 시험 중 하나는 지정된 당원 한 사람을 상대로 정기적인 자아비판을 하는 것이었다. 이전의 모든 죄와 반혁명적 사고를 털어놓고 당원의 지도를 받아야 했다. 준비가 되었다고 판단하면 담당 당원이 입당 지원자를 총회에 공식 추천하여 표결이 이루어졌다. 예기치 못한 장애를 만나 결국 내가 입당도, 대학 진학도 하지 못하게 된 것이 바로 그 단계였다.

붉은 송아지가 내게 배정한 당원은 쭈朱 사부였다. 작업장의 젊은 사람들은 그를 '전투 쭈'라는 별명으로 불렀다. 오랫동안 군에 복무했다는 이유도 있고 그가 피우는 담배가 제일 값싼 종류인 '전투'이기 때문이기도 했다. 내가 아는 한 그는 그 담배를 피우는 유일한 사람이었다. 50이 다 된 대머리의 전투 쭈는 글을 거의 읽지 못했고 우물거리며 말을 해 알아듣기 힘들었다. 그 횡설수설을 들으며 앉아 있는 일은 고문이나 다름없었다. 하지만 전투 쭈는 자기 역할에 충실했고 매주 두 번씩 만나 내 자아비판을 듣고 정치 논쟁을 벌여야 한다고 고집했다. '마음을 여는 대화'라고 불리는 그 만남은 지루하기 짝이 없었다. 나는 전투 쭈가 담배 피우는 모습을 뚫어지게 바라보면서 때때로 고개를 끄덕였다. 전투 쭈는 말을 많이 하지는 않았다. 말하기를 좋아하지 않는 듯했다. 하지만 나를 옆에 앉히고 줄담배를 피우는 그 시간을 퍽 즐기는 것 같았다.

그날 저녁에도 근무 시간이 끝난 후, 우리는 벤치가 둥글게 놓인 풀숲에 가서 앉았다. 전투 쭈는 내게 담배를 권했다. 나는 공손히 거절했다. 두 대를 연달아 피운 전투 쭈는 천천히 자기 인생 이야기를 시작했다. 고향 마을에서 얼마나 힘들게 살았는지, 열한 살 때 부모님이 정해준 열세 살짜리 신부를 어떻게 버리고 떠나왔는지, 부모님을 실망시키지 않기 위해 지금까지도 얼마나 힘들게 아내를 부양하고 있는지 등을 말이다. 바로 그런 이유 때문에 전투 쭈는 그렇게도 돈이 없었고 제일 값싼 담배를 피울 수밖에 없었던 것이다. 그는 내게 여자 친구가 있느냐고 물었다. 나는 고개를 저었다.

"좋아. 자네 나이에는 여자 친구가 필요없지." 이렇게 말하는 그의 두 눈에 야릇한 빛이 감돌았다. 이어 그는 다시 담배 한 대를 꺼냈고 빈 담뱃갑을 벤치 위에 던졌다. "당은 자네 같은 젊은이를 아침에 떠오르는 태양과 같다고 말하지. 자네 앞에는 활짝 열린 미래가 있어. 그러니 자네 자신을 더욱 발전시키고 당에 봉사하는 데 모든 노력을 다 바쳐야지. 여자 친구란 방해가 될 뿐이야. 자네는 이제 겨우 스물세 살이 아닌가. 그 나이에 여자 생각을 한다는 건 부르주아의 잔재를 털어버리지 못했다는 증거야."

나는 미소를 지으며 열심히 고개를 끄덕였다.

"자네 같은 젊은이가 입당을 위해 노력한다는 건 좋은 일이야." 그가 말을 이었다. 그는 한 마디 한 마디를 힘들게 내뱉었다. 마치 이쑤시개로 누런 이빨 사이에서 단어를 집어내듯이 말이다. "여자는 경력에 도움이 안 돼. 성공하려면 여자를 멀리하고 당원을 가까이해야지."

그를 향해 공감한다는 표정으로 고개를 끄덕이면서 나는 속으로 나라면 경력을 포기하고 예쁜 소녀를 선택하겠다고 생각했다. 홀로 공부하는 길고 긴 밤 시간 동안 작업장에 새로 온 비서이 예쁜 손을 만지며 내 야망을 털어놓겠다는 생각을 그 얼마나 많이 했던가! 그러다 보면 어느덧 리링이, 넓적다리가 맞닿을 정도로 가까이 앉아 우표책을 보던 그 순간이 떠오르곤 했다. 아직도 그 부드러운 느낌이 생생했다.

"그러고 보면 믿을 수 있는 것은 남자들뿐이야." 전투 쭈가 미소짓는 얼굴로, 하지만 자못 심각하게 말했다. 그는 집에서 만든 낡은 신발을 내려다보며 천천히 말했다. "어렸을 때 난 사촌 동생하고 홍당무 당기기 놀이를 하곤 했지." 그의 얼굴에 야릇한 미소가 떠올랐다.

"홍당무 당기기…… 놀이라고요? 그게 뭐죠?" 나는 여전히 리링 생각을 하며 건성으로 물었다.

"바로 이거야." 전투 쭈가 갑자기 내 사타구니 쪽으로 손을 뻗으면서 대답했다.

그가 내 쪽으로 몸을 기울이자 값싼 담배 냄새가 콧속으로 확 밀려들어왔다. 역한 냄새가 마치 뱀장어처럼 온몸으로 전해졌다. 나는 자동적으로 뒤로 물러났다. 더듬거리는 손길보다는 악취 때문이었다. 전투 쭈도 바로 손을 움츠렸다. 나는 몹시 당황했지만 분노를 바로 터뜨리는 것은 내 성격이 아니었다. 상대가 상처를 입지 않도록 나는 어색하게 웃으면서 중얼거렸다. "아주…… 아주 재미있는 놀이군요."

"서로 상대방 것을 당겨주는 거야." 그는 내 사타구니를 가리켰다. "그래서 누가 먼저 하얀 액체를 뽑아내는지 겨루는 거지. 한번 해보겠나?" 전투 쭈는 당장이라도 시작하자는 듯 다가앉았다.

"아닙니다, 쭈 사부 동무." 나는 당장 자리에서 일어나 다른 벤치 쪽으로 물러섰다. "저기, 화장실에 좀 다녀오겠습니다." 나는 그렇게 퇴각했다. 전투 쭈의 추악한 얼굴과 역겨운 담배 냄새 때문에 제정신이 아니었다. 나는 돌아서 발걸음을 재촉했고 그 자리로 되돌아가지 않았다.

그 사건에 대해 아무한테도 이야기하지 못했지만 나는 더 이상의 '마음을 여는 대화'를 거부했다. 결국 당의 총회에 그가 어떤 보고서를 올렸는지는 알 수 없었지만 다음 번 당 회의에서 내 입당은 거부되었다. 붉은 송아지는 당에 대한 충성심을 기르기 위해 좀더 많은 시간을 투자하라고 조언했다. "하지만 실망하지는 말게. 당의 문은 언제나 열려 있거든. 계속 노력해야 하네." 그가 나를 격려해주었다.

나는 너무도 절망적인 나머지 그 격려의 말을 정말로 믿었다. 나는 두 주에 한 번 꼴로 연달아 지원서를 제출했다. 당에 대한 내 열정과 굳건한 가입 의지를 보이기 위해서였다. 하지만 당의 문은 여전히 닫혀 있었다.

* * *

그해 여름 당위원회는 우리 작업장 소속의 젊은 당원을 뽑아 난징 항공공학학교로 보냈다. 내가 꿈에 그리던 그 학교에 중학 과정도 채 마치지 못한 사람이 입학한 것이다. 내 희망은 산산조각 나버렸다. 겉으로 드러낼 수는 없었지만 난 당성을 기준으로 대학 신입생을 뽑는 그런 제도를 용납할 수 없었다. 또 당원이 되기 위해 원서를 작성하며 그토록 많은 시간을 낭비한 나 자신이 미웠다.

입당 지원서를 작성하며 바쁘게 지내는 동안 난징항공공학학교에서 일단의 대학생들이 현장 교육을 위해 동풍비항공창에 왔다. 노동자, 농민, 군인 중에서 당이 선택한 최초의 대학생들이었다. 매일 저녁 작업장을 떠나면서 나는 부러운 눈으로 대학생들을 훔쳐보았다. 배구를 하거나 무리지어 공부하는 그 모습을 말이다. 내 나이 또래의 젊은 남녀가 노래하고 웃고 있었다! 공장의 노동자들과는 전혀 다른 웃음이었다. 대학생들은 자살에 대해서도, 이유 없이 퍼지는 병에 대해서도 알지 못했다. 그들에게 공장은 그저 재미있는 곳, 일종의 휴가지일 따름이었다. 두 달 동안의 현장 교육이 끝나면 학생들은 대학에 돌아가 공부를 계속할 것이었다. 작업장으로 대학생들이 들어서면 모두들 눈을 떼지 못했다. 그들은 선택된 존재, 당이 신뢰하는 존재였다.

어떻게 해야 나도 당의 신뢰를 얻을 수 있다는 말인가? 그들은 어떻게 당을 설득했을까? 대체 어떻게 덩 사부나 붉은 송아지, 전투 쭈 같은 사람들을 만족시켰을까? 나는 자주 그런 고민에 빠졌다. 다시 전투 쭈에게 달려가 '홍당무 당기기' 놀이를 함께 해주어야겠다는 생각까지 들었다. 내 인생에서 가장 절망적인 시절이었다. 몇 달이 흐른 후 그 고민은 사라졌다. 전투 쭈에게 달려가겠다는 최악의 선택 자체가 불가능해졌기 때문이었다.

전투 쭈는 어느 날 갑자기 비밀리에 체포되었다. 공단 전체가 그 소식을 접하고 충격을 받았다. 붉은 송아지는 집회에서 전투 쭈가 우리 공장에 숨어지내던 부패한 적이라고 발표했다. 그는 당에서 제명당했고 공장에서도 해고되었다. 정확한 죄목은 알려지지 않았다. 소문에 따르면 '정액 훔치기'라는 금시초문의 괴상한 범죄였다고 했다. 나중에 알고 보니 전투 쭈가 열세 살짜리 남자아이들에게 사탕을 주고 대신 자기 병 치료에 쓸 수 있도록 정액을 달라고 했다는 것이었다. 그 대가로 받기로 한 사탕을 제때에 받지 못한 아이들은 어머니에게 상황을 털어놓고 말았다. 전투 쭈는 5년의 중노동 형에 처해졌다.

전투 쭈가 체포됨으로써 공산당에 입당하려는 내 노력도 종지부를 찍었다. 나는 다시 출발점으로 돌아왔다. 공장을 떠나 대학으로 가는 방법을 원점에서부터 다시 찾아야했다.

21. 참회는 곧 죽음이다

입당에 실패하면서 나는 몇 주 동안 실의에 빠졌다. 몇 달에 걸친 열성적인 정치 활동, 혁명 일기, 수백 장에 달하는 입당 지원서, 정기 자아비판 때마다 참고 견뎠던 시간들……. 그 모든 노력이 물거품이 되어버린 것이다. 몇 주 동안 나는 오로지 스탕달의 《적과 흑》만을 붙잡고 있었다. 읽고 또 읽었다. 그리고 그때마다 주인공 쥘리앵 소렐 Julien Sorel, 빈농의 아들로 태어나 지식과 용기, 열정으로 무장하고 성공을 위해 거침없이 돌진했던 그 인물에게서 몇 방울씩의 힘을 얻었다. 그 책과 시간의 도움으로 나는 서서히 다시 희망을 갖기 시작했다.

나는 아무 짝에도 소용없는 입당 지원서 작성을 집어치우고 공부로 되돌아왔다. 리링에게서 빌렸던 철학서를 읽는 한편 영어 공부를 하기로 했다. 언젠가 영어가 내 대학 진학을 도울지 모른다는 가냘픈 희망을 가졌던 것이다. 하지만 다른 과목을 공부할 때와 마찬가지로 마땅한 교재를 찾기가 어려웠다. 영어로 된 책은 대부분 제국주의 서적으로 분류되어 홍위병들 손에 불태워지고 말았다. 나는 공장의 서점과 도서관을 몽땅 뒤졌지만 찾아낸 것이라고는 '라디오 영어'라는 프로그램 대본뿐이었다. 그것은 영어 교재라기보다는 정치 선전물에 가까웠다. '마오쩌둥 주석, 만세!' 혹은 '문화혁명, 만세!' 같은 구호가 영어로 나와 있을 뿐이었다. 하지만 나는 쉽게 포기하지 않고 일요일마다 판 사부의 자전거를 빌려 주변의 고등학교 도서관을 찾아다녔다.

어느 일요일, 시골의 고등학교를 찾아갔다가 운 좋게도 영어 선생님을 만났다. 우리는 곧 친구가 되었고 그는 홍위병 몰래 숨겨두었던 귀중한 영어 교재들을 내게 빌려주었다. 그의 이름은 리우공劉恭이었지만 나는 '만년필'이라는 별명으로 불렀다. 만년필을 아주 좋아해 늘 윗 주머니에 서너 개씩 꽂고 다녔기 때문이다. 가지런히 꽂힌 만년필 꼭지가 햇빛을 받아 빛났다. 대학을 졸업한 학자였던 그는 영어뿐 아니라 역사, 정치, 문학에도 막힘이 없었다. 한 해 동안 나는 매주 일요일마다 만년필 선생님의 학교로 가서 책을 빌리고 함께 영어를 공부하곤 했다. 하지만 진짜 즐거움은 공부가 끝난 후 중국의 미래를 주제로 펼치는 열띤 토론이었다.

처음 시작했을 때부터 나는 영어가 좋았고 열심히 공부했다. 영어 단어 외우는 데 어찌나 골몰했는지 몇 번 사고도 당했다. 단어 카드를 들여다보며 식당으로 향하다가 커다란 포플러 나무를 정통으로 들이받아 이마에 커다란 혹이 나기도 했고 자전거를 타고 만년필 선생님 학교로 가면서 영어 단어 생각에 빠져 도랑에 떨어지기도 했다. 똥물이었던 탓에 하나뿐인 주말용 재킷을 버리고 말았다. 만년필 선생님은 그 사건을 두고 금지된 언어를 공부한 탓에 신의 벌을 받은 것이라 농담을 했다. 공산당은 당연히 사악한 자본주의 국가의 언어를 공부하는 데 반대할 것이었다. 그리고 당시 중국에서 당은 곧 신이었다.

농담이기는 해도 그 말에는 진실이 담겨 있었다. 우리 두 사람 모두 잘 아는 진실이었다. 내가 하고 있는 일에 깊은 회의가 든 적도 여러 번이었다. 책이나 공부는 그저 환상, 사람을 홀려죽이는 요정의 노래에 불과한 것인지도 모른다. 영어를 공부해서 대체 무엇에 쓴단 말인가? 철학이나 소설을 읽어서 어쩌겠다는 것일까? 당이 은혜를 베풀지 않는 한 그런 것은 내 운명에 아무런 영향도 미치지 못했다. 하지만 그런 생각은 기숙사 문을 나서기만 하면 즉각 사라졌다. 장례식이 열렸던 식당의 낯익은 흰 벽을 보면 콩나물을 비롯해 죽어간 모든 사람들이 떠올랐다. 나는 책을 포기할 수 없었다. 그건 내 유일한 희망이었다. 책들이 언젠가는 나를 이곳에서 벗어나게 해줄 것이라 믿었다.

결국 그 '사악한 책들'은 대학이 아닌, 공장보다 훨씬 더 끔찍한 곳에서 나를 구해주었다. 그곳에서 한때 그 유용성을 의심했던 내 책들 덕분에 나는 목숨을 건질 수 있었다.

* * *

나는 1977년 8월 15일 저녁에 체포되었다. 중추절이었다. 사복을 입은 경찰관 세 명에 이끌려 녹색 경찰 지프에 태워질 때 나는 또 다른 악몽을 꾸는 듯했다. 그리고 이것이 한바탕의 악몽으로 그치고 아무 일없이 깨어났으면 하고 간절히 바랐다. 팔과 손목의 고통도 비현

실적으로 느껴졌다. 전에 한 번도 결박당해본 적이 없었기 때문이었으리라. 한 시간 후 어두컴컴한 건물에 도착했고 나는 지하실로 끌려갔다. 감방이 줄지어 늘어선 긴 복도를 걸어간 끝에 간수는 나를 검은 철창문 안으로 집어넣었다. 고개를 들어보니 문턱에 '4번'이라고 씌어 있었다. 나쁜 징조였다. '죽음'을 뜻하는 글자 死와 발음이 같은 4는 중국에서 가장 불길한 숫자였다.

녹슨 문이 내 뒤에서 무겁게 닫혔다. 나는 꿈이 아니라는 것을 깨달았다. 썩은 음식에서 나는 것 같은 지독한 냄새가 풍겨왔고 공기가 답답했다. 희미한 빛에 어느 정도 눈이 익자 나는 앞으로 걸어가 주위를 살폈다. 좁은 독방이었다. 왼쪽으로 널빤지 침대가 보였다. 침대에서 두 걸음도 채 떨어지지 않은 맞은편 벽에는 구멍 뚫린 판자로 덮어놓은 나무 변기통이 있었다. 농민들 집에서 본 것 같은 변기통이었다. 변기는 악취를 풍기는 얼룩투성이였고 머리가 초록색인 커다란 똥파리 한 소대가 휴식을 취하는 중이었다.

머릿속이 혼란스러웠다. 나는 딱딱한 판자 위에 피곤한 몸을 뉘였지만 쉽게 잠이 오지 않았다. 움직일 때마다 팔과 손목이 찌르듯 아팠다. 변기통에서 가능한 한 얼굴을 멀리 두려고 했지만 지독한 악취는 여전했다.

하지만 악취 따위에 신경 쓸 상황이 아니었다. 내게 닥친 이 엄청난 사태에 집중해야 했다. 체포된 이유는 알 수 없었지만 심각한 위험에 당면했다는 점은 분명했다. 중국에서는 일단 감옥에 갇혔다면 성한 몸으로 나가기는 불가능에 가까웠다. 나는 대체 체포될 만한 일이 무엇이었을까 곰곰이 생각했다. 그 전 해에 위대한 지도자가 사망한 후

경찰은 잡범부터 정치범에 이르기까지 '범죄자'들을 닥치는 대로 잡아들였고 '나라의 정치적 안정을 보장'한다는 명목으로 늘 가혹한 처벌을 내렸다. 동풍비항공창에서도 그러한 '범죄자'를 색출하고 체포하려는 목적의 '대중 집회'가 두 차례나 열렸었다. 첫 번째 집회의 희생자는 콩나물의 장례식 때 초상화를 그렸던 '화가'였다. 기술자였던 그는 취미로 그림을 그렸고 여가 시간이면 그림 개인 교습을 하기도 했다. 그의 죄목은 여제자들에게 누드화를 보여준 것이었다.

그 몇 주 후에는 우리 작업장에서 일하는 '가수'를 체포하기 위한 대중 집회도 있었다. 가수는 얼굴이 거무스름한 젊은이로 일할 때에 늘 노래를 흥얼거렸다. 나는 그를 내 친구로 생각했다. 그가 체포되었다는 소식에 공장 전체가 깜짝 놀랐다. 그리고 나는 깊은 두려움을 느꼈다.

그 집회는 공포심을 자아내기 위한 자리였다. 5,000명이 넘는 노동자들이 한자리에 모였다. 반자동 소총과 반짝이는 대검으로 무장한 공장 자치 경찰대가 주위를 둘러쌌다. 무대 전면에는 '어린이들을 타락시키는 진리金利를 체포, 비판하기 위한 대중 집회'라고 제목이 씌어 있었다. 진리는 가수의 본명이었다.

문화혁명 당시의 정치 집회들이 그렇듯 시작은 위대한 지도자의 노래 〈마음을 강건하게〉였다. 노래가 끝나자 경찰대장이 범죄자 진리를 데려오라고 명령했다. 그 순간 확성기들이 귀청이 터질 듯한 소리로 구호를 선동하기 시작했다. "어린이들을 타락시키는 범죄자, 진리를 끝장내자!" 남자 목소리가 고함을 질렀다. "참회하면 자비를! 저항하면 처벌을!" 여자 목소리가 뒤를 이었다. 이어 남녀는 함께 "프롤레타리아 독재, 만세!"를 외쳤다. 초록 제복을 입은 건장한 경찰 두 명이 가수를 무대로 끌어냈다. 구호는 그 뒤로도 10분 이상 계속되었다.

천둥 소리처럼 울리는 구호는 늘 원하는 효과를 얻게 마련이었다. 우리 머리 위에서 쩌렁쩌렁 구호 소리가 울리면 모두들 혹시라도 눈에 띌까 두려워하며 몸을 움츠렸다. 그리고 저절로 복종적인 태도가 되는 것이다.

나는 가수의 얼굴에서 눈을 뗄 수 없었다. 친구가 느낄 공포가 가슴 아팠다. 그것은 평범한 '투쟁 집회'가 아니었다. 총과 대검이 내 친구의 운명을 예고하고 있었다.

친구의 얼굴에는 그의 감정이 고스란히 떠올랐다. 철저히 혼자라는 공포, 내던져진 절망감, 알고 지내던 모든 사람에게 비난받는 괴로움, 전 사회에서 배척당한 듯한 뼈저린 외로움……. 반짝거리는 신형 AK-47 소총을 들고 선 자치 경찰 중 일부는 가수의 작업장 동료로 불과 이틀 전까지만 해도 함께 농구 시합을 벌이던 이들이었다.

공장 자치 경찰 대장이 가수의 죄목을 발표했다. 10대 아이들에게 혁명 전에 불리던 '부르주아' 노래와 음란하다고 '판단되는' 노래를 가르쳐주었다는 것이었다. 지금 생각하기에는 죄가 될 것 같지도 않지만 어떻든 그 순간에는 중죄였다.

이어 대중 체포 행사의 핵심 순서가 되었다. 모든 사람이 기대하는 순서로, 죄수를 멋지게 묶어올리는 것이었다. 건장한 경찰이 가늘고 흰 나일론 끈을 가지고 무대에 올라섰다. 다른 두 경찰이 가수의 팔을 잡고 있는 동안 그는 솜씨 좋게 여러 번 매듭을 지어 죄수의 팔을 등 뒤로 단단히 묶었다. 그러더니 갑자기 줄을 잡아당겨 죄수를 들어올렸고 10초 정도 공중에 대롱대롱 매달리게 했다가 바닥에 떨어뜨렸다. 가수는 고통스러운 비명을 질렀다. 그렇게 죄수를 묶어 들어올리는 것은 중국의 최신 예술이었다. 죄수가 가뿐하게 들어올려졌다가 떨어지지 않으면 공연은 성공이라 볼 수 없었다. 공중에 매달린 죄수의 몸무게는 조여 맨 줄에 집중되었고 당연히 가느다란 줄은 사정없이 살 속을 파고들었다. 가수의 뒤틀린 얼굴로 보아 그것은 엄청난 고통임에 틀림없었다. 의도했던 메시지는 충분히 전달되었다. 모든 사람이 충분한 경고를 받은 것이다.

나는 두 번 다시 가수를 보지 못했다. 6년의 중노동 형에 처해졌다가 두 번째 해에 급성 간염으로 죽었다는 소문만 들려왔다.

* * *

감방에 갇힌 그날 나는 밤새도록 생각에 생각을 거듭했다. 가수처럼 나도 대중 집회에 끌려나가게 될까? 죄목은 무엇일까? 나는 젊은 이들에게 '반동적인 노래'를 가르친 적도, 나체 그림을 보여준 적도 없었다. 벌거벗은 여자들이 나오는 그림책을 아직도 가지고 있기는 했지만 가방 깊숙이 숨겨두었고 공장에 간 이후로는 꺼내본 적도 없었다. 누군가 내 가방을 뒤져 그림책을 찾아낸 것일까?

아침이 되자 날카로운 금속성 소리가 나를 깨웠다. 고개를 들어보니 더러운 에나멜 식판이 문 아래쪽에 뚫린 구멍으로 들어와 내게서 멀지 않은 곳에서 멈추었다. 흰 에나멜 칠이 거의 다 벗겨진 식판은 검은 금속판이라고 하는 편이 더 정확했다. 그 위에는 작은 옥수수 빵과 소금에 절인 순무 뿌리 두 줄기가 놓여 있었다. 순무 뿌리는 바싹 마른 거위 똥처럼 보였다. 가운데에는 물 컵이 놓여 있었다. 파리들이 즉각 알아차리고 식판 주위를 날아다니기 시작했다.

몸을 일으켜세우며 나는 본능적으로 음식에 손을 뻗었다. 옥수수 빵을 집어들어 반을 잘라 입에 넣고 씹었다. 거칠고 딱딱했다. 최소한 사흘은 된 빵 같았다. 하지만 그래도 맛있었다. 나는 지난밤에 저녁을 먹지 못했기 때문에 몹시 배가 고팠던 것이다.

빵은 세 입거리밖에 되지 않을 정도로 작았기 때문에 일분도 안 되어 사라졌다. 순무 뿌리도 집어 입에 넣었다. 맛이 썼다. 나는 물을 마셔 입을 헹궜다. 빵은 식욕을 자극하는 역할에 그쳤는지 다 먹고 나자 더 배가 고팠다. 전날 밤 작은 레닌의 아내가 마련했던 저녁식사가 떠올랐다. 돼지고기가 둥둥 뜬 탕 요리, 죽순과 양배추 볶음, 흰 밥……. 모든 것이 무럭무럭 김을 내고 있었다. 중추절을 기념하는 식사였다. 손님으로 초대된 판 사부와 내가 막 자리에 앉은 순간 요란하게 문 두드리는 소리와 함께 경찰이 들이닥쳤던 것이다. 그 맛있는 식사를 못 한 것이 못내 아쉬웠다. 종일 음식 준비를 했던 작은 레닌의 아내에게도 미안했다.

빈약한 아침밥을 먹고 나서 나는 다시 생각에 잠겼다. 곧 심문을 당할 것이었다. 무슨 말을 해야 할지 생각해두어야 했다. 한 마디만 실수해도 가수와 같은 신세를 면치 못할 것이 뻔했다. 체포된 이유는 알 수 없지만 심각한 사안임에 분명했다. 독방은 심각한 정치적 죄를 저질렀을 경우에만 갇히는 곳이었다. 일반 죄인은 대부분 사람이 많은 커다란 방에 처넣어진다. 나는 거듭해서 기억을 더듬으며 지난 몇 년 동안 했던 말이나 행동을 곱씹었다. 식당에서 친구들을 상대로 무능한 당비서 붉은 송아지를 욕했던 것이 문제가 되었나? 누군가 내 비밀 일기를 읽고 암호를 해독했나? 밤늦게 BBC나 '미국의 소리' 방송을 들었던 것이 탄로가 났나?

다만 한 가지는 확실했다. 죄목이 무엇이든 절대 인정해서는 안 된다는 것이다. 공산당은 겉으로 '참회하면 관대한 처분이, 저항하면 두 배의 처벌이'라고 떠들었지만 그건 명백한 거짓이었다. 자백에만 근거해 처벌이 이루어지는 경우도 드물지 않았다. 언젠가 골초 악마는 혹시라도 체포당하는 일이 생기면 아무것도 인정하지 말라고 충고하기도 했다. "관대한 처분 어쩌구 하는 말에 속아 넘어가서는 안 돼." 그는 말했었다. "죄를 자백한 후에 개처럼 끌려나가 총살당한 사람을 너무나 많이 보았어. 자백은 자살이나 다름없어." 나는 그 말을 명심해야 한다고 스스로 다짐했다.

* * *

"나는 진정한 혁명가야! 진실을 위해 죽는 것 따위는 걱정 안 한다고! 나는 위대한 지도자를 경애해!" 갑자기 커다란 고함소리가 들려왔다. 낮고 빠른 그 목소리를 나는 바로 알아들었다. 내 친구인 영어 선생님 만년필이었다. 나는 벌떡 일어나 문으로 달려갔다. 간수 두 명에게 잡혀 지나가는 모습이 보였다. 만년필은 몹시 수척해보였다. 홀쭉한 얼굴은 창백했고 평소보다 더 길어 보였다. 뒤엉킨 머리가 얼굴 위로 늘어져 안경을 가리고 있었다. 늘 입고 다니던 푸른색의 낡은 마오쩌둥 재킷 차림이었고 가슴팍에는 예의 만년필 네 자루가 꽂힌 채였다. 그는 간수들을 상대로 열변을 토하느라 내 쪽을 보지 못했다.

"난 마오쩌둥 주석을 공격한 것이 아냐! 내 글은 진정한 마르크스 민주주의에 대한 것이지. 내겐 숨길 것이 하나도 없어." 그는 끌려가는 내내 그런 말을 반복했다.

"곧 마르크스를 만나 이야기하게 될 테니 걱정 말아." 간수 하나가 이죽거렸다.

'그렇게 떠들어봤자 아무 소용없다는 걸 모른단 말이에요, 만년필 선생님?' 나는 친구에게 말하고 싶었지만 입이 떨어지지 않았다. '진정한 마르크스 민주주의에 대해 글을 써서 대체 어쩌자는 거죠? 당신은 멍청한 이상주의자예요. 어쩌자고 그런 글을 썼단 말이에요?' 나는 이미 몇 개월 전 분명히 그에게 경고한 적이 있었다.

세 사람은 곧 내 시야에서 사라졌다. 하지만 목소리는 여전히 들려왔다. "네 놈은 이제 죽은 목숨이나 다름없어. 알았나? 악마를 만날 준비나 하라고!" 간수가 신난다는 듯 떠들어댔다.

"난 반동이 아냐. 그저 다만……." 복도의 문이 닫히면서 만년필의 목소리도 잦아들었다.

예기치 못한 장소에서 친구를 만난 충격이 가시면서 그제야 내가 잡혀온 이유가 분명해졌다. 만년필 선생님 때문이었다. 옆방 죄수가 만년필 선생님이 가장 악랄한 정치범 선고를 받았다고 전해주었다.

마오쩌둥 주석 사망 1주기를 몇 달 남겨둔 시점, 모두들 위대한 지도자의 저작을 공부하기로 되어 있던 때에 만년필 선생님은 빈 교실에서 마르크스주의 민주주의에 대한 글을 썼다. 그리고 글을 훔쳐본 교장 선생님이 경찰에 밀고했다. 바로 그날 저녁 경찰이 급습했고 놀란 만년필 선생님은 종이를 입 속에 밀어넣었지만 경찰관이 목을 조르는 바람에 뱉어내고 말았다. 그 글이 위대한 지도자의 사회 민주주의에 대한 악랄한 공격으로 판명되는 데는 시간이 오래 걸리지 않았다. 공안 본부장은 즉각 이를 당 중앙위원회에 보고했고 신속히 체포 명령이 떨어진 것이었다.

"저 친구는 이제 죽은 목숨이야." 옆방 죄수가 말했다. "저 사람은 정치적 기류가 어떻게 흐르고 있는지 전혀 몰랐단 말이야. 위대한 지도자 몸에서 온기가 채 식지도 않았는데 그를 공격하다니! 그 얼마나 멍청한 짓이람. 아마 오늘 당장 처형해버릴 거야."

나는 몸이 와들와들 떨렸다. 내 친구가 중한 죄를 지었다면 나는 어떻게 되는 걸까? 공범으로 몰리게 될까? 그렇다면 나 역시 죽은 목숨이 아닌가? 대체 어떤 죄목을 뒤집어쓰게 될까?

최근 만년필 선생님과 만났던 일들을 생각해보았다. 함께 몇 번 저녁을 먹었었다. 사람들은 우리가 친한 사이라는 것을 알고 있었다. 하지만 사실 난 정치에 대한 그의 열정이 부담스러웠다. 상대가 누구든 자신의 이상론을 열정적으로 떠들어댔고 생각하는 바를 글로 남기는 데도 조심성이 없었다. 정치적인 얘기는 절대 글로 쓰지 말라고 직접 충고하기도 했지만 소용없었다.

제일 마음에 걸리는 것은 그가 내게 보냈던 장문의 편지 두 통이었다. 민주주의와 마르크스주의에 대한 자기 생각을 장황하게 설명하는 편지였다. 만년필 선생님은 정말로 생각이 단순한 사람이었다. 프롤레타리아 민주주의 독재에 대한 자신의 연구를 당이 환영할 것으로 믿었던 것이다. 하지만 나는 그런 식의 독창적인 생각은 문제의 소지가 있다고 여겼고 조심하는 뜻에서 편지를 낡은 신발 안에 넣어두었다. 경찰이 편지를 발견했을까? 그걸 태워버리지 않고 놓아두다니 정말로 큰 실수를 저질렀다!

* * *

오후 2시가 막 지났을 때 나는 심문실로 끌려갔다. 나무 탁자와 나무 의자 세 개 외에는 아무것도 없는 빈 방이었다. 초록색 벽에는 색이 바랜 마오쩌둥 주석 초상화가 걸려 있었다. 그 아래에는 붓글씨로 '참회하면 관대한 처분이, 저항하면 두 배의 처벌이'라는 구호가 씌어 있었다. 탁자 뒤에는 흰색 반소매 셔츠와 짙은 푸른색 바지를 입은 중년 남자 두 사람이 앉았고 맞은편의 의자는 아마 내 자리인 모양이었다. 왼쪽에 앉아 서류를 읽고 있는 남자는 얼굴이 넓적하고 갈색이었다. 오른쪽 남자는 조금 젊었는데 살찌고 불그스름한 얼굴이었다. 젊은 남자가 다정하게 웃어보이며 의자를 가리켰다. 나이든 남자도 고개를 들었다. 커다란 마마 자국이 보였다.

"이미 왜 여기 끌려왔는지 알고 있겠지." 얽은 얼굴이 말을 시작했다. 콧소리가 섞인 낮은 목소리였다. 시선은 내게 고정되어 있었다.

나는 본능적으로 눈을 쳐들어 순진무구한 시선으로 그를 바라보았다. 시선을 피한다면 그건 죄를 인정한다는 소리였다. "아니, 전혀 모르겠습니다." 나는 아무런 감정도 섞어넣지 않고 즉각 대답했다. 스스로도 어떻게 그렇게 쉽게 말이 나오는지 놀랄 지경이었다. "작은 레닌 집에서 저녁을 먹으려는 순간에 경찰이 들어왔습니다. 지난주에 당비서인 붉은 송아지 동무와 논쟁을 벌인 때문인가요? 아시겠지만 그건 제 잘못이 아닙니다. 물론 비서를 그렇게 불러서는 안 된다는……."

"우리를 속이려들지 마!" 얽은 얼굴이 내 말을 잘랐다. "자네 친구 리우공이 어떤 짓을 벌이는지 알고 있었지? 그는 반동적 행동을 했고 자백을 거부했다. 인민의 적이 되기로 한 거지. 결국 가혹한 처벌을 받았다. 오늘 아침 처형당했거든. 우리는 인민의 적들이 우리 프롤레타리아 독재의 힘을 과소평가하지 못하도록 가르쳐야……."

더 이상 아무 말도 들리지 않았다. 고통과 불안으로 머리가 빙빙 돌았다. 만년필 선생님이 죽었다! 정말로 죽어버리고 말았다! 그렇다면 그 친구인 나는 최소한 20년 형은 받겠구나.

젊은 남자는 선배와는 전혀 다른 어조였다. 미소를 지으며 혼란에 빠진 나를 달래려는 듯 부드럽게 말했다. "참회하면 관대한 처분이 내려지지만 저항하면 두 배의 처벌이 가해진다는 우리 정책에 대해서는 이미 알고 있겠지. 우린 네가 한 짓을 다 알고 있어. 다만 먼저 네게 자백 기회를 주는 거야. 공산당은 설사 실수를 저지른 사람이라 해도 괜한 고집만 부리지 않는다면 처벌하지 않고 용서해. 이제 잠시 생각을 좀 정리해보고 너와 네 친구에 대해 모든 것을 털어놓도록 해."

그는 잠시 말을 멈추었다. 미소는 여전했다. "자네는 영리한 젊은이야. 그리고 훌륭한 가족 출신이지. 우리한테는 유치원 때부터 시작해 자네에 대한 기록이 다 있다고." 그는 탁자에 놓인 서류뭉치를 들어 흔들어보였다. "자네라면 당의 정책을 분명히 이해하고 있을 거야. 자백한다면 잘못이 아무리 크다 할지라도 특별대우를 받게 되리라는 걸 약속하네. 당장 오늘 석방될 수도 있어. 자네 친구는 저항하려 했지. 그래서 그런 벌을 받은 거야. 알겠나?"

그의 목소리는 마치 그날 밤 자기 집으로 와 저녁을 먹으라고 초대하는 듯 담담하고 유쾌했다. 하지만 그 속에 칼이 숨어 있다는 것은 분명했다.

"네, 자백하겠습니다." 나는 열심히 고개를 끄덕였다. "당의 정책에 대해서도 알고 있습니다. 제 실수에 대해, 그밖의 모든 것에 대해 말씀드리지요."

나는 겸손한 미소와 함께 장황한 자아비판을 시작했다. 그 방면에 이미 전문가였던 것이다. 1학년 때부터 자아비판 요령을 익혀왔으니 말이다. "당의 선처를 호소합니다. 제가 제대로 판단을 못했습니다. 리우공에게 속아 넘어간 것입니다. 그는 저를 기숙사로 초대했고 우리는 함께 저녁을 먹었습니다. 그러면서 마르크스의 '자본론'이라는 것에 대해 이야기를 했습니다. 전 잘 이해할 수가 없었습니다. 그러니 무언가 잘못되었다는 점을 깨닫지 못했지요. 아시다시피 적들은 늘 교묘히 위장하고 있으니까요. 마오쩌둥 주석도 그런 말씀을 하셨지요. 전 위대한 지도자의 저작을 좀더 열심히 읽고 그것을 바탕으로 그의 사악한 의도를 재빨리 파악해야 했습니다. 정말 큰 잘못을 저질렀습니다. 엄한 처벌을 받아 마땅합니다. 리우공이 우리 경애하는 위대한 지도자 마오쩌둥 동지를 공격하려 했다니 정말이지…… 그는 죽어 마땅합니다. 사실 총알 한 방으로는 부족합니다. 천 번은 총을 맞아야 했는데 말입니다. 아니, 커다란 기름통에 넣어 튀겨버려야 했습니다. 아니, 아니 그것도 안 됩니다. 커다란 맷돌에 갈아버려 독수리 먹이로 던져주면 좋았을 것입니다. 그는……." 점차 음조가 높아졌다. 문화혁명 특유의 과장된 수사가 거침없이 내 입에서 흘러나왔다.

"좋아. 좋은 시작이군." 얽은 얼굴이 끼어들었다. "리우공이 자기 글을 자네한테 보여준 적이 있나? 편지를 써 보낸 적은?"

나는 순간 '진정한 민주주의란 무엇인가?'라는 만년필 선생님의 글과 그가 보냈던 편지 두 통을 떠올렸다.

"없습니다. 무언가 써주겠다고 했지만 제가 관심을 보이지 않았습니다. 정말이지 저는 얼마나 멍청한 걸까요! 그가 그토록 사악한 적이라는 점을 전혀 깨닫지 못하다니. 결국 당이 저를 구해주신 셈이 되었습니다. 정말 감사드립니다. 친구로 가장하고 있던 위험한 적을 드러내주셨습니다. 저는 부끄러운 마음에……."

"그와 가깝게 지내던 다른 사람은 누구 없었나?" 젊은 남자가 여전히 부드러운 말투로 물었다.

"네. 제가 보기에는 투圖 교장 선생님과 상당히 가까운 것 같았습니다. 그가 교장과 저녁을 두 번 먹었다고 말한 적이 있습니다. 하지만 교장 선생님은 훌륭한 당원이 아닙니까. 어떻게 그런 분이……."

"좋아. 일단은 모두를 조사해보아야 해." 얽은 얼굴이 말했다. 그는 자기 공책에 무언가 적어넣었다. "또 다른 사람은?" "그밖에는 잘 모르겠습니다." 얽은 얼굴의 콧소리가 다시 냉정해졌다. "우리 경험으로 보면 반동은 절대 혼자 행동하지 않아. 도당을 만들어 서로를 보호하는 식이지. 우리는 이번 사안을 바닥까지 파헤쳐야 해. 자네 친구가 누군가와 수상쩍게 접촉하는 것을 본 적 없나?"

"아니오. 그런 사람은 본 적이 없습니다." 나는 한참 동안 열심히 생각하는 척하다가 대답했다.

하지만 심문관들에게 '아니오'는 원하는 대답이 아니었다. 오랫동안 두 사람은 당의 정책을 거듭 설명했고 특히 얽은 얼굴은 눈에 띄게 표정을 바꿔가며 이것이 내 마지막 자백 기회이고 제대로 털어놓지 않으면 한 시간 후에 처형이 집행된다고 위협했다. 나 역시 한계에 다다르고 있었다. 배고프고 지친 나머지 눈앞이 흐릿할 정도였다. 포기하고 싶었다. 땀에 젖어 가슴팍에 찰싹 달라붙은 셔츠가 느껴졌다. 얽은 얼굴에 난 구멍이 시간이 갈수록 점점 더 크게 보였다. 나는 젊은 남자의 따뜻한 품속으로 달려 들어가 그의 보호를 받고 싶었다.

다음 순간 고개를 든 나는 벽에 걸려 있는 '참회하면 관대한 처분이, 저항하면 두 배의 처벌이' 라는 구호를 보았다. 정신이 번쩍 났다. 골초 악마의 조언도 기억났다.

마침내 얽은 얼굴이 서류철을 덮었다. "오늘은 여기까지 하겠다." 그가 말했다. "아직 네가 미처 기억하지 못해 얘기 못한 점이 있을 거야. 당의 인내심에도 한계가 있다는 것을 명심해라. 네가 자백을 하든 말든 어떻든 모든 것은 명명백백하게 드러날 테니까. 내일이 너의 마지막 기회다."

젊은 남자도 마지막 미소를 보였다. "공장의 친구들, 베이징의 부모님 모두가 너를 걱정하고 있어. 어서 참회하고 집으로 돌아오기를 기다린다. 자백만이 여기서 나갈 수 있는 길이야. 우리는 아무 이유 없이 사람을 체포하지는 않으니까. 자백과 참회 없이 여기서 나간 사람은 아무도 없어."

부드러운 목소리였지만 나는 순간 역겨운 느낌이 들었다. 부모님을 들먹이다니! 부모님은 내가 또다시 말썽을 일으켜 가족에 피해를 입힌 것을 용서하지 않으시리라. 나와 인연을 끊고 싶어하실 수도 있었다. 어쩌면 나는 영영 집으로 돌아가지 못할지도 몰랐다. 친척들 모두에게 커다란 수치가 된 것이다. 공장에서는 또 사람들이 무슨 말을 쑥덕거릴까? 붉은 송아지가 나를 또 하나의 숨은 적으로 선언해버리지는 않았을까?

뻣뻣한 자세로 일어나 나는 문으로 향했다. 마음속 깊이 살의가 느껴졌다. 엄청난 미움과 증오가 천천히 온몸을 채웠다. 당장 젊은 남자에게 달려가 맨손으로 목을 조르고 싶었다.

* * *

놀랍게도 나는 독방으로 돌아가는 대신 건물의 다른 방향으로 걸어간 끝에 다른 죄수들로 꽉 찬 커다란 감방에 넣어졌다. 좋은 징조였다. 경찰은 아직 유죄를 확신할 만한 증거를 찾지 못한 것이 분명했다.

첫 한 주 동안 두 번 더 심문을 받았다. 나는 죽은 친구 만년필 선생님과 특별한 관계를 전혀 맺지 않았으며 그의 반동 행위에 대해서는 아는 바가 없다는 주장을 견지했다. 세 번째 심문이 끝났을 때 얽은 얼굴은 마침내 폭발했다.

"자발적으로 참회하려들지 않으니 오랫동안 감방에 앉아 준비가 될 때까지 기다리는 편이 좋겠군." 그가 말했다. "너는 아무것도 숨기지 못해. 우리는 네가 했던 짓을 다 알고 있거든. 어서 빨리 자백하는 편이 너한테도 좋아. 하지만 여기서 오랫동안 살면서 벼룩의 밥이 되고 싶다면 뭐, 마음대로 해. 배고픈 벼룩이야 얼마든지 있으니 말이야."

5주가 흘러갔다. 나는 아무런 죄목도 선고받지 않았다. 법정에도 나가지 않았다.

9월 말의 어느 아침, 밥을 먹기 직전에 나는 호출됐다.

"자네 밥을 챙겨두겠네." 친하게 지내던 노형老兄이 말했다.

하지만 나는 심문실로 끌려가지 않았다. 감옥 출구 근처의 바깥 사무실로 간 것이다. 그리고 그곳에서 놀랍게도 작은 레닌과 그의 아내를 만났다. 두 사람은 위대한 지도자의 초상화 아래 벤치에서 기다리고 있다가 내 얼굴을 보자 환하게 웃었다.

나를 심문했던 두 사람, 얽은 얼굴과 젊은 남자도 걸어 들어와 작은 레닌 부인과 악수를 나누었다. 얽은 얼굴이 억지웃음을 띠며 말했다. "조사가 끝났으므로 방면이 결정되었소. 이제 친구들과 함께 돌아가도 좋소. 하지만 여기서 있었던 일에 대해서는 한 마디도 하지 마시오. 잘못 입을 놀렸다가는 커다란 어려움을 겪게 될 테니. 이 점만 기억하면 되오."

젊은 남자가 문을 열었을 때 나는 움직이지 않았다. "이렇게는 갈 수 없어요." 내가 조용히 말했다. 갑자기 참을 수 없는 분노가 치솟았다. 얼굴이 벌개졌다. 금방이라도 폭발하려는 화산처럼 말이다. "설명을 해주십시오. 제 명예가 실추되지 않았습니까? 저는 사과를 받아야겠습니다. 5주 동안이나 감옥에 갇혀 있다가 아무 일 없었다는 듯 나갈 수는 없지요."

얽은 얼굴이 내 곁에 다가섰다. "지금 사과라고 했나? 무슨 사과? 당이 잘못을 저지르기라도 했다는 뜻인가? 지금 나갈 수 있다는 것만도 감지덕지한 일이야. 어떻든 자네는 처형된 반동분자와 가까이 지내지 않았나! 여기 있는 친구들이 아니면 평생 감옥에서 썩었어야 할 걸. 자네 친구 아버지가 공안 본부의 높은 분과 아는 사이인 덕분에 나가게 된 거라고!"

"제발, 어서 가세요." 작은 레닌의 아내가 자리에서 일어서 내 소매를 잡아당겼다. 나는 별 수 없이 끌려나왔다. 공안과의 연줄을 찾아 내 목숨을 구명해준 은인에게 또 다른 문젯거리를 안겨줄 수는 없는 일이었다. 또 사과를 받아보았자 무슨 소용이겠는가?

철문이 뒤에서 쾅 소리를 내며 닫혔다. 영화에서나 있으려니 생각했던 일이 마침내 끝난 것이었다. 감방 친구들에게 인사도 못 하고 나왔다는 점이 마음에 걸렸다. 갑자기 사라져버렸으니 그들은 내가 처형되었다고 여길 것이다. 함께 격렬한 전투를 벌이던 전우들을 갑자기 버리고 도망 나온 듯한 기분이었다. 감옥에서 만난 일반 잡범들에게 그토록 강한 유대감을 느끼면서 방금 나를 석방해준 당 관리들에게는 엄청난 적대감을 가지다니 참으로 역설적인 감정이 아닐 수 없었다.

그런데 신기하게도 감방 동료들과의 인연은 거기서 끝나지 않았다. 몇 년 후 베이징에서 나는 노형을 만났다. 형기를 마치고 석방되어 베이징에서 살고 있다고 했다. 우리는 다시 친구가 되었고 노형은 공산당의 관료주의에 대항하는 내 전투에서 중요한 역할을 맡아주었다. 그 점에서 나는 얽은 얼굴과 젊은 남자에게 감사한다. 귀중한 친구를 선사해주었다는 점에서 말이다.

22. 행운아 열한 명

"중추절 때 먹지 못했던 바로 그 식사야." 작은 레닌이 자리에서 일어나 술잔을 높이 들어올렸다. "션판의 무사 귀환을 축하하며 첫 번째 건배를 합시다. 자, 건배!"

"당신 친구인 만년필 선생님이 처형당했다는 소식을 들었을 때 정말 걱정이 많았어요." 작은 레닌의 부인이 말했다. 술 때문에 얼굴에 홍조가 돌았다. "오늘은 당신 몫을 말끔히 다 드셔야 해요. 하루 종일 음식 준비를 했으니 절 실망시키지 말아주세요. 자, 이제 접시를 주세요." 내가 움직이기도 전에 작은 레닌의 부인은 몸을 뻗어 내 접시를 집어가 버렸다. 돌아온 접시에는 돼지 갈비, 볶은 닭고기, 오향 오리알 요리 등 먹을 것이 그득했다. 내가 체포되었던 바로 그날의 저녁 식사 식단이었다!

"오늘의 운세를 살펴보았어." 판 사부가 끼어들었다. "멀리서 찾아온 친구를 맞는 좋은 날이래. '악몽 후에 행복이 찾아오리' 라고 나오더군. 이제 좋은 일이 생길 거야. 그게 무슨 일인지 모르지만 자, 어떻든 건배를 하자고."

나는 이렇게 좋은 친구들을 둔 것이 한없이 기뻤다. 그래서 첫 잔에 벌써 머리가 어질어질하고 뱃속이 뜨거웠음에도 불구하고 판 사부가 따라주는 술을 받았다. 감옥에서 졸아든 위도 이미 꽉 찼다는 신호를 보냈지만(그날은 출감 다음날이었다) 작은 레닌 부인에게서 두 번째 음식 접시도 받아들었다.

"운세가 맞는군." 작은 레닌이 들뜬 어조로 말했다. "정말로 좋은 소식이 있거든. 국가 대학 입학시험이 부활한다는 발표가 있었어. 자네는 시험을 준비할 시점에 딱 맞춰 돌아온 거고. 자네는 정말로 대학에 가고 싶어하지 않았나. 그래서 내 발표문을 챙겨두었지."

심장이 두근거렸다. 〈런민르바오〉 첫 면의 사설에 당이 새로운 교육 개혁을 시작한다고 나와 있었다. 노동자와 농민, 군인 중에서 대학 신입생을 선발하는 제도를 폐지하고 국가 대학 입학시험을 되살린다는 것이었다. 이제부터 학생들은 학업 성적을 기준으로 선택될 것이었다. 첫 번째 국가시험은 12월로 결정되었고 누구나 응시 가능했다. 그토록 기다리던 기회가 찾아온 것이다.

나는 그 순간부터 안절부절 못 했다. 시험을 준비할 시간은 3개월뿐이었고 해야 할 공부는 많았다. 그날 밤부터 당장 시작해야 했다. 어서 식사를 끝내고 기숙사로 돌아가 공부 계획을 세워야 한다는 생각에 좀이 쑤셨다. 수학, 물리학, 역사를 다시 한 번 훑고 화학과 지리는 기초부터 잡아야 했다.

다음날 나는 한참 늦어버린 셈이라는 것을 깨달았다. 내가 감옥에 있는 동안 중국 전역에서 수백만 젊은이들이 이미 시험 준비를 시작한 상태였다. 스터디 그룹이 만들어졌고 손으로 베끼거나 등사한 교재가 사용되었다. 문화혁명 이전에 실시되었던 입학시험 문제는 성스러운 경전이나 되듯이 돌려가며 보았다.

나는 리링과 작은 레닌이 가입해 있는 스터디 그룹에 합세했다. 매주 일요일에 모여 한 주 동안 공부했던 내용에 대해 시험을 보았다. 그 석 달 동안 나는 거의 잠을 자지 않았다. 시험은 내 운명을 결정할 것이다. 확률은 높지 않았다. 전국적으로 550만 명이 시험을 치를 예정이었고 선발될 입학생 수는 2만 8,000명에 불과했다. 열아홉 명에 한 명 꼴이었다. 하지만 다른 사람들과 마찬가지로 나도 기적을 믿었다.

* * *

국가시험 첫날인 12월 31일, 나는 새벽 4시 30분에 일어났다. 어둡고 추웠다. 나는 룸메이트를 깨울까봐 불을 켜지 않고 더듬더듬 두꺼운 스웨터와 따뜻한 내복을 챙겨 입었다. 그리고 갈색 배낭을 어깨에 둘러메고 방을 나서 계단을 내려갔다. 가방 안에는 책과 삶은 계란 두 개, 찐빵 두 개가 들어 있었다. 아침과 점심 도시락이었다.

창백하게 가로등이 빛나는 거리에는 인적이 없었다. 나는 하루 전에 빌려 건물 뒤에 세워두었던 판 사부의 자전거를 끌어냈다. 살짝 눈이 내려 거리는 흰 천으로 덮인 듯했다. 싸늘한 아침 바람이 재킷 안으로 스며들면서 몸이 떨렸다. 하지만 추위에 신경 쓸 겨를은 없었다.

시험장인 인근 고등학교는 울퉁불퉁한 시골길을 따라 22킬로미터를 달려가야 하기 때문이었다. 나는 자전거 뒤에 배낭을 단단히 묶고 공장 정문을 빠져나왔다. 곧 리링과 작은 레닌도 자전거를 타고 나타났다. 우리 셋은 달리기 시작했다.

포장이 안 된 좁은 시골길은 얼어붙은 데다가 굴곡투성이였다. 깊은 바퀴 자국도 있었고 여름철 우기 동안 말들이 싸놓은 커다란 똥 덩어리도 보였다. 우리는 길 가장자리를 따라 조심해서 자전거를 몰았다. 차가운 겨울바람이 감각을 날카롭게 만들었다. 나는 흥분감을 느꼈다. 비로소 인생의 방향타를 스스로 잡고 있다는 생각이 들었다.

한 시간 반이 흐른 후 우리는 시골 학교에 도착했다. 동쪽 하늘이 서서히 회색으로 변해갈 때였다. 시험 시작 전에는 교실에 들어갈 수 없었기 때문에 우리는 더러운 벽에 등을 기대고 앉았다. 나는 공책을 꺼내 수학 공식을 살펴보기 시작했다. 마지막 순간을 위해 준비해둔 공책이었다. 첫 번째 종이 울렸을 때 자리에서 일어서려 했지만 다리가 펴지지 않았다. 추위 때문에 감각이 없어진 것이다. 자전거를 타고 오면서 땀으로 젖어버려 차가워진 셔츠는 등에 달라붙어 있었다.

붉은 완장을 찬 남자 둘이 수험표의 도장과 사진을 꼼꼼히 검사한 후 나를 시험장으로 들여보냈다. 안에는 또 다른 사람이 기다리고 있다가 자리로 안내해주었다. 옆자리는 솜을 둔 푸른 면 코트 차림의 여학생이었다. 내가 자리에 앉는 모습을 보며 여학생은 불안감 어린 미소를 보냈다.

시골 학교 교실은 습하고 추웠다. 수학 시험 문제가 든 흰색 봉인 봉투가 책상 앞에 놓여 있었다. 봉투 위에 적힌 커다란 붉은 숫자가 외눈박이 키클롭스Cyclops의 눈처럼 나를 노려보았다.

두 번째 종이 울리기까지 오랜 시간이 걸린 것 같았다. 두 번째 종은 봉인 봉투를 열어도 좋다는 신호였다. 봉투에서 시험 문제를 꺼낼 때 갑자기 가슴이 떨리기 시작했다. 그 봉투는 내 운명이었다. 공장을 탈출하기 위한 유일한 방법이었다. 6년 동안이나 그 순간을 준비해왔다. 절대로 놓쳐서는 안 되는 기회였다. 나는 재빨리 문항을 점검했다. 공식 문제가 열두 개였고 추가로 세 문제가 더 있었다.

문제는 아주 어려운 편은 아니었다. 하지만 집중이 잘 되지 않았다. 일단 낡은 책상이 문제였다. 마치 달 표면처럼 온통 긁히고 파진 흔적 투성이였던 것이다. 직선을 긋기가 불가능할 정도였다. 하긴 책상이 매끈하다 해도 어차피 직선은 긋지 못할 상황이었다. 차가운 교실에서 10분 동안 앉아 있었을 뿐인데도 손이 곱아버려 펜을 꽉 쥘 수가 없었다. 울퉁불퉁한 책상, 피로, 그리고 추위가 시험 시간 내내 나를 방해했다. 두 시간이 끝났을 때 나는 겨우 일곱 문제를 풀고 두 문제를 절반 정도 푸는 데 그쳤다. 실망스러운 출발이었다.

다음은 화학 시험이었다. 두 시간의 휴식 시간이 주어졌다. 바깥으로 나오니 햇살이 밝게 빛났다. 따뜻한 햇살은 어둡고 추운 교실과 너무도 대조적이었다. 나는 가방을 챙겨 리링, 작은 레닌과 어울려 교문 밖으로 나섰다. 그리고 옥수숫대를 묶어 쌓아둔 곳에 앉아 도시락을 열었다. 모두 말이 없었다. 자전거 여행과 시험으로 너무도 지쳤던 것이다. 나는 반쯤 얼어버린 찐빵을 우물거리며 화학 공책을 들여다보았다.

두 번째 시험은 잘 치렀다. 추가 문제까지 포함해 거의 모든 문제를 풀었다. 시험장을 나서면서 나는 아마도 햇살 덕분에 기운을 얻어 쉽게 문제를 풀었던 모양이라고 생각했다. 그리고 남은 이틀도 화창하기를 빌었다. 실제로 이틀 내내 해가 쨍쨍했고 나는 점점 더 좋은 결과를 얻었다.

100점 만점에 57점을 받은 수학을 제외하고 나머지 다섯 과목은 만족스러운 수준이었다. 총점은 509로 대학 입학을 위한 하한선인 425를 훨씬 넘었다. 우리 공장에서 시험을 치른 156명 가운데 425점을 넘어선 사람은 열 한 명이었다. 리링도 그중 하나였지만 작은 레닌은 9점이 부족했다.

6년에 걸친 주경야독이 마침내 결실을 맺은 셈이었다. 나는 베이징의 부모님에게 '대학시험 통과'라는 전보를 쳤다. 어차피 실망스러운 자식이라는 사실이 변하지는 않겠지만 자그마한 즐거움이라도 선사하고 싶었다. 다위안의 동료들에게 자랑스럽게 전할 소식은 될 테니까 말이다.

* * *

시험을 치르고 2주 후, 동풍비항공창의 정문에 커다란 붉은 포스터가 붙었다. '행운아 열한 명'이라고 불리던 합격자들의 이름과 성적이 검은 글씨로 적혀 있었다. 붉은 꽃무늬가 이름을 장식했다. 내 점수가 가장 좋았다. 그날 아침 내가 테스트 팀으로 걸어 들어가자 모두들 야단이었다. 다투어 내게 악수를 청했다. 마치 달나라에 다녀온 우주인이라도 되는 양 말이다. 판 사부는 붉은 포도주를 한 병 사왔다. 작업장의 모든 사람들이 조금씩 돈을 모아 산 것이라 했다. 대부분은 흔쾌히 돈을 냈지만 덩 사부 같은 사람은 마지못해 주머니를 열었을 것이다. 판 사부는 작은 잔들에 포도주를 부었고 모두와 잔을 부딪친 후 방 한가운데에 섰다. 건배의 말을 하기 위해서였다.

"오늘은 우리의 작고 초라한 작업장이 맞은 최고의 날입니다. 우리 중에 대학생이 나왔습니다. 중국 속담처럼 이건 '가난한 산촌에서 날아오른 황금 불사조'나 다름없습니다. 셴판, 우리는 자네 동료라는 점이 자랑스럽네. 대학을 졸업하고 훌륭한 사람이 된 후에도 우리를 잊지 말아주게. 자, 모두들 건배!"

나는 다정한 동료들에게 미소로 답했지만 지나치게 즐거워하거나 너무 큰 소리로 웃지 않도록 조심했다. 마음속은 터질 듯 기뻤음에도 불구하고 말이다. 인생은 내게 조심스러워야 한다고 가르쳐주었다. 정말로 손에 들어오기 전까지는 아무것도 당연하게 여겨서는 안 되었다. 그리고 그 순간 나는 여전히 공장 노동자였고 그곳을 탈출할 수 있을지는 아직 불확실했다. 섣불리 속마음을 드러냈다가 일을 망쳐버릴 수 있었다. 체스 시합에서 미리 승리를 낙관했다가 제대로 수를 읽지 못하는 것처럼 말이다.

공장 정문에 붉은 포스터가 붙고 작업장 동료들과 붉은 포도주를 나눠마신 다음날 공장의 당비서인 '따라서' 동지가 행운아 열한 명을 차례로 불러 만나겠다는 의사를 전해왔다. 나는 가슴이 내려앉았다. 당 간부와 만나 좋은 일은 없었다. 무언가 재앙이 닥칠 징조였다.

'따라서' 동지의 사무실은 두꺼운 붉은 카펫과 가죽 소파로 호화롭게 꾸며져 있었다. 영화에서 보았던 겨울 궁전의 레닌 집무실을 본따 만든 것 같았다. 창문으로 정원에 선 마오쩌둥 주석 입상의 거대한 머리와 손이 내려다보였다. 나는 리링, 그리고 함께 공부했던 두 친구와 함께 자리에 앉았다.

'따라서' 동지는 20분 늦게 들어왔다. 키 크고 뚱뚱한 체구에 얼굴이 불그스레했다. 회색 머리를 말끔히 빗어넘긴 당비서는 밝은 얼굴로 우리와 악수를 나누었다. 우리는 당연히 모두 일어서서 그를 맞았다.

"어서들 앉게." 당비서는 책상 뒤의 가죽 의자에 앉으면서 손짓을 했다. 그 옆으로 제2당비서, 제3당비서, 공산주의 청년단 비서, 공장장도 자리를 잡았다.

"따라서, 알다시피," 당비서는 우리가 익히 들어 익숙해진 독특한 쓰촨 사투리로 쾌활하게 말을 시작했다. "당 지도부 전체가 여러분의 뛰어난 성과를 축하하기 위해 여기 모였네. 따라서 여러분은 우리의 자랑이야. 당 또한, 따라서, 여러분을 자랑스럽게 생각하네." 모든 고위 당원들이 고개를 끄덕이며 미소를 지었다. "여러분 모두의 앞에는, 따라서, 찬란한 미래가 펼쳐져 있지. 알다시피 당은, 따라서, 여러분과 같은 인재를 필요로 하네. 따라서, 우리 공장 역시 여러분을 필요로 하지. 그것이, 따라서, 오늘 모임의 주제일세."

'따라서' 동지는 잠시 말을 멈추고 우리들의 얼굴을 살펴보았다. "여러분 모두, 따라서, 각자의 관심사가, 따라서, 대학에서 하고자 하는 공부가 다르겠지. 하지만 위대한 지도자께서 가르치신 바와 같이, 따라서, 개인은 당에 복종해야 하고, 따라서, 개인의 관심은 국가의 이해관계에 복종해야 해. 알다시피 우리 공장은 생사의 기로에 서 있네. 우리는, 따라서, 여러분과 같은 인재를 필요로 하지. 따라서, 우리는 여러분을 그냥 놓아보낼 수는 없어. 당위원회는, 따라서, 여러분이 우리 공장이 지극히 필요로 하는 전공을 선택해야만 한다는 결정을 내렸네. 또한 졸업 후에는 공장으로 돌아와야 하네."

다시 돌아와야 한다는 말을 듣자 심장이 멎는 듯했다. 하지만 나도, 다른 친구들도 감히 입을 열지 못했다. 우리는 당의 명령에 따라 움직이는 데 익숙했고 괜히 저항했다가는 대학조차 가지 못하게 될까봐 두려웠던 것이다.

'따라서' 동지는 당이 정한 전공 네 개 중에서 하나를 선택하라고 말했다. 그 전공이란 비금속 재료공학, 항공 수력학, 금속 표면처리공학, 그리고 항공 공학이었다. 모두 내게는 전혀 관심 없는 분야들이었다. 또한 우리는 시안에 있는 대학 중 하나를 선택해야 했다. 당비서가 자주 방문하고 감시할 수 있도록 말이다. 하지만 시안에는 3류 대학들뿐이었다.

우리는 말없이 당비서의 집무실이 있는 행정 건물을 빠져나왔다. 한 떼의 뱀장어처럼 축 늘어진 채 말이다. 단 한 마디도 항의하지 못한 나 자신이 부끄러웠다. 각자의 방향으로 헤어지기 직전 뒤에서 단호한 목소리가 울렸다. "모두들, 잠깐 기다려봐!"

우리는 뒤를 돌아보았다. 리링이 몇 발자국 뒤에 서서 씨근덕거리고 있었다. "아무 말없이 저런 멍청한 지시를 받아들일 거야?" 리링이 물었다. "저거야말로 전형적인 지역 이기주의 정책이야. 당의 전체적 이해와는 배치되는 처사라고."

'지극히 옳은 지적이야.' 나는 생각했다. 홍위병들에 당당히 맞서 자기 주장을 펴던 리링의 모습이 떠올랐다.

"우리도 행동해야 해. 하지만 맞서싸우려면 서로 힘을 합쳐야지."

리링이 말했다. 그러고는 그 크고 이글거리는 눈으로 우리를 하나씩 쳐다보았다.

"난 같이 싸울게." 내가 말했다.

"그럼 우리도 그래야지." 다른 두 사람도 말했다.

"항의할 수는 있어." 머리를 짧게 땋은 소녀가 조용히 말했다. "하지만 그래 봤자 소용없으리라 생각해."

"하지만 최소한 시도해보았다는 자부심은 가질 수 있지." 내가 말했다. 소녀의 수동적인 태도가 실망스러웠다.

"당비서의 정책은 물론 옳지 못해." 두꺼운 안경에 검은 겉옷을 입은 남자가 말했다. "하지만 의미 없는 싸움이야. 우리 몇 명이 당위원회의 결정을 뒤집을 수 있을 것 같아? 불가능해! 시간 낭비일 뿐이야. 또 뭘 전공하든 대학생이 되기만 해도 여기서 밑바닥 노동자로 일하는 것보다는 나아. 괜한 짓을 벌여 대학에 갈 기회도 놓쳐버리고 싶진 않아."

"그 말이 맞아." 목도리를 두른 다른 남자도 맞장구쳤다. "이미 가진 것에 만족하는 사람만이 행복해질 수 있다고 하잖아. 이길 수 없는데 왜 싸우겠다는 거지? 이미 얻어낸 것을 잃고 싶지 않아. 우리가 얼마나 열심히 공부했는지 생각해봐. 우리는 힘들게 자격을 얻어낸 사람들이야."

"바로 그런 식의 사고 때문에 중국이 몇 세기나 뒤떨어지고 만 거야." 나는 더 이상 참을 수가 없었다. 엉뚱한 순간에 엉뚱한 용기가 솟아난 셈이었다. "우리 중국인은 '싸우지 않는다면 어떻게 이길 수 있다는 거지?'라는 질문을 던지지 않아. 시대가 바뀌었어. 당도 바뀌어야 해. 이건 우리 인생의 문제야. 모르겠어? 우리는 기계 속의 한갓 나사못이 아냐. 단 한 번만이라도 '나는 이것을 원한다. 나는 관심 있는 공부를 하고 싶다'라고 말할 수 없어?" 마지막 문장을 말하면서 나 자신도 화들짝 놀랐다. 마음속에서는 이미 경계 경보가 커다랗게 울리고 있었다. 개인적인 야심을 갖는 것은 이미 당에 대한 모독이었던 것이다. 나는 재빨리 덧붙였다. "물론 우리는 당과 국가에 봉사하기를 원해. 하지만 각자의 적성을 충분히 살린다면 더 잘 봉사할 수 있을 거야. 그렇게 생각하지 않아?"

"선판의 말이 옳아." 리링이 말했다. "당위원회의 결정을 재고해달라고 공손한 편지를 써보자. 다들 서명할 거지?"

"그 의견에는 100% 찬동하지만 그런 편지에 서명할 수는 없어." 두꺼운 안경이 말했다.

"나 역시 못하겠어." 목도리도 말했다.

나머지 사람들은 서명하기로 합의했다. 나는 그날 밤 편지 초안을 작성했다. 전달은 리링과 내가 하기로 했다. 하지만 불안했다. 리링 역시 불안감을 감추지 못했다. 우리의 노력이 수포로 돌아간다면 둘 다 평생 문제아로 낙인찍히고 말 것이었다.

하지만 그 편지는 전달될 필요가 없었다. 당위원회와의 갈등은 신이 아브라함의 신앙을 시험했듯 하늘이 우리를 시험한 것에 불과했다.

* * *

다음날 식당에서 리링이 내 쪽으로 달려와 〈런민르바오〉 복사본을 손에 쥐어주었다. "이걸 좀 봐." 1면의 사설이었다. 리링의 얼굴은 흥분으로 빛났다. "우리가 이겼어!"

사설 제목은 '지역주의를 경계함' 이었다.

"이건 신의 섭리야. 우리가 겪었던 일이 중국 곳곳에서 일어나고 있나봐. 그래서 중앙정부는 그 어떤 지방정부도 대학 지원에 대해 간섭하지 못한다고 못박은 거지. '따라서' 동지가 결정을 번복했다는 얘기를 지금 막 들었어." 나는 안심이 되었다. 하지만 아직도 일말의 불안감은 남아 있었다. 기사가 사실이라 해도 여전히 갈 길은 멀었다.

다행히 리링의 말이 옳았다. '따라서' 동지는 정말로 자기 결정을 철회했고 우리는 원하는 대로 대학에 지원했다. 나는 란저우蘭州대학 영어과에, 리링은 베이징인민대학의 경제과에 합격했다. 통지서를 받은 뒤 불과 며칠 만에 우리 둘은 각자의 대학으로 떠났다. 6년 동안이나 가깝게 지낸 사이였는데 그렇게 급작스럽게, 송별 행사도 없이 헤어진다는 점이 이상했지만 말이다. 리링이 공장을 떠나 베이징으로 가던 날 우리는 짧은 인사를 나누었을 뿐 악수조차 하지 않았다.

란저우대학에 입학하기 위해 떠나기 전날, 나는 마지막으로 테스트 팀 작업장으로 갔다. 일요일이었으므로 건물은 텅 비어 있었다. 나는 빠른 걸음으로 계단을 올라 제4테스트 현장의 통제실로 갔다. 그리고 제트 엔진이 점화 테스트를 받는 현장과 통제실 사이에 있는 무거운 철문을 두 손으로 당겨열었다. 현장의 불을 켰다. 엔진은 없었고 복잡하게 얽힌 파이프들만 보였다. 나는 안쪽으로 걸어 들어갔다. 거대한 콘크리트 터널 안에서 내 발자국 소리가 울렸다. 철제 배출부가 있는 끝까지 갔다. 내 키 정도 되는 둥근 터널은 거기서부터 점점 넓어져 콘크리트 탑으로 연결되어 있었다. 조심스레 철제 배출부를 밟고 걸어보니 한기가 느껴졌다. 어두웠으므로 나는 천천히 조심해서 걸었다. 터널 양쪽에는 제트 연료가 타고 남은 검댕이 두껍게 붙어 있었으므로 손을 대지 말아야 했다. 터널의 세 번째 구획까지 간 후 나는 발걸음을 멈추었다. 그리고 가방에서 손바닥만한 물건을 꺼내 터널 바닥에 놓았다. 붉은 표지를 한 물건이었다. 다시 통제실 쪽으로 돌아오면서 나는 퍽 즐거웠다.

다음날 아침 내가 탄 기차가 란저우를 향해 출발했다. 나는 그 시간에 테스트 팀에서 어떤 일이 벌어질 것인지를 잘 알고 있었다. 아침 8시 5분이 되면 4번 현장 테스트 팀장인 부ㅏ 사부가 손잡이를 올려 엔진 출력을 최대로 맞출 것이다. 제트 엔진은 웅웅 소리를 내다가는 곧 분당 회전수 1만 1,500회에 이를 것이다. 부 사부는 2분 동안 엔진을 돌린 후 왼쪽 계기판에서 압력 수치를 확인하겠지. 계기판은 만 파운드를 가리키게 되고. 모든 것이 정상적인 절차를 밟을 것이다. 계기 확인 담당 진쯥 사부는 엄지손가락을 들어보인 후 결과를 기록할 것이다. 부 사부가 버튼을 누르면 엔진 끝에서 나오는 길다란 주황 불빛이 배출 파이프 쪽으로 뻗어나가겠지. 철과 콘크리트로 이루어진 터널은 3,500파운드의 압력을 추가로 받게 된다. 그리고 10초 이내에 2,000도에 이르는 고온이 내가 배출부에 놓아둔 붉은 공책 세 권을 흔적도 없이 녹여버릴 것이었다. 그것은 바로 내 혁명 일기장이었다.

# 4부 나무

나는 울음을 터뜨리는 것이 두려워 어떤 일에든 웃는다.
- 보마르셰Pierre Augustin Caron de Beaumarchais(1732~1799)

23. 꿈의 상아탑으로!

 들뜬 기분으로 란저우 역에 도착한 것은 1978년 2월의 어느 화창한 아침이었다. 오랫동안 꿈꿔온 대로 드디어 대학생이 된 것이다. 6년이라는 길고 고통스러웠던 세월 동안 나는 열심히 투쟁했고 결국 승리했다. 그날 아침, 나는 몇 년 만에 처음으로 진정 행복했다. 섬뜩한 흰색 공장도, 수수께끼 같은 죽음과 질병도, '따라서' 동지나 붉은 송아지, 전투 쭈도 모두 끝이었다. 다시는 공장 근처에도 가지 않을 것이었다.
 기차역까지 마중 나온 학교 차량이 나와 다른 신입생들을 태웠다. 차는 기분 좋게 달려 도심지를 지나더니 몇 분 만에 학교에 도착했다. 네모진 탑이 두 개 서 있고 그 사이로 미닫이식의 금속 문이 두 짝 달린 교문이 아주 인상적이었다. 교문 앞으로 위대한 지도자의 거대한 입상이 보였다. 나는 미소를 지으며 위대한 지도자에게 손을 흔

들었다.

학생 기숙사는 기역자 모양의 커다란 벽돌 건물이었다. 울퉁불퉁한 콘크리트 바닥 때문에 내 발자국 소리가 커다랗게 울렸다. 방은 공장의 기숙사 방과 비슷했고 약간 더 작았다. 양쪽 벽에 침대가 놓였고 문에서 하나뿐인 창문까지의 너비는 채 1미터도 되지 않았다. 네 사람이 방을 함께 사용했다. 하지만 물론 공동 생활은 내게 문제가 되지 않았다. 복도에서 울리는 웃음소리와 즐거운 고함 소리는 기숙사의 모든 사람들이 나처럼 들뜬 기분이라는 점을 알려주었다. 사방에서 진짜 웃음이 들렸다. 불안감이 없는 웃음소리, 평생 한 번도 들어보지 못했던 그런 웃음소리였다. 나와 동급생들은 문화혁명 이후 최초로 학업 성적을 기준으로 선발된 신입생들이었다. 우리 모두 자신이 사회의 엘리트라는 점을 잘 알고 있었다. 국가시험 응시생 열아홉 명 중 한 명만이 입학 허가를 받았다. 우리는 선택된 존재였다. 가족과 친구들은 우리를 퍽 자랑스러워했다. 전 사회가 우리를 주목하고 있었다. 물론 시기심도 섞여 있을 것이었다.

먼저 도착해 있던 룸메이트 세 명이 짐 푸는 것을 도와주었다. 나는 마지막으로 남아 있던 침대를 차지했다. 우리는 서로 인사를 나누었다. 내 위 침대에서 자는 친구는 자오총밍趙聰明이었다. 그는 우습게 들리는 사투리로 "내 이름을 듣고 웃지 마. 이건 별명이 아니라 진짜 이름이라고."라고 말했다. 그 이름을 따서 우리는 그를 총명한 자오라고 불렀다. 낡아버린 푸른색 마오쩌둥 재킷을 입고 얼굴이 검게 탄 총명한 자오는 나이가 좀 많은 듯했다. 집에서 직접 만든 낡은 신발로 보아 농부의 아들임에 분명했다. 나는 첫눈에 그가 좋아졌다.

내 맞은편 일층 침대에 있는 친구는 치엔러錢樂라고 했는데 통통하고 속편한 사람이었다. 느린 말투와 어딘지 어색한 몸 움직임 때문에 그는 '헐렁이'이라는 별명을 얻었다. 그는 중국 최고의 석탄 산지인 다퉁大同에서 크레인 기사로 일했다고 했다.

헐렁이 바로 위 침대는 동기 신입생 중에서 가장 어린 후앙라이시黃賴石의 자리였다. 시안 출신으로 이제 겨우 열여섯 살이었다. 고등학교에서 얻은 별명 '육손이 후앙'이 여기서도 통용되었다. 오른손 엄지 옆에 작은 손가락이 하나 더 있었기 때문이었다. 후앙은 그것이 행운의 표시라고 믿었다.

정리를 마치고 우리는 식당으로 내려갔다. 식당은 기숙사 건물 맞은편이었다. 배구장 두 개만한 넓이의 식당은 동풍비항공창 식당과 비슷했으나 좀더 컸다. 안으로 들어서자 목욕탕에 들어간 기분이었다. 비누 냄새 대신 시큼한 냄새가 풍긴다는 점만 달랐다. 사람들이 길게 줄을 서 북새통을 이루었다. 음식 하나를 받을 때마다 서로 다른 줄을 서야 했다. 입구에서 총명한 자오가 협력을 제안했다. "네가 내 밥을 받아줘. 내가 반찬을 받아올 테니. 돼지고기 요리가 동나기 전에 받아놓아야 해."

나는 내 에나멜 그릇을 내밀었고 총명한 자오의 커다란 나무 밥그릇을 받았다. 나는 밥그릇 크기에 놀랐다. "이게 뭐야?" 내가 장난을 섞어 비명을 질렀다. "세숫대야로도 쓸 수 있겠는걸. 대체 밥을 얼마나 담아오라는 거야?"

"400그램만 담으면 돼." 총명한 자오가 약간 당황한 듯 대답했다. "더 먹을 수는 있지만 내 몫을 지켜야 하니까." 학생들에게는 매달 13

킬로그램의 곡물이 배정되어 있었다.

빈 식탁이 없었기 때문에 우리는 기숙사 뒤로 갔다. 대학에서의 첫 식사는 기차 여행만큼이나 즐거웠다. 총명한 자오가 젓가락질 하는 모습을 보기 전까지 나는 다른 사람이 밥 먹는 모습을 구경하는 것이 그토록 재미있고 식욕을 당기게 할 수 있다는 것을 미처 몰랐다.

그는 야채와 밥이 함께 담긴 커다란 그릇을 쉴새없이 공략했고 소리 내어 우적거리며 음식을 씹었다. 체격은 표준을 넘지 않았지만 그의 위는 끝없이 깊은 듯했다. "난 돼지야." 그가 눈을 커다랗게 뜨고 자기를 지켜보는 친구들을 향해 익살스럽게 말했다. 그리고 자기가 제일 좋아하는 음식이 삶은 돼지 갈비라고 말했다. 값싸고 푸짐하기 때문이라는 것이다. "돼지 갈비 파는 게 보이거든," 그가 말했다. "최소한 한 근은 잊지 말고 사다줘. 돈은 나중에 줄 테니까." 그러고는 신나게 돼지 갈비를 뜯었다. 어찌나 맛있게 먹는지 나는 순간 '진주와 에메랄드, 옥으로 된 수프'를 먹는 황제 주위앤장朱元璋의 모습도 저렇지는 못했으리라 생각했다.

식사시간이 끝나갈 무렵이 되자 그는 사방으로 돌아다니며 사람들이 남긴 음식을 모았다. 기름이 붙은 고기며 돼지 갈비며 뭐든 말이다. 매끼 식사시간마다 그렇게 했다. 워낙 양이 컸기 때문에 스무 번 정도 젓가락을 움직이면 자기 몫은 이미 동이 났다. 친구들이 조금씩 덜어주지 않았다면 그는 아마 배가 고파 쓰러졌을 것이다.

총명한 자오의 식사에서 절정을 이루는 장면은 마지막 한 입을 먹는 의식이었다. 그는 늘 가장 크고 맛있어 보이는 고기 한 조각을 최후의 순간까지 아껴두었다. 그리고 다른 것을 다 먹어치우고 난 뒤 일단 물로 입 안을 헹구었고 이어 진지하기 짝이 없는 표정으로 잠시 명상을 했다. 신성한 만찬을 위해 마음의 준비를 하듯이 말이다. 그러고는 젓가락으로 고기를 집어올려 조심스레 입에 넣고 몇 차례 입 안에서 굴려본 뒤 천천히 씹었다. 두 눈을 감고 고개를 뒤로 젖힌 채 몸을 살짝 떨면서 고기를 씹는 그의 표정은 정말이지 일품이었다. 그 마지막 고기는 베토벤의 〈환희의 송가〉 마지막 한 구절이었고, 총명한 자오는 음악에 푹 빠진 지휘자였다. 그런 순간에 우리는 질투와 경탄의 눈길로 그를 바라보았다. 평생 단 한 번만이라도 그런 해탈의 경지에 이르러보았으면 하고 바라면서 말이다.

* * *

첫 한 해 동안 나는 천국에서 사는 듯했다. 열심히 공부했고 더 많은 것을 알고 싶은 열정에 불타올랐다. 문화혁명 이후 홍위병이 봉쇄해버렸던 도서관이 고맙게도 다시 개방되었다. 하루 24시간 동안 도서관의 모든 책을 마음대로 사용할 수 있게 된 나는 마치 좁은 산의 계곡을 빠져나와 대양에 다다른 연어처럼 행복했다. 나는 지식의 미로를 마음껏 헤매고 다녔다. 수업은 너무 쉬운 편이었다. 결국 대부분의 시간은 '쓸모없는' 책들을 읽으면서 보냈다. 과 친구들 대부분은 교과서에 매달려 좋은 성적을 얻기 위해 급급했지만 나는 진정한 지식에 목말라 있었다. 공장에서 리링의 폭넓은 지식에 감탄하던 시절, 내 무지를 부끄러워하며 기회만 오면 열심히 공부해 대등한 수준에 도달하고야 말겠다고 결심했던 일을 똑똑히 기억했던 것이다.

내가 책을 읽는 곳은 흰 탑 언덕이었다. 교정에서 멀지 않은 곳, 황허黃河 서쪽 기슭에 위치한 푸르른 언덕이었다. 불교 건축물인 흰 탑은 언덕 꼭대기에 서 있었다. 반짝이는 흰 대리석으로 만들어진 인상적인 탑이었다. 언덕 위에 서면 황허를 따라 펼쳐진 란저우 시가 한눈에 들어왔다. 언덕은 서쪽으로 가면서 조금 조금씩 높아져 산과 합쳐졌다. 시 근교의 언덕은 대부분 헐벗은 상태였지만 어찌된 영문인지 (부처님의 자비로움 때문이었는지도 모르지만) 흰 탑 언덕만은 버드나무와 포플러 나무로 가득 찼고 풀도 무성했다. 마치 고비Gobi 사막 한가운데의 오아시스처럼 말이다.

주말이 되면 나는 아침 일찍, 점심으로 먹을 찐빵을 챙겨 언덕 꼭대기로 갔다. 내가 제일 좋아하는 버드나무 아래 앉아 웅웅거리는 도시의 소음을 발밑에 두고 따뜻한 햇살 아래에서 하루 종일 책을 읽었다. 내 대학 교육은 바로 그곳, 흰 탑 아래에서 이루어졌다. 총명한 자오나 육손이 후앙이 함께 가는 일도 있었지만 대개는 나 혼자였다.

버드나무 아래에서 나는 문화혁명 이후 난생 처음으로 행복과 평화가 무엇인지 깨달았다. 홍위병들의 집회와 투쟁, 큰 호저 마을에서 겪었던 혹독한 겨울 추위와 굶주림, 기괴한 흰 공장에서 느꼈던 죽음의 공포 등은 어느덧 모두 먼 과거의 일이 되었다. 나를 위한 삶이 이제 막 시작된 것 같았다. 하루 아홉 시간씩 고된 일을 하다가 밤이면 피로와 벌레와 싸워가며 촛불 아래에서 공부하던 시절은 지나갔다. 원한다면 24시간 내내 책을 읽을 수 있었다. 귀뚜라미 아저씨나 전투쭈, 붉은 송아지 등 생각만 해도 지긋지긋한 당 관료들의 비위를 맞추고 멍청한 혁명 일기를 쓰는 데 시간을 낭비할 필요도 없었다. 나는 처음으로 수영장에 들어간 강아지처럼 흥분되고 즐거웠다. 갑자기 얼은 자유를 어떻게 사용해야 할지 알 수 없었다. 나는 푸른 비단 표지가 붙은 예쁜 일기장을 샀다. 새 일기장은 내 인생의 새로운 장을 기록하기 위한 것이었다.

첫 한 해 동안 내게 일어난 유일하게 슬픈 사건은 6년 동안이나 스승이자 조언자가 되어주었던 리링의 결혼이었다. 급하게 헤어질 때 리링은 결혼하게 될 것이라는 얘기를 한 마디도 하지 않았다. 베이징에서 보내온 엽서에서도 마찬가지였다. 그 충격적인 소식은 작은 레닌이 알려주었다. 리링이 베이징에 가자마자 바로 결혼을 했다는 것이었다. 왜 그렇게 서둘러, 게다가 어느 모로 보나 자신보다 훨씬 못한 상대와 결혼해야 했는지 알 수 없는 일이었다. 작은 레닌의 말에 따르면 공장 사람들도 리링이 그런 남자와 결혼했다는 소식에 한결같이 충격을 받았다고 했다. 더 이상했던 것은 결혼한 후 리링 부부가 4년 동안이나 떨어져 살게 된다는 점이었다. 리링은 베이징에서 경제학을 공부했고 남편은 하얼빈哈爾濱에서 컴퓨터 공학을 전공한다고 했다. 하얼빈에서 베이징이라면 광대한 중국의 절반 가까이 되는 거리였다. 대학 시절 리링과 편지 연락을 하지는 않았지만 나는 때때로 리링 생각을 했고 리링을 내 지식 추구의 동기 부여 요소로 삼았다.

리링의 책을 빌려보았던 덕분에 나는 혼자서 효율적으로 공부하는 방법을 터득한 상태였다. 대학에서 배우는 내용은 지루했고 속도도 느렸다. 몇몇 수업은 그저 선생에 대한 예의로 출석할 정도였다. 하지만 정말로 싫어서 적극적으로 결석하는 수업도 있었다. 소위 '정치학'이라는 것이었다. 그것은 공장에서 6년 동안이나 매일 한 시간씩 들어야 했던 정치 선전과 전혀 다를 바 없었다. 대학에서는 한 주에 하루 오후만 출석하면 되었지만 그래도 견딜 수 없이 싫었다. 귀뚜라미 아저씨나 전투 쭈의 강의를 연상시켰기 때문이다. 대부분의 학생들은 성실히 수업에 들어가 열심히 듣고 받아적었다. 강사는 외국어학부의 당비서인 피皮 동무였다. 졸업 후 우리의 진로에 결정적인 영향을 미치는 인물이라고 했다. 하지만 나는 그 모두가 아무 가치 없는 말장난이라는 것을 이미 깨달아버린 후였으므로 가능한 한 빼먹으려 애썼다. 얼마 지나지 않아 피 동무와 게릴라 전투가 시작되었다. 아프다고, 혹은 늦잠을 잤다고 핑계를 대며 나는 한 달에 두세 번은 정치학 수업에 결석했다.

피 동무에게서 마음에 드는 점이라고는 그 이름뿐이었다. 중국어에서 그의 이름은 '방귀를 뀌다'라는 뜻의 글자尼(비)와 성조만 다를 뿐 같은 발음이었다. 나와 친구들은 피 동무의 이름을 언제나 그런 식으로 장난스럽게 발음했고 머지않아 '방귀 동무'라 부르기 시작했.

방귀 동무는 군 출신으로 평균 체격에 다리가 짧았고 늘 팔을 축 늘어뜨리고 다녔다. 나이는 40대 후반쯤 되었을 것이다. 두껍고 둥그런 안경을 썼는데 안경알이 깨져 있는 일이 많았다. 그럴 때에는 흰 반창고를 붙여두었다. 우리가 보기엔 퍽 우스웠지만 정작 그는 아무렇지도 않은 듯했다.

귀뚜라미 아저씨와 마찬가지로 방귀 동무도 열성적인 공산당원이었고 젊은이들이 몸과 마음 모두를 당에 바치도록 만들어야 한다는 사명감에 불타고 있었다. 정치학 수업이 있는 매주 목요일 오후가 되면 그는 학생 기숙사를 돌아다니며 모든 학생이 잊지 않고 수업에 출석하도록 독려했다. 방문을 일일이 다 두드렸고 혹시라도 낮잠을 자고 있는 사람은 없는지 침대마다 검사했다. 양떼를 모는 개처럼 모든 학생을 수업에 끌고 들어가고자 했던 것이다. 무리에서 벗어난 양은 꼭 잡아야 한다고 생각하는 듯했다. 방귀 동무의 눈에는 내가 걸핏하면 무리를 이탈하는 양이었다. 그래서 특히 나를 주시했다. 그럼에도 불구하고 나는 여러 번 그의 눈을 피해 수업을 빼먹었다. 그러다 노동절 직전의 어느 목요일에 방귀 동무의 열성과 노력은 드디어 보상을 받고야 말았다. 나와 친구들을 붙잡아 무단결석에 대해 커다란 대가를 치르게 했고 이후 몇 달 동안이나 우리는 단 한 번도 결석할 엄두를 내지 못했다.

그날 점심을 먹은 후에 나는 친구들에게 지루한 정치학 수업에 들어가는 대신 카드놀이를 하자고 제안했다. 헐렁이, 육손이 후앙, 총명한 자오 모두 대찬성이었다. 우리는 문을 닫고 놀이를 시작했다. 2시가 되자 언제나처럼 복도를 돌아다니며 문을 두드리는 방귀 동무가 나타났다. "정치학 수업 시간이 되었다! 늦지 않도록 해라! 아직도 잠자는 사람이 있나? 자, 어서들 일어나!" 나는 그 목소리가 들리자마자 자리에서 일어나 조용히 문을 잠갔다. 그리고 살금살금 자리로 돌아왔다. 그리고 조용히 카드놀이를 계속했다. 점점 더 가까이 다가오는 방귀 동무의 쿵쾅거리는 발자국 소리를 들으면서 말이다. 드디어 방귀 동무가 우리 방의 문을 두드리기 시작했다. 쾅! 쾅! 쾅! 커다란 목소리가 문틈으로 들려왔다. "거기 누구 있나? 션판, 날 속이려 들지 마! 총명한 자오! 방에 숨어 있다니 용서할 수 없는 짓이다. 어서 나와!"

아무도 꼼짝하지 않았다. 카드놀이는 한창 절정이었다. 헐렁이가 결국 져서 벌을 받아야 했다. 좁은 탁자 아래를 기어 지나가는 벌이었다. 그의 통통한 몸이 간신히 책상 다리 사이를 통과하는 모습은 우습기 짝이 없었다. 그는 애벌레처럼 몸을 좌우로 뒤흔들며 빠져나가는 전략을 썼다. 중간까지는 성공적인 전략이었다. 하지만 곧이어 책상이 그의 몸에 꽉 끼어 들어올려지고 말았다. 거북이가 되어버린 꼴이었다. 우리는 그가 책상을 벗어버리려고 버둥거리는 모습을 보면서 웃음을 참느라 혼이 났다. 그러다가 갑자기 책상 한 쪽이 침대에 부딪쳐 쾅 소리를 내고 말았다. 소리는 텅 빈 복도를 다 울릴 정도로 컸다. 순간, 우리는 얼어붙어 버렸다.

"그럼 그렇지! 방에 숨어 있었군." 방귀 동무의 목소리가 다시 문 밖에서 들려왔다. 그는 잠시 방안 동정에 귀를 기울이며 기다렸다. "문 열어! 누군지 다 아니까. 션판, 자오충밍, 치엔러, 후앙라이시! 어서 문 열지 못하겠나! 날 속일 생각은 말아! 너희들 생각을 훤히 알고 있으니 말야. 당장 열지 않으면 전부 잡아다가 한 주 동안 정치학 공부를 시킬 테다!"

쾅! 쾅! 쾅! 얇은 판자로 만든 문은 당장이라도 부서질 듯 흔들렸다.

몇 분 동안 우리는 손가락 하나 까딱하지 못했다. 헐렁이는 여전히 등에 탁자를 뒤집어쓴 채 바닥에 엎드려 있었고 나머지는 벽에 등을 기댄 자세였다. 우리는 문 두드리는 소리에 몸을 떨며 문이 무사하기만 빌었다.

5분 정도 지난 후, 방귀 동무의 목소리가 부드러워졌다. "좋아, 좋아. 지금 당장 문을 연다면 이번에는 벌을 내리지 않겠다. 내 말 듣고 있나? 지금이라도 문을 열고 나와 정치학 수업에 들어간다면 다 없던 일로 해주지. 선판, 자네는 당원이 되고 싶어하지 않았나? 지금이야말로 당에 대한 충성심을 보일 기회야. 후앙라이시, 왜 그런 불순분자들과 어울리는 거지? 자네는 아직 젊고 밝은 미래를 건설해가야 할 시점에 있는데 말야. 자오충밍, 난 자네에게 죄가 없다는 걸 잘 알고 있어. 자네야말로 혁명 농부 출신이지 않나. 주위 나쁜 친구들에게 물들면 안……." 그러다가 침묵이 찾아왔다. 우리는 희망 섞인 눈길을 교환했다. 방귀 동무는 지쳐버린 나머지 아까 그 소리가 정말로 방에서 난 소리인지 의아해하는 것이 아닐까? 어쩌면 그만 돌아가기로 했을지도 몰라?

쾅! 쾅! 쾅! 다시금 문이 흔들렸다. "내가 가버렸다고 생각하는 건가?" 방귀 동무의 목소리가 다시 복도를 울렸다. 다른 학생들은 모두 정치학 수업에 들어가 있을 시간이었다. "자는 척하지 말아! 다 알고 있으니까. 어서 나오지 못하나!" 방귀 동무는 잠시 쉰 덕분에 한층 더 기운이 난 듯했다. "그냥은 안 되겠군." 그는 중얼거리더니 어디론가 걸어갔다. 결국 지친 나머지 포기한 모양이었다.

우리는 안도의 한숨을 내쉬며 헐렁이를 도와 탁자에서 빠져나오게 했다. 탁자가 등과 엉덩이를 스칠 때 헐렁이는 얼굴을 찌푸리며 투덜거렸다. 하지만 헐렁이가 미처 몸을 일으키기도 전에 문 밖에서 커다란 소리가 울렸다. 문 바로 앞에 의자가 하나 놓여진 것이었다.

방 문 위에는 작은 창문이 하나 있었다. 곧 창이 열리고 손 두 개가 나타났다. 방귀 동무가 의자 등을 딛고 기어오르는 중이었다!

우리는 황급히 가까이 있는 침대로 뛰어들었다. 그리고 이불을 덮어쓰고 자는 척했다. 나는 이불 밑에서 문 쪽을 곁눈질했다. 방귀 동무의 회색 머리통이, 이어 두꺼운 안경이 창문으로 올라오는 모습을 보면서도 속수무책이었다. 불운하게도 급히 서두르다가 헐렁이와 육손이 후앙은 같은 침대로 들어가고 말았다. 몸집이 더 크고 행동이 굼떴던 헐렁이는 육손이 후앙 위에 겹쳐누웠다. 이불도 제대로 덮지 못한 채였다. 나는 터져나오는 웃음을 억지로 참았다. 우리가 막 잠든 척하기 시작했을 때 방귀 동무의 안경이 나타났다. 헐렁이는 살짝 코 고는 소리까지 냈다.

"허튼 수작 하지 말아!" 방귀 동무가 고함을 질렀다. 고함 소리가 나오는 입은 보이지도 않았지만 말이다. 의자 등을 딛고 선 방귀 동무가 균형을 잡지 못하고 흔들거리면서 문이 삐걱삐걱 소리를 냈다. "너희들이 움직이는 걸 다 보았어! 자고 있는 게 아니라고. 너, 치엔러는 대체 후앙라이시의 침대에서 무얼 하고 있는 거지? 함께 잠을 잔다는 건가? 정말 구역질나는 일이구만. 자오총밍, 자네도 움직이는 걸 보았어. 날 속일 수는 없지." 이불 사이로 나는 총명한 자오가 웃음을 참느라 몸을 뒤흔드는 모습을 볼 수 있었다. 바로 그때 내 이름이 들렸다. "션판, 다 네가 꾸민 짓이지? 당장 멍청한 장난을 그만두고 문을 열지 않으면 아버님께 편지를 보낼 거야. 아버님은 베이징의 혁명 동지가 아니신가. 난 자네 신상 정보를 다 가지고 있다고. 말을 듣지 않으면 졸업한 다음에 티베트로 보내주지. 내 말을 허투루 듣지 말아!"

나는 그 마지막 말에 정신이 번쩍 났다. 방귀 동무는 정말로 나를 티베트로 배치해 인생을 망쳐버릴 만한 권한을 가진 사람이었다. 더 이상 장난칠 때가 아니었다. 나는 뛰쳐일어나 잠금 장치를 풀고 문을 홱 열어젖혔다. 그 바람에 문에 기대 있던 의자가 방으로 엎어지고 말

앉다. 방귀 동무는 거대한 개미처럼 문틀에 매달려 결사적으로 다리를 버둥거렸다. 불과 몇 초가 지나자 그는 의자 위로 떨어졌고 요란한 소리와 함께 방으로 굴러 들어왔다. 안경이 벗겨져 바닥에서 산산조각이 났다. 나는 방귀 동무의 몸을 뛰어넘어 복도로 내달렸다. 약속이나 한 듯이 친구들도 침대에서 빠져나와 도망쳤다. 안경 없이는 장님이나 다름없는 방귀 동무는 엎드린 채 팔을 내저으며 바람처럼 주변을 스쳐가는 다리들을 붙잡으려 했지만 헛수고였다.

그 후로 2주 동안 방귀 동무를 볼 수 없었다. 군 시절 얻었던 등의 통증이 다시 악화되어 치료를 받는다는 것이 공식 이유였다.

다시 돌아왔을 때 그는 내게 못된 장난의 대가를 톡톡히 치르게 했다. 나는 장장 30쪽에 달하는 자아비판문을 썼고 위대한 지도자의 글 〈인민에게 봉사하기〉와 〈우공이산愚公移山〉에 대한 보고서를 제출해야 했다. 또한 친구들과 함께 일년 동안 기숙사 화장실 청소를 도맡았다. 학기 말에 나는 간신히 정치학 시험을 통과했다. 마지막 시험에서 그는 내게 C를 주었다. 대학 시절을 통틀어 유일하게 받은 C 학점이었다. 하지만 나로서는 낙제하지 않은 것만도 감지덕지였다. 정치학에서 낙제는 졸업 후 진로에 치명적이었다. 정말로 티베트에 가게 될 수도 있었다. 새로운 학기가 시작되었을 때 나는 당비서에게 더 이상 꾀부리는 모습을 보여서는 안 되겠다고 생각했고 매주 꼬박꼬박 출석했다. 방귀 동무는 더 이상 목요일 오후에 우리 방을 찾아올 필요가 없었다. 내 정치적인 역경은 거기서 끝난 듯했다. 하지만 내 머리 위에는 또 다른 검은 구름이 몰려들고 있었다. 정치학 수업 결석과는 비교도 안 될 정도로 크고 심각한 일이었다.

24. 그 아저씨들

나는 어딜 가든 '위험한' 인물과 친구가 되는 재주를 가진 것 같다. 그리고 늘 그것 때문에 곤란한 일을 당했다. 산촌 마을에서 나는 지주의 아들인 달덩이와 친하게 지냈다. 동풍비항공창에서는 만년필 선생님을 만나는 바람에 감옥에까지 갇혔다. 그리고 대학에서도 미처 깨닫지 못하는 사이에 '위험' 인물과 어울리게 되었고 대학 1학년이 끝나기도 전에 심각한 곤경에 처하고 말았다.

재클린Jacquelyn 부부가 처음 란저우대학에 오던 날은 대학뿐 아니라 시 전체가 들썩거렸다. 두 사람은 중화인민공화국이 수립된 이후 중국의 핵 개발 프로그램 중심지인 란저우 시에서 취업 허가를 받은 최초의 미국인이었다.

키 크고 날씬한 몸매에 우아한 재클린은 유능한 선생님이었다. 그리고 나는 재클린의 시강을 듣는 학생들 중에서 가장 뛰어나고 열심인 학생이었다. 우리는 예술, 교육, 음악, 철학, 글쓰기 등 여러 면에서 공통 관심사를 가지고 있었기 때문에 곧 친해졌다.

수업이 끝나면 몇 시간씩 이야기를 나누었다. 재클린의 격려에 힘입어 나는 단편 소설을 쓰기 시작했고 지방 신문에 실리기도 했다. 또 재클린이 중국어를 공부하고 있었기 때문에 주말이면 함께 중국 영화를 보러가서 통역 역할을 했다. 영화가 끝나면 산책을 했다. 우리 둘 사이에 책과 공부를 넘어선 무언가가 있다고 어렴풋이 느껴지기는 했지만 스물네 살에 불과했던 나는 여자들 앞에서 여전히 수줍음을 탔고 선생님과 특별한 관계가 된다는 것이 무례하게 여겨졌다.

어느 날인가, 재클린의 집에서 번역 작업을 한 후 작별인사를 하다가 재클린이 살짝 내 뺨에 입을 맞췄을 때 화들짝 놀란 것도 그런 이유에서였다. 재클린이 내게 관심을 가져주는 것이 뿌듯하기도 했지만 다른 한편 그런 관계가 어떤 결과를 빚을지 걱정스럽기도 했다. 미국인과 가까이 지내는 것은 내게 엄청난 정치적 부담이 될 것이었다. 이미 잘 알고 있던 일이다. 당은 새로운 개방 정책을 펼치기 시작했지만 대부분의 고위 관료들은 여전히 외국인, 특히 미국인에 대해 뿌리 깊은 불신을 떨치지 못했다.

* * *

재클린과의 친분 관계에서 위험을 감지한 사람은 나 외에 또 있었다. 총명한 자오는 어느 날 나를 불러내 심각한 표정으로 말했다. "이건 네가 다치지 않기를 바라는 친구로서 충고하는 거야. '먼저 머리를 내미는 새가 총에 맞는 법'이라는 점을 명심해. 지금 너는 학교에서 가장 눈에 띄는 새가 되어 있다고. 상황이 변하면 외국인은 떠나버리면 그만이야. 하지만 넌 남아서 평생 대가를 치러야해. 1957년에 있었던 일을 굳이 설명할 필요는 없겠지."

물론 그럴 필요는 없었다. 1957년에 당의 정책이 갑자기 바뀌면서 다름 아닌 친척 아주머니 션시아沈霞가 희생양이 된 사실을 잘 알고 있었다. 당시 민주적인 태도를 취하면서 위대한 지도자는 지식인들에게 당을 마음껏 비판하라고 독려했다. 하지만 불과 몇 달 뒤 위대한 지도자는 자신의 독려에 부응해 더 많은 자유를 요구했던 지식인들을 혁명의 적으로 몰아붙였다. "나는 그저 사악한 뱀들이 굴에서 기어나오게끔 유인했던 것뿐이다." 위대한 지도자는 당 총회에서 말했다. "이제 그들을 영원히 처단할 수 있게 되었다." 그렇게 하여 50만 명에 달하는 지식인들이 한꺼번에 '사악한 뱀'이 되어 강제노동 수용소로 보내졌다.

나는 총명한 자오에게 고맙다고 인사했다. 그리고 앞으로 조심하겠다고 약속했다. 그 후 나는 재클린의 집으로 가 번역 작업을 하지 않았다. 개인적인 만남도 자제했고 영화관에 가는 일도 뜸해졌다. 그렇게 하면 나에 대한 의심이 풀릴 것 같았다. 하지만 그건 틀린 생각이었다.

2주 후 또 다른 경고를 받았다. 거의 연락이 없던 부모님이 갑자기 편지를, 그것도 연달아 두 통이나 보내왔다. 그리고 빙빙 돌리는 아주 모호한 투로 외국인을 조심하라고 부탁했다. 구체적인 내용은 아무것도 없었다. 나는 무언가 잘못되어간다고 느꼈고 좀더 조심해야겠다고 생각했다. 재클린과는 아예 함께 외출을 하지 않기로 했다. 하지만 때

늦은 일이었다. 비밀경찰은 이미 오래전부터 내 일거수일투족을 감시하고 있었고 뒤늦게 접촉을 줄인다고 해서 의혹이 사라질 수는 없었던 것이다.

누군가 나를 미행하고 있다고 처음 느낀 것은 재클린과 영화를 볼 때였다. 영화가 끝나고 사람들이 흩어지기 시작할 때 나는 우리 뒤에 낡은 회색 제복 차림의 남자가 서 있는 것을 보았다. 왠지 낯익었다. 이틀 전 재클린과 함께 황허 강둑을 산책할 때 보았던 바로 그 남자였다. 그때는 녹색 군복을 입고 있었지만 통통한 얼굴이 똑같았다. 하지만 란저우 시가 자그마한 도시였던 만큼 나는 그 일을 그저 우연의 일치로 돌려버리고 말았다.

결국 날벼락 같은 소식이 전해졌다. 어느 날 나는 여동생으로부터 공산주의 청년단의 공식 잡지인 〈중국 젊은이〉 과월호를 받았다. 안쪽에 아주 작고 얇은 종이 한 장이 테이프로 붙여져 있었다. 동생은 희미한 글씨로 이렇게 적어놓았다.

란저우 안전부 소속이라는 두 사람이 지난 몇 주 동안 베이징에 와서 머물렀어요. 사복 차림이었어요. 먼저 아버지의 상관에게 가서 오빠에 대해, 우리 가족에 대해 조사한 모양이에요. 그러고는 아버지와 한참 동안 이야기를 나누었죠. 정확한 내용은 모르겠지만 분명 오빠에 대한 이야기였어요. 부모님은 완전히 겁에 질렸고 오빠한테 절대 사람들이 왔다 갔다는 말을 하지 말라고 했어요. 그러고는 직접 편지를 보내셨던 거예요. 미국인 선생을 조심하세요. 이 편지는 태워버리고요.

편지를 읽어내려 가면서 심장이 쿵쾅거렸고 온몸이 싸늘하게 굳어버리는 듯했다. 비밀경찰에 관련된 끔찍한 이야기를 익히 들어 알고 있었다. 나는 크나큰 위험에 빠져버렸다. 일년 전 감옥에서 경험한 것보다 한층 더 큰 위험이었다. 그날 밤 편지를 태워버린 뒤 나는 아무 일 없다는 듯 행동하다가 일찌감치 잠자리에 들었다. 생각할 시간이 필요했다. 그리고 재클린에게 했던 말들을 하나하나 꼼꼼히 떠올려보았다. 군수 공장에서의 경험이나 중국군에서 아버지가 차지하는 지위 같은 것에 대해서는 한 마디도 한 적이 없었다. 하지만 비밀경찰은 그 말을 믿지 않을 것이다.

더 이상 의심받는 일이 없도록 하기 위해 나는 재클린에게 공부에 바빠 더 이상은 함께 영화를 보러다닐 수 없다고 말했다. 그 방법은 효과가 있는 것 같았다. 더 이상은 여동생도 부모님도 편지를 보내오지 않았다. 위험은 지나가버린 듯했다.

7월에 재클린 부부는 일년의 계약 기간이 끝나 미국으로 돌아가게 되었다. 떠나기 전 일요일에 우리는 재클린의 연구실에서 마지막으로 만났다. 둘 다에게 쉽지 않은 만남이었다. 우리는 공동 번역 작업과 미래의 계획에 대해 이야기를 나누었다. 그러다가 갑자기 재클린이 내 손을 잡더니 사랑한다고 말했다. 그런 상황이 발생하리라 어렴풋이 예상은 했지만 나는 어떻게 대처해야 할지 몰랐다. 나는 일단 입맞춤을 받아들였다. 평생 처음인 입맞춤이었다. 하지만 행복한 마음보다는 공포심이 컸다. 당장이라도 비밀경찰이 문을 박차고 들어와 나를 체포할지 모른다는 생각이 들었던 것이다. 재클린은 내 뻣뻣한 반응을 보고 더 이상 아무 말도 하지 않았다. 다음날 나는 재클린 부부가 공항으로 출발하는 모습을 보면서 서글픔과 안도감을 동시에 느꼈다. 그리고 내 정치적 고난이 마침내 끝났다고 생각했다.

* * *

나는 여름 방학을 지내기 위해 베이징으로 갔다. 끝없이 계속되는 부모님의 정치 연설을 각오한 채로 말이다. 하지만 예상과 달리 부모님은 무거운 침묵으로 나를 대할 뿐이었다. 비밀경찰의 방문으로 두 분은 대단히 충격을 받고 고통을 겪은 모양이었다. 나 역시 입을 다물고 지낼 수밖에 없었다.

도착한 지 사흘째 되던 날 밤에 아버지가 나를 부르셨다. "침실에서 이야기를 좀 나누자꾸나." 어머니와 여동생은 미리 알고 있었다는 듯 표정 변화가 없었다. 아버지의 굳은 얼굴은 무언가 아주 심각한 일이 일어났음을 알려주었다. 내 평생 아버지가 나를 침실로 불러 문을 닫고 입을 열 만큼 비밀스러운 대화는 처음이었다.

"내일 란저우에서 아저씨 두 분이 너를 만나러 오실 게다." 아버지는 낮은 목소리로 말했다. 아버지 또래의 남자를 '아저씨'라고 부르는 것은 중국의 관습이었다. 하지만 여기서 아저씨는 비밀경찰을 의미했다. "더 이상은 아무것도 말해 줄 수 없다. 아저씨들에게 모든 것을 솔직하게 털어놓고 협력해주기 바란다. 아는 것을 다 이야기해야 한다. 당의 정책을 신뢰해야 한다. 잘못한 것이 있다면 자백해라. 당은 젊은이가 저지른 실수를 용서할 것이다."

그 목소리에는 애정도, 보호해주려는 배려도, 내 편이 되어주겠다는 공감도 없었다. 아버지는 이미 나와 명확한 선을 긋고 있었다. 내가 잘못한 것이 드러나면 주저 없이 공권력에 넘겨버릴 작정인 것이다. 필요하다면 얼마든지 나를 비난할 수도 있었다. 나는 아버지의 그런 태도가 원망스러웠지만 감정을 드러내지 않고 고개를 끄덕였다. 아버지는 자신을 보호하려 안간힘을 쓰는 중이었다. 나는 아버지를 비난할 수 없었다. 수많은 중국의 혁명 가족들도 아버지와 똑같이 행동할 것이었다.

그날 밤 우리 대화는 그게 다였다. 나는 잔뜩 긴장한 채 비밀경찰과의 만남을 기다렸다.

다음날 아침, 공주분 근처의 신성여관新星旅館으로 가면서 아버지와 나는 말이 없었다. 여관 로비로 들어서기 전에 아버지가 마침내 입을 열었다. "간밤에 내가 했던 말을 기억하지? 아는 대로 다 털어놓아라. 아무것도 숨기지 마. 네 진술이 너 자신뿐 아니라 가족에게까지 영향을 미친다는 점을 기억해라. 진실을 말하면 당은 너를 공정하게 다루어줄 게다."

나는 신경질적으로 고개를 끄덕였다. 어느새 아버지의 말투는 방귀 동무와 비슷해져 있었다.

우리는 곧바로 2층으로 올라가 문 옆에서 우리를 기다리며 서 있던 두 중년 남자를 만났다. 어색한 악수가 이어졌다. 영화에 나오는 잔혹한 갱들의 세계가 그렇듯 악수한 다음에 무슨 일이 벌어질지 모르는 그런 상황이었다. 나는 비밀경찰 요원들의 평범한 외모에 조금 놀랐다. 상상과 달리 악질적이거나 무서운 모습이 전혀 아니었다. 체구도 건장한 편이 못 되었다. 한 사람은 작고 말랐으며 얼굴도 홀쭉했다. 나이는 40대로 보였다. 다른 한 사람은 키가 크고 통통했다. 약간 젊어보였는데 그건 짧게 자른 머리 때문인지도 몰랐다.

아버지가 소개를 시켜주었다. 키 작은 쪽은 치祈 아저씨였고 그 동료인 키 크고 통통한 사람은 리우柳 아저씨라고 했다. 이상하게 리우 아저씨는 낯이 익었다. 하지만 그 사팔눈을 어디서 보았는지는 생각나지 않았다. 우리는 창가의 작은 탁자에 둘러앉았다. 치 아저씨가 싸구려 담뱃갑을 꺼내자 아버지가 미소를 지으면서 "제 것을 태우시지요."라고 말했다. 그러고는 최고급 담배인 '쭝화大中華'를 내놓았다. 그건 아버지가 평소에 피우던 담배가 아니었다. 아버지는 쭝화의 절반 가격인 '치엔먼大前門'을 주로 피웠던 것이다.

두 아저씨는 반색을 했다. 그리고 조심스레 담배를 한 개비씩 꺼내 물었다. 아버지는 담뱃갑을 두 아저씨 앞에 아무렇게나 놓아두었다. 몇 분 동안 세 사람은 비싼 담배 맛을 즐기며 베이징의 더운 날씨에 대해 이야기를 나누었다. 치 아저씨는 란저우 황허의 시원한 바람이 그립다고 했고 리우 아저씨는 지금이 한창 때인 란저우 멜론이 먹고 싶다고 했다. 아버지는 열심히 고개를 끄덕였다. 나는 불안한 마음으로 기다렸다. 마침내 치 아저씨가 담배를 끄고 나를 향해 돌아앉았다.

"자네랑 이야기를 나누기 위해 우리가 여기 왔다는 건 알고 있겠지?" 공식적인 딱딱한 말투였다. "자, 이제 흔히들 말하는 대로 우리도 마음을 열고 모든 것을 훤하게 밝혀보자고. 미국인 선생 지에컬린……" 그는 재클린이라는 이름을 란저우 사투리로 발음하느라 애를 먹었다. "이라는 사람에게 문제가 좀 있었다네. 내 말뜻을 알겠지? 자네는 그 선생과 가까이 지냈지. 어찌 보면 보통을 넘는 관계라고도 할 수 있었고. 자네와 자네 가족을 보호하기 위해 우리는 란저우에서부터 달려온 사람들이야. 대학에서 자네를 붙잡고 이야기할 수도 있었겠지만 그렇게 하지 않았어. 왜인 줄 아나? 바로 자네를 보호하기 위해서지. 학교에서 알아서 좋을 것은 없으니까. 자, 이 정도면 우리가 얼마나 자네를 걱정하고 있는지 이해했으리라 믿네."

리우 아저씨는 미소를 지으며 그 퉁퉁한 얼굴을 열심히 위 아래로 흔들었다. 막 이발을 했는지 머리가 짧았다. 아버지와 나는 아저씨들의 배려에 감사하다는 표시로 어색한 미소를 지어보였다.

"몇 달 전 란저우에서 상영되었던 〈심연으로〉라는 이집트 영화를 보았나?" 퉁퉁한 얼굴이 물었다.

나는 고개를 끄덕였다. 그제야 퉁퉁한 얼굴을 어디서 보았는지 생각이 났다. 극장에서 우리 뒷줄에 앉아 있다가 강둑을 산책할 때까지 따라왔던 더러운 군복 차림의 남자가 바로 그였던 것이다.

"좋아." 퉁퉁한 얼굴이 말했다. "조심하지 않으면 자네는 영화에 나왔던 이집트 소녀처럼 되고 마는 거야. 외국인 간첩이 놓은 덫에 꼼짝없이 걸려들어 이용만 당하다가 결국은 버림받는 그런 처지 말야. 영화의 결말이 어땠는지 자네가 잘 기억하고 있으리라 생각하네. 자, 그럼 잠시 생각을 정리한 후 지에컬린에 대해 아는 바를 모두 털어놓게. 무언가 숨기려 해보았자 소용없어. 실상 우리는 모든 것을 다 알고 있거든. 당은 언제나 모든 것을 알지. 다만 자네에게서 먼저 사실을 확인받고 싶을 뿐이야."

감옥에 갇혔을 때에도 경험한 바 있는 전형적인 자백 유도 전술이었다. 이미 겪어보았음에도 불구하고 나는 그 전술이 대단한 힘을 가진다는 점을 새삼 확인하고 놀랐다. 어느덧 가슴이 떨리고 엄청난 두려움이 나를 사로잡았던 것이다. 아무런 잘못이 없다 해도 그들이 아는 것과 내가 말하는 것 사이에 자그마한 차이라도 나게 된다면 당장 의심을 받기 시작하고 내 미래는 완전히 끝장날 것이었다. 하지만 어떤 말이 안전하고 어떤 말이 그렇지 않을지 판단할 시간은 별로 없었다. 머뭇거리거나 머리를 굴리는 모습을 보인다면 그 역시 바로 의심받을 것이었다.

"재클린과는 주로 영화를 보러가거나 함께 번역 작업을 하면서 만났습니다." 나는 말을 시작했다. "저는 학생이었기 때문에 재클린의 요구를 거절할 수 없었습니다. 어떻든 교수님의 요구이니까요. 재클린은 중국어를 공부하고 있었기 때문에 극장에서 통역해줄 사람이 필요했습니다. 뭐, 그렇다고 아주 많은 영화를 본 것은 아닙니다. 영화를 보고 난 후에는 거리를 산책하곤 했습니다. 청과 시장에도 갔었죠. 참, 청과 시장에는 달걀을 파는 할머니가 있는데 거기서 달걀을 사는 일도 자주 있었습니다. 청과 시장을 벗어나서는 모리茉利 거리로 꺾어들었고 그 다음에는…… 오른쪽으로 돌아 하리蛤蜊 거리로 접어들었습니다. 그러면 바로 강둑으로 나갈 수 있었으니까요. 아, 참! 유고슬라비아 영화도 본 적이 있군요. 그 제목이 뭐였더라?"

미처 의식하기도 전에 내 입에서 마치 무리지어 날아가는 파리들처럼 말이 술술 풀려나왔다. 스스로도 놀라웠다. 나는 속으로 그 파리들이 두 아저씨의 미소지은 얼굴 위로 내려앉는 모습을 상상했다. 그러면서 재클린과 함께 보았던 영화를 하나씩 설명했고 걸어다녔던 길을 일일이 확인해주었다. 이야기가 지엽적인 방향으로 흘러가게끔 했던 것이다. 그렇게 입이 바쁘게 움직이는 동안 속으로는 세부적인 내용을 끊임없이 확인하고 있었다. 조금이라도 틀린 얘기가 나오면 안 되었다. 산책하는 내내 미행을 당했기 때문에 제아무리 사소한 것 하나라도 빼먹을 수 없었다.

"좋아." 치 아저씨가 새로운 담배에 불을 붙이며 말했다. "영화 외에는 어떤 얘기를 했나?"

"아, 그러니까 문학에 대해서도 이야기를 나누었습니다." 나는 신속하게, 그러면서도 쾌활하게 대답했다. "셰익스피어, 헤밍웨이, 오 헨리 같은 작가에 대해서요. 외국어 학부는 셰익스피어 연극을 준비하는 중이었고 재클린이 연출을 맡았거든요. 그래서 그 얘기를 했죠. 참, 그밖에 재클린과 그 남편이 대학에 기증한 책들에 대해서도 이야기했습니다. 그 부부가 간첩이었다니 정말이지 놀랍군요. 하지만 저야 알 도리가 없었습니다. 한 번도 간첩을 본 적이 없었으니까요. 저뿐 아니라 우리 과의 모든 사람이 재클린을 좋아했죠. 심지어는 방귀 동무, 그러니까 피 동무 말입니다. 피 동무까지도 그렇게 말할 정도였거든요."

오랫동안 나는 쉬지 않고 떠들며 생각나는 것을 다 말해주었다. 하지만 당연히 두 아저씨는 내가 더 많은 것을 털어놓아야 한다고 주장했다.

"아직 자네는 모든 것을 다 이야기한 것 같지 않아." 치 아저씨는 자기 노트를 바라보면서 말했다. "우리의 대화가 얼마나 중요한지 다시 한 번 기억하게. 이것은 당이 자네에게 주는 마지막 기회야. 기회를 헛되이 낭비하지 말게. 자, 지에컬린은 중국의 정책에 대해 어떻게 생각하는지 이야기하지 않던가?"

"정말로, 한 번도 그런 얘기는 한 적이 없습니다." 그건 사실이었다. 하지만 아저씨들은 그 말을 믿지 않았다.

"그 여자가 한 말 중에서 자네가 아직 이야기하지 않은 것이 분명히 있어." 퉁퉁한 얼굴이 계속 미소지은 채 고집을 부렸다.

나는 이 게임에 조금 싫증이 났다. "제가 생각해낸 것은 모두 말씀드렸습니다." 나는 고개를 들어 퉁퉁한 얼굴의 사팔눈을 바라보았다. "아저씨들이 더 잘 알고 계시니 제가 놓친 것이 무엇인지 좀 말씀해주시지요."

"자네가 놓친 것을 당이 알려주는 때가 되면," 치 아저씨가 천천히 협박하듯 말했다. "이미 너무 늦어버린 거지. 곰곰이 생각해보게. 우리는 결백한 사람을 괴롭히지는 않아. 좀더 털어놓으라고 요구한다는 건 무언가 더 있다는 걸 알기 때문이야." 그는 다시 담배를 피워물었다. 벌써 대여섯 개비는 피운 듯했다. 탁자 위의 붉은 담뱃갑은 거의 비어버렸다.

나는 아주 지쳐버렸다. 그래서 그 순간 치명적인 실수를 저지를 뻔했다. "전 재클린 부부에 대해 아는 것을 모두 말씀드렸습니다." 내가 퉁명스럽게 말했다. 얼굴이 달아올랐다. 위험한 분노가 치솟았다. "알지도 못하는 것을 말씀드릴 수는 없는 일 아닙니까? 무언가 아저씨들 마음에 드는 얘기를 지어내라는 건 아니겠지요? 당은 제가 진실을 말씀드리고 있다는 걸 모른다는 겁니까?"

아저씨들은 내가 감히 그런 얘기를 한다는 데 흠칫 놀랐다.

"당이 모른다고?" 치 아저씨가 내 말을 되뇌었다. 그러자 나보다도 아버지가 놀라 고함을 치셨다.

"아저씨들에게 그런 식으로 이야기하지 마!" 엄한 어조였다. 아버지는 매서운 눈길로 나를 노려본 뒤 아저씨들에게 미안하다는 듯 미소를 지어보였다.

"이 모든 과정은 자네를 위한 거야." 치 아저씨가 말했다. "당은 선한 사람을 괴롭히지는 않아. 하지만 죄를 저지른 사람은 절대 놓치지 않지."

그는 열심히 고개를 끄덕이는 퉁퉁한 얼굴을 잠시 돌아본 후 말을 이었다. "오늘은 이 정도로 끝내겠네. 내일 여기서 다시 만나자고. 그동안 자네는 자네의 미래와 자네 가족의 미래에 대해 우리가 말했던 것을 잘 생각해보도록 해." 치 아저씨는 아버지를 향해 고개를 끄덕여 보였다. 아버지도 굳은 미소로 답했다. 아버지와 나는 모두 그 의미를 잘 알고 있었다.

치 아저씨는 자리에서 일어나 아버지를 옆으로 데려갔다. 그리고 몇 분 동안 낮은 목소리로 무언가 말했다. 아버지는 그저 열심히 고개를 끄덕일 뿐이었다. 그 후 치 아저씨는 내 쪽으로 와 문까지 바래다주었다. "자네나 지에컬린이 했던 말과 행동을 전부 기억해내도록 노력하게. 사소한 것이 중대한 일을 이끌어내는 법이라는 걸 기억하고. 아무리 사소한 것이라도 빼먹어서는 안 돼."

* * *

그날 저녁을 먹은 후 부모님은 침실로 가셨다. 그리고 한참이 지난 후 아버지가 나오셔서 할 말이 있다고 하셨다. "네 어머니와 나는 네가 오늘밤에 열심히 노력해 모든 것을 기억해내야 한다고 생각한다."

엄격한 말투였다. "무언가 잘못을 저질렀다면 아저씨들에게 이야기하도록 해. 그것이 잘못을 시정할 수 있는 유일한 길이다. 너는 당을 믿어야 해."

목소리로 미뤄보아 부모님은 내 결백을 믿지 않는 것이 분명했다. 대부분의 중국인은 공권력이 심문을 시작했다면 분명 죄가 있기 때문이라고 생각해버린다. 바람이 불지 않았는데 물결이 일 까닭이 없다는 것이다.

"전 아는 걸 모두 이야기했어요." 나는 반항조로 대답했다. 하지만 결국 부모님의 생각을 돌릴 수 없다는 건 알고 있었다.

그날 밤 나는 잠을 설쳤고 하늘을 나는 꿈을 반복해서 꾸었다. 그리고 지쳐버린 채 새벽에 일어났다.

"무언가 새로운 생각이 났나?" 다음날 아침 여관방의 탁자에 둘러앉았을 때 통통한 얼굴이 물었다. 예의 미소짓는 얼굴이었다. 그 구역질나는 미소는 얼굴에서 영원히 떠나지 않는 듯했다. 그는 아버지가 가져간 중화 담배 한 개비를 꺼냈다. 그 미소 뒤에는 무언가 불쾌한 면이 있었다. 그리고 어제부터 내가 깨닫고 있던 것, 진실은 절대 아저씨들을 만족시키지 못한다는 점을 확인시켜주었다. 나를 갈가리 찢고 뼈를 남김없이 씹어버릴 때까지 심문은 끝나지 않으리라. 이 두 사람은 내가 감옥에서 만났던 이들에 비해 훨씬 더 끈질기고 악질적이었다. 나는 기계적인 미소로 답하면서 나 자신이 하이에나 두 마리와 처절한 싸움을 벌이는 여우 같다는 생각을 했다. 그러다 갑자기 새로운 전술이 떠올랐다.

나 스스로도 멍청하게 굴면서 상대의 멍청함을 활용하는 전술이었다.

"네. 말씀드려야 할 것이 생각났습니다. 그것도 아주 많습니다." 내가 말했다. "우리가 파키스탄 영화를 보던 날 뒷줄에 아주 수상쩍게 보이는 사람이 앉아 있었다는 사실을 미처 알려드리지 못했습니다. 어떻게 이렇게 중요한 정보를 잊고 있었는지 모르겠습니다. 어떻든 그는 아주 수상하게 보였고 행동도 이상했습니다. 미국인 선생과 저를 뚫어질 듯 바라봐 무언가 나쁜 생각을 하고 있구나 하고 느껴질 정도였지요. 그 당시에는 소매치기일지도 모른다고 생각했습니다. 그 사람은 아저씨와 약간 비슷합니다. 특히 눈이 그렇군요." 나는 잠시 말을 멈추고 퉁퉁한 얼굴을 쳐다보았다. "키도 비슷하고 얼굴에도 살이 많았습니다. 하지만 물론 아저씨처럼 잘생긴 것은 아니었고요. 어떻든 그 못생기고 퉁퉁한 얼굴과 음침한 표정을 보면 뱃속도 사악한 생각으로 가득 차 있을 것이 뻔했습니다. 그날 영화를 보고 난 후 재클린과 저는 황허 강둑을 산책했습니다. 그때 가는 길에 작은 마을을 지났다는 말씀을 드렸던가요? 어떻든 마을을 지난 후 강둑에 이르렀습니다. 그런데 그 수상한 남자가 또 보이는 것이 아닙니까? 초록색 군복을 입고 있었어요. 그는 우리를 보지 않는 척했고 저도 그 사람 쪽을 보지 않는 척했지요. 하지만 아주 의심스러웠습니다. 지금 생각해보니 외국인 간첩이었던 모양이에요. 재클린에게 무언가 비밀 정보를 넘겨주려고 했는지도 모르죠. 아마 그 남자는 아저씨들이 궁금해하시는 내용과 관련이 있을 겁니다. 그 남자를 조사해보아야 해요."

나는 신이 나서 떠들었다. 두려움은 사라졌고 비밀경찰을 가지고 논다는 즐거움을 만끽할 수 있었다. 하지만 내내 표정은 진지하게 유지했다. 퉁퉁한 얼굴은 땀을 뻘뻘 흘리기 시작했고 얼굴과 목이 붉은색으로 물들었다. 그와 대조적으로 치 아저씨는 받아쓰느라 정신이 없었다.

전날과 달리 나는 두 사람에게 생각할 틈을 주지 않았다. 아저씨들은 봇물 터지듯 쏟아져나오는 내 말에 당황한 듯했다.

"그 수상한 사람에 대해 또 다른 점이 생각났습니다." 내가 말을 계속했다. "그 사람을 잡는 데 참고가 되리라 생각합니다. 영화관에서 우리 뒤에 바짝 붙어 앉았을 때 악취가 났습니다. 아마 이가 누런색일 겁니다." 나는 퉁퉁한 얼굴이 이를 감추기 위해 입을 다무는 모습을 보지 않는 척하며 진지한 태도로 덧붙였다. "그리고 또 다른 점도 있습니다……"

"좋아, 좋아. 수상하게 보이는 사람이 또 있지는 않았나?" 퉁퉁한 얼굴이 말을 가로막고 다른 방향으로 끌어가려 했다. 하지만 그렇게 호락호락하게 넘어갈 내가 아니었다.

"물론 있었습니다. 하지만 극장과 황허 강둑에서 보았던 그 남자가 가장 수상했습니다. 의심의 여지가 없습니다. 그 남자의 외투에도 특별한 점이 있었습니다. 가슴팍에 커다란 하얀 얼룩이 있더군요. 지금 생각하니 그건 접선을 위한 일종의 신호가 아니었을까 싶습니다. 외국인들은 전쟁 중에 하얀 장미를 신호로 사용하기도 했다지 않습니까? 그게 장미의 전쟁이던가? 글쎄요, 하여튼 전 간첩이나 그런 것에 대해 아는 게 없으니까요. 물론 아저씨들께서는 저보다 그 수상한 남자에 대해 더 잘 아시겠지요. 그래도 더 말씀드리겠습니다. 어제 말씀하셨듯이 사소한 것이 중대한 일을 끌어낼 수 있으니까요."

두 아저씨는 담배를 꺼내물면서 고개를 끄덕였다. "맞아, 맞아. 사소한 것이 중대한 일을 이끌어내는 법이지." 퉁퉁한 아저씨가 중얼거렸다. "수상해보이는 다른 사람이 또 있었다고 했지?"

"네. 란저우대학 안보부에도 그런 사람이 있었습니다. 그 사람 이름이…… 아, 쟝章 부장이군요. 제2당비서이고 안보 담당자이긴 했지만 왠지 저는 당에 대한 그의 충성심이 믿음직하지 못하다고 생각했습니다. 이유는 잘 모르겠습니다. 미국으로 떠나는 재클린 부부에게 쉰 목소리로 무언가 이야기하는 모습을 보았기 때문일까요? 아저씨들이 알려주신 외국 간첩에 대한 여러 정보들 때문에 이제는 저도 눈을 뜬 것인지 전에 아무렇지도 않게 지나가 버렸던 일들이 새삼 의심스럽게 느껴집니다. 어떻든 재클린 부부와 이야기할 때 쟝 부장 손에는 은제 담뱃갑이 들려 있었습니다. 어쩌면 그것도 어떤 비밀 신호였을지 모르지요?"

나는 파도를 타고 있었다. 제대로 된 파도를 잡아 올라탄 채 즐겁게 노는 중이었다. 쟝 부장에 대한 보고를 마친 후 나는 또 다른 의심스러운 인물, 대학의 인사부에 있으면서 매달 공산주의 청년단 회의를 주재하는 사람에 대해 설명하기 시작했다. 의심 가는 사람들은 끝없이 많았다. 나는 아무런 문제없이 그 각각에 대해 시시콜콜한 이야기를 늘어놓을 수 있었다. 대부분의 이야기는 그야말로 사소한 내용이었고 그래서 더욱 신빙성이 있었다. 물론 정말로 의심 갈 만한 내용도 간간이 섞어넣어야 했다. 그래야 내가 미심쩍게 생각하게 된 이유가 설명될 테니 말이다. 두 아저씨가 발자크나 오 헨리O. Henry(1862~1910), 모파상Guy de Maupassant(1850~1893)에 대해 알고 있었다면 내

보고에 그 작가들의 작품 내용이 조금씩 혼합된 것을 금방 파악해냈으련만. 그날의 조사가 끝날 때 나는 밤새도록 생각을 거듭해 다음날에는 더 많은 정보를 가져오겠다고 약속했다. 두 아저씨는 묘한 시선을 교환하며 마지못해 내 제안을 받아들이는 듯했다. 이토록 열성적으로 협력하는 정보원을 거부한다는 것은 불가능한 일이 아니겠는가? 아버지 역시 내 청산유수 같은 자백에 기뻐해야 할지, 걱정해야 할지 모른 채 혼란스러운 표정이었다.

다음날, 우리는 약속 시간도 되기 전에 여관으로 갔다. 내가 아저씨들에게 당장 말씀드려야 할 급한 일이 생각났다고 고집을 부렸기 때문이다.

아저씨들이 자리에 앉자마자 나는 어제 이야기가 중단되었던 부분을 이어가기 시작했다. 학교의 관리들에게서 발견한 수상한 점들 말이다. 나는 아저씨들이 참고 들어주는 한 언제까지라도 거기 앉아 떠들 참이었다. 아저씨들은 곧 지루한 기색을 드러냈지만 나는 아무것도 눈치채지 못한 척했다.

"좋아, 좋아. 아주 유용한 정보군. 이제 그 정도로 정리하도록 하지." 치 아저씨가 시계를 들여다보며 말했다. 11시가 넘어가고 있었다. 아저씨들은 아직 아침도 먹지 못한 상태였다. 물론 나는 열성적인 정보원으로서 그 제안을 무시하고 계속 떠들어댔다. 뜨거운 여름날 오후에 내키지 않아하는 개 두 마리를 억지로 끌고 산책시키는 것처럼 말이다.

그러다가 마침내 개들이 그 자리에 멈춰서 버렸다. 더 이상은 한 발짝도 움직이지 않겠다고 거부한 것이다. 오후 늦은 시간이었다. 치 아저씨가 자리에서 일어서면서 내 말을 끊어버렸다. "자네의 정보는 매우 귀중한 것이었네. 대단히 고맙게 생각하네. 하지만 여기서 그만 끝내야겠군. 오늘 밤에 중요한 회의가 있거든. 다시 한 번 말하지만 우리 만남에 대해서는 아무에게도 이야기하지 말아야 해."

"피 동무에 대해서는 아직 충분히 말씀드리지 못했는데요." 나는 자못 섭섭하다는 표정으로 말했다.

"다음 번에 듣기로 하지." 통통한 얼굴이 지친 미소를 보이며 말했다.

속으로 나는 안도의 한숨을 내쉬었다. 두 마리 개가 마침내 내 전술에 넘어갔고 더 이상은 괴롭히지 않을 것이라 생각하면서 말이다. 하지만 그건 잘못된 생각이었다.

"헤어지기 전에 한 가지 말해 둘 것이 있네." 치 아저씨가 말했다. "다음 달에 대학으로 돌아간 후 다시 만나도록 하자고. 계속 보고해주었으면 하네. 매달 이 번호로 전화를 하게. 하지만 교내 전화를 사용해서는 절대로 안 돼. 전화를 건 후에는 우리를 바꿔달라고 하지 마. 그저 '서점인가요?' 하고 물으면 돼. 그러면 어디서 만날지 장소를 알려주겠네. 다시 말하지만 아무한테도 우리 얘기를 해서는 안 돼. 아버님은 이미 우리가 란저우에서 자네와 접촉해도 좋다고 동의해주셨네."

아버지는 고개를 끄덕이고 내 쪽을 보았다. "아저씨들이 이렇게 너를 신뢰해주시는 데 대해 감사해야 한다."

심장이 쿵 내려앉는 듯했다. 그것은 신뢰가 아닌 새로운 덫에 불과했다. 하지만 내게 선택의 여지는 없었다.

사흘째 심문이 끝나고 집으로 돌아와 저녁을 먹는 자리에서 아버지는 다음 3일 동안 아저씨들에게 베이징 구경을 시켜드리기로 했다고 자랑스레 말씀하셨다. 비로소 안심이 된다는 듯 아버지는 붉은 포도주를 땄다. "앞으로는 절대, 절대 외국인과 가까이 지내지 않도록 해라." 아버지가 주의를 주었다. "다음에는 이번처럼 쉽게 빠져나오지 못할 게다."

* * *

9월에 학교로 돌아온 후 나는 어쩔 수 없이 '서점'으로 전화를 걸었다. 전화를 받은 사람은 통통한 얼굴이었다. "전화를 기다리고 있었다." 그가 대답했다. "란저우 호텔 714호실에서 오늘 오후 2시에 만나자. 로비에서 시간을 끌지 말고 바로 방으로 올라오도록 해."

호화로운 호텔은 위터우魚頭 거리 모퉁이에 있었다. 학교에서 겨우 두 구역 떨어진 가까운 곳이었다. 2시에 나는 담배 연기 자욱한 방으로 들어섰다. 커다란 방 저쪽 끝으로 세 사람이 앉아 있었다. 창가 소파에 편안한 자세로 앉은 사람은 머리가 희끗희끗한 노인이었다. 그 맞은편으로 두 아저씨가 앉아 있었다. 통통한 얼굴이 앉으라고 눈짓을 했다. 노인은 누奴 국장이라고 자신을 소개했다. 아주 지위가 높은 사람인지 그가 말을 할 때면 두 아저씨도 허리를 곧추세우고 귀를 기울였다. 누 국장은 대장간의 풀무처럼 숨을 헐떡거렸고 그 바람에 자꾸 말이 끊어졌다. 온 방이 담배 연기로 가득 찬 탓도 있었으리라. 국장은 아저씨들에게서 이미 내 보고를 전해들었으며 감동을 받은 나머지 직접 듣기 위해 왔다고 설명했다.

솔직히 말해 처음에는 약간 걱정이 되었다. 국장이 아저씨들보다 더 똑똑한지 어떤지 알 도리가 없었던 것이다. 나는 전에 그랬듯 곧 열성적인 정보원의 모습이 되어 바로 보고를 시작했다. 방귀 동무, 장 부장, 기타 교직원들에 대한 이야기를 쏟아놓았다. 물론 사전에 치밀하게 정보를 수집해놓았기에 가능한 일이었다. 국장은 내 정보에 만족해하는 듯 보였다.

초기 입 운동 단계를 넘어서자 나는 '웃는 전갈'이라는 별명을 가진 젊은 정치 비서에 대해 상세히 보고하기 시작했다. 방귀 동무의 정치학 수업을 보조하는 웃는 전갈은 모든 학생들의 미움을 받는 열성 당원이었다. 나는 우선 웃는 전갈이 재클린 부부의 후임으로 온 캐나다 출신 선생을 상대로 얼마나 음란한 미소를 짓고 유혹적인 행동을 했는지 장황하게 설명했다. 그 연애 사건은 방귀 동무까지 엮인 애정담으로 발전했다. 나는 그들의 관계가 온통 수상쩍은 신호들로 차 있으며 따라서 아저씨들도 관심을 가져야 한다고 강조했다. 처음에 국장은 그 이야기가 퍽 마음에 든 듯했다. 통통한 뺨을 규칙적으로 올렸다 내렸다 하며 어서 계속하라고 나를 독려했다. 하지만 이야기가 복잡해지자 곧 지루한 기색을 드러냈다. 두 뺨의 움직임도 점점 빨라졌다. 두 시간이 지나자 그는 팔을 들어올려 시간을 계속 확인했다. 이 야기를 짧게 정리하라는 신호였다. 하지만 물론 나는 그 신호를 무시했다. 그저 진지한 표정으로 끝없이 떠들어댈 뿐이었다. 나는 청중들을 아무 의미 없는 혼란으로 이끌어가는 안내자였다. 그리고 그러한 내 역할에 더할 나위 없이 충실했다.

마침내 완전히 싫증이 나버린 국장이 자리를 떴다. 그는 회의가 있다고 중얼거리며 다음 보고 때 만나자고 인사했다. 하지만 나는 두 번 다시 국장을 만나지 못했다. 문까지 배웅하면서 나는 국장의 두꺼운 손을 잡고 다정하게 말했다. "누 국장님, 국장님과 당을 위해 일할 수 있어 정말이지 큰 영광입니다. 저를 이토록 믿어주셔서 감사합니다. 당을 위해 앞으로도 제 모든 열정을 바치겠습니다. 그건 그렇고, 리우 아저씨, 치 아저씨, 본래 한 달에 한 번씩 만나기로 했었지만 두 주나 한 주에 한 번도 가능합니다. 한 달에 한 번이면 보고할 내용이 너무 많아져버리거든요. 그건 그렇고……." 국장은 내가 또다시 새로운 이야기를 시작할까봐 겁이 났는지 서둘러 내 손을 놓고 나가버렸다.

두 아저씨가 어떻게 그토록 오랫동안 내 실없는 이야기를 끈질기게 들어줄 수 있었는지 나로서는 정말 이해가 되지 않는다. 일년이 넘도록 우리는 매달 한 번씩 만났고 나는 언제나 방귀 동무나 웃는 전갈, 기타 고위 당원들이 등장하는 길고 쓸데없는 이야기를 쏟아냈다. 서로 관련도 없고, 중요할 것도 없는 그런 사소한 내용들을 말이다.

하지만 2학년이 되자 마침내 그 만남도 끝이 났다. 어느 날 통통한 얼굴이 나를 호텔로 불러 관계 종료를 선언한 것이다. "자네는 당을 위해 훌륭히 일해주었네. 하지만 이제 우리 관계를 끝낼 때가 되었어. 더 이상 우리와 접촉하지 말게. 공부에만 전념하면 돼. 하지만 명심하게. 우리와 접촉했다는 얘기를 누구에게도 해서는 안 돼. 입만 열지 않는다면 우리 관계가 자네의 졸업 후 배치나 이후의 미래에 아무런 영향도 미치지 않을 것임을 약속하네. 물론 학교에서 일어나고 있는 민주화 움직임은 계속 주의 깊게 지켜보도록 해. 수상한 점이 있거나, 외국 간첩의 영향이 눈에 띄면 즉각 보고하게."

나는 친구와 헤어지기라도 하는 듯 못내 섭섭한 표정을 지으면서 아저씨들에게 작별 인사를 했다. 악수한 손을 한참 동안 놓지 않은 채 언제든 내가 다시 필요하면 즉각 불러달라고 부탁하기도 했다. 마침내 원치 않던 '친척 관계'가 청산되어 정상 생활로 돌아온 것이었다. 두 번 다시 두 사람을 만날 일은 없을 듯했다. 하지만 운명은 얄궂은 것이었다. 몇 년이 지난 후 내 쪽에서 다급하게 아저씨들을 찾아 도움을 청하게 될 줄 누가 알았겠는가.

25. 총명한 자오는 왜 죽었을까

 통통한 얼굴이 내게 각별히 관심을 두고 지켜보라고 했던 '베이징의 봄' 민주화 운동은 1979년에 조용히 시작되었다. 방심하고 있던 뚱뚱한 돼지 위로 배고픈 모기 한 마리가 소리없이 내려앉듯 아무도 모르게 말이다. 그해 1월, 8월이 두 번 들었던 해에 사망한 전 총리 저우언라이를 추모하기 위해 베이징 번화가인 시딴西單의 어느 벽에 포스터와 화환들이 걸렸다. 농구장 길이만한 벽돌담은 매일같이 행인 수천 명의 관심을 끌었다. 하지만 추모 포스터는 처음부터 정치적인 어조를 담고 있었다. 대부분 젊은 학생과 공장 노동자로 이루어진 추모자들은 당시 공산당이 벌이고 있던 '4대 혁신 운동'(공업, 농업, 군대, 과학 분야)이 다섯 번째 분야로 확대되어야 한다는 주장을 간접적으로 교묘히 펼쳐놓았다. 그 분야는 바로 정치였다. 사람들은 민주화를 원하고 있었다. 포스터들은 곧 많은 사람의 공감을 샀다. 몇 주 만에 민주화 운동은 전국적으로 퍼져나갔다. 사람들은 언론의 자유, 학생회와 노동조합의 자유로운 선거를 요구했다.

수도에서 2,000킬로미터 이상 떨어진 란저우대학에도 서서히 자유화 운동의 물결이 다가왔다. 일단 시작되자 물결은 폭발적인 에너지를 뿜어냈다. 내게 있어 1980년 봄은 문화혁명이 시작되던 1966년의 봄이 재현된 듯 여겨졌다. 커다란 글씨의 포스터들이 하룻밤 새에 수백 장씩 만들어져 교정의 건물 벽을 뒤덮었고 매일같이 행진이 벌어졌으며 홍위병들이 그랬듯 곧 학교는 두 파로 나뉘어 대립하기 시작했다. 하나는 공산당비서가 이끄는 공식 선거위원회였고 다른 하나는 독립적인 학생 선거위원회였다. 학생 조직의 지도자는 경제학을 전공하는 쑹핑타이宋平台였다. 기숙사의 우리 방 바로 옆에 학생 선거위원회 본부가 차려졌다. 혁명은 예기치 못했던 영웅을 만들어내는 법이다. 조용하고 수줍음이 많았던 쑹이 감히 당이 선택한 후보에 맞서는 영웅이 될 수 있으리라고는 아무도 상상하지 못했었다.

당이 학생 선거위원회의 요구에 굴복해 후보 간 토론회가 열리게 되었을 때 민주화 운동은 그야말로 절정에 달했다. 그런 토론회는 사상 최초로 열리는 것이었다. 그 즈음 비밀경찰과 접촉하게 되어서인지 나는 정치 개혁의 필요성을 절실히 느꼈고 쑹의 선거 운동에 열심히 참여했다. 룸메이트인 총명한 자오, 육손이 후앙, 헐렁이도 함께 참여했다. 우리는 포스터를 쓰고 홍보 전단을 돌렸으며 기부금을 모으기도 했다. 토론회 전날 나는 밤을 꼬박 새워 쑹의 연설문을 만들었다. 다음날 우리의 후보는 당이 지명한 후보를 보기 좋게 눌러버렸다. 결국 쑹은 78%의 지지를 얻어 당선되었고 자유선거를 통해 선출된 최초의 학생회장이 되었다.

다음날에 그는 지역 인민위원회 위원이 되기 위해 출마했다. 그와 맞붙은 공산당 측 후보는 다름 아닌 방귀 동무였다. 당은 당원들을 모두 동원해 방귀 동무를 지원하는 총력전을 펼쳤다. 하지만 이번에도 쑹이 승리했다. 선거위원장은 총명한 자오였다. 우리는 모두 한껏 들떴다. 5월에 우리는 쑹이 지역 인민위원회 대회장으로 걸어 들어가는 모습을 지켜보았다. 대회장 안은 흥분과 긴장으로 가득했다. 희끗희끗한 머리를 한 당대표들은 일제히 쑹을 바라보았다. 푸른 청바지와 푸른 재킷을 입은 우리의 영웅은 조용히 복도를 가로질러 자기 자리로 향했다. "바로 저 사람이군." 늙은 위원들이 수군거렸다. 쑹은 전통을 거스른 최초의 인물이었다. 당의 지명을 받지 않은 유일한 인물, 기존 위원들과는 다른 인물이었던 것이다. 당의 지명을 받아 위원으로 활동하고 있던 어른들은 화난 표정이었다. 민주화 운동이 지나치게 멀리 가버렸다고 생각하는 것이 분명했다.

5주 동안 멋진 봄날이 계속되었다. 하지만 들뜬 분위기 속에서도 나는 마음 한구석 불안감을 느꼈다. 조만간 당이 다른 조치를 취하고 자유선거의 불꽃을 꺼뜨려버릴 것 같았다. 비밀경찰은 이미 자유화 운동을 주시하고 있지 않았나. 하지만 그토록 신속하게, 또한 잔혹하게 민주화 운동이 진압당하리라고는 상상하지 못했다. 쑹이 인민위원회에 입성한 지 불과 사흘 만에 경찰은 교내의 모든 민주화 포스터를 찢어버렸고 학생회를 불법으로 선언하였으며 활동 금지를 명령했다. 베이징과 다른 도시에서도 민주화 운동 주동자들이 체포되었다는 소식이 들려왔다.

며칠 후 〈런민르바오〉에는 '민주주의 독재의 또 다른 승리'라는 사설이 실렸다. '소위 민주화 운동이라는 것은 사회주의 독재를 파괴하려는 반동 운동에 불과했다. 그 반혁명적 움직임은 가차 없이 제압당하고 말았다.' 며칠이 지나자 민주화 운동은 흔적도 남지 않고 사라졌다. 안경알에 새로 흰 반창고를 붙인 방귀 동무는 당당한 모습으로 다시 나타났고 모든 학생들에게 2주 동안의 특별 교육을 부과했다. 우리 마음속에서 민주주의의 씨앗을 깡그리 없애버리기 위한 교육이었다.

"당의 결정에 이의를 제기해서는 안 된다." 특별 교육 첫날 그는 단호하게 말했다. "여러분 젊은 학생들은 누가 중국에 자유를 가져다주었는지 자주 잊어버리고 만다. 우리의 자유는 사회주의 자유이며 우리의 민주주의는 사회주의 민주주의이다. 여러분은 항상 당의 지도를 받아야 한다. 민주주의의 꼭대기에는 당이 있다는 것을 기억하라. 당은 인민의 소리를 듣고 무엇이 인민에게 가장 필요한지를 결정한다. 위대한 지도자가 말씀하신 민주주의 독재가 바로 그것이다. 실수를 인정한다면 당은 여러분을 용서할 것이다. 하지만 당에 반기를 든 주모자는 예외 없이 처벌받을 것이다."

방귀 동무의 협박은 빈 말이 아니었다. 민주화 운동의 주동자들은 2년 후 졸업할 때에 크나큰 대가를 치렀다. 가장 멀고 낙후된 지역으로 배치받은 것이다. 쑹은 중국의 시베리아라고 할 수 있는 신장웨이우얼新疆維吾爾 자치구로 보내졌다. 이후 그의 소식을 들은 사람은 아무도 없었다.

민주화 운동이 와해된 후 며칠 동안 나는 극도의 공포에 시달렸다. 방귀 동무가 그에게 낙선의 치욕을 경험하게 만든 나와 친구들을 쉽사리 용서하지 않으리라는 것은 분명했다. 나는 가능한 한 눈에 띄지 않게 조심했고 대부분의 시간을 흰 탑 언덕에서 보냈다. 책에서 평화와 구원을 찾으면서 말이다.

* * *

7월의 어느 무더운 날, 나는 밤 늦게 기숙사로 돌아왔다. 자정이 다 된 시간이었다. 끔찍한 소식이 나를 기다리고 있었다. 총명한 자오가 사라졌다는 것이었다! 오후에 수영장 쪽으로 걸어가는 모습을 마지막으로 아무도 그를 본 사람이 없었다. 학교가 발칵 뒤집혔다. 학생들은 무리지어 교정을 수색했다. 나는 친구들과 수영장으로 갔다. 8시 이후에는 문을 닫는 수영장이었다. 물가나 탈의실 어디에도 총명한 자오의 흔적은 없었다. 사물함은 모두 비어 있었다. 하지만 나는 창턱에 높이 올려진 옷가지들을 발견했다. 총명한 자오의 옷이었다.

우리는 바로 수영장 물 속을 뒤지기 시작했다. 물 위로 안개가 자욱했다. 우리는 손에 손을 잡고 천천히 물 속을 걸어다녔다. 총명한 자오의 시체를 밟은 것은 헐렁이었다. 시체를 건져낸 후 나는 미친 듯이 인공호흡을 실시했다. 하지만 입과 코에서 물 몇 방울과 피가 나올 뿐이었다. 너무 늦어버렸던 것이다. 생명이 빠져나간 그 몸은 차고 딱딱했다. 총명한 자오의 얼굴은 납빛이었다. 늘 코에 걸치고 있던 두꺼운 안경이 사라진 얼굴은 뒤틀리고 부어올라 있었다. 가장 친했던 친구의 갑작스러운 죽음에 나는 눈물도 나오지 않았다. 총명한 자오는 수영을 아주 잘했다. 대체 어떻게 해서 수영장 바닥에서 죽음을 맞았던 걸까? 오늘날까지도 그 의문은 풀리지 않고 있다.

총명한 자오의 장례식은 흰 탑 화장터에서 열렸다. 주말이면 함께 가곤 했던 공원에서 멀지 않은 곳이었다. 외국어 학부 2학년 전체 학생과 교수들이 참석했다. 동풍비항공창에서 있었던 콩나물의 장례식을 연상시키는 전형적인 혁명 장례식이었다. 낡은 전축에서 느리고 장중한 혁명 장송곡이 흘러나왔다. 고위 인사가 사망할 때마다 라디오에서 나오는 바로 그 곡이었다. 방귀 동무가 당을 대표해 조사를 읽었다. 늘 그렇듯이 과장되고 상투적인 표현으로 가득 찬 조사였다. "자오총밍은 당의 훌륭한 아들이었습니다 …… 그는 영원히 우리 가슴 속에 살아 있을 것입니다 …… 우리는 오늘의 슬픔을 용기로 승화시켜 그가 못다 이룬 혁명적 과업을 이어나가야 할 것입니다." 방귀 동무가 총명한 자오를 얼마나 미워했는지 잘 아는 나로서는 모든 것이 가증스러울 뿐이었다.

조사가 끝난 후 우리는 탁자 위에 놓인 총명한 자오의 영정 앞을 지나면서 세 번씩 절을 했다. 나는 그의 가족을 생각했다. 온갖 희망을 걸었던 자랑스러운 아들, 마을에서 최초로 대학에 진학한 그 아들을 잃어버린 가족을. 이제 막 가족에게 영광을 안겨줄 수 있는 시점에서 그만 그렇게 가버리고 만 것이다. 가족은 아무도 장례식에 오지 못했다. 너무 멀었고 너무 가난해 여비를 마련할 수 없었기 때문이다.

장례식이 끝난 후 원하는 사람은 화장 절차를 지켜볼 수 있었다. 우리는 지하로 내려갔다. 커다란 시체 소각로 세 기가 나란히 있는 곳이었다.

방이라기보다는 길다란 복도라는 말이 더 어울렸다. 소각로 두 곳에서 훨훨 타고 있는 불길이 쇠창살을 통해 보였다. 간간히 무언가 갈라지는 듯한 커다란 쩍 소리가 들렸고 불꽃이 바닥에 튀었다. 바닥에는 회색 재가 얇은 층을 이루었다. 저쪽 끝, 타고 있지 않은 소각로 근처에도 들것이 놓였다. 그 위에는 젊은 여자의 시체가 있었다. 몸집이 아주 작았다. 열세 살이나 열네 살을 넘지 않은 듯했다. 임신 중이었는지 배가 아주 컸다. 얼굴은 더러운 손수건으로 덮여 보이지 않았다.

일꾼 두 사람이 총명한 자오의 시체를 금속판 위에 올린 뒤 가운데 소각로 근처에 내려놓았다. 총명한 자오는 제일 좋은 옷을 입고 있었다. 그래서 한여름이었음에도 불구하고 솜을 댄 회색 겨울 재킷 차림이었다. 몸집이 본래보다 훨씬 커보였다. 나는 친구들과 함께 그 앞으로 가서 묵념했다. 그리고 그가 제일 좋아하던 돼지 갈비가 담긴 그릇을 옆에 놓아주었다. 사람들은 시체가 불타는 과정에 대해 조용조용 이야기하기 시작했다. 세 번 오그라들었다가 결국 불길에 휘말리기 전에 튀어오르게 된다고 상세히 설명하는 사람도 있었다.

나는 갑자기 토할 것 같은 기분이었다. 어째서 총명한 자오가 죽어야만 했을까? 나는 겨우 스물다섯 살이었지만 너무도 많은 죽음을 목격한 셈이었다. 서둘러 지하실을 빠져나와 화장터의 문을 나섰다. 햇빛이 찬란했다. 언덕 꼭대기의 흰 탑 위로 금빛 햇살이 쏟아져내렸다. 언덕을 오르면서 나는 울기 시작했다. 하지만 누구를 위해 우는 것인지 알 수 없었다. 그것은 누구를 위한 눈물이었을까? 총명한 자오를 위해? 콩나물을 위해? 내가 구하지 못했던 환자들을 위해? 중국을 위해? 나 자신을 위해?

26. 성직자 선생님

　총명한 자오는 2학년 2학기에 죽었다. 정치에 대한 내 관심도 그때부터 사라졌다. 나는 그의 장례식에서 두 번 다시 정치적인 활동에 휘말리지 않겠다고 맹세했다. 그리고 책에서 피난처를 찾았다. 영어 소설에 특히 관심이 많아졌고 직접 소설을 쓰기도 했다. 그렇게 소설에 관심을 가졌던 터라 3학년이 되면 미국에서 공부한 늙은 여선생님에게서 영어 소설 수업을 듣게 된다고 들었을 때 퍽 가슴이 설렜다. 그 선생님이 외국어 학부 전체를 통틀어 미국에서 학위를 받은 유일한 인물이라는 점 때문만은 아니었다. 더욱 흥미진진한 것은 27년의 감옥 생활을 마치고 막 풀려난 성직자라는 점이었다. 육손이 후앙에 따르면 선생님은 란저우 시 전체에서 유일한 성직자라고 했다.
　쩌우周 선생님이 처음으로 우리 교실에 걸어 들어왔을 때 모두들 쥐죽은 듯 조용했다. 선생님이 강의 계획서를 나누어줄 때에도 드디어 그 유명한 전과자를 만나게 되었다는 긴장 어린 분위기가 풀리지 않았다. 선생님은 내가 상상하던 장기수의 모습과는 전혀 달랐다. 하얀 피부에 주름이 좀 있었고 머리는 이제 막 세기 시작한 참이었다. 70대라고 했지만 50대 초반으로밖에 보이지 않았다. 성직자 같지도 않았다. 흰색 셔츠에 검은 스웨터, 그리고 어두운 푸른색 바지를 입었다. 말끔하게 다림질된 옷이었다. 그런 옷차림 때문인지 성직자라기보다는 우리 어머니와 비슷해 보였다. 물론 난 성직자가 정확히 어떤 모습인지 알지 못했다. 진짜 성직자를 본 것은 딱 한 번뿐이었다. 문화혁명으로 수도원이 모두 문을 닫기 전에 아버지와 산책을 하고 있을 때였다. 아버지는 군복 차림이었다. 베이징의 번화가인 왕푸징王府井 거리 쪽으로 꺾어드는 데 수녀 두 명과 마주쳤다. 둘 다 외국인으로 키가 크고 코도 오똑했다. 검고 흰 수녀복을 입고 있었다. 잠시 우리는 걸음을 멈추고 그 보기 힘든 신기한 존재를 구경했다. 수녀들도 걸음을 멈추었다. 그리고 살짝 무릎을 숙여 보인 후 길 가장자리로 비켜서 우리가 지나갈 수 있도록 해주었다. 두 사람 모두 고개를 똑바로 들고 살짝 미소를 지었다. 말은 하지 않았다. 성직자란 바로 그렇게 보여야 하는 존재였다. 외국인이어야 하고 언제나 검은 옷을 입고 있어야 하지 않나.

하지만 쩌우 선생님은 성직자로 보기에는 너무도 평범했고 또 너무 친절했다. 선생님은 딴 세상 사람인 양 고고하게 행동하거나 거리를 두는 성품이 아니었다. 오히려 너무 많이 웃는 편이었다. 부드러운 목소리와 특유의 단정한 말투는 내가 다위안에서 제일 좋아했던 유치원 선생님을 연상시켰다. 쩌우 선생님에게서 딱 한 가지 이국적인 면이 있다면 강한 미국식 영어 발음이었다. 다른 교수님들은 모두 표준 영국 발음이었던 것이다. 그리고 학생들이 유감스러워했던 점도 한 가지 있었다. 종교적 신념이나 감옥에서의 경험 등 자기 이야기를 절대로 하지 않는다는 점이었다. 27년을 감옥에서 보내고 막 풀려난 사람이 어떻게 저렇듯 명랑하고 침착할 수 있을까? 어느 날 나는 수업이 끝난 후 더 이상 참지 못하고 다짜고짜 물었다. "성직자라고 하던데 사실인가요? 또 27년 동안 감옥에 계셨다는 것도 사실인가요?"

근처에서 내 질문을 들은 두세 명이 옆으로 다가왔.

선생님의 얼굴에 엷은 미소가 떠올랐다. 전혀 놀라거나 당황하지 않은 채 선생님은 내 눈을 똑바로 바라보면서 고개를 끄덕였다. 그 미소는 보통 사람의 것과는 전혀 다른, 확신과 평온함을 동시에 담은 성직자의 미소였다. 나는 그 침착한 태도에 감명을 받았다. "맞아요." 선생님은 조용히 대답했지만 더 이상은 이야기하고 싶지 않은 듯했다. 나는 민감한 주제라는 것을 알고 더 이상 캐묻지 않았다. 하지만 여전히 묻고 싶은 질문이 많았다. 그 오랜 세월 동안 감옥에서 무엇을 했을까? 성경은 가지고 갈 수 있었을까?

* * *

몇 주 뒤 육손이 후앙이 시내에 교회가 다시 문을 열었다고 알려주었다. 당의 새로운 종교 정책에 따른 결과였다. "그런데 목사가 누구인지 알아?" 그가 물었다. "쩌우 선생님이겠지." 내가 말했다. 선생님 외에 누가 있겠는가? "아니 어떻게 알았어?" 육손이 후앙이 놀랐다. 나는 교회에서 목사 역할을 하는 쩌우 선생님이 어떤 모습일지 퍽 궁금했지만 아무 말도 하지 않았다. 교회에 가는 모습을 보이는 것은 정치적인 자살이나 다름없었다. 몇 년 전 교회 신자들이 어떤 박해와 멸시를 받았는지 나는 똑똑히 기억하고 있었다. 또 지금은 종교 활동을 허락했다 해도 당의 정책이 언제 갑자기 바뀔지 아무도 모르는 일이었다. 비밀경찰의 시달림에서 이제 막 벗어났는데 또다시 정치적 문제에 휘말릴 수는 없었다.

다음 주 일요일, 아침을 먹은 후에 나는 친구들에게 시내 서점에 다녀오겠다고 말한 뒤 기숙사를 나섰다. 교회가 있는 진위金漁 거리는 시내에서 멀지 않았다. 두 사람이 나란히 서서 간신히 지나갈 정도로 좁은 골목이었다. 어둡고 축축했다.

거리 끝에서 입구가 나타났다. 페인트 칠이 벗겨져가는 커다란 검은 문이었다. 문은 열려 있었다. 안으로 들어서니 이전에 커다란 교회의 뜰이 분명했을 마당이 나왔다. 뾰족한 탑과 풍향계가 달린 높은 건물은 마당에서 들어가지 못하도록 막혀 있었다. 웅웅거리는 기계 소리가 들리는 것으로 보아 공장이라도 들어선 모양이었다. 그 옆으로 빨간 벽돌과 초록 기와로 된 작은 건물이 보였다. 교실 하나짜리 시골 학교 같은 건물이었다. 유리가 깨졌는지 일부 창문은 갈색 종이로 대충 가려져 있었다.

나는 조용히 교회 안으로 들어갔다. 내부는 바깥에서 생각했던 것보다 더 작았다. 등받이도 없는 좁은 의자가 여섯 줄 놓여 있을 뿐이었다. 높은 제단도 없었다. 앞쪽에 길다란 탁자를 놓고 식탁보를 깐 뒤 십자가에 매달린 예수상을 올려두었다. 커다란 인형 크기 정도의 예수상이었다. 그 양쪽으로 흰 대리석 촛대에 꽂힌 초가 타고 있었다.

간신히 보일 듯 말 듯한 촛불은 불안하게 흔들렸고 창문을 통해 살짝만 바람이 들어와도 꺼질 것 같았다. 오른쪽에 흰 천으로 덮인 또 다른 작은 탁자가 있었다. 제대 역할을 하는 탁자였다. 열두어 명 되는 사람들이 의자에 앉았고 두세 명은 제대 앞에서 무릎 꿇고 기도하는 중이었다. 쥐죽은 듯 조용했다. 조심스레 벽돌 바닥을 밟는데도 내 발자국 소리가 뚜렷이 들릴 정도였다. 낯선 사람의 등장에 몇몇이 고개를 돌리면서 놀란 표정을 지었다. 하지만 다음 순간 다시금 본래의 고요한 명상과 찬양의 자세로 돌아갔다.

나는 마지막 줄의 의자에 앉았다. 분위기를 깨뜨린 것 같아 마음이 조금 불편했다. 옆에 앉은 노인은 자꾸만 내 쪽을 훔쳐보았다. 두려움을 느낄 만도 했다. 교복을 입은 내 모습이 관리나 비밀경찰 요원을 연상시켰던 것이다. 나는 주위를 둘러보았다. 앞줄에 앉은 여자가 갈색 표지의 얇은 책을 옆에 놓아둔 것이 보였다.

"잠깐 빌릴 수 있을까요?" 내가 앞으로 몸을 숙여 여자의 팔꿈치를 살짝 건드리면서 속삭였다. 여자는 몸을 떨었다. 그리고 뒤도 돌아보지 않고 "그러세요." 라고 대답했다.

나는 책을 집어들었다. 거친 실을 사용해 손으로 제본한 책으로 가장자리가 너덜너덜했다. 시멘트 부대를 만드는 두꺼운 갈색 종이 표지는 기름때가 묻어 시커멓게 변한 상태였다. 그 위에 《신약 성서와 성가》라는 작은 글씨가 적혀 있었다. 책을 펴보니 얇고 바삭거리는 종이에 간신히 알아볼 수 있을 정도로 작고 흐릿한 글씨가 빽빽했다. 오른쪽 위로 약간 치우친 우아한 달필체가 눈에 익었다. 책장을 넘기다 보니 누구 글씨인지가 분명해졌다. 바로 쩌우 선생님이었다. 칠판에 적은 글씨와 똑같았던 것이다.

언제, 어느 방향에서 쩌우 선생님이 들어왔는지는 분명치 않다. 내 앞쪽에 있던 사람들이 일제히 일어섰고 쩌우 선생님이 제대 뒤에 가서 섰다.

예배는 노래로 시작되었다. 악기 반주는 없었다. 매번 노래를 시작할 때면 쩌우 선생님이 선창을 했고 나머지 사람들이 따라불렀다. 노래 부르는 모습이 진지하면서도 조용했다. 나지막하게 웅웅거리는 군중의 목소리 위로 쩌우 선생님의 목소리가 분명히 구분되었다. 선생님은 강의할 때처럼 노래하면서도 단어를 하나하나 또렷하게 발음했다. 아는 노래는 하나도 없었지만 나는 부드러운 멜로디가 마음에 들었다. 평생 들어왔던 자극적인 혁명 행진곡과 대조적으로 너무도 평화로웠다. 쩌우 선생님이 예배를 축복해달라는 기도를 올렸을 때 나는 이방인 같은 낯선 기분이 들었다. 열린 마음을 가지려 했지만 아무것도 느껴지지 않았다. 신의 존재도 물론 실감나지 않았다. 그때까지 계속 신 따위는 없다고 배웠고 그렇게 믿어왔으니 그럴 만도 했다. 하지만 쩌우 선생님에게는 무언가 신비로운 것이 있었다. 그 부드러운 목소리에 무언가 내 마음을 뒤흔드는 것이 숨어 있는 듯했다. 예상과 달리 우스꽝스럽다거나 괴상하다는 생각, 불편한 감정은 들지 않았다.

쩌우 선생님의 설교는 '구원'에 대한 것이었다. 문화혁명 동안 '구원'이나 '세례'라는 말은 들은 적이 있었다. 그런 개념은 일종의 미신으로 비판받았다. 몇 년이 지나 그날 쩌우 선생님이 말했던 것을 기억해내려 했지만 제대로 생각이 나지 않았다. 그저 슬픔과 고요함, 행복을 동시에 담고 있던 선생님의 얼굴, 설교 마지막 즈음 눈가에서 빛나던 눈물이 떠올랐을 뿐이었다.

설교가 끝난 후 모두들 다시 노래를 불렀다. 나는 노래를 들으면서 옆에 앉은 노인을 재미있게 관찰했다. 단단한 목 위로 튀어나온 혈관은 그가 입술을 움직일 때마다 부풀어 오르기도 하고 꿈틀거리기도 했다. 하지만 그의 노랫소리는 나머지 사람들과 전혀 맞지 않았다. 그럼에도 불구하고 노인은 온 정성을 기울여 노래했고 나는 그 충혈된 두 눈에서 빛과 힘이 쏟아져나오는 것 같다고 생각했다. 세 번째 노래가 끝날 즈음 갑자기 의자가 거칠게 흔들렸다. 늦게 온 사람이 노인 옆으로 조심성 없이 걸터앉았던 것이다. 뒤쪽으로 고개를 돌리는 사람은 아무도 없었지만 새로운 인물의 등장으로 방에는 다시금 긴장감이 돌았다. 노랫소리가 갑자기 작아져 거의 들리지 않을 정도가 되었다. 누군가 라디오 음량 다이얼을 확 돌리기라도 한 것처럼 말이다. 나는 새로 온 사람에게 화난 눈길을 던졌다. 그 남자는 낡고 더러운 검은 코트를 입고 얼굴을 감추려는 듯 깃을 올려세웠으며 녹색 군모를 쓰고 있었다. 하지만 검은 코트 깃이 크고 통통한 얼굴을 감춰주지는 못했다. 흰 얼굴은 오히려 더러운 코트와 극명한 대조를 이루어 두드러졌다. 방 안에 모인 거무스레한 얼굴들과도 구별되었다. 나는 순간 부르르 몸을 떨었다. 일년이 넘도록 내가 만나 보고해야 했던 바로 그 비밀경찰 아저씨였다! 나는 재빨리 고개를 돌렸고 성가 책을 높이 들어올려 얼굴을 가렸다. 다행히 통통한 얼굴은 목을 길게 빼고 쩌우 선생님과 신자들을 보는 중이었다. 나는 내가 처한 위험을 감지하고 정신을 바짝 차렸다. 이건 대학에서 쫓겨날 수도 있는 문제였다. 아니, 쩌우 선생님처럼 열성 신자로 분류되어 감옥에 갇힐지도 몰랐다. 가능한 한 조용히 앉아 있으려 했지만 손에 든 책이 덜덜 떨렸다.

성가가 끝났다. 쩌우 선생님이 커다란 흰 컵을 들어올리자 모두들 일어섰다. 그리고 복도로 몰려나가 줄지어 앞으로 걸어가기 시작했다. 그리고 차례대로 컵에서 한 모금씩을 마셨다. 옆에 있던 노인도 일어났고 그 바람에 퉁퉁한 얼굴도 일어나 복도 쪽으로 비켜섰다. 기회가 온 것이다. 나는 뒤로 슬금슬금 물러나 조용히 방을 빠져나왔다. 그리고 밖으로 나오자마자 얼굴을 외투 자락에 감추고 미친 듯이 뛰었다. 버스가 다니는 대로로 나간 후에야 걷기 시작했다.

* * *

남은 대학 시절 내내 나는 교회 근처에 얼씬도 하지 않았다. 하지만 쩌우 선생님의 수업은 우리가 읽는 소설을 새로운 시각에서 바라볼 수 있게 해주었다. 때로 나는 어쩌면 그 새로운 시각이 교회에서 들었던 그 부드럽고 평온한 목소리 때문이 아닌가 하는 생각을 했다.

내가 교회에 다녀온 지 3주가 지났을 때 교회는 다시 폐쇄되었다. 몇 달 전 전국을 휩쓸었던 민주화 운동의 재발을 막기 위한 조치라고 했다. 나는 놀라지 않았다. 일년 후 재차 종교 활동이 허용되었다. 훗날 육손이 후앙에게 들은 바에 따르면 교회 신도 수가 폭발적으로 늘어났다고 한다(나와 달리 그는 졸업 후에도 자주 란저우에 드나들었다). 결국 정부는 교회 건물을 차지하고 있던 공장을 내보냈고 교회를 신자들에게 돌려주었다. 몇 년 후 예배에 참석하고 온 육손이 후앙은 사람이 너무 많아 문간에 서 있어야 했다고 알려왔다.

"란저우 시민 절반은 거기 있는 것 같았다니까." 육손이 후앙은 다소 과장된 투로 편지에 썼다. "쩌우 선생님께 가까이 가서 인사를 드릴 수도 없었어. 선생님 근처에는 교황이라도 대하는 듯 엄청난 존경을 표시하는 사람들로 가득했거든. 선생님이 자유화 이후 중국 중부에서 최초의 감독監督 직에 오를 것이라 믿는 사람도 많아."

쩌우 선생님과 교회에 대한 내 경험은 짧은 순간에 그쳤지만 선생님을 통해 나는 기독교 신자의 모습을 어렴풋하게나마 볼 수 있었다. 그리고 그것은 그때까지 기독교 신자에 대해 들어온 이야기와는 전혀 다른 모습이었다. 공산주의 만화에 그려진 기독교인들은 모두 검은 제복을 입은 길다란 얼굴의 외국인 선교사들이었다. 그들은 중국 고대 유물을 훔치러 중국에 왔다고 했다. 하지만 쩌우 선생님의 교회에 가본 이후 나는 기독교도라는 말을 들을 때마다 선생님의 미소짓는 얼굴을 떠올렸다. 용서하는 마음, 친절, 인간적인 풍모, 그리고 다른 무엇보다도 그 굳센 믿음은 종교에 대해 좀더 알고 싶다는 욕망을 불러일으켰다. 여전히 나는 무신론자였고 신을 믿지 않았음에도 불구하고 말이다.

27. '야망'이라는 이름의 괴물

　민주화 운동이 진압되고 교회도 문을 닫은 내 대학 3학년 시절은 암울했다. 정치 개혁의 시도는 좌절당했고 종교적 탐구의 길도 막혔다. 마음껏 읽을 수 있는 책들이 있었음에도 불구하고 대학은 상상했던 대로의 천국은 아니었다. 정치학 수업을 빼먹을 경우 졸업 후 티베트로 보내질 거라는 협박을 웃는 전갈로부터 거듭 받게 된 나는 방귀 동무의 수업에 규칙적으로 출석했다. 동풍비항공창에서처럼 지루하기 짝이 없는 시간을 견뎌내면서 말이다. 하지만 다른 수업에는 점점 뜸하게 들어가기 시작했다. 반면 흰 탑 언덕에 올라 포플러 나무 아래에서 예전에 리링이 만들어준 목록에 따라 책을 읽는 시간은 계속 늘어났다. 때로는 하루 종일 언덕 위에서 시간을 보내기도 했다. 나는 동풍비항공창에서 리링과 나누던 대화가 그리웠다. 결혼 후 한 번도 소식을 듣지 못했지만 나는 때때로 리링을 생각했고 가지고 있는 리링 어머니 주소로 연락을 해보면 어떨까 고민하기도 했다. 하지만 마음속으로만 수십 통의 편지를 썼을 뿐 결국 보내지 못했다. 결혼한 여성에게 연락한다는 것이 왠지 부적절하게 느껴졌기 때문이다.

리링을 잊기 위해 나는 같은 과 여학생과 사귀기 시작했다. 하지만 별 도움이 되지 않았다. 그 여학생은 예뻤지만 대화는 늘 지루하고 밋밋했다. 결국 몇 달 뒤 관계를 끝내고 말았다. 그 시절, 책 외에 유일한 즐거움은 골초 악마가 가끔씩 보내오는 편지였다. 늘 유쾌한 소식과 조언으로 가득한 그 편지는 잠시나마 기분을 좋게 해주었다. 5월에 받은 편지에는 놀라운 소식이 담겨 있었다. '내가 지금 어떤 일을 하고 있는지 넌 상상도 못 할걸.' 골초 악마는 이렇게 썼다.

이 골초 악마가 큰 호저 마을의 당서기로 승진했다고! 제2의 귀뚜라미 아저씨가 된 거지! 상상해봐! 또다시 위대한 문화혁명이 일어나 새로운 베이징 아이들이 큰 호저 마을에 오게 되면 이제 이 제2의 귀뚜라미 아저씨의 지도를 받게 될 거야. 옛날처럼 말이지. 솔직히 권력을 갖게 되니 참 좋군. 베이징처럼 큰 도시에서 거드름 피우는 것보다 작은 마을에서 왕이 되는 편이 훨씬 나아. 베이징에는 잘난 사람이 암소 털보다 더 많잖아? 전에 내가 입당만이 살 길이라고 했던 말 기억해? 이제 나는 입만 움직이면 그만이야. 명령을 내리고 전화를 받고 하면서 말야(작년에 전화가 개통되었어). 또 마을 집집마다 돌아다니면서 밥을 먹지(사실 이게 가장 힘든 일이야. 물론 내가 제일 좋아하는 일이기도 하고).

그렇다고 맛있는 음식을 먹고 좋은 담배를 피우는 것이 내가 하는 일의 전부라고 생각하지는 마. 캉 위에서도 아주 바쁘다고. 이제 꽃같이 예쁜 딸들이 다섯이야. 대단하지? 그리고 여섯 번째 아이가 얼마 후면 태어날 거야. 당의 한 자녀 갖기 운동 따위를 들먹이지는 마. 다 개소리라고! 난 이제 농부야. 농부는 황제의 명령 따윈 듣지 않아. 우리를 건드리기에는 너무 멀리 있으니까. 지금 현재 내 최대의 과제는 아들을 낳는 거야. 아내가 아들을 낳아주기 전까지는 캉에서 꼼짝 못하게 할 거야. 딸 넷을 둔 동네 사람과 내기를 했지. 통통하고 잘생긴 아들을 먼저 낳는 사람에게 다른 한 사람이 온 마을이 떠나가도록 큰 잔치를 벌여주기로 말야.

아직도 입당을 하지 않았어? 어서 내 말을 들어. 그게 중국에서 살아가는 데 제일 좋은 방법이야. 정치권력은 모든 것을 의미하지. 그 상세한 얘기를 다 할 순 없지만 어떻든 날 믿으라고. 권력은 모든 것을 가져다줘.

골초 악마의 말이 이번에도 옳은 듯했다. 졸업하여 배치받을 시점이 빠르게 다가오고 있었다. 당비서와 좀더 좋은 관계를 갖지 못한다면 심각한 문제에 처할 것이었다. 4년이나 대학을 다닌 후에 티베트로 쫓겨가 일생을 마치고 싶은 생각은 전혀 없었다. 나는 다시금 방귀 동무를 통해 입당 지원서를 제출하기로 했다.

* * *

어느 날 오후 시간 낭비라는 것을 알면서도 입당 지원서를 만들고 있는데 아인슈타인이라는 친구가 찾아왔다. 그리고 내게 새로운 인생의 희망을 열어주었다.

"좀 도와줬으면 해서." 그는 의례적인 인사도 없이 커다란 서류 봉투를 꺼냈다. "영어로 서류를 써야 하거든. 미국에 있는 대학원에 지원할 생각이야."

그는 물리학과에서 수석을 놓치지 않는 학생이었고 일년 전에는 전국 물리학 경진대회에서 상을 타기도 했다. 그가 미국에서 공부하기로 했다고 해서 놀랄 것은 없었다. 그때까지만 해도 극히 드문 경우이기는 했지만 말이다.

나는 한 시간 동안 영문 편지를 몇 통 써주었다. 그러고 나서 내 미래에 대한 두려움, 방귀 동무의 협박, 입당 계획 등을 털어놓았다.

"티베트에 가지 않기 위해 그런 멍청한 길을 택해야만 한다는 거야?" 아인슈타인이 물었다. "어쩌면 당원이 된 후에도 티베트로 보내질지 몰라. 미국의 대학원에 지원할 생각은 왜 안 하는 거지?"

"미국에서 공부할 수 있다면 정말 좋겠지만 나는 그럴 수가 없어." 내가 대답했다. "첫째, 미국에서 도움을 받을 만한 친척이 하나도 없어. 또 학비를 낼 능력도 없고. 지금 통장에는 85위안이 들어 있을 뿐이라고. 그것 가지고는 비행기 표는 고사하고 미국에서 일주일 먹고 살 음식도 사지 못할걸." 미국으로 가는 편도 비행기는 1400위안 정도로 나로서는 상상도 못할 액수였다.

"미국에 친척이 없다면 장학금 신청을 하면 돼." 아인슈타인이 설명했다. "나도 지금 그렇게 하는 거고. 나 역시 친척 같은 건 없어. 해봐서 손해날 일은 없어. 최악의 상황이라면 중국 식당에서 일년 동안 설거지를 하다가 돌아오면 그만이지. 그렇게 해도 한 1,000달러 정도는 모아올 수 있을걸. 하지만 중국에서는 무슨 짓을 해도 그 돈을 벌지 못할 거야."

1,000달러라고 하면 3,000위안이었다. 입이 쩍 벌어질 만한 돈이었

다. 중국에서는 평생 몇백 위안만 모을 수 있어도 운이 좋다고 여겨졌다. 동풍비항공창에서 친구인 작은 레닌이 결혼하면서 했던 말이 떠올랐다. 그의 평생 목표는 비상사태에 대비해 300위안을 모으는 것이라고 했다. 그리고 그 목표를 위해 외식도 안 하고 영화도 안 보고 새 신발이나 옷을 사는 일도 없이 궁핍하게 살았다. 그 이야기를 들으면서 인생 목표 치고는 너무도 소박하다고 생각했던 일도 기억났다. 아인슈타인의 말이 백번 옳았다. 내가 잃을 것이 무엇이란 말인가?

"좋아." 내가 말했다. "해보겠어. 이번에는 문제가 생기더라도 원망할 사람이 정해져 있군."

하지만 그런 결정을 내리는 데 돈은 단지 부분적인 요인에 불과했다. 더욱 중요했던 것은 친구들에게 한 번도 털어놓지 않았던 마음속의 야망이었다. 그것은 중국에서 '더러운' 개념으로 여겨졌고 공산주의 어휘사전에서는 '부르주아'라는 말만큼이나 위험하고 금지된 용어였다. 당 관리들이 가장 싫어하는 것이 개인적인 야망을 지닌 사람이었다. 그런 야망을 드러내는 것은 정치적인 자살이나 다름없었다. 하지만 나는 더 이상 어쩔 수 없었다. 당이 내미는 카드를 묵묵히 받아들이기는 싫었다.

"자, 그럼 우리는 동지가 되었군." 아인슈타인이 말했다. "좀 서둘러야 할 거야. 지금 막차를 타는 셈이거든. 문은 언제든 닫힐 수 있어. 정부가 이미 해외 유학 규제 방안을 마련하기 시작했다는 소문을 들었어."

바로 그날 나는 태평양 건너의 열 개 대학에 지원서를 요청하는 엽서를 보냈다. 그 단순한 행동이 얼마나 많은 어려움과 시련을 가져다줄지 상상도 못한 채 말이다.

다음 단계는 학교 성적증명서를 발급받는 것이었다. 기록 담당실로 가서 유리창 뒤에 앉은 표정 없는 얼굴을 대했을 때 나는 일이 순조롭지 않으리라는 것을 즉각 알아차렸다. 작은 구멍을 통해 오리 같은 목소리가 속사포처럼 쏟아져나왔다. "학장의 허락이 없으면 외국 학교로 보낼 성적증명서를 발급할 수 없어."

목소리나 얼굴선이 모두 부드러운 학장은 친절하게 말했다. "외국어 학부의 당비서가 허가하지 않으면 우리도 허가증을 줄 수 없네."

당비서는 바로 방귀 동무였다. 이틀 동안 나는 어떻게 말을 꺼내야 할 것인지 고민을 거듭했다. 거의 3년 가까이 당비서와 전투를 벌여왔던 만큼 일은 쉽지 않을 것이었다. 미국에서 공부하고 싶다는 마음을 간절하게 드러내는 것만큼은 절대 피해야 했다.

"피 동무," 나는 방귀 동무의 집무실에서 치밀하게 준비했던 연설을 시작했다. "지난 3년 동안 동무는 제게 여러 가지 귀중한 가르침을 주었습니다. 당을 사랑하고 정성을 다해 인민에게 봉사하며 국가를 위해 개인을 희생해야 한다는 것 말입니다. 가르침에 깊이 감사드립니다. 저는 오래 생각한 끝에 당이 제게 베푼 은혜를 갚기 위해 개인적인 희생을 해야 한다는 결정을 내렸습니다. 그리고 방법을 찾았습니다. 바로 미국에 가서 공부하는 것입니다. 그곳에서 커다란 어려움을 만나게 되겠지만 동무도 말씀하셨듯 어려움은 우리의 혁명 정신을 단련하기 위해 필요하지 않습니까. 저는 거기서 공부한 지식을 가지고 돌아오겠습니다. 그곳에서 번 돈도 모두 가져와 당과 국가에 바치겠습니다. 물론 여기서 당을 위해 일할 수 있다면 더할 나위 없이 행복할 것입니다. 하지만 미국에 간다면 당에 더 큰 공헌을 할 수 있다고 생각합니다."

연설은 공산당원들이 좋아하는 구태의연한 표현으로 가득 차 있었지만 의심 많은 당비서의 마음을 움직이지는 못했다. "미국에서 공부를 한다고? 자본주의의 심장부에서? 이건 아주 심각한 문제야. 위원회를 소집해 논의해 보아야겠네."

하지만 놀랍게도 2주 후 방귀 동무는 허가를 내주었다. "단, 두 가지 조건이 있네." 그는 허가서를 들고 말했다. "첫째, 당원을 위한 주례 특별 정치 학습에 참석하고 당원이 되기 위한 노력을 경주해야 해. 둘째, 펑시아鳳霞가 미국에서 공부할 수 있도록 도와주게. 펑시아 동무는 훌륭한 당원이야. 위원회는 그 동무가 자네와 함께 가는 것이 좋겠다는 결정을 내렸네." 웃는 전갈이랑 함께 가야 한다고? 그런 어이없는 일이? 웃는 전갈은 형편없는 성적으로 졸업한 사람이었다. 학업 성취도로 보자면 중학교 수준에 불과할 정도였다. 대체 미국에서 무슨 공부를 하겠다는 것일까? 나를 감시하기 위해 가려는 것일까?

하지만 시간이 얼마 없었던 만큼 웃는 전갈을 위해 할애해야 하는 시간도 많지 않을 것이었다. 나는 두 조건을 수락했고 당비서로부터 그 소중한 허가서를 받았다.

방귀 동무의 허가서로 무장하고 열성 당원인 웃는 전갈과 함께 절차를 밟게 되면서 일은 순풍에 돛단 듯 전개되었다. 2주 만에 나는 학장의 허가서와 성적증명서를 모두 받을 수 있었다.

아인슈타인과 그 여자 친구, 그리고 나는 모두 성적이 좋았고 미국 대학에서 장학금 약속을 받을 수 있었다. 웃는 전갈은 입학 허가조차 받지 못했다.

하지만 여기까지는 아무것도 아니었다. 장애물 넘기 경주에서 제일 낮은 허들에 해당했다고 할까. 안보국의 심사를 통과하고 여권을 받아야 하는 난관이 기다리고 있었던 것이다.

지역 안보국으로 가기 전에 우선 대학의 안보부에서 심사를 받아야 했다. 심사 후 허가증을 발급받는 과정은 까다롭기 짝이 없었다. 모두를 잠재적인 망명자로 보고 있었기 때문이다. 안보부로 넘어간 내 지원서는 '진흙으로 만든 소가 바다로 들어간 것처럼' 나올 생각을 하지 않았다. 우리는 매달 두세 번씩 안보부 사무실로 찾아갔다. 담당자인 쟝張 부장은 퉁명스러운 어조로 아직 멀었다고 말할 뿐이었다.

"너희들이 살았던 곳에 전부 편지를 보냈다." 그가 고개를 끄덕이면서 말했다. "정치 배경을 확인하기 위해서 말이지. 특히 션판, 네 경우는 아주 복잡해. 내가 무슨 말을 하는 건지 알겠지? 그래서 내 조수가 직접 베이징과 시안으로 떠났지. 당이 너희를 믿어도 될지 확인해야 하니까. 너희는 국가에 속해 있고 따라서 국가는 너희에 대해 책임을 져야 하거든. 일을 빨리 끝내기보다는 제대로 처리한다는 것이 우리 원칙이야."

* * *

그러던 어느 날 다시 안보부 사무실에 들렀을 때 아인슈타인과 나는 들뜬 모습의 쟝 부장을 보고 깜짝 놀랐다. 먼저 미소를 보이며 자리를 권했던 것이다. 그런 적은 처음이었다. "너희 둘에게 알려줄 소식이 있다. 더 이상은 여기 올 필요가 없어." 순간 내 가슴이 기대감으로 벅차올랐다.

"공산당에서 얼마 전에 14호 공문이 왔다." 부장은 붉은 망치와 낫 모양 도장으로 봉인된 두꺼운 봉투를 신나게 흔들어 보였다. "모든 대학 졸업생은 여권을 신청하기 전에 최소 2년은 국가를 위해 봉사해야 한다는 내용이지. 너희 둘에게도 적용된다." 그가 봉투를 건네주었다. 청천벽력 같은 소식이었다.

"이 나라가 정말 싫어. 부장 목이라도 조르고 싶은 심정이야." 안보부를 나와 걸어가면서 아인슈타인이 미친 듯이 화를 냈다. "다른 탈출 방법을 생각해봐야겠어. 입학 허가서를 수영복 안에 붙이고 해협을 헤엄쳐 건너 홍콩으로 가면 어떨까."

"난 수영 못해." 그의 여자친구가 끼어들었다. "설사 할 줄 안다 해도 상어 밥이 되고 싶은 생각은 없어."

"헤엄쳐서 탈출하기는 어려워." 내가 냉정하게 말했다. 나 역시 수단 방법을 가리지 않고 탈출하고 싶은 마음이 간절했다. "결국 빠져죽는 사람도 많고 요행히 도착했다 해도 붙잡혀 중국으로 넘겨지고 말지. 그러면 배신자로 감옥에 갇혀 있어야 해."

"나도 알아." 아인슈타인이 어느 정도 진정된 듯 말했다. "그러면 어떻게 한다…… 걸어서 윈난云南 산맥을 넘어가 미얀마로 들어간다면? 워낙 국경선이 기니까 숨어 들어갈 구멍이 있을 거야."

"하지만 길을 모르는걸." 다시 아인슈타인의 여자친구가 겁에 질린 소리로 말했다. "국경 수비대원이 아주 많대. 몰래 탈출하려는 사람을 잡는 데 선수라던데."

"그런 위험을 감수하려들기 전에," 내가 말했다. "다른 가능성을 생각해보자. 대학의 당 관료들을 설득해 우리에게 예외를 인정하게끔 만들면 어떨까."

다음날 나는 방귀 동무를 찾아가 지원을 얻어보려 했다.

"정말 안됐군." 내 설명을 들은 방귀 동무는 이렇게 말했지만 자못 유쾌하다는 표정이었다. "소용없는 일이라는 걸 이미 알고 있었지. 하지만 자네 같은 젊은 사람들은 함부로 실망해선 안 돼. 이제 마음을 정리하고 중국에서 봉사할 생각을 하게. 미국에 가는 것이 뭐가 그리 중요한가? 당은 바로 여기서 자네들을 필요로 해. 잘 기억하게. 혼자서 무슨 일을 꾸며내봤자 문제만 생길 뿐이야. 무엇이 자네에게 제일 필요할 것인가는 당만이 알고 있어. 당이 자네가 유학하기를 바란다면 먼저 그렇게 제안할 걸세."

나는 그렇게 쉽사리 포기할 수 없었다. 방귀 동무와 같은 멍청한 지방 관리를 붙잡고 논쟁하는 것은 의미 없는 짓이었다. 베이징의 고위 관료를 움직일 수 있다면 '하늘에서 내려오는' 그 강력한 칼이 단숨에 규제의 줄을 끊어줄지 모른다는 생각이 들었다.

몇 주 동안 아인슈타인과 나는 정성스럽게 편지 초안을 만들었고 하늘의 연줄을 찾아헤맸다. 고위 당 관리와 연결될 수 있는 누군가가, 조카든, 아들이든, 과거의 하인이나 문지기든 간에 우리 편지를 개인적으로 전달해줄 누군가가 절실히 필요했다. 중령으로 진급해 베이징 중앙 군사위원회에 있다는 어린 시절의 친구 샤오롱 생각이 났다. 나는 편지를 써서 도움을 청했다. 샤오롱은 교육부 관료에게 편지를 전달할 연줄을 찾아보겠다고 약속했다. 가능성은 매우 희박했다. 하지만 그것은 마지막 희망이었다. 우리는 기적을 기대했지만 기적은 끝내 일어나지 않았다.

마지막으로 부모님에게 도움을 청했지만 방귀 동무보다도 한술 더 뜨는 훈계를 들었을 뿐이었다. 당의 명령에 복종해라, 당의 결정에 만족해라, 당과 국가의 이해관계 앞에서 개인적인 바람을 내세워서는 안 된다 등등. 그 번지르르한 교훈은 나를 위한 것이 아닌, 자신들을 보호하기 위한 것이었다. 평생을 당원으로 살아온 부모님은 내 야망이 또 한 번 자신들에게 위험을 가져오게 될까봐 전전긍긍했다.

여름 내내 아인슈타인과 나는 절망적인 노력을 멈추지 않았다. 교육부와 민정부, 당 중앙위원회에 수많은 편지를 보냈지만 하나같이 학교의 관리들에게 반송될 뿐이었다. 방귀 동무는 내가 베이징에 보냈던 편지 뭉치들을 들고 흔들면서 한숨을 쉬었다. "아무 소용없다고 말하지 않았던가?" 그는 고개를 저었다. "당이 젊은이들 편에서 결정을 내린다는 점을 믿어야 하네. 이런 식으로 행동하면 문제만 생길 뿐이야. 당을 신뢰하게."

5월, 6월, 7월, 8월……. 속절없이 시간만 흘렀다. 우리 상황을 알게 된 미국의 대학들도 자오즈양趙紫陽 총리에게 편지를 보내주었지만 그건 망망대해에 조약돌을 던지는 것이나 다름없었다. 편지는 흔적도 없이 사라져버렸다. 절망에 빠져버린 채 나는 더 이상 끓는 물도 두렵지 않은 돼지 같은 심정이 되었고 헤엄쳐 홍콩으로 갈 계획까지 세웠다.

마침내 주어진 시간이 끝이 났다. 미국의 대학 학기는 9월에 시작되었다. 우리는 전투에 패배했다. 마지못해 미국 대학에 편지를 보내 서글픈 마음으로 귀중한 장학금을 포기할 수밖에 없었다.

28. "제가 직접 말할까요?"

유학을 위한 전투에서 패배한 후 나는 새로운 전쟁에 뛰어들어야 했다. 어느 새 코앞까지 다가온 전투, 졸업 후의 배치였다. 마지막 학기가 시작된 시점이었다.

우리 모두 졸업 후의 배치가 얼마나 중요한지 잘 알고 있었다. 심지어 1학년 때부터 온갖 방법을 동원해 평생을 결정하게 될 그 전투를 준비하는 사람도 있었다. 당이 결정한 배치는 권고가 아닌 명령이었다. 당시 중국에는 사기업이 거의 없었기 때문에 당의 배치를 거부하면 평생 개인 기록부에 끔찍한 정치적 낙인이 찍히고 인생이 망가져 버렸다. 따라서 당의 배치를 거부하는 학생은 거의 없었다. 가족에게서 멀리 떨어지고 원치 않는 종류의 일을 맡아야 해도 말이다.

대학 총장은 졸업생 배치 문제를 결정하기 위해 베이징에서 열린 국가회의에 참석했다가 3월에 돌아왔다. 미리부터 충격을 주고 마음의 준비를 시키기 위해서인지 곧 전 해에 비해 선호하는 자리가 훨씬 적어졌다는 소문이 공공연히 나돌았다. 대부분의 졸업생들은 당연히 고향 근처로 가고 싶어했다.

졸업을 석 달 남겨둔 4월, 각 단과대학마다 배치위원회가 설치되었다. 외국어학부의 배치위원회는 방귀 동무, 웃는 전갈, 따이戴 교수, 우吳 강사로 구성되었다. 모두 당원들이었고 내게 도움을 줄 만한 사람은 없었다. 기숙사에 떠도는 소문은 내 불안감을 한층 가중시켰다. "올해 영어 전공 졸업생이 배치될 자리가 베이징에는 세 개, 상하이에는 한 개뿐이래." "졸업생의 60%는 오지의 중학교 교사로 가야 한대." "정말로 티베트에 가야 하는 사람도 있대." 나뿐 아니라 모든 사람이 안절부절 못 했다. 내게 최악의 배치는 티베트였다. 우리 과에는 베이징 출신이 다섯, 상하이 출신이 두 명이었다. 소문이 사실이라면 몇 명 안 되는 해당 지역 출신자들조차도 고향으로 가지 못할 것이었다. 두려움은 친구들과의 치열한 경쟁을 유발했다. 다정한 친구들이 순식간에 적으로 돌변했다. 교정은 살벌한 전장이 되어버렸다.

가장 추악한 전쟁은 중국 제3의 도시 톈진天津에서 온 두 학생이 벌인 것이었다. 톈진에는 자리가 하나밖에 없다고 했다. 둘 중 한 사람만 고향에 갈 수 있었다. 몇 주에 걸쳐 두 사람은 따로 배치위원회에 들락거리며 상대방에 대한 악담을 늘어놓았다. 이를 통해 자기가 선택될 가능성을 높이고자 했던 것이다. 두 사람은 철천지 원수가 되었고 결국 끝까지 화해하지 못했다. 이런 일이 드물지 않게 일어났다.

배치 발표를 한 주 남겨놓게 되자 모든 학생들이 연줄을 동원하고 청탁을 넣느라 정신이 없었다. 배치위원회에 압력을 넣어 좋은 자리를 받도록 해줄 누군가를 찾는 것이었다. 유력한 자리에 있는 부모들은 자녀를 위해 배치위원들을 직접 만나기도 했다. 그런 부모가 없는 학생들은 선물을 보냈다.

나도 상식적인 선에서 배치위원들에게 인사를 하러갔다. 따이 교수는 내게 별 유감이 없는 인물이었다. 그 전 한 해 동안 종종 만나 브리지 게임도 하던 사이였다. 하지만 한 사람과의 친분 정도로 위원회에 버티고 있는 강력한 적수들을 물리칠 수 없다는 점은 분명했다. 방귀 동무와 웃는 전갈은 늘 나를 학교의 말썽꾼이라 여겼고 4년 내내 티베트나 시짱西藏(황제가 골치 아픈 존재를 유형보내던 땅이었다)으로 보내버리겠다고 위협하지 않았는가. 아버지에게도 도움을 청할 수가 없었다. 나 때문에 곤란을 겪을까봐 극도로 몸을 사리는 아버지는 학교를 방문해서 압력을 행사하기는커녕 당에 복종하고 봉사하라는 훈계만 늘어놓을 것이 뻔했다.

* * *

며칠 동안 나는 방법을 찾기 위해 고심했다. 그러다가 문득 내가 기댈 수 있는 강력한 '아저씨들'이 생각났다. 일년이 넘도록 매달 만났던 비밀경찰 말이다. 약간만 머리를 쓰면 그 무서운 권력을 내게 유리하게 사용할 수 있을 듯했다. 나는 대담하고 흥미진진한 계획을 세웠다.

그리고 다음날 오후 '서점'으로 전화했다. 통통한 얼굴이 전화를 받았다. "리우 아저씨, 션판이에요." 나는 다급한 어조로 말했다. "당장 만나뵙고 싶은데요. 급히 보고드릴 사항이 있어서요."

두 아저씨는 도시 반대편에서 당장 달려와주었다. 우리는 란저우 호텔에서 만났다. 나는 또다시 순진하고 열성적인 정보원으로 변신하여 쉴새없이 온갖 사소한 이야기를 '중요한 정보'로 포장하여 쏟아놓았다. 방귀 동무에게서 최근 발견한 사실이 주 내용이었다.

"방귀 동무, 그러니까 피 동무가 최근 이상한 행동을 보이고 있습니다." 나는 숨도 쉬지 않고 떠들었다. "오늘 저는 방귀 동무가 캐나다에서 온 선생과 이야기하는 것을 보았죠. 제가 가까이 다가갔더니 외국인에게 종이 한 장을 건네고는 금방 그 자리를 떠나버렸습니다. 아저씨들께서 지난 몇 년 동안 가르쳐주셨듯이 이런 사소한 일이 엄청난 사건을 이끌어낼 수 있는 법이지요. 방귀 동무는 무언가 감추려하는 것이 분명했습니다. 평소에 좀 의심스럽다고 생각해 관심을 갖고 지켜보는 중이었는데 마침 그런 수상한 행동이 눈에 띄었기 때문에 이렇게 즉각 보고드리는 것입니다." 평소처럼 나는 의혹이 가는 부분을 분석하고 꼬치꼬치 설명해댔다. 그런 우스꽝스러운 연극에 죄의식을 느끼지는 않았다. 철의 얼굴을 한 비밀경찰 요원들이 방귀 동무를 심문해 공포에 질리도록 하는 모습은 상상만 해도 너무 즐거웠다.

방귀 동무에 대한 이야기가 끝난 후에는 웃는 전갈로 넘어갔다. 웃는 전갈이 방귀 동무의 정부情婦라는 점은 누구나 알고 있지만 내가 보기에는 공범자로 여겨진다고 설명했다. 내가 미국에 가서 공부할 수 있도록 허락한 이유도 웃는 전갈에게 당당히 유학 기회를 주고 싶어서였을 것이라 주장하기도 했다. 한 시간 동안이나 나는 그런 식으로 무서운 권력을 가진 두 얼간이에게 탐스러운, 하지만 아무런 영양가도 없는 먹이를 던져주었다. 그건 아마 내가 정보원 노릇을 하는 마지막 기회가 될 것이었다. 내 횡설수설은 방귀 동무와 웃는 전갈이라는 두 적에게 심각한 피해를 입힐 것이 분명했다. 어떻든 내 목적은 두 아저씨가 완전히 질려버려 무슨 짓을 해서든 나를 떨어내고 싶게끔 만드는 것이었다.

한 시간이 넘어서자 두 아저씨는 피곤한 기색을 보이기 시작했다. 작전이 잘 먹히고 있었다.

통통한 얼굴이 지루하게 이어지는 말을 가로막았다. "보고해주어 고맙네. 이제 우리는 사무실로 돌아가 자네 보고를 분석해야겠어. 자네는 당에 충성하며 성실히 일해주었어. 졸업한 후에는 더 이상 우리와 접촉할 필요가 없네." 그 마지막 문장은 비밀경찰 아저씨들이 내가 계속 전화를 걸어대며 지루한 보고를 늘어놓을까봐 걱정하기 시작했다는 의미였다. "그러니까, 앞으로는 더 이상 보고를 하지 말도록 해. 이건 명령이야. 우리와 접촉했던 일이 전혀 없었던 것처럼 행동해야 한다는 점은 알고 있겠지?"

"다시 한 번 말하지만," 치 아저씨도 특유의 차갑고 위협적인 목소리로 거들었다. "우리 만남에 대해 한 마디라도 해서는 안 돼. 그런 짓을 저지르면 어떤 결과가 빚어질지 알고 있으리라 생각하네."

물론 나는 비밀경찰의 막강한 힘을 알고 있었다. 그것은 내가 그 자리에 앉아 있는 이유이기도 했다. 하지만 치 아저씨의 그 말이야말로 내가 간절히 기다리던 화제를 이끌어낼 시작점이었다. 나는 기회를 놓치지 않았다. "그런데 문제가 생겼어요. 왜, 전에 말씀하셨지요. 제가 아저씨들을 만나 보고하는 것이 졸업이나 배치에 아무런 영향도 미치지 않게 하겠다고요. 하지만 학교 사람들은 제가 비밀경찰에 자기들 이야기를 보고한다는 것을 알아차린 모양이에요. 저 때문에 당에서 낮은 평가를 받는다고 생각하는 거죠. 그래서 저를 나쁜 곳에 배치해 벌을 주려하고 있어요. 방귀 동무가 직접 그렇게 말했다니까요. 정치학 수업에 많이 빠졌기 때문에 티베트로 갈 가능성이 높다고요. 하지만 결석했을 때마다 저는 아저씨들에게 보고할 정보를 모으고 있었거든요. 당을 위해 일했던 거죠. 아저씨들의 도움이 필요해요. 제가 얼마나 당에 충성하는지 잘 알고 계시잖아요. 당을 위해 일한 대가로 벌을 받아야 하는 건가요?" 나는 말끝을 흐렸다. 엉뚱한 곳에서 불공정한 대우를 받게 된 충성스러운 부하의 이미지를 만들기 위해서였다. "배치위원회 사람들에게 이야기를 좀 해주실 수 없나요? 제가 특별한 봉사를 했으니 정당한 대우를 받아야 한다고 말이에요. 아니면 제가 직접 말할까요?"

나는 스스로의 대담함에 놀랐다. 그러면서 말을 마치자마자 소파 구석에 몸을 웅크리고 가능한 한 불쌍한 표정을 지어보였다. 사고방식이 단순한 아저씨들은 자기 권력을 과시할 기회를 마다하지 않을 것이 분명했다. 더군다나 내가 학교의 스파이였다는 사실이 드러나는 일은 어떻게든 막으려 들 것이었다.

"아니, 아니, 직접 말할 필요는 없어." 통통한 얼굴이 말했다. "우리가 도와줄 방법을 찾아보지. 최선을 다해 자네를 보호해줄 테니 걱정 말게. 자, 그럼 가보지. 두 번 다시 우리에게 연락하지 말게."

* * *

배치 결과가 발표되는 날은 더없이 긴장된 분위기였다. 나는 몹시 불안했다. 비밀경찰이 정말로 조치를 취했는지 알 수 없었기 때문에 마음을 놓기 어려웠다. 아침 9시에 외국어 학부 졸업반 학생 전체가 커다란 강의실에 모였다. 배치위원회 위원들은 학생들과 마주보며 긴 탁자에 앉아 있었다. 위원들의 얼굴은 아주 심각했고 교실은 쥐죽은 듯 조용했다. 모두가 긴장된 눈으로 방귀 동무의 손에 들린 흰 종이를 바라보았다. 연단에 선 방귀 동무는 흰 반창고가 붙은 안경을 쓰고 한껏 당당한 자세를 취했다. 그리고 안절부절 못 하는 학생들을 천천히 돌아보았다. 그의 권위가 최고조를 이루는 날이었던 만큼 마음껏 분위기를 음미하려는 듯했다.

"졸업 예정자 여러분." 방귀 동무가 커다란 목소리로 입을 열었다. "당과 란저우대학을 대표하여 여러분의 졸업을 축하합니다. 공화제를 창립한 쑨원孫文 선생께서도 말씀하셨듯이 '혁명은 이제 겨우 시작된 것이고' 여러분은 더 열심히 일해야 합니다. 이제 지식과 기술을 습득하였으니 당과 국가, 인민에게 봉사해야 할 때입니다. 위대한 지도자 마오쩌둥 주석은 당의 이익 앞에 모든 개인적 이해관계를 포기해야 한다고 말씀하셨습니다. 당의 부름에 답한 혁명가들, 당이 부를 때마다 달려갔던 혁명가들을 이미 수없이 보지 않았습니까?" 당의 배치에 따라 봉사하는 영광에 대해 장황한 연설이 계속되었다. 그 연설을 듣는 사람은 아무도 없었다. 몇 분이 지나자 여기저기서 얼굴을 찌푸리고 수군거리는 소리가 났다.

"이제, 시험의 순간이 왔습니다. 어디로 배치되든 여러분은 당의 결정을 받아들이고 당을 위해 봉사하게 된다는 점을 영광으로 여겨야 합니다."

우리는 긴장한 채 몸을 앞으로 기울였다. 방귀 동무는 천천히 학생들의 이름과 배치 결과를 읽어 내려갔다.

"짱이민張依敏, 창샤長沙 식품국." 축하의 박수가 터졌다. 집으로 돌아가게 된 운 좋은 경우였다. 식품국에서 그가 어떤 일을 하게 될 것인지는 전혀 중요하지 않았다.

"후어투匯途, 간쑤甘肅성 후狐현 제2중학교." 허베이河北가 고향인 여학생의 불운에 모두들 동정의 한숨을 쉬었다. 후어투는 얼굴을 무릎에 파묻고 소리없이 흐느끼기 시작했다. 우리는 다시 방귀 동무 쪽으로 고개를 돌렸다.

"후아신피華新枇, 칭하이靑海성 다이샤大沙현 교통국." 또다시 한숨 소리가 교실을 채웠다. 실망한 졸업생이 화난 듯 중얼거렸다.

환호보다는 눈물을 훨씬 더 많이 자아내는 배치였다.

"치엔러, 장쩌우鄭州 허난河南기술학교." 헐렁이는 결과를 듣자마자 웃음을 터뜨렸다. 나도 그에게 엄지손가락을 들어보였다. 그가 맞이한 행운의 비결을 알고 있었던 것이다. 열흘 전쯤 그의 고향에서 보내온 최상 품질의 참기름 여섯 병이 방귀 동무와 웃는 전갈에게 전해졌었다.

"후앙라이스, 티베트 제1라싸拉薩중학교." 모든 사람이 고개를 돌려 동정어린 눈으로 육손이 후앙을 바라보았다. 그때까지 나온 것 중 최악의 배치였다. 그는 너무도 충격을 받았는지 잠시 움직이지도 못했다. 육손이 후앙이 항의할 것을 예상했는지 방귀 동무는 설명을 덧붙였다. 하지만 그러면서 감히 육손이 후앙 쪽을 바라보지는 못했다.

"티베트는 아직도 처녀지이다. 대학 졸업생을 가장 필요로 하는 곳이지. 가장 영광스러운 자리이자, 가장 도전적인 일이다. 당위원회는 과연 누구에게 그 영광을 돌릴 것인지 오래 고민했다. 그리고 후앙라이스가 가장 적임자라고 결정을 내렸다. 대학 졸업생이 거의 없는 곳인 만큼 곧 학교의 당비서로 승진할 게고 그러면 당과 국가를 위해 크게 기여할 수 있다. 후앙라이스, 당의 신뢰를 저버려서는 안 된다."

모두들 침묵했다. 나도 4년 내내 친하게 지냈던 룸메이트의 얼굴을 차마 바라볼 수 없었다.

평균 성적이 가장 높았던 여학생이 고향인 상하이의 단 하나뿐인 자리를 차지했다. 베이징의 두 자리는 부모님이 고위직에 있는 두 학생에게 돌아갔다. 누구나 예상한 결과였다. 베이징 배치가 끝나버리자 난 더 불안해졌다. 나도 티베트의 시골 학교로 보내지는 것일까? 그런 발표가 나면 어떻게 반응해야 하지? 나는 초조하게 내 순서를 기다렸다.

상하이와 베이징의 자리가 차버렸으므로 이제 학생들은 세 번째로 좋은 지역, 톈진에 누가 갈 것인지 궁금해했다. 톈진은 베이징에서 기차로 한 시간이면 닿을 수 있는 곳이었다. 더군다나 톈진 출신의 두 학생이 그 자리를 둘러싸고 치열한 싸움을 벌이지 않았던가. 고향 친구들 사이의 비열한 전쟁이 어떤 결말을 가져왔는지 모두가 궁금했다.

"쩌이錯義, 허베이성 간후乾湖 직업학교 기록실." 호리호리한 체구의 쩌이는 경쟁자였던 친구를 노려보았다. 경쟁자인 리앙하오良浩는 만족스러운 미소를 지었다. 마침내 그가 고향에 가게 된 모양이었다. 오래 기다릴 것도 없이 바로 다음이 그의 차례였다.

"리앙하오, 허베이성 쿠꾸아苦瓜현 제2국가기계제작소." 갑자기 모두들 웅성거리기 시작했다. "뭐라고?" 리앙하오는 자기 귀를 믿을 수 없다는 듯 울음을 터뜨렸다. 톈진 출신이 둘 다 고향에 가지 못하게 되었다는 말인가? 톈진에 하나 있다던 자리가 없어지기라도 한 것일까?

모두들 대체 누가 톈진으로 가게 되었는지를 궁금해했다. 이름이 불리지 않은 학생은 이제 몇 명뿐이었다. 예상 밖의 사태에 모두들 다시금 귀를 곤두세웠다.

"차오지曹記, 윈난성 회이투灰兎현 홍지紅基중학교." 또 한 명의 운 나쁜 졸업자였다. 하지만 더 이상은 나올 한숨도 남지 않았는지 반응이 없었다.

＊　＊　＊

내 이름은 제일 마지막이었다.

"션판, 톈진 경공업대학교." 우레 같은 박수가 터져나왔다. 마침내 예상보다 좋은 배치를 받은 학생이 나온 것이다. 나는 믿을 수가 없었다. 모두가 그날의 최고 행운아인 내 쪽으로 몸을 돌렸다. 배치위원회의 두 선생님들도 내게 미소를 지었다.

톈진 출신자들의 화난 투덜거림과 다른 학생들의 질투 어린 속삭임을 누르려는 듯 방궈 동무가 손을 들고 배치 이유를 설명했다.

"이것은 훌륭한 학교에서 학생들을 가르치는 자리이다." 그가 말했다. "동부 해안의 사람들에게 학교의 명성을 알리려면 가장 훌륭한 졸업생을 선택해야 했다. 션판은 전체 졸업생 중 두 번째로 점수가 높았기 때문에 선정된 것이다. 또한 지난 4년 동안 당에 한결같이 충성하여 높은 신뢰를 얻었다. 새로운 자리에서도 계속 성실히 봉사할 수 있기를 한 마음으로 격려해주자." 나는 미소를 지었다. 결국 방귀 동무가 칭찬하고자 했던 것은 내 성적이나 충성심이 아닌 정치적 술수임을 알고 있었기 때문이다. 죄책감도 약간 느껴졌다. 하지만 약간뿐이었다. 방귀 동무를 비롯해 그 어떤 당 관료도 성적은 크게 고려하지 않았다. 졸업생 배치는 정치적 술수와 뇌물 작전의 결과일 뿐, 그 외에는 아무것도 영향을 미칠 수 없었다. 이건 누구나 다 아는 일이었다.

그날 저녁 나는 불운한 동료들을 생각해 기쁨을 애써 억눌러야 했다. 아인슈타인은 베이징에서 45킬로미터 떨어진 차오卓현의 농업학교에 배치되었다. 나쁜 자리는 아니었다.

"이건 너무 불공평해." 그가 투덜거렸다. "우리 과에서 성적이 바닥인 애들이 베이징의 인민대학으로 가게 되었어. 난 수석 졸업생인데도 시골 학교에서 가르쳐야 하고 말야."

톈진 출신의 두 친구에게도 미안했다. 둘 다 내 친구들이었다. 특히 육손이 후앙이 마음에 걸렸다. 난 그날 그를 데리고 나가 저녁을 사주었다. 밤중에 나는 침대에 누운 채 그날의 사건을 떠올렸다. 모두가 그토록 탐내던 자리를 내가 차지하게 되다니 믿기 어려운 일이었다. 하지만 좋은 곳에 배치받았다는 이유만으로 기쁜 것은 아니었다. 이제는 생각만 해도 지긋지긋한 방귀 동무와 웃는 전갈을 더 이상 볼 필요가 없었다! 비밀경찰과의 위험한 관계가 끝난 것도 좋았다. 그날 밤에 나는 잠을 거의 자지 못했다. 그리고 두근거리는 마음으로 톈진에서 펼쳐질 새로운 인생을 상상했다.

마지막으로 흰 탑 언덕에 올랐을 때 포플러 나무는 만개했던 꽃잎을 떨어뜨리는 중이었다. 갈색으로 시든 꽃잎들은 커다란 벌레처럼 보였다. 벌레로 이루어진 카펫을 조심스레 밟고 지나간 나는 총명한 자오의 묘비 앞에 섰다. 그리고 무릎을 꿇고 손으로 땅을 팠다. 잔디가 깔린 땅은 부드러웠다. 어느 정도 구멍이 생겨난 후 나는 가방에서 커다란 나무 밥그릇을 꺼내 찐빵을 넣고 묻었다. '어딘지는 몰라도 이제는 그곳에서 원하는대로 실컷 먹으렴.' 나는 마음속으로 친구에게 말했다. 살아 있었다면 그는 그날, 졸업식이 끝나고 우리 모두 헤어져야 하는 날에 아주 행복해하면서도 동시에 아주 슬퍼했을 것이다.

나는 커다란 오리나무에 기대앉아 황허와 란저우 시가지를 내려다보았다. 멋진 연기를 뿜어올리며 기차가 천천히 역으로 진입하고 있었다. 베이징에서 온 열차였다. 네 시간 후면 나를 싣고 동부로 데려다줄 바로 그 열차이기도 했다.

5부 물

우리는 원해서가 아니라, 그래야만 하기 때문에 잊는다.
- 매튜 아놀드Matthew Arnold

29. 꿈도 꾸지 말아야 할 일

베이징에서 잠시 가족과 지낸 후 나는 1982년 8월 1일 톈진으로 떠났다. 한 시간의 기차 여행은 쾌적했다. 사기충천하여 기차에서 내린 나는 버스를 타고 대학이 있는 후에이뚜에이灰堆(글자 그대로 하자면 쓰레기 하치장이라는 뜻이었다) 지역으로 갔다. 거리는 이름과 썩 잘 어울렸다. 양쪽으로 작고 지저분한 음식점들이 늘어섰고 썩어가는 야채며 석탄재 같은 쓰레기가 길모퉁이마다 산처럼 쌓여 있었다. 몇 년 전까지 정말로 쓰레기 하치장이 들어서 있었던 모양인데 여전히 옛 명맥을 유지하려 애쓰는 듯했다. 하지만 그 맑은 여름날, 거리의 지저분한 모습은 내 눈에 들어오지 않았다. 2주 전에 거두었던 승리에 여전히 들떠 있었기 때문이다.

나는 가벼운 마음으로 행정 건물의 2층에 있는 인사팀으로 갔다. 키 큰 캐비닛과 나무 탁자들이 꽉 들어찬 좁은 사무실이었다. 신문과 컵이 높이 쌓인 어수선한 책상에 앉아 있던 남자가 일어나 인사를 청해왔다. 50세가량 되어보였는데 주름진 갈색 얼굴에 간장병처럼 두꺼운 안경을 끼고 있었다. 기찻길 옆 농가 지붕 위에 얹어놓고 말리는 호박고지가 연상되는 얼굴이었다.

"인사팀장인 량琅입니다. 당위원회를 대신해 우선 우리 학교에 오신 것을 환영합니다, 선판 선생님." 그는 내 서류를 받아본 후 딱딱한 미소를 지으며 말했다.

우리는 악수를 했다. 나는 문 가의 나무 의자에 앉았다. 호박고지는 바로 본론으로 들어갔다.

"당위원회는 선생님의 자질을 높이 평가하고 있습니다. 차석으로 졸업을 하셨더군요. 졸업 논문도 아주 훌륭했고요. 올해 저희는 대학 졸업생 스물세 명을 배정받았습니다. 그리고 모두의 기록을 살펴보았지요. 선생님은 그 중 가장 뛰어난 분입니다."

나는 말없이 그가 늘어놓는 칭찬을 들었다.

"위대한 지도자께서 말씀하셨듯 가장 능력 있는 사람이 가장 도전적인 일을 해야 하는 법이지요." 호박고지가 말을 이었다. "물론 도전은 커다란 보상을 의미합니다. 당위원회는 당신을 탕구唐沽 화학학부의 강사로 임명했습니다. 당신 같은 훌륭한 졸업생에게 이것은 특별한 영광이자 보상이라는 점을 강조하고 싶습니다. 이 학부는 우리 대학에서 모두들 가고 싶어하는 곳입니다. 톈진에서 60킬로미터 정도 떨어진 아담하고 예쁜 교정이지요. 반 자율적으로 운영되는 곳으로 승진 가능성이나 생활 여건 등 모든 면에서 여기보다 훨씬 좋습니다. 지금 여기는 기숙사가 부족한 실정이지만 탕구에서는 독방을 받을 수 있을 겁니다. 선생님도 틀림없이 마음에 드실 겁니다."

나는 '반 자율적인 교정'이라는 점, 그리고 독방을 쓸 수 있다는 점에 끌렸다. 베이징 아이들과 함께 동굴집에 살게 된 지난 14년 전 이후로 내내 대여섯 명의 사람들과 함께 방을 써왔던 것이다.

"언제 그리로 가면 되죠?" 나는 어서 담배 연기로 가득 찬 사무실을 빠져나가 독방으로 가고 싶었다.

"당의 결정을 받아들여 주셔서 기쁩니다." 호박고지가 활짝 웃었다. "한 시간 후에 역으로 가는 트럭이 있습니다. 운전사에게 전화해 선생님을 모시고 가도록 하죠. 뭐 필요하신 게 있다면 알려주십시오. 참, 다시 한 번 축하드립니다."

* * *

톈진에서 탕구까지의 기차 여행은 색다른 경험이었다. 대부분의 기차와 달리 사람도 붐비지 않았고 몹시 깨끗했다. 나는 손쉽게 창가 자리를 찾아내 45분 간의 여행을 즐겼다. 탕구의 하늘은 석유 화학 공장들이 내뿜는 연기로 가득했지만 도시는 전체적으로 좋은 인상을 주었다. 기차에서 내려 조금만 걸어가면 바로 학교였다. 학교가 시내 중심지에 위치해 있었던 것이다. 조용하고 깨끗한 거리에는 행인도 별로 없었다. 어린 단풍나무가 늘어선 단정한 길은 톈진의 복잡하고 삭막한 길과 좋은 대조를 이루었다. 역에서 멀지 않은 곳에는 예쁜 공원도 있었다. 멋진 호수 주위로 수양버들과 자작나무가 늘어선 공원이었다. 물 위를 유유히 헤엄치는 흰 백조까지 있었다. 특히 공원에 사람이 거의 없다는 점이 마음에 들었다! 평화로운 오후에 저 커다란 나무 아래 누워 '쓸모없는' 책들을 읽어대는 내 모습이 눈에 보이는 듯했다. 흰 탑 언덕에서 그랬듯이 말이다.

학교는 크지 않았지만 매우 깨끗했다. 베이징의 전통가옥 구조를 확대해놓은 듯 사면에 흰 건물이 늘어선 구조였다. 가운데 마당은 검은 타일로 포장되어 있었는데 역시 조용하고 한적했다. 나는 학교가 퍽 마음에 들었다.

행정 건물 일층에서 나는 안내실을 찾아 들어갔다. 오후의 햇살이 너무도 밝게 비쳐 들어오는 방이었다. 책상에 앉아 있던 젊은 여자가 부드러운 미소를 지으며 인사를 건넸다. 나이팅게일처럼 곱고 다정한 목소리였다. "션판 선생님이시죠? 모두들 기다리고 있답니다. 선생님은 여기서 유명한 분이거든요. 학교 전체에 소문이 파다하죠. 어서 앉으세요. 차 좀 드릴까요?" 여자는 창가에 놓인 커다란 붉은 색 보온병에서 차를 따랐다. "쟝潭 위원장님께 오셨다고 알려야겠네요. 그 분이 모든 행정적인 처리를 맡아 해주실 거예요." 여자는 다시 한 번 미소를 던진 후 옆문으로 사라졌다. 가슴이 두근거렸다. 여자의 예쁜 보조개와 도톰한 붉은 입술이 퍽 인상적이었다.

찻잔을 손에 든 채 나는 의자에 앉아 주위를 둘러보았다. 모든 것이 깨끗하고 평화로우며 유쾌한 분위기였다. 배치 전쟁에서 승리한 후 행운이 이어지는 모양이었다. 뿌듯한 기분이었다. 나는 산간벽지 학교로 배치된 불운한 동료들을 떠올렸다. 상대를 깎아내리다가 결국 둘 다 이곳에 오지 못하게 된 텐진 출신 친구들도 생각났다. 육손이 후앙은 지금쯤 티베트에서 말젖을 마시며 야크 다릿살을 뜯고 있겠지. 한때 우리는 한 식당에서 같은 밥을 먹던 친구였지만 이제는 중국

전역으로 흩어져버렸다. 나처럼 운이 좋았던 사람은 대도시로 갔지만 다른 친구들은 시골에서 힘든 삶을 살아야 했다.

나는 향기로운 차 냄새를 음미하면서 만족감에 한숨을 내쉬었다. 창밖에서는 노란 새 한 마리가 복숭아나무 위에서 지저귀고 있었다. 여기서는 새들조차 행복한 듯했다. 갑자기 양심의 가책이 느껴졌다. 나는 방귀 동무에게 많은 잘못을 저질렀다. 이제 와서 생각하면 그도 그렇게 나쁜 사람은 아니었다. 그저 과거의 낡은 규칙에 얽매여 있는 구태의연한 관료일 뿐이었다. 결국은 그가 나를 이처럼 좋은 곳으로 배치해주지 않았는가. 아저씨들에게 방귀 동무에 대한 온갖 나쁜 이야기들을 꾸며낸 것에 부끄러움과 죄책감까지 느껴졌다. 적응이 좀 되면 편지를 써서 내가 저지른 짓에 대해 용서를 빌고 감사 인사를 전해야겠다고 생각했다.

* * *

나는 잔을 들어 입술에 댔다. 그리고 한 모금 마시는 순간 뉘우침과 반성하는 마음이 싹 사라져버리고 말았다.

그것은 녹차였다. 하지만 어딘지 이상했다. 아니, 이상하다기보다는 구역질이 났다. 물에서 뭐라 형언할 수 없는 악취가 풍겼다. 맛은 상한 식초와 비슷했다. 나는 그 자리에서 당장 찻물을 뱉어내고 싶었지만 참고 화장실로 달려갔다. 몇 번이고 침을 뱉은 후 물을 틀어 수도꼭지에 바로 입을 가져다 대고 헹구어내려 했다. 하지만 다음 순간 깜짝 놀라 뒤로 물러서고 말았다. 수돗물에서도 똑같은 악취가 풍겼던 것이다!

자리로 돌아오자 젊은 여자가 책상에 앉아 있었다. 내가 얼굴에 온통 물을 묻힌 채 걸어 들어오는 모습을 보자 여자는 웃음을 터뜨렸다. "대도시 출신들은 정말 까다롭군요. 대접받은 차를 뱉어내다니 예의가 아니에요. 하지만 뭐, 괜찮아요. 당신도 곧 익숙해질 거예요." 여자의 목소리는 여전히 나이팅게일처럼 고왔다. 하지만 그 예쁜 입술 안쪽으로 보이는 이들은 온통 갈색으로 뒤틀린 채 썩어 있었다. 바짝 말라 부서진 옥수수 알갱이 같은 치아였다. 나는 화들짝 놀랐다. "쟝 위원장님이 기다리고 계세요." 여자는 여전히 미소를 보이며 말했다.

쟝 위원장 역시 나를 보며 만면에 웃음을 띠었고 힘차게 내 손을 잡고 흔들었다. "어서 오게, 어서 와!" 들뜬 목소리였다. "한동안 새로운 인력이 충원되지 않아 자네 같은 젊은이가 절실히 필요했다네. 어서 앉지." 나는 위원장을 마주보며 나무 의자에 앉았다. 그는 마치 새로 들여온 가구를 꼼꼼히 살피듯 나를 뜯어보았다. 55세쯤 되었을까, 크고 살이 많은 얼굴에 입술이 두꺼웠다. 입술 위로 괴상한 모양의 콧수염이 보였다. 자세히 살펴보니 콧수염이 아니라 콧구멍에서 튀어나온 길고 검은 코털 가닥들이었다.

유리창으로 새어 들어오는 햇볕을 쬐며 쟝 위원장은 편안히 등을 기대고 앉았다. "정말이지 날씨가 좋구먼. 자네를 환영하기 위해서인가봐. 화학학부의 당위원회를 대표하여 진심으로 환영하네. 나중에 학교 안내를 해주지. 당원들에게 소개도 해주고 말야. 모두들 많은 어려움을 극복하고 당에 충성해온 분들일세. 그분들에게서 자네가 많은 것을 배우고 자네 또한 헌신하게 되리라는 것······" 그의 금니가 햇빛을 받아 찬란하게 빛났다. 그 입 안을 보게 된 나는 심장이 멎는 듯했다. 금니를 제외한 다른 이들은 모두 갈색이나 흑색으로 썩어 있었던 것이다. 모양이나 크기도 제각각이었다. 나는 그 끔찍한 이를 보면서 이곳에 무언가 심각한 문제가 있음을 깨달았다.

오후 늦게 수학 선생과 식당 요리사를 만났다. 둘 다 탕구 출신들로 모두 이가 썩고 뒤틀린 상태였다. 하지만 뭐니뭐니 해도 수학 선생의 네 살배기 딸아이를 만났을 때가 가장 섬뜩했다. 아주 명랑하고 활달했던 그 아이는 나를 보자마자 마음에 들었는지 자기가 그린 그림도 보여주고 유치원에서 배운 노래도 들려주었다. 하지만 웃고 노래할 때 내 눈에 들어오는 것은 검게 썩은 조그만 이들뿐이었다. 이제 막 나기 시작한, 나면서 바로 썩기 시작한 이들 말이다.

그날 저녁 자그마한 직원 식당에서 나는 탕구에서의 첫 번째 식사 시간을 맞았다. 찐빵과 두부 셀러리 볶음은 억지로 먹었지만 계란탕에는 손을 댈 수가 없었다. 상한 식초 맛이 났던 것이다. 식당에는 나 혼자뿐이었기 때문에 요리사가 들어와 언 농어를 손질하며 수다를 떨기 시작했다. 땀에 절은 셔츠 차림의 요리사는 체격이 좋았지만 다리를 약간 절었다. 나는 당장 물에서 나는 악취에 대해 물어보았다.

"모르고 계셨습니까?" 그가 놀란 듯 되물었다. "탕구 물이 나쁘다는 건 누구나 알고 있지요. 이를 상하게 하고 뼈를 약하게 합니다. 여기 오래 있다보면 누구든 뼈가 한두 개는 부러지지요. 올해만 해도 학교 사람 셋이 골절상을 입었답니다. 저도 3년 전에 잘못 넘어져 엉덩이뼈가 부러졌어요. 결국 제대로 붙지 않는 바람에 걸을 때마다 불편하답니다. 암에 걸리는 사람도 많고요. 전임자인 영어 선생님은 두 달 전에 췌장암으로 돌아가셨지요. 겨우 마흔세 살이었는데 말이에요."

그는 이상한 눈으로 나를 쳐다보았다. 세상에 둘도 없는 바보 멍청이를 보는 듯한 시선이었다. "어떻게 여기 오시게 되었죠? 자원하셨나요? 그랬다면 미친 짓을 하신 겁니다. 여기 사람들은 모두 나가고 싶어해요. 위원장까지도요. 저도 15년 동안이나 다른 곳으로 전출되려고 애썼죠." 이곳의 끔찍한 비밀을 알게 된 나는 할 말을 잃었다.

* * *

그날 밤 룸메이트를 만났다(호박고지의 약속과 달리 독방은 없었다). 당연히 그도 이가 엉망이었다. 독신 남자로 생물 선생이었다. 별명이 '책벌레'라는데 과연 방의 절반에 책들이 산을 이루고 있었다. 벽, 침대 위, 침대 아래, 책상 등 어디나 책들뿐이었다. 등이 구부정한 그는 고개를 끄덕여보였을 뿐 내게는 더 이상 관심을 기울이지 않고 독서에 몰두했다.

나는 재빨리 짐을 풀어 정리했다. 몹시 피곤했기 때문에 일찍 잠자리에 들었지만 제대로 잠을 잘 수 없었다. 깜박 잠이 들었는가 하면 예쁜 여직원의 웃는 얼굴이 나타나고 이어 악마같이 검은 이가 들어찬 거대한 입이 보였다. 뒤틀린 이들이 나를 손짓해 부르는 듯 흔들렸다.

이틀 동안 악몽과 갈증(거의 물을 마시지 않은 탓이었다)에 시달리고 난 후 나는 여기서는 도저히 살 수 없고 따라서 전출되어야겠다는 결론을 내렸다. 하지만 그건 너무도 어려운 일이었다. 당의 배치를 거부한다는 것은 정치적 범죄였고 경제적인 자살이나 다름없었다. 요리사에게 내 바람을 털어놓았더니 그는 코웃음을 쳤다. "탕구 밖으로 전출을 신청한다고요?" 마치 점심으로 하늘에 떠 있는 달을 볶아먹자는 제안이라도 받은 듯한 어이없는 표정이었다. "지금 무슨 얘기를 하시는 건가요? 지난 12년 동안 아무도 전출 허가를 받은 사람이 없어요. 한 사람이라도 전출을 허락하면 모두들 나가겠다고 아우성을 칠 테니까요. 학교의 정책은 아무도 여길 빠져나가지 못하게 하는 거지요."

다른 직원들도 같은 얘기를 했다. 누구든 전출을 희망하는 사람이 있으면 모두들 벌떼처럼 들고 일어나 화를 내고 비난하며 더 이상 한마디도 못하도록 만들어버린다는 것이었다. 게다가 다른 누구보다도 더 많이 노여워하는 사람이 바로 내 직속상관이자 학과장인 가오高 선생이라고 했다. 학과에서 그는 '약탕관'이라는 별명으로 통했다. 체격도 왜소한데다가 일년 내내 기침 감기를 달고사는 탓에 늘 한약이 든 잔을 들고 돌아다녔기 때문이다. 그 한약 냄새는 교정 반대편에서도 맡을 수 있을 정도로 강하고 불쾌했다.

약탕관은 전출되었으면 한다는 내 말을 듣기가 무섭게 비난하는 말투로 돌변했다. "전출을 원한다고? 대단한 일이군. 아무도 여길 떠나지 못해. 난 1960년에 이곳으로 배치된 후 22년 동안 전출을 시도했지만 소용없었어. 내가 기억하는 한 아무도 나가지 못했지. 여기서 전출되는 건 혼자 힘으로 인공위성을 쏘아올리는 것과 다름없을걸." 그는 검은 한약을 한 모금 마시더니 다시 금니 사이로 말을 뱉어냈다. "일단 내 허락을 얻어야 하네. 하지만 내 대답은 항상 똑같을 거야." 약탕관은 잠시 뜸을 들이다가 천천히 덧붙였다. "그런 일은 꿈도 꾸지 말라는 거지."

약탕관이 그토록 커다란 증오를 드러내는 것도 무리는 아니었다. 정치적 유형이나 다름없는 22년의 세월을 보내면서 한때 건강하던 상하이 토박이가 해골이나 다름없는 몰골이 되어버렸던 것이다. 그는 1950년대 말 공산당으로부터 반동으로 분류되어 당시 광활한 황무지에 불과하던 탕구로 보내졌다. 그리고 세월이 흐르면서 마지막 한 방울의 희망까지 다 말라버리고 만 것이다. 고향으로 돌아갈 수 있으리라는 기대도 일찌감치 접어버린 그에게 이제 남은 즐거움이란 자신과 함께 탕구에 갇혀버린 사람들을 비웃고 괴롭히는 것뿐이었다. 하지만 그렇게 되어버린 사람이 약탕관 혼자만은 아니었다. 후에 알게 되었지만 그는 탕구에서 지극히 일반적인 사람 중 하나였던 것이다.

30. 박테리아가 검출되지 않는 설사병

　그날 저녁 약탕관과 이야기를 나눈 후에 나는 감기에 걸린 모양이었다. 암울하게만 보이는 미래에 낙담한 채 찬바람과 보슬비 속을 몇 시간이나 인적 없는 거리를 헤매고 다닌 탓이다. 다음날, 즉 탕구에 도착한 지 나흘째 되던 날, 나는 설사병에 걸렸다. 병원에 갔더니 의사는 배설물을 검사한 후 심각한 수준이 아니라며 약만 지어주었다.
　나는 알약을 꿀꺽 삼킨 후 병원을 나서 학교로 돌아왔다. 톈진 본교로의 전출을 신청하기 위해서였다. 첫 번째로 만난 사람은 쟝 위원장이었다. '전출'이라는 말을 듣자마자 콧수염처럼 보이는 그의 코털이 바르르 떨렸다. 마치 개인적인 모욕을 당하기라도 했다는 듯 말이다.
　"유감스럽지만 그건 불가능한 일이야." 다정했던 목소리가 어느덧 딱딱한 관료의 말투로 변해 있었다. "누구든 원하는 곳으로 갈 수 있다면 우리 학교는 얼마 안 가 텅 비고 말 거야. 물론 이곳에 문제가 좀 있는 것은 사실이네. 하지만 당은 문제 해결을 위해 노력하고 있어. 당에 복종하고 국가를 위해 봉사하는 것이 우리의 의무 아닌가." 그는 왜 당이 그곳에서 우리를 필요로 하는지에 대해 길고 상투적인 연설을 늘어놓았다. 이미 여러 해 동안 닳고 닳도록 써먹었는지 청산유수였다. 마지막으로 내 어깨를 두드리며 배웅하던 그는 달래듯 덧붙였다. "몇 년만 일해보게. 그럼 당이 상황을 개선해줄 테니까. 내 장담하지."

당비서도 똑같은 반응을 보였다. 당비서인 쭈어左 동무는 흰 탑 위의 불상佛像처럼 살집 좋고 선량한 얼굴을 한 사람이었다. 그는 내 요청을 들으면서 동감한다는 듯 연신 고개를 끄덕여보였다. 삼중턱이 두부처럼 부드럽게 흔들렸다.

"자네 심정을 이해하네." 당비서 불상 동무가 다정하게 말했다. "걱정 말게. 안 그래도 당은 인민의 건강에 대해 걱정을 많이 하고 있다네. 최근 몇 년 동안 식수 문제가 불거져 당에서 이미 조치를 취했지. 자, 저기를 보게." 그는 가죽 의자의 손잡이에 의지해 무거운 몸을 일으킨 후 창가로 갔다. 그리고 서쪽 방향을 가리켰다. "저쪽에 파이프라인이 건설될 예정이야. 하이강海河의 신선한 물을 탕구로 끌어오는 거지. 그렇게 되면 더 이상 썩은 물을 마실 필요는 없네. 좀더 자세히 설명해주지." 그는 잔에 손가락을 담가 물을 묻힌 뒤 책상 위 유리판을 바탕으로 삼아 파이프라인이 건설될 길을 그려 보여주었다. "몇 년만 기다리게. 상황이 좋아질 거야." 당비서 불상 동무는 설명을 끝내면서 즐거운 미소를 지어보였다.

"그런 연막전술을 믿지 말라고. 퉤!" 요리사는 탕구로 맑은 물을 끌어온다는 계획 얘기를 듣자 땅바닥에 침부터 뱉었다. "그건 사기야. 여기선 다 알고 있다고. 벌써 몇 년째 파이프라인 얘기를 떠들어대지만 언제 건설될 것인지는 아무도 몰라. 더군다나 수도 관리 쪽 사람들 얘기를 들으면 그렇게 해봤자 공급되는 물이 너무 적어 어차피 이곳 물과 섞어 쓸 수밖에 없다는 거야. 지금 짓고 있는 화학 공장이 준공되면 오염은 한층 더 심해질 테고 그러면 설사 새 파이프라인이 생긴다 해도 심해지는 오염을 상쇄하는 정도나 될까. 하여튼 이곳 물은 계속 나빠지게 되어 있다고."

사흘 동안 나는 관료들을 모두 만나보았다. 약탕관이나 쟝 위원장, 당비서 불상 동무 외에 부위원장과 당 제2서기에게도 찾아갔다. 조금이라도 권력을 가진 사람에게는 모두 부탁을 해본 것이다. 모든 관료가 심각한 물 오염 문제를 인식하고 있었다. 하지만 내 요청에 대한 대답은 모두 똑같았다.

반복되는 거절에 낙담한 나는 탕구에서는 더 이상 하소연할 방법이 없다는 것을 깨닫고 주말에 기차를 타고 톈진으로 갔다. 그리고 저녁 무렵에 호박고지가 산다는 학교 근처의 교직원 아파트에 도착했다. 방 두 개짜리 작은 아파트로 식당과 거실은 겸용이었다.

문간에서 나를 맞이할 때부터 호박고지는 못마땅한 얼굴이었다. 그리고 "아니, 자네는 톈진으로 돌아올 수 없어."라며 내 말을 끊어버렸다. "우선, 자네를 다시 이곳으로 전출시키는 것은 내 권한이 아니야. 그쪽 학교의 요청이 있을 경우 총장과 당비서가 결정할 수 있는 사안이지. 당은 생각없이 결정을 내리지 않아. 따라서 쉽게 기존의 결정을 번복하지도 않네. 자네 사정은 딱하지만 내가 해줄 수 있는 일은 없어." 그는 자리에서 일어나 현관 쪽으로 갔다. 그리고 문을 열면서 덧붙였다. "자네가 엉뚱하게 시간을 낭비하지 않도록 한 마디 조언하자면 탕구 쪽에서는 절대로 자네 전출에 동의하지 않을 걸세. 그곳이 반 자율적인 교정이라고 설명했던 것을 기억하지? 탕구는 독자적인 의사결정 권한을 가지고 있어. 예전부터 사람들을 거기 붙잡아두기가 아주 힘들었지. 그래서 그곳 사람들은 아예 이쪽으로 올 수 없게 된 거야."

"하지만 하필이면 왜 접니까? 아무도 가고 싶어하지 않는 곳이라는 걸 알았다면 어째서 저한테는 쾌적한 곳이라고 말하신 겁니까?" 나는 마지막 항의의 말을 했다.

"난 당의 명령에 따랐을 뿐이야." 냉정한 어조였다. "그리고 내가 자네라면 당의 명령에 불복하기 전에 한 번 더 생각해보겠네."

나는 어쩔 수 없이 쫓겨나왔다. 흥분한 나머지 귀에서 맥박 소리가 들릴 정도였다. 하지만 화가 나면서도 당의 명령이 곧 황제의 포고와 같다는 점은 기억했다. 어떤 상황에서도 당을 비난해서는 안 되었다. 나는 입술을 깨물고 말았다.

* * *

그날 밤, 텅 빈 열차를 타고 탕구로 돌아오면서 나는 막막한 기분으로 차창에 펼쳐진 검고 황폐한 벌판을 바라보았다. 끔찍한 미래가 눈앞에 떠올랐다. 나는 약탕관이 그랬듯 덫에 갇혀버린 것이다. 이가 다 뒤틀리고 뼈가 부러진 채 죽어가겠지. 생각만 해도 소름이 끼쳤다. 퇴직해버릴까? 하지만 그건 얼토당토않은 생각이었다. 당에 불복했다가는 도시 거주권이나 주택 및 식량 배급권을 잃어버릴뿐더러 정치적인 낙오자가 될 수밖에 없었다.

전출만이 유일한 길이었다. 도대체 가당치 않아 보이는 방법이기는 했지만 말이다.

깜박 잠이 든 나는 갑자기 복통을 느껴 기차 화장실로 달려갔다. 다시 설사병이 난 것이다. 하지만 화장실 안에서 갑자기 계획이 떠올랐다. 물론 그때는 계획이라고 부르기 어려울 정도로 모호한 구상에 불과했다.

다음날 나는 다시 병원에 갔다. 이번 검사에서는 의사들이 무언가 심각한 진단을 내려 입원을 하고 그걸 근거로 전출을 신청할 수 있지 않을까 하고 기대를 걸어보았지만 결과는 실망스러웠다. 적혈구 세포가 몇 개 검출되었을 뿐 박테리아 감염은 아니었던 것이다. 검사 결과서를 흘낏 살펴본 의사는 별일 아니라며 설사약을 주었을 뿐이다.

병원을 통해 탕구를 빠져나가려는 첫 번째 시도는 실패로 돌아갔지만 내 기본 계획에는 변함이 없었다. 그것은 유일한 방법이었다. 다음 주에 나는 또다시 의사결정권자 다섯 명을 차례로 만나 설사가 계속된다고 증세를 보고했다. 하지만 아무도 별다른 반응을 보이지 않았다. 그저 당이 모든 것을 알아서 처리해줄 것이라는 말만 반복하며 채 10분도 지나기 전에 나를 배웅해버릴 뿐이었다. 당비서 불상 동무는 얼마 전에 문을 연 종합병원이 시설도 좋고 치료도 잘하니 가보라고 권해주었다.

계획도 모호했지만 더 큰 문제는 내게 확신이 거의 없다는 점이었다. 첫 한 달을 보내면서 나는 처음에 꿈꾸던 대로 공원의 버드나무 아래에서 햇살을 받으며 책에 몰입하는 대신 텅 빈 공원을 유령처럼 서성이면서 그만 포기하고 주어진 운명을 받아들여야 할 것인지에 대해 고민에 고민을 거듭했다. 운명에 순응하는 것은 중국의 전통적인 지혜가 아니던가. 약탕관처럼 나도 그저 혼자 당하는 고통이 아니라는 점에 만족하면서 뼈가 조각조각 난 상태로 죽어야 하는 걸까? 하지만 어느 날 밤 나는 나무 그림자 사이로 들려오는 희미한 기적 소리를 들었다. 텐진을 향해 출발하는 마지막 통근 열차였다. 그 소리는 내 마음속 깊은 곳의 그 무엇, 이성적으로는 설명되지 않는 강한 의지를 일깨웠다. 그토록 쉽게 포기할 수는 없었다. 끝까지 싸울 것이다. 그 순간 나는 당을 상대로 비밀 전쟁을 선포했다.

전쟁의 시작은 편지였다. 그날 밤 늦게 지친 몸을 이끌고 기숙사에 돌아온 나는 침대에 누워 편지를 쓰기 시작했다.

첫 번째 공격 대상은 학교 공산당위원회의 모든 위원, 총장, 그리고 부총장 두 명, 당비서, 제2당비서였다. 많은 것을 기대할 수 없다는 점은 알고 있었다. 처음으로 돌린 편지들이 가져온 결과는 공식 편지지에 인쇄된 총장의 답장뿐이었다.

션판 동무

당신의 편지를 잘 받아보았습니다. 인민을 위해 봉사하는 당위원회는 동무의 질병에 대해 몹시 걱정하고 있으며 빠른 쾌유를 바랍니다. 현재 위원회에서 동무의 요청에 대해 검토하고 있습니다. 결론이 나는 대로 알려드리겠습니다. '혁명 정신은 그 어떤 질병도 이길 수 있다'는 마오쩌둥 주석의 말을 기억하시기 바랍니다.

혁명 인사를 전하며

공산당위원회

　몇 주를 기다렸지만 '검토' 결과에 대해서는 아무 얘기도 없었다. 나는 두 번째 편지를 돌렸고 한 주 후 다시 세 번째 편지들을 발송했다. 답장은 전혀 없었다.

　당 관료들이 아예 무반응으로 일관할 작정이라는 점을 깨닫고 나는 다섯 번째 주부터 베이징의 국가 지도자들을 수신인 명단에 추가했다. 교육부 장관, 자오즈양 총리, 공산당 지도자 덩샤오핑鄧小平 등등.

　그리고 공격 전법으로 돌아섰다. 공격 무기는 설탕 입힌 총알이었다. 이는 공산당 지도부를 다루는 유일하게 안전한 방식이기도 했다. 편지 첫 부분에서 나는 인민의 복지를 위해 '헌신'하는 당에 찬사를 보냈다. 그리고 두 번째 부분으로 들어가서는 내 경우를 예로 들어 지방 관료들은 인민의 고통을 제대로 돌보지 않는다고 불만을 토로했다. 그리고 마지막으로 내가 훌륭한 혁명가임을 과시하기 위해 '나는 당을 전적으로 신뢰한다!' '위대한 중국 공산당이여, 영원하라!' '혁명 정신, 만세!' 등등 온갖 혁명 구호를 동원하여 편지를 끝냈다.

　간단히 말해 내 쪽으로 사태를 유리하게 만들기 위해 당에 칭찬하고 아부하는 셈이었다.

　아침에 짬을 내어 그런 편지를 완성하고 나면 그 과장된 어투에 나조차 쓴 웃음을 참을 수 없을 정도였다. 베이징으로 편지를 보낸 지 몇 주 후 호박고지가 전화를 걸어왔다. "자네가 베이징으로 보낸 편지들을 받았네." 몹시 짜증스럽다는 목소리였다. "정부에서 우리에게 다시 보낸 거지. 그런 편지를 쓸 필요는 없네. 곧 결정을 내릴 테니까. 하지만 결과를 궁금해하기 전에 우선 내일, 톈진의 제1인민병원으로 가서 아직도 설사가 심한지 검사를 받도록 하게."

잠시 침묵이 흐르는가 싶더니 심술궂게 낄낄거리는 소리가 전해졌다. "검사 결과가 나오면 우리가 결정을 내리는 데 도움이 될 거야. 하여튼 더 이상은 베이징에 편지를 보내지 말게."

갑자기 검사를 받으라니 당황스러운 일이었다. 며칠째 설사 증세는 없었다. 검사 결과가 정상으로 나온다면 전출을 위한 그때까지의 노력은 수포로 돌아갈 것이었다. 뿐만 아니라 말썽꾼으로 낙인찍혀 정치적인 괴로움까지 받아야 할지 몰랐다. 하지만 거절할 수도 없었다. 다음날 나는 톈진으로 갔다. 추운 날이었다. 버스에서 내리자 매서운 바람이 휘몰아쳤다. 영하의 날씨였지만 싸구려 여인숙에 든 나는 추위도 느끼지 못했다. 어찌할 바를 몰라 안절부절 못 하는 상태였기 때문이다.

자그마한 여인숙은 거의 비어 있었다. 난방도 되지 않았다. 2층 방의 창문을 통해 버스 정류장이 내려다보였다. 두꺼운 코트를 입은 여행객들이 다음 버스를 기다리며 발을 구르고 있었다. 나는 가방을 던져놓고 침대 위에 벌렁 드러누웠다. 차가운 침대가 축축하게 느껴졌다. 한 시간 후면 병원에 가야 했다. 나는 절망감에 휩싸였다. 당장 기적이라도 일어나 병이 생겼으면 하는 마음이었다. 신이여, 제발 도와주십시오. 지금 당장 절 아프게 해주십시오! 그렇지 않으면 큰 곤경에 처하고 맙니다! 제발!

자포자기한 심정으로 나는 옷을 벗어버리고 알몸으로 창가에 앉았다. 더러운 창틀에 뚫린 구멍으로 매서운 바람이 새어 들어왔다. 불과 몇 분이 지나자 온몸이 덜덜 떨렸다. 하지만 나는 움직이지 않았다. 그리고 버틸 수 있는 한 오랫동안 그렇게 앉아 있었다. 마침내 시간이 되어 병원으로 갔을 때는 머리가 어질어질하고 기운이 없었다. 뱃속에서도 '반갑기 짝이 없는' 신호가 왔다. 나는 당장 화장실로 달려갔고 다행스럽게도 설사를 했다. 적혈구가 일부 검출되었다는 검사 결과를 보며 나는 안도의 한숨을 내쉬었다. 당분간은 안심해도 될 것 같았다.

하지만 그 귀중한 검사 결과를 얻느라 혹독한 대가를 치러야 했다. 본래 건강한 편이 아니었던 터라 그 후 일주일이 넘도록 지독한 감기에 시달렸고 설사가 계속되면서 몸무게가 5킬로그램이나 줄었다.

간신히 설사병을 만들어낸 다음날 나는 호박고지에게 검사 결과서를 제출했다. 신문더미와 컵들 뒤에 앉아 있던 그는 실망한 빛이 역력했다. 꼼꼼히 검사 결과서를 살펴본 후 그는 고개를 들었다.

"이 결과서로는 자네 병에 대해 결론을 내리기 어렵군. 좀더 검토해보고 다음 주 회의 때 보고하도록 하겠네. 자네는 이제 탕구로 돌아가 설사병이 좀 나아지는지 경과를 보도록 하지."

* * *

검사 결과서가 즉각적인 결과를 낳지는 못했지만 그 사건으로 나는 값진 교훈을 얻었다. 늘 설사병을 달고 있을 필요는 없었다. 필요할 때 만들어내면 되는 것이다. 열흘 후 자발적으로 걸린 감기와 설사병에서 완전히 회복되고 난 후 호박고지가 전화를 걸어왔다. 아직도 상태가 안 좋은지 물어본 뒤 다시 검사 결과를 제출하라는 것이었다. 당위원회는 내 질병이 만성적인 것인지 확인해야 한다며 금요일까지는 반드시 가져오라고 했다. 또다시 고민이 시작되었다. 전과 똑같은 방법을 쓸 수는 없었다. 대가가 너무 컸던 것이다. 완전히 회복되지도 않은 상태였기 때문에 거기서 또 5킬로그램이 줄어든다면 감당할 자신이 없었다. 이틀 동안 머리를 굴려보았지만 설사병을 일으킬 마땅한 방법이 떠오르지 않았다. 목요일 아침에 호박고지가 다시 전화를 해서 검사 결과서를 요구했다. 나는 어쩔 수 없이 병원으로 향했다. 늘 그랬듯 의사는 배설물을 받아 검사실에 제출하라고 말했다. 화장실로 갔지만 물론 설사는 나오지 않았다. 나는 어찌할 바를 몰랐다. 정상 상태인 배설물을 제출했다가는 큰 화를 당할 것이었다. 하지만 자발적으로 감기와 설사병을 만들어내기에도 너무 늦었다. 설사 그렇게 하기로 결정한다 해도 말이다. 어떻게 할 것인가? 방법은 하나뿐이었다. 검사실에 배설물을 내지 않고 일단 자리를 피했다가 '준비가 된 후에' 병원을 찾는 것이다.

나는 화장실을 나서려고 몸을 돌렸다. 더러운 세면대를 지나치는 순간 퍼뜩 해결책이 떠올랐다. 이런 걸 보고 전광석화 같은 생각이라고 부르는 모양이다. 녹슨 수도꼭지를 돌렸지만 물이 나오지 않았다. 그 화장실의 다른 두 수도꼭지도 마찬가지였다. 서둘러 다른 화장실을 찾아보았다. '직원용'이라고 씌인 3층의 화장실에는 물이 나왔다. 나는 다른 사람들이 모두 나갈 때까지 손을 씻으며 시간을 끌었다. 드디어 혼자 남게 되었을 때 나는 배설물이 담긴 상자 안에 물을 몇 방울 떨어뜨리고는 복도에서 주운 성냥개비로 잘 저었다. '설사'처럼 자연스럽게 보이도록 말이다. 누렇고 뜨듯한 액체를 보니 구역질이 났다. 무엇보다도 대학 선생이라는 사람이 화장실에서 똥으로 장난을 치고 있다는 생각에 낯이 뜨거웠다. 하지만 나는 재빨리 머릿속에서 그 생각을 지워버렸다. 체면 따위를 생각할 때가 아니었다. 나는 고개를 뒤로 젖히고 눈길을 다른 곳으로 돌린 채 떨리는 손으로 혼합물을 만들었다. 양심적인 정치범처럼 당당한 마음을 가지려 애쓰면서 말이다.

구역질나고 부끄러웠던 감정은 검사 결과서를 받아든 의사의 당혹스러운 얼굴을 보자 금방 장난기 섞인 즐거움으로 바뀌었다. 결과서에는 '설사증. 박테리아나 적혈구는 검출되지 않음.'이라고 적혀 있었다. 아마 여러 명의 의사가 둘러앉아 고개를 갸우뚱거리게 될 것이다. 안전하게 그리고 '혁명적으로' 설사증을 연출하는 방법을 익힌 후 나는 최소 한 주에 한 번은 그 방법을 써먹었고 내 전쟁에서 혁혁한 전과를 올렸다. 아무 고통도 없이 두툼한 검사 결과서 뭉치를 만들어낸 것이다. 만성 설사병을 앓는 환자가 전출을 요구할 수 있는 무기가 차곡차곡 쌓인 셈이었다. 매주, 나는 톈진과 베이징의 당 관료들에게 검사 결과서를 첨부한 탄원서를 발송했다. 비용이래봤자 우표 값이면 족했기 때문에 어렵지 않은 일이었다. 모호하던 전투 계획은 이제 중요한 교두보를 확보했다. 물론 최종 승리를 거두어 탕구를 떠나자면 한두 번의 또 다른 도약이 필요했다.

하지만 전투가 아무리 어렵게 전개된다 해도 끄떡없을 정도로 내 의지는 굳건했다. 침대 옆 벽에 나는 위대한 지도자의 말씀을 붙여놓았다. '마음을 강건하게.'

이제 그 말씀은 공산당에 대항하는 내 전투의 구호가 된 것이었다.

31. 가정 방문 작전

편지 발송 작전을 시작한 얼마 후 나는 당을 상대로 한 전쟁에서 또 다른 전선을 구축했다. 매주 탕구 교정의 관료들 집을 방문하는 것이었다. 전출하려면 이들의 동의가 절대적으로 중요했기 때문이다. 호박고지는 탕구 측에서 전출을 극력 반대하는 한 톈진에서도 어쩔 수 없다는 점을 분명히 했었다.

이 전투는 극도로 힘들 것이 뻔했다. 이전의 방문 경험을 통해 처음부터 예상할 수 있는 일이었다. 하지만 내게도 무기가 있었다. 비밀스러운 결의, 그리고 당 관료들에 대한 극도의 미움이 그것이었다. 관료들은 아마 내가 자기들을 얼마나 미워하는지 상상도 못했으리라. 나는 상세하게 전투 계획을 수립했다. 방문 일정을 짜서 머리맡에 붙여두고 매일 저녁마다 확인했다. 사냥을 나서는 흡혈 박쥐처럼 나도 일정에 따라 기숙사를 나서 방문길에 올랐다. 매주의 첫 방문지는 쟝 위원장이었다.

아파트에 들어서자마자 나는 죽어가는 환자로 변신했다. 흐릿하게 눈을 뜨고 힘겹게 숨을 쉬며 머릿속도 멍하게 만드는 것이다. 그리고 적절히 분위기를 조성하고 난 뒤 말을 시작했다. 첫 5분 동안 나는 비열한 당 관료에게 설탕 입힌 총알을 난사했다. "쟝 위원장님, 저같이 평범한 사람을 늘 당이 배려하고 보살펴주시는 데 대해 어떻게 감사해야 할지 모르겠습니다. 위대한 지도자께서 말씀하신 인민을 위한 진정한 봉사를 위원장님은 몸소 실천하고 계십니다. 밤낮으로 인민의 행복을 위해 일하시니까요. 병든 사람과 가난한 이들에 대해 늘 걱정하시고요. 공산당의 지도력이 없었다면 중국은 절대 이토록 위대한 국가가 되지 못했을 겁니다. 오늘날까지 제가 살아온 과정을 생각해보면 당에 무한한 감사를 드리지 않을 수 없습니다."

하면 할수록 아첨이 입에 붙었다. 몇 번의 방문이 지나자 나는 얼굴도 붉히지 않고 자유자재로 떠들 수 있게 되었다. 바윗덩어리라 해도 마음이 뭉클해질 정도로 진실한 태도로 말이다. 하지만 쟝 위원장의 마음은 바위보다도 더 단단했다. 여러 해 동안 화려한 칭찬과 아부에 길들여진 탓인지 도대체 감동할 줄을 몰랐다. 그런 단단한 마음으로 무장했으니 탕구의 출구를 굳게 봉쇄하는 일이 가능했을 것이다.

나는 침을 꿀꺽 삼키고 눈을 처량하게 내리깐 채 잠시 시간을 끌었다. 그리고 다시 입을 열었다. 두 번째 단계, 혁명 청년의 상처 입은 마음을 쏟아내는 단계로 진입할 시점이었다. "위원장님, 잘 아시겠지만 저는 당을 위해 영원토록 헌신하고픈 마음입니다. 건강하기만 하다면 말입니다. 하지만 여기 온 이후 계속 질병에 시달리고 있습니다.

검사 결과서를 보셨지만 제 설사병은……."

"그래, 나도 그 설사병에 대해서는 알고 있네. 이미 이야기했지 않나. 당위원회는 자네 상황을 검토하고 있어." 쟝 위원장이 내 말을 중간에 끊으려 들었다. 하지만 나는 상대의 반응에 상관하지 않았다.

"설사병은 점점 악화되고 있습니다. 전 아주 쇠약한 상태이고…… 보시면 아시겠지만 아마도…… 이대로 가면…… 죽을 것만…… 같습니다." 나는 또다시 간격을 두었다. 그리고 고개를 푹 수그렸다.

잠시 침묵이 흐른 후 나는 천천히 고개를 들었다. 최후의 힘과 용기를 짜내는 듯 보이도록 하는 것이다. 죽어가는 영웅, 오래된 미국 영화에서 총 맞은 카우보이가 마지막으로 자신의 정의로움을 과시하듯 말이다. 그리고 화난 눈길로 상대를 바라보았다. 더 이상은 아무것도 두려워할 필요없는 절망적인 눈길이었다. "정말로 인민의 고통을 걱정하시기는 하는 겁니까? 진정한 공산당원이 맞습니까? 당은 인민의 고통을 걱정합니다. 하지만 위원장님은 전혀 걱정하시지 않는 것 같습니다." 내 목소리는 점점 커지고 높아져 결국 갈라지기 시작한다. "대체 인민을 위해 어떤 일을 하셨습니까? 안락한 집에서 비싼 담배를 피우고 귀한 차나 마시면서 편히 살고 계시지 않습니까? 이것이 인민을 위한 것인가요? 입당할 때 선서를 하시기는 했나요? 아니면 개인적인 안락을 위해 비열한 방법으로 당원이 되셨나요?"

위원장을 상대로 감히 그런 소리를 늘어놓은 사람은 내가 처음이었으리라. 이미 제정신이 아닌 병자였으니 가능한 일이었다. 이쯤 되면 위원장도 말없이 듣고만 있을 수는 없는 일이었다. "물론 진정한 공산당원이 맞고말고!" 그도 큰 소리를 쳤다. "난 열여섯의 나이에 혁명에 참여했고 열여덟 살에 당원이 되었어!" 드디어 내가 친 덫에 말려든 셈이었다. 나는 그의 말을 무시하고 다시 한 번 인신공격을 감행했다.

"진정한 공산주의자라면 마오쩌둥 주석의 가르침을 따르셔야지요. 인민의 고통을 무시해서는 안 되지 않습니까? 매주 저를 만날 때마다 당위원회에서 논의하고 있다고 말씀하시지만 정작 문제를 해결할 의사는 전혀 없으시지요. 제가 죽든 말든 상관없다는 것 아닙니까? 전 공산당 중앙위원회에 가서 위원장님의 행동을 고발하겠습니다. 그리고 위원장님이 진정한 공산주의자인지 아닌지를 판단해달라고 하겠습니다!" 나는 광분하여 벌떡 일어난 채 할 수 있는 한 큰 소리를 냈다. 그러고는 쇠약한 몸을 감당하지 못하는 척하며 곧 비틀비틀 의자에 주저앉았다.

"자네 말이 지나치군. 당에 복종해야 한다고 말하지 않았나. 자네가 이곳으로 오게 된 것은 내가 아닌 당의 결정이었어." 위원장은 이제 완전히 화가 나고 흥분한 상태가 되었다. "자네는 어떤 곳으로도 갈 수 없어. 그것이 당의 결정이야. 솔직히 말하지. 우리는 자네의 요청을 받아들일 수 없어. 앞으로도 절대 그런 일은 없을 거야. 당은 자네와 같은 사람이 탕구에서 일해야 한다고 생각해." 위원장은 드디어 솔직한 마음을 쏟아내기 시작했다. 계획이 척척 들어맞고 있었다.

"위원장님은 위선자예요! 겉으로만 인민을 위하는 척하시죠. 실제로는 자기 지위만 중시할 뿐이고요. 저는……, 오, 마오쩌둥 주석님, 당신은 어디 계시나요? 제발, 제발 저를 도와주세요." 나는 떨리는 두 손을 치켜올렸다. 입에 거품을 물고 눈을 희번득거리면서 말이다. 극도의 흥분 상태에 빠져버린 것이다.

* * *

바야흐로 연극은 최절정으로 치달았다. 이제 극도로 대립하게 된 두 인물을 중재시킬 등장인물이 나타나야 할 시점이었다.

예상대로 부엌에서 위원장의 부인이 달려왔다. 당 위원장에 대한 내 공격이 완성되려면 꼭 필요한 등장인물이었다. "제발." 부인이 애원했다. "제발, 목소리를 좀 낮추세요. 션판 동무, 쟝 위원장은 당신을 정말로 걱정하고 있답니다. 제발 자리에 앉으세요. 두 분 다 좀 진정하고 조용조용 말씀하실 수 없나요? 소리 지른다고 해결되는 문제는 없잖아요." 부인은 남편의 손을 잡고 달랬다. 그리고 남편을 자리에 앉힌 후 내 쪽으로 돌아섰다. "어서 앉으세요. 차 좀 가져다드릴까요?"

그 부드러운 목소리를 듣고 나는 불현듯 제정신을 찾는 척했다. 그리고 자리에 앉아 얌전하게 고개를 끄덕였다. 나 또한 그런 격한 연기 뒤에는 차가 필요했으니 말이다. 찻잔을 두 손으로 공손히 받은 뒤에는 감사 인사를 했다. "어떻게 감사드려야 할지 모르겠습니다. 이렇게 소란을 피워 정말 죄송합니다. 제발 용서해주십시오. 이건…… 이건 아마도 병 때문에 제가 이상해진 탓일 겁니다. 죄송해서 어찌할 바를 모르겠군요." 나는 쟝 위원장을 향해 돌아앉아 슬픈 눈길을 보내며 떨리는 목소리로 사과했다. "위원장 동무, 무례하게 굴어 죄송합니다. 정말 제가 무슨 짓을 저질렀는지 모르겠습니다. 요즘은 이렇게 저도 자신을 주체하지 못할 때가 있습니다. 제 병 때문에…… 이해하시겠지요. 절 용서해주시겠습니까? 위원장님 같은 진정한 공산당원은 언제나 인민을 배려하고 계신다는 걸 잘 압니다. 절 도와주시기 위해 애쓰신다는 것도 알고요. 고맙다고 인사드리기는커녕 소리를 치고 말

앉으니 몸 둘 바를 모르겠습니다. 제 사과를 받아주시겠습니까? 본래 마음이 넓으신 분이니 그래 주시겠지요?"

이런 상황에서 위원장이 어떻게 할 수 있겠는가? 그런 간곡한 사과를 어떻게 거부하고 계속 화를 내겠는가? 특히나 부인이 보는 앞에서 말이다. 위원장은 억지로 얼굴을 펴고 미소를 지어보였다.

"물론이지. 괜찮네. 지난 16년 동안 늘 당하던 일인데, 뭐." 그가 이렇게 말하면 부인은 잘했다는 듯 남편에게 고개를 끄덕여보였다. "자네 심정을 충분히 이해하네. 사과를 받아들이지. 이번 일은 잊어버리세나. 사실 나도 흥분했으니 자네에게 사과해야지." "오, 위원장님, 정말이지 감사드립니다." 나도 맞장구쳤다. "위원장님이야말로 마음이 바다처럼 넓은 진정한 공산주의자이십니다. 제가 전적으로 신뢰할 수 있는 분이고요. 위원장님께서는 제 문제를 틀림없이 해결해주시겠지요?" 연극의 진행 방향을 살짝 돌려야 할 시점이었다.

위원장의 얼굴이 다시 일그러졌다. 이것이 좀전에 덥석 물었던 낚시 바늘인지 아닌지 다시 확인하려는 늙은 물고기 같은 표정이었다. 가능한 한 어서 내게서 벗어나고 싶은 심정이었던 것이다. "그럼, 그럼. 다음 회의 때 당위원회에 자네 문제를 상정하겠네. 당은 문제 해결을 위해 최선을 다할 걸세. 하지만 학교에는 워낙 시급한 문제들이 많은 만큼 중요도에 따라 순서가 정해진다네. 그러니 좀 기다려주게. 하지만 이 문제가 논의될 때가 오면 내 자네를 위해 최선을 다함세."

나는 열심히 귀를 기울였다. 위원장의 약속을 전적으로 신뢰한다는 자세로 말이다. 위원장은 이 반갑지 않은 만남이 드디어 끝나간다는 데 지극히 안도하는 듯했다. 내 온순한 태도를 보며 그는 한 주 후면 틀림없이 후회하게 될 실수를 저질렀다. 당 관료들이 대화를 끝낼 때 늘상 하게 마련인 인사말을 던졌던 것이다. "다른 문제가 있으면 언제든 말하게. 난 늘 들어줄 준비가 되어 있네."

"감사합니다, 위원장님, 감사합니다. 사모님께도 감사드립니다. 또 다른 문제가 생기지 않는 한 그런 일은 없을 겁니다. 위원장님이 얼마나 바쁘신지 잘 아는걸요. 늦게까지 업무에 시달리시니 댁에서는 편히 쉬셔야지요. 사소한 문제라면 귀찮게 하지 않고 저 혼자 해결할 겁니다. 하지만…… 아니, 감사합니다, 감사합니다……." 이렇게 중얼거리며 나는 떨리는 손으로 위원장의 축축한 손을 잡았다. 악수를 나눈 뒤 비틀거리며 문 밖으로 나서면 한 편의 연극이 막을 내린 셈이었다.

*　*　*

이 연극은 매번 다른 관객을 대상으로 한 주에 다섯 번씩 상연되었다. 월요일에는 쟝 위원장 부부가, 화요일에는 당비서 불상 동무 부부가, 수요일에는 약탕관 부부가, 목요일에는 부총장 부부가, 그리고 금요일에는 제2서기 부부가 관객이었다. 시간이 흐르면서 이런 방문은 감정 전환이 변화무쌍하게 일어나는 일종의 심리전 겸 멜로드라마로 발전했다. 배경은 반드시 관료의 집에 있는 거실 겸 식당이어야 했다. 필요한 소도구는 소파 한두 개, 의자 몇 개, 작은 텔레비전, 식탁 정도였다. 참, 초록색 인민복에 홍위병 완장을 차고 배우들을 향해 웃으며 손을 흔드는 위대한 지도자의 커다란 초상화도 늘 마련되어 있었다. 상연 시간은 저녁식사 직전이었다. 세 등장인물의 배역은 다음과 같았다. 젊은 선생은 자포자기한 상태의 주인공이고 관리는 악당, 관리의 부인은 번쩍이는 갑옷을 입은 기사였다.

연극은 늘 젊은 주인공의 길다란 독백으로 시작되었다. 인민을 위해 봉사하는 당에 대한 찬양이 주된 내용이었다. 2막에서 주인공은 당의 지시를 따르지 않고 자신의 병을 돌봐주지 않는 관료를 상대로 비난을 쏟아놓는다. 상대역인 당 관료는 3막에서 혐의를 부인하며 거친 반응을 보인다. 4막으로 가면 이제 주인공이 흥분 상태에 이른다. 비참한 운명을 탓하며 절망 상태에 다다른 나머지 밟으면 꿈틀하는 지렁이처럼 생애 최후의 반격을 가하는 것이다. 격앙된 목소리와 거친 몸짓은 상대의 분노에 불을 지른다. 거친 소리가 오가는 싸움은 5막에서 흰 옷을 입은 기사가 부엌에서 등장하면서 끝이 난다. 젊은 주인공은 곧 제정신을 차리고 무례를 사과하며 용서를 빈다. 아내 앞인 만큼 관리도 너그러운 태도를 보이며 주인공을 용서할 수밖에 없다. 마지막 장면은 주인공이 관료 가족의 저녁식사와 뒤이은 취침 시간이 엉망으로 망쳐졌다는 것을 확인한 후 문제가 생기면 언제든 다시 찾아오라는 약속을 받아내고 무대를 떠나는 것이었다.

당연히 내게는 늘 다른 문제가 있었다. 다음 주가 되면 우리는 또다시 충실히 연극을 공연했다. 비밀경찰이나 다른 관리들을 상대로 했던 과거의 경험은 나를 노련한 배우이자 감독으로 만들어주었다. 어떻게 해야 쇠약해 보이는지, 성난 눈길을 어떻게 연출해야 하는지, 어떻게 감정을 폭발시켰다가 갑자기 후회의 눈물을 떨어뜨릴 수 있는지 나는 훤히 알고 있었다. 그리고 감정을 전혀 이입시키지 않은 채 모든 장면을 훌륭히 연기해냈다. 또 마치 인형을 조종하듯 다른 두 등장인물의 행동과 감정을 아주 노련하게 움직였다. 몇 주가 지나자 두 인물의 표정이나 자세만으로도 상황을 정확히 파악하고 언제 분노를 폭발시켜야 할지 정확한 시점을 잡아내는 경지에 이르렀다. 그건 풍선 불기와 비슷했다. 어느 정도 불면 늘어난 풍선 표면을 약간만 건드려도 소리가 나기 시작한다. 그때 조금만 더 불면 터지는 것이다.

  수없이 병원을 들락거리며 검사 결과서를 모으고 관리들에게 편지를 발송하는 와중에 꾸준히 가정 방문을 계속한 결과 소정의 성과를 거둘 수 있었다. 넉 달 정도 지나자 내 방문이 안겨준 심리적 부담이 겉으로 드러나기 시작한 것이다. 몇몇 부부 사이에서는 싸움이 일어났다. 싸우느라 제대로 잠을 못 잔 탓에 충혈된 눈으로 출근하는 이들도 있었다. 쟝 위원장의 독특한 콧수염은 회색으로 바랬다. 불상 동무는 배에 낀 기름 층이 한층 두꺼워져 의자에서 앉고 일어서기가 더욱 어렵게 되었다. 약탕관은 약 복용량을 두 배로 늘렸음에도 불구하고 눈에 띄게 여위었다('대젓가락'이라는 새로운 별명을 얻을 정도였다). 이제 당 관료들에게 나는 꿈에 볼까 무서울 정도로 지긋지긋한 찰거머리 같은 존재였다. 서로 의논할 것도 없이 모두들 결국은 같은 결론에 도달했다. 아무리 큰 대가를 치르더라도, 탕구 교정 전체의 규율이 무너지고 전출 신청이 봇물을 이루는 상황을 감수하고서라도 내 전출을 허락해 내쫓는 것만이 살길이라는 결론이었다. 하지만 그 격렬한 미움만으로는 부족했다. 공식적인 이유, 정식 진단서가 필요했다. 나 역시 그 절실한 필요성을 알고 있었지만 방법을 찾을 수 없었다. 하지만 그 최후의 장애물을 뛰어넘는 데는 시간이 오래 걸리지 않았다.

32. 인공위성을 쏘다!

저녁마다 성공적인 공연을 이끌어내긴 했지만 나 역시 심리전의 대가를 치러야 했다. 돌처럼 단단한 심장을 가진 관리들 앞에서 치솟는 화를 억누르는 일은 쉽지 않았다. 관리들에 대한 분노와 평생을 덫에 갇혀 지내야 할지 모른다는 두려움 때문에 밤에도 잠이 오지 않았다. 매번 결과를 뻔히 알면서 억지로 몸을 일으켜 가정 방문에 나서는 것도 힘겨운 일이었다. 나는 벽돌담에 무작정 몸을 던지는 개구리와도 같았다. 내 몸이야 만신창이가 되든 말든 상관하지 말아야 했다. 나는 할 수 있는 한 관리들을 괴롭혀야 했다.

그런 식으로 몇 개월 동안 나는 목표 달성만을 꿈꾸며 이중생활을 했다. 기숙사를 나서면 바로 그 순간부터 만성 설사증으로 점점 쇠약해지는 모습으로 변했다. 낡고 더러운 갈색 재킷을 입고 천천히 교정을 걸어다니며 사람들을 만나도 말없이 고개를 끄덕이거나 공허한 시선을 보낼 뿐이었다. 때로는 그것이 연기가 아닌 실제 상황으로 여겨지기도 했다. 정말로 식욕이 없었고 쇠약했던 것이다. 관료들 앞에서 이성을 잃고 괴성을 지르는 순간이면 이러다가 정말로 미쳐버리는 것이 아닐지 두려울 정도로 진짜 같은 느낌이었다.

내가 외로움과 절망감을 이겨내고 육체적, 정신적으로 얼마나 버텨낼 수 있는가가 결국 승패를 좌우할 것이었다. 관료들은 나 이전에도 용감히 전투를 벌이다가 결국 관료주의 앞에 무릎을 꿇고 탕구에 정착해버린 이들을 수없이 보아왔다. 예를 들어 약탕관만 해도 처음 왔을 때는 건강한 젊은이였다고 했다. 그리고 2년 반이라는 세월 동안 전출을 요구하며 저항했지만 결국 건강도, 기력도 잃은 채 주저앉고 말았다. 3년 동안 싸움을 벌였던 요리사도 마찬가지로 포기했다. 그 거대한 정치 제도의 권력과 비교하면 한 인간의 힘은 하잘것없는 것이었다. 절망감과 고통을 이겨내고 자아 존중감을 지키기 위해, 그리고 남들 앞에서 하지 못하는 일들을 보상받기 위해 나는 기숙사 방으로 들어서는 순간 다른 사람으로 변신했다. 그 공간에서 나는 스스로의 사기를 북돋워야 했다. 그래서 〈마음을 강건하게〉라는 혁명 노래를 부르고 팔굽혀 펴기 등 맨손 체조를 하는가 하면 음악을 듣고 소설도 읽었다. 그 음울한 시절, 내게 위안을 주는 유일한 인간적인 관계는 룸메이트인 책벌레와 나누는 대화였다. 가까워지기까지 시간이 좀 걸렸지만 결국 나는 책벌레의 신뢰를 얻었다. 알고 보니 그는 내가 만났던 그 누구보다도 달변가였다. 어떤 주제가 던져지든 몇 시간 동안이나 이야기할 수 있을 정도로 지식도 풍부했다. 허름한 갈색 옷과 검은 모자를 쓴 남루한 옷차림 때문에 그가 한때 베이징의 큰 병원에 몸담았던 유명한 외과의였다는 사실을 아는 사람은 거의 없었다. 그는 1957년, '뱀들을 굴 속에서 몰아내자는' 위대한 지도자의 지시에 따라 의사 자리를 잃었고 이곳에 교사로 보내졌다.

책벌레는 내가 벌이는 전쟁에 대해 알고 있는 유일한 인물이었다. 나는 그가 비밀을 지켜주리라 믿었다. 우리는 전쟁 얘기는 한 번도 하지 않았다. 어느 날 예의 가정 방문을 마치고 스스로에 대한 치욕감과 절망에 싸여 돌아온 내게 그가 딱 한 번 위로의 말을 던졌을 뿐이다. 수업하러 나가던 그는 내 침대 옆을 지나면서 "포기하지 말게."라고 말했다. 나는 눈을 감고 자는 척했다. 그러자 그는 내 베개 옆에 무언가 살그머니 내려놓고 나가버렸다. 그가 나간 후 살펴보니 잭 런던이 쓴 얇은 책 《생명애 Love of Life》였다. 나는 그 자리에서 단숨에 읽어버렸다. 그리고 살아남기 위해 심지어 배고픈 늑대를 죽여 뜯어먹기까지 하는 주인공의 굳센 의지에 감동했다. 나도 관료주의라는 늑대와 싸워 이기고 말겠다는 새로운 각오가 되살아났다.

* * *

매주 편지를 발송하고 관료들을 방문하고 병원에서 검사 결과서를 받는 세월이 다섯 달째로 접어들었다. 아무런 진전이 없었다. 마지막으로 요청받은 검사 결과서를 우송한 이후 호박고지는 감감 무소식이었고 쟝 위원장을 비롯한 학교 관리들의 태도 역시 조금도 변하지 않는 듯했다. 한밤중에 자리에 누우면 '혼자서 인공위성을 쏘아올리겠다고? 그건 진흙투성이 두꺼비가 백조와 결혼하겠다고 나서는 것이나 다름없어!'라는 약탕관의 말이 떠올랐다. 그러면 나는 잠을 이루지 못하고 괴로워했다.

어느 날 아침, 갑자기 호박고지가 전화를 해왔다. "당은 아직도 자네 전출 신청을 검토하고 있네." 그가 말했다. "그리고 이제 탕구 종합병원에서 확정 진단서를 받아 참고할 때가 왔다는 결정을 내렸네. 가능한 한 빨리 진단서를 받아오도록 하게." 그는 내가 무어라 말하기도 전에 전화를 끊었다. 아직 완전한 계획이 세워지지 않은 상태였다. 하지만 어쩔 수 없었다. 바야흐로 사느냐 죽느냐의 기로에 놓인 셈이었다.

다음날 나는 탕구 종합병원으로 가서 내과 과장과 면담을 요청했다. "확정 진단서가 왜 필요하신 거죠?" 과장이 물었다. 미소짓는 입 안으로 갈색과 붉은 색 잇몸이 드러났다. 검게 썩은 이가 세 개 보였을 뿐 나머지는 다 빠진 상태였다. 그 이 세 개는 산불이 난 후 남은 검은 그루터기 같았다.

나는 아무 생각없이 솔직한 대답을 하고 말았다. "톈진으로 전출을 신청하기 위해서요."

의사는 고개를 들어 내 얼굴을 똑바로 바라보았다. 그리고 몇 초 동안 드문 임상 사례라도 관찰하는 양 나를 뜯어보았다. "그러니까, 여기서 탈출하려 한다는 건가?" 초로의 의사는 말투가 싹 바뀌어 있었다. 미소도 사라졌다.

그 순간 나는 치명적인 실수를 저질렀음을 깨달았다.

"모두들 탕구를 떠나고 싶어하지." 의사가 차갑게 말했다. "나 역시 떠나고 싶고. 의과대학을 졸업한 이후 죽 여기서 근무해야 했거든. 다음 달이면 19년째가 되지. 하지만 그런 이유라면 진단서를 떼어줄 수 없어. 그것이 우리 병원과 당의 원칙일세." 그는 탁 소리를 내며 내 파일을 덮어버렸고 옆에 있던 간호사에게 건넸다. 더 이상은 한 마디도 하지 않겠다는 태세였다.

　진퇴양난이었다. 커다란 문제를 두 가지나 해결해야 했다. 첫째, 확정 진단서를 받아야 했고 둘째, 그 진단서가 전출을 허용할 만한 내용이어야 했다. 확정 진단서가 없다면 당은 전출을 거절할 훌륭한 구실을 찾아낸 셈이 되어 더 이상 아무런 신경을 쓰지 않을 것이었다. 또한 확정 진단서는 단순한 설사 증세보다는 심각한 그 어떤 질병 상태를 증명해야만 했다.

　고민 속에 2주가 흘러갔다. 달리 해결 방법을 강구하지 못한 나는 다시 한 번 병원에 가보기로 했다. 최소한 말도 붙여보기 전에 쫓겨나는 일은 없게끔 나름대로 변장을 했다. 우선 요리사에게 기름때 묻은 낡은 옷을 빌려입었다. 보기만 해도 욕지기가 올라올 정도로 더러운 옷이었지만 동정심은 살 수 있을 것 같았다. 또 책벌레에게서는 검은 테 안경을 빌렸다. 내과 과장의 진료실을 다시 찾은 나는 작은 목소리로 확정 진단서를 부탁했다. 의사가 나를 알아보지 못한 것, 그리고 전에 진단서를 요청했다는 사실도 기억하지 못한 것은 기적이나 다름없었다.

　"확정 진단서가 왜 필요하신 거죠?" 의사는 전처럼 웃으면서, 그리고 세 개뿐인 썩은 이를 드러내 보이면서 물었다.

　이번에는 답변이 준비되어 있었다. 나는 가느다란 목소리로 느릿느릿 대답했다. "다강大岡 지역으로 전출을 신청하고 싶어서요." 다강 지역은 악명 높은 황무지였다. 석유 채굴정 몇 개와 모기 떼가 득

실거리는 늪지대 외에는 아무것도 없는 곳으로 탕구 주민들이 그래도 다강에 보내진 사람보다는 형편이 낫다는 생각으로 스스로를 위로하는 그런 지역이었다. "다강에는 왜 가려고 하시죠?" 의사가 깜짝 놀란 듯 되물었다. 그 목소리에는 물론 '대체 그런 곳에 가겠다니 제정신인가?'라는 질문이 숨어 있었다.

"약혼녀가 그곳에 있거든요. 석유 회사에서 일하죠. 약혼녀와 함께 살고 싶습니다. 보시다시피 건강이 좋지 않거든요." 나는 가련한 환자의 목소리로 대답했다.

의사는 허리를 곧게 펴고 나를 잠시 바라보더니 미소를 지었다. "좋습니다. 원하시는 대로 해드리죠. 내일 오후 2시 30분에 다시 오십시오. 저와 다른 의사 두 명이 함께 확정 진단서를 만들어드리겠습니다. 하지만 그 전에 검사실에 배설물을 제출해주셔야 합니다."

다음날 오후에 나는 병원 화장실에서 배설물을 만들어냈다. 제일 좋아하는 과목 시험을 치르는 학생처럼 자신만만한 태도로 최적의 농도를 가진 이상적인 결과물을 얻어낸 것이다. 누렇고 걸쭉한 그것은 더 이상 비위를 상하게 만들지 않았다. 물을 넣고 섞는 작업이 부끄럽지도 않았다. 그것은 비인간적인 조직을 상대로 한 내 전쟁에서 희망을 상징했다. 뜨뜻한 배설물은 냉정한 당과 뚜렷이 대비되었고 또한 남모르는 기쁨의 원천이기도 했다. 의사들이 당황해하는 모습을 상상만 해도 즐거웠다. 그 얼굴 표정을 직접 보고 싶었다.

군중 앞에서 자랑스럽게 묘기를 펼쳐보이는 마술사처럼 나는 의사 세 명 앞에 검사 결과서를 내밀었다. 그 검사 결과와 이전의 결과서들 뭉치를 앞에 놓은 의사들은 예상대로 당황한 얼굴이었다. 나는 속으로 배꼽을 잡고 웃었다. 물론 겉으로는 불쌍한 표정을 유지하면서 말이다. 젊은 의사들은 이게 대체 무슨 병일까 궁금한 얼굴로 과장 쪽을 쳐다보았다. 과장은 머리를 굴리며 고민하는 듯했다. 몇 분가량 침묵이 흘렀다. 결국 끝까지 의사들이 병명을 찾지 못한다면 직접 나서서 도와줄 심산이었다. 그건 내 계획의 마지막 단계였다. 병명은 이미 내 머릿속에 있었던 것이다.

그 병명은 치료 불가능한 것처럼 들리면서 식수 오염과 관계가 있어야 했고 '전출'을 암시하는 것이어야 했다. 그리고 나는 적당한 병명을 찾아냈다. 하지만 의사들의 생각을 조종하려면 조심스러워야 했다. 전문가의 자부심에 상처를 내서는 안 될 일이었으니 말이다.

"지난주에 베이징에서 의사를 만났습니다." 나는 눈을 내리깔고 목소리를 낮춘 채 머뭇머뭇 입을 열었다. 의학서를 뒤적거리던 과장이 고개를 들었다. "유명한 의사라는데 그 사람이 말하기를, 제 증세가 그러니까…… 신경성 알레르기 장염이라는 것처럼 보인다고 하더군요. 그건 뭐, 물 속의 무슨 화학 물질과 관계가 된대요. 물론 저야 그런 어려운 얘기를 잘 모르지만 말입니다." 이어 나는 극도의 존경을 담아 의사들을 올려다보면서 주저하는 목소리로 덧붙였다. "제가 정말 신경성 알레르기…… 뭐 그 병에 걸린 걸까요? 선생님들은 그게 뭔지 아시겠지요?"

일순간에 모두들 얼굴이 밝아졌다. "음…… 가능한 얘기군." 내과 과장이 알겠다는 듯 고개를 끄덕였다. 젊은 의사들도 함께 고개를 끄덕였다. "하지만 그 전에 다른 가능성은 없는지 먼저 확인해야겠군. 자네는 나가서 복도에서 기다리게. 우리가 결정을 내린 후 다시 부를 테니."

15분 후, 드디어 내 손에 확정 진단서가 쥐여졌다. 나는 진단서에 찍힌 커다란 붉은 색 병원 직인이 특히 마음에 들었다. 내용은 다음과 같았다.

확정 진단서
이 환자는 식수로 인해 발생하는 신경성 알레르기 장염을 앓고 있음.

내과 과장 푸이傅依
의사 후종난呼宗南
의사 지엔난시엔蔣蟎翔

탕구 종합병원

나는 확정 진단서 사본을 첨부해 톈진의 대학 관료들과 베이징 당 지도자들에게 다시 편지를 돌렸다. 그리고 탕구의 관리들을 상대로 한 차례 더 가정 방문을 실시했다. '신경성 알레르기 질환'은 약으로 치료가 안 되므로 그 지역을 떠날 수밖에 없다는 점을 강조했다.

* * *

편지를 보낸 후 열흘이 지났을 때 호박고지가 전화를 해왔다. 여느 때와 달리 다정한 목소리였다. 약간 들뜬 것도 같았다.

"좋은 소식을 전해주게 되었네. 더 이상은 톈진이나 베이징으로 편지를 쓸 필요가 없어. 대학 당위원회가 자네 건을 신중히 검토한 결과 텐진으로 전출시키기로 결정했네. 다음 주에 이리로 오면 되네. 하지만 명심하게. 사람들에게 이야기해서는 안 돼. 내 말뜻을 알겠지? 이번 결정은 아주 힘들게 내려진 거야. 탕구에서도 전출에 대해 반대하는 의견이 많았네."

그토록 기다리던 반가운 소식이었지만 나는 미소조차 지을 수 없을 정도로 지친 상태였다. 전쟁이 비로소 끝났다는 것도 실감이 나지 않았다. 6개월 동안이나 거짓말을 하고 환자 행세를 하고 사람들을 조종하고 이중생활을 한 것이, 그리고 걸쭉한 배설물 제조 기술까지 익힌 것이 모두 그 순간을 위한 노력이었다. 하지만 정작 원하던 결과를 얻고 나자 밤마다 꿈꾸었던 즐거운 웃음은 나오지 않았다.

내가 텐진으로 전출된다는 소식은 마치 작은 원자폭탄이라도 되는 것처럼 순식간에 전 도시로 퍼져나갔다. 탕구의 수많은 교직원들에게 그것은 충격인 동시에 기쁨이었고 믿기 어려운 승리를 의미했다. 모두들 내가 '혼자서 인공위성을 쏘아올렸다'고 했다. 나는 12년 만에 처음으로 전출에 성공한 사람이었던 것이다.

"축하하네!" 다음날 아침, 약탕관이 기숙사로 찾아왔다. 그는 썩은 이를 드러내며 활짝 웃었고 내 손을 잡고 열심히 흔들어댔다. 구부러진 등까지도 약간 펴진 듯 보였다. "자네는 전 학교를 뒤흔들고 이곳의 관행을 깨뜨렸어. 이제 모든 사람이 전출 신청을 낼 거야. 난 자네가 어딘지 남다른 사람이라는 걸, 대단한 일을 해낼 거라는 걸 늘 알고 있었다네. 그래서 최선을 다해 자네를 도왔지. 위원회의 다른 사람들이 얼마나 까다롭게 굴었는지 아마 상상도 못할 걸세. 텐진 본교로 가게 되면 나도 좀 도와주겠나?" 그는 내가 감사 인사를 대신해 전출 비결을 알려주었으면 했다. 그건 쟝 위원장, 당비서 불상 동무 등 다른 고위 관료들도 마찬가지였다. 모두들 갑자기 내 앞에서 겸손한 자세로 돌변했다. 나는 학교의 영웅이었다.

"오늘 우리 집에 와서 식사하지 않겠나?" 쟝 위원장이 부탁했다. "우리 집사람이 자네를 얼마나 좋아하는지 몰라. 오늘 밤 꼭 집에 모셔오라는구먼. 자네가 안 가면 난 혼이 날 걸세. 꼭 오는 거지? 집사람은 궁파오宮爆 닭튀김 요리를 한다고 벌써 영계를 사고 난리라네." 가무잡잡한 얼굴에 떠오른 표정이 어찌나 간절한지 나는 차마 거절할 수가 없었다.

"자네가 정말 보고 싶을 걸세." 전출 서류 때문에 찾아갔을 때 당비서 불상 동무도 다정하게 말했다. "자네는 우리가 오랫동안 기다려왔던 정말 뛰어난 선생이었거든. 하지만 우리는 당의 지시를 존중하네. 자네를 톈진의 본교에서 필요로 한다면 당의 명령대로 우리가 놓아주는 수밖에. 자네를 알게 된 것이 자랑스럽네. 그건 그렇고, 내일 우리 집에 점심식사하러 오게나. 우리 집사람은 요리를 썩 잘 한다네. 우리 집에서 한 번도 식사하지 않고 탕구를 떠나게 할 수는 없다고 집사람이 고집을 부려서 말야." 덫에 걸려 사는 동료의 진심 어린 초청에 나는 또다시 고개를 끄떡이고 말았다. 난 계속해서 나쁜 감정을 고집하는 유형의 사람이 아니었다. 관료들을 계속 미워할 수도 없었다. 그들 역시 한때 나와 같은 노력을 기울였고 좌절을 겪은 인간에 불과했다.

마치 소식을 듣지 못하기라도 했다는 듯 내게 한 마디 축하 인사도 하지 않은 사람이 딱 하나 있었다. 바로 책벌레였다. 내가 한창 짐을 꾸리고 있을 때 그는 종일 도서관에 틀어박혀 있다가 밤에나 기숙사로 돌아왔다. 그리고 내가 떠나던 날에도 아침 일찍 나가버렸고 작별 인사를 하러 들르지도 않았다. 나는 섭섭했지만 내 전출이 그에게 커다란 상처를 남겼으리라는 점을 이해했다.

모두를 놀라게 한 그 승리는 정작 당사자인 내게는 특별할 것 없이 다가왔다. 기쁘지도 않았다. 이유는 분명했다. 굳이 전쟁까지 갈 필요도 없었던 일을 힘들게 얻어낸 것에 불과했던 것이다. 나는 그저 출발 장소로 돌아오기 위해 소중한 인생의 6개월을 허비한 셈이었다. 그날 아침 나는 그저 조용히 빨리 떠나고 싶었다. 기차가 탕구 역을 빠져나가기 시작했을 때 내 마음은 창밖에 보이는 버려진 옥수수 밭처럼 황폐했다.

책이나 읽자는 생각에 나는 몸을 굽혀 의자 아래 가방에 손을 집어넣었다. 검은 가죽 표지에 싸인 얇은 책 한 권이 잡혀 올라왔다. 짐을 쌀 때는 없었던 책이었다. 하도 낡아 누렇게 변색된 종이가 금방이라도 바스라질 듯했고 표지에 찍힌 제목은 알아볼 수도 없었다. 속표지를 펼치자 잭 런던의 《인생애》라고 씌인 글씨가 보였다. 누가 그 귀중한 선물을 주었는지는 분명했다.

33. 리링을 다시 만난 후

본교로 전출된 지 채 한 달이 못 되었을 무렵 나는 베이징의 국립미술관에서 리링과 우연히 마주쳤다. 내게 그것은 탕구에서 한 손으로 '인공위성을 쏘아올린 것' 보다 더 놀라운 사건이었다. 동풍비항공창을 떠난 후 5년 만에 처음이었다. 리링이 결혼한 후에는 편지조차 주고받지 않았던 것이다.

리링의 모습은 여전했다. 검소하면서도 우아한 옷차림도 옛날과 똑같았다. 그날은 독특한 녹색 반팔 블라우스에 크림색 치마 차림이었다. 내가 뒤에서 이름을 불렀을 때 리링은 현대 그림을 감상하고 있었다.

"셴판?" 리링이 뒤돌아 다가오며 물었다. 눈썹의 곡선이 약간 더 휘어졌지만 목소리는 침착했다. "너무 많이 변해서 길에서 만나면 못 알아보겠는걸. 안경을 쓰니 아주 어른처럼 보여. 내 방에서 우표를 구경하던 소년하고는 아주 달라졌어." 나는 그 잊을 수 없었던 순간을 떠올리며 살짝 얼굴을 붉혔다.

"키가 커졌지만 몸은 더 말랐구나. 너무 마른 것 같기도 하고. 아팠던 거야?" 리링이 물었다.

"아팠어요. 하지만 지금은 괜찮아요." 내가 대답했다. "얘기가 길어요. 나중에 해드릴게요. 어떻게 지냈어요? 리링은 전혀 변하지 않았군요."

"무슨 소리! 훨씬 늙었지." 리링이 미소지었다. "하지만 여자들한테는 나이를 감추는 여러 가지 기술이 있어. 그건 나중에 얘기해줄게."

갑자기 얼굴이 달아올랐다. 나는 화제를 바꾸었다. "여기 자주 오시나요? 이곳은 리링이 좋아하는 장소일 것 같군요. 공장에서도 예술에 관심이 많았잖아요."

"그래, 자주 오지. 거의 주말마다 오나봐. 혼자서." 리링은 아무렇지도 않다는 듯 대답했다. 나는 약간 놀랐다.

"결혼하셨다고 들었는데요. 남편은 같이 안 오시고요? 주말에도 바쁘신가봐요?"

잠시 어색한 침묵이 흘렀다. 나는 경솔한 질문을 후회했다.

"남편은 취미가 달라서." 리링이 짤막하게 답하고는 위대한 지도자의 청동 흉상 옆 벤치에 앉았다. 갑자기 몹시 지쳐보였다. 나도 옆에 앉았다.

"그때 책을 빌려주셨던 것이 늘 감사했어요." 나는 다시 화제를 돌렸다. "그 책들 덕분에 힘든 시기를 이겨낼 수 있었어요. 슈만이 썼던 책 기억나세요? 그 책에서 발췌한 글귀를 지금도 늘 가지고 다닌답니다."

리링은 그 책을 금방 생각해내지 못했다. 읽었던 책이 너무 많았기 때문에 기억을 더듬어야 하는 것도 당연한 일이었다. 하지만 좋아하는 책이라면 리링은 상세한 부분까지 틀림없이 기억하고 있었다.

"아직도 니체를 읽으세요? 독일어도 공부하고 있고요?" 나는 리링이 가장 열심히 하는 두 가지 일에 대해 물었다. 그 이야기만 나오면 언제나 즐거워하고 신이 나는 두 가지 말이다.

"그래. 아직도 니체를 읽고 있어." 리링의 얼굴이 밝아졌다. "요즘에는 더 많이 읽지. 여자로 산다는 건, 특히 이 중국에서는 어려운 일이야. 역설적이지만 니체는 내가 진정한 여자가 될 수 있도록 해줘."

나는 왜 '역설적'이라는 표현을 사용하는지 알고 있었다. 니체는 여성을 혐오한 인물이었다.

"남자들은 여자들이 어떻게 살아가야 하는지를 이해 못 해." 어느새 리링은 예의 철학자 같은 말투로 바뀌어 있었다. "또 대부분의 여자들도 스스로를 이해하지 못하지. 니체가 여자를 무시한 이유도 바로 그것 때문이야."

또다시 리링은 내가 이해하기 어려운 말을 쏟아놓기 시작했다. 리링이 이야기할 때 나는 그 내용보다는 얼굴 표정을 보면서 감탄하는 일이 많았다. 지적으로 골몰할 때 리링은 한 단어 한 단어를 생각하면서 천천히 내뱉었다. 그날 미술관에서도 바로 그런 모습이었다. 흰 얼굴이 붉게 상기되었고 눈썹이 한층 위로 올라갔다. 나는 눈길을 떼지 못하고 리링의 모습과 목소리에 빠져들었다. 공장을 떠난 후 니체 책을 별로 읽지 않았기 때문에 리링이 말하는 내용은 잘 이해되지 않았다. 열심히 책을 읽는다고는 했지만 여전히 리링과 비교하면 부족한 수준이었다. 예전처럼 나는 적당한 대화 상대가 되지 못한다는 생각이 들었다.

"중국 여자들은 그런 대접을 받을 만해. 나를 포함해서 말야." 갑자기 리링의 말이 들려왔다. 나는 남자들이 여자를 이해하지 못 한다는 것이 무슨 뜻일지, 여성으로 사는 것이 정확히 어떻다고 생각하는 것인지 궁금했다. 하지만 묻지 않았다. 리링은 그런 것이 아주 명백한 상식이라도 된다는 양 당연한 투로 말했기 때문이다. 리링에게는 그런 말 습관이 있었다. 오랫동안 곰곰이 생각해왔던 것을 그저 가볍게 말하고 지나감으로써 듣는 상대를 어리둥절하게 만드는 습관 말이다.

"남편은 당신을 이해하나요?" 내가 물었다.

"그는 남자야." 리링이 대답했다.

리링과의 대화는 늘 이런 식이었지, 나는 생각했다. 정신없이 빠져들게 만들지만 실망감을 안겨주고 또 금방 피곤해지는 대화였다. 리링은 말 외에 다양한 방법으로 의미를 전달했다. 사람들이 추측하게끔 모호하게 말하는 것도 좋아했다. 논쟁을 유도하기 위해서인 듯했다. 하지만 감히 논쟁을 제기하는 사람은 거의 없었다.

그날 오후 내가 톈진에 돌아가야 했기 때문에 우리는 여전히 할 말이 많은 상태로 미술관 정문에서 헤어졌다. 5년이 지났는데도 그렇게 자연스럽게 이야기할 수 있다는 것이 신기했다.

* * *

우리는 편지를 주고받기 시작했다. 자주 편지가 오갔다. 리링은 길고 복잡한 편지를 썼다. 이야기할 때처럼 우리는 편지를 쓸 때에도 예술, 과학, 역사, 문학 등 진지한 주제를 택했다. 대폭발 이론, 판 이론, 당시 정치학에서나 컴퓨터 공학에서 인기를 얻고 있던 게임 이론, 스탕달이나 헤겔, 괴테 등에 대한 편지가 기억난다. 내 편지는 리링보다 짧은 편이었다. 공장 시절에 그랬듯 나는 대개 청중이었고 가끔씩 질문을 던지는 역할을 했다. 리링은 중국문학 비평과 접목된 주역 개념에 대해 설명하면서 69장짜리, 그리고 81장짜리 두꺼운 편지를 보내오기도 했었다. 그것은 편지라기보다는 학술서에 가까웠다. 나는 고대 중국 작가에 대한 리링의 깊은 지식에 놀랐다. 그 전까지는 리링이 중국보다는 서구의 문학가들을 더 좋아한다고 생각했다.

한 달에 한 번 정도, 시간과 돈이 허락하는 한 나는 베이징으로 가서 리링을 만났고 함께 이야기를 나누며 오후 시간을 보냈다. 장소는 주로 박물관이나 미술관이었다. 자연사박물관, 국립역사박물관, 중국 군사박물관 등. 공장에서 그랬듯 이때도 우리 관계에서 육체적인 면은 없었다. 만났을 때 반갑게 나누는 악수를 제외하면 껴안는 일도, 입을 맞추거나 서로의 몸에 손을 대는 일도 없었다.

서로 몸이 맞닿을 수밖에 없는 상황이 한 번 벌어지기는 했다. 1983년의 마지막 날이었다. 박물관이나 미술관이 모두 문을 닫았기 때문에 우리는 톈안먼 광장 근처 지하철역에서 만났다. 그리고 플랫폼의 대리석 기둥에 기대어 두 시간 동안 이야기를 나누었다. 사람들이 꽉 꽉 들어찬 지하철이 쉴새없이 오갔다. 하지만 둘 다 대화에 너무 몰입했기 때문에 주위 상황에는 전혀 신경을 쓰지 않았다. 리링은 커다랗고 풍성한 코트에 밤색 목도리를 두른 차림이었다. 아름다운 얼굴이 코트 깃과 목도리에 반쯤 가려져 있었다. 지하철 플랫폼 안이 더웠기 때문에 리링의 하얀 얼굴은 점점 분홍색으로 변했다. 헤어질 시간이 되어 역에서 빠져나왔을 때에는 벌써 날이 어두웠다. 나는 리링을 버스 정류장까지 배웅했다. 한창 붐비는 시간이었다. 역 주변은 송년 만찬을 위해 고기, 닭, 과일, 야채 등을 잔뜩 산 뒤 서둘러 집으로 돌아가는 사람들로 혼잡했다. 버스는 10분에 한 대씩 왔지만 벌써 꽉 찬 상태여서 겨우 몇 사람만 올라탈 수 있었다. 사람들은 화를 내며 초조해했다. 줄 뒤에 선 젊은이들은 버스가 도착하면 앞사람들을 막 밀어댔고 말다툼이 벌어졌다. 하지만 나는 그런 상황에 관심을 돌릴 수 없었다. 리링과 몸이 밀착된 상태였던 것이다. 두꺼운 겨울 코트가 가로막고 있었음에도 불구하고 나는 그 따뜻하고 부드러운 몸을 느낄 수 있었다. 우리는 말없이 조용히 서 있었다. 리링은 사람들 틈에서 이야기하는 것을 좋아하지 않았다. 리링의 미모는 늘 사람들의 시선을 끌었다. 말까지 하게 된다면 더욱 그럴 것이었다.

마침내 버스에 오르게 되었을 때 리링은 뒤를 돌아보며 조용히 말했다. "다음 편지부터는 '남편에게 안부 전해주세요'라는 인사말을 쓰지 말아. 그 편지는 나 혼자 읽으니까."

리링답지 않은 말이었다. 결혼 생활에 무언가 문제가 있는 모양이라는 생각이 들었다. 하지만 나는 묻지 않았다.

34. 여권 발급 전쟁

전출 전쟁에서 승리해 톈진에서 교사로 일하게 된 후 나는 스스로 새로 거듭나기 위한 과업에 돌입했다. 더 이상은 무기력한 병자 행세를 할 필요가 없었다. 건강을 회복하기 위해 운동을 했다. 매일 6킬로미터씩 뛰었고 역기를 들었으며 배구도 했다. 몇 달 안에 잃었던 체중과 근력이 돌아왔다. 가을 학기에는 신입생들을 맡아 열정적으로 가르쳤다. 나는 가르치는 일이 좋았다. 혁신적인 교수법을 도입하기도 했다. 하지만 여전히 교직원들이 한 주에 한 번씩 참석해야 하는 정치 세미나는 끔찍하게 싫었다.

학생들을 가르치고 리링과 편지를 주고받는 즐거운 생활 속에서도 나는 원대한 목표를 잊지 않았다. 어느덧 졸업한 지 일년 반이 지나가고 있었다. 곧 유학 신청이 가능해질 것이었다. 학기가 끝나갈 때 나는 새로운 전쟁, 여권 신청을 시작하기로 결정했다. 미국 대학과는 계속 연락을 주고받고 있었다. 대학원장은 다음해에 다시 장학금을 주겠다고 약속했다.

호박고지를 만나 여권 발급 절차를 알아보니 란저우대학 때처럼 여전히 복잡했다. 대학과 베이징의 산업부, 그리고 톈진의 공안본부라는 3단계 허가 절차를 거쳐야 했다. 어느 것 하나도 쉬워보이지 않았다.

학기말 성적 처리가 끝난 월요일, 나는 전투에 돌입했다. 대학의 안보부에 허가 신청서를 제출했던 것이다. 쩌우祝 부장을 만나기 전부터도 동료들에게서 그가 교내에서 제일 지독한 관료라는 소문을 듣고 있었다. 인민해방군 대표의원에서 은퇴한 쩌우 부장은 윗주머니에 늘 엄청나게 큰 금색 마오쩌둥 배지를 달고 있어 배지 부장이라는 별명으로 불렸다. 또 그는 교내에서 유일하게 아직도 문화혁명 기념배지를 다는 사람이었다.

배지 부장과는 처음부터 일이 잘 풀리지 않았다. 악명 높은 부장 앞에서 나무 의자에 앉아 있자니 그가 천천히 내 신상기록부를 살펴보면서 얼굴 근육을 찡그리는 것이 보였다. 꽁무니를 벌레에게 물린 말 같은 모습이었다. 내 기록부의 어떤 부분이 부장에게 경계경보를 울릴 것인지는 뻔했다. 아버지가 군의 고위직에 있다는 것, 처형당한 반동분자와 연루되어 잡혀간 적이 있다는 것, 대학 시절 미국인 선생과 수상한 관계를 맺었다가 비밀경찰에게 조사당한 적이 있다는 것 등이 문제일 것이다. 물론 제일 큰 문제는 자본주의의 중심지인 미국에 가고 싶어한다는 점이었다. 기록부를 끝까지 읽기도 전부터 이미 잔뜩 찌푸려진 표정으로 보아 그가 어떤 결론을 내렸는지는 분명했다.

"대체 젊은이들이 미국에 가서 무얼 배울 수 있다는 거지?" 그는 이렇게 물었지만 내 대답을 기다리지는 않았다. "물론 혁명 정신은 아닐 테지. 모두들 돈 때문에 가고 싶어하는 거야. 틀림없이 돌아와서 미래의 공산주의를 건설하기 위해 헌신하겠다고 떠들어대지만 그런 말에 속아 넘어갈 사람은 없지."

그는 눈을 들어 잠시 나를 뚫어지게 바라보았다. "솔직히 말해 자네한테는 문제가 많아. 결정을 내리기 전에 철저한 조사를 해야겠네."

"철저한…… 조사라고요?" 내가 물었다. "얼마나 철저하게 하셔야 하죠?"

"몇 달은 걸릴 거야."

그의 말뜻은 분명했다. 내 지원서는 9개월 후 시작되는 가을 학기를 위한 것이었다. 몇 달 동안 그가 시간을 끈다면 허가서는 받으나마나가 되어버린다. 공안본부에서 여권을 발급받는 데만도 6개월은 족히 걸릴 것이기 때문이다.

"하지만 조사가 제일 중요한 건 아냐." 그가 말했다.

"제일 중요한 것이 아니라고요?" 나는 놀랐다. 또 다른 어려움이 있다는 말인가?

그는 여전히 찡그린 얼굴로 말을 이었다. "우선 젊은이들을 해외에 보내는 당의 정책에 대해 이야기를 나눌 필요가 있지. 자네는 어떻게 당에 봉사할 계획인가?"

긴 설교가 이어질 상황이었다.

"위대한 지도자께서도 여러 번 말씀하셨듯이 당은 많은 지식인과 전문가들을 필요로 하네. 하지만 붉은 마음을 가진 지식인과 기술자여야 해. 허연 마음은 필요없다고.

젊은 지식인으로서 자네는 공부를 더 하기에 앞서 우선 충분히 순수한 붉은 마음을 가지고 있다는 점을 보여야 하네. 그러자면 열심히 일해야 하지. 전에 여러 차례 입당 지원을 했더군. 공장에서 일할 때 작성했던 지원서 열한 통이 신상기록부에 들어 있네. 훌륭한 지원서야. 자네 같은 젊은이는 미국에 가는 대신 바로 그런 면에 노력을 경주해야 하지. 경험 많은 늙은 혁명가로 충고 한 마디 하지. 미국은 온갖 유혹이, 그것도 나쁜 유혹이 넘쳐나는 곳이야. 확고한 붉은 마음이 없다면 금방 오염되고 말아. 자네도 오염되고 싶지는 않겠지?"

나는 고개를 저으며 공허한 미소를 지었다. 제2의 방귀 선생을 만난 셈이었다.

배지 부장은 시간이 많았고 나 같은 젊은이를 교육시키는 것이 인생의 낙이었다. 다음 몇 주 동안 허가서 처리 상황을 확인하러 갈 때마다 그는 지루한 강의를 늘어놓았다. 그리고 강의의 결론 부분에서 내 허가서가 아직 연구 조사 단계라고 말했다. 벌써 3월이었다. 지겨운 강의와 설교를 무릅쓰고 나는 계속 배지 부장을 찾아갔고 집요하게 허가서를 요구했다. 이전에 쟝 부장이나 당비서 불상 동무, 약탕관을 상대했던 식으로 말이다. 하지만 여기서는 다른 전략이 필요했다. 절대 상대를 화나게 해서는 안 되었고 진단서 같은 것도 소용없었다.

더 이상은 배지 부장의 언어 고문을 견뎌내지 못하겠다고 생각하기 시작했을 때 아인슈타인이 전화를 걸어와 막 여권을 발급받았다고 알려주었다. 다시금 희망을 불러일으키는 성공담이 아닐 수 없었.

"포기하지 마, 친구." 그는 배지 부장과의 전투를 하소연하는 내게 특유의 활기찬 목소리로 말했다. "하루 중 가장 춥고 어두운 순간은 해가 뜨기 직전이라는 점을 기억해. 다음 번에 만나면 어떻게 여권을 받게 되었는지 말해주지. 내가 얼마나 교활하게 굴었는지 알면 놀랄 걸. 열심히 싸워. 당 관료들에게 휘둘리면 안 돼. 그놈들은 사람이 아니거든." 아인슈타인은 상대를 섬뜩하게 만드는 말을 아무렇지도 않게 하곤 했다. 온갖 위험한 소리를 거침없이 해대는 것이다. 나는 만년필 선생님이 부주의하게 입을 놀리다가 어떤 꼴을 당했는지 말해주고 싶었지만 도청당할지 모른다는 두려움에 그만두었다. 그리고 서둘러 전화를 끊어버렸다.

하지만 그 전화는 성공하고야 말겠다는 내 집념에 다시 불을 지폈다. 나는 열심히 배지 부장을 찾아다녔다. 그 노력이 결국 행운의 여신을, 아니면 최소한 여신의 딸을 감동시킨 모양이었다. 몇 주 후 돌파구가 나타났던 것이다.

* * *

어느 날 오후, 배지 부장과의 힘든 면담을 마치고 침대에 누워 있는데 갑자기 호박고지가 기숙사 방에 나타났다. 입이 찢어져라 한껏 웃으며 그는 한 번도 본 적 없는 다정한 태도로 인사를 했다.

"놀랍고도 기쁜 소식이 있네! 자네는 정말 행운아야!" 호박고지가 말했다. "무슨 일이 벌어졌는지 아나? 자네는 온 학교에서 제일 복이 많은 사람일세!"

"글쎄요, 대체 무슨 말씀을 하시는 거죠?" 나는 천천히 몸을 일으키며 시큰둥하게 말했다. 호박고지가 심심한 나머지 기숙사에까지 찾아와 설교를 늘어놓을 작정인가보다라고 생각했다.

"자네가 새신랑이 될 모양이야. 지앙江 총장님의 따님이 자네가 좋다며 중매를 넣어달라고 했다네. 어디 생각이나 했던 일인가? 총장님이 내게 중매쟁이가 되어달라고 부탁하셨지."

나는 깜짝 놀랐다. 아버지를 꼭 닮아 거무스름한 피부에 통통한 루루路路는 학교에서 아주 유명했다. 나도 갈색 군화를 신고 바람처럼 교정을 누비는 모습을 한두 번 본 적이 있었다. 루루는 5년 동안 군에 복무한 후 막 제대한 참이었다. 하지만 들리는 말로는 겉모습과 달리 다정한 성품인데다 요리도 잘한다고 했다. 아버지가 대학 총장인 데다가 방 네 개짜리 커다란 집을 가지고 있었기 때문에 루루는 일등 신부감이라 할 수 있었다. "자네는 아주아주 신중히 생각을 해야 하네." 호박고지가 말했다. "지앙 총장님 댁과의 일인 만큼 가볍게 거절하거나 해선 안 돼. 이런 기회를 꿈꾸는 사람이 얼마나 많은지 아나. 자네의 정치적 미래만 생각해보더라도……." 호박고지는 굳이 문장을 끝맺지 않았다. 말하지 않아도 우리 둘 다 잘 이해하고 있었던 것이다.

호박고지의 우려를 그 자리에서 불식시키며 나는 루루를 만나는 것에 동의했다. 갑자기 한 가지 계획이 떠올랐던 것이다.

첫 만남은 총장 집에서의 저녁식사였다. 식사는 아주 훌륭했다. 식사 후 총장은 중요한 전화를 걸어야 한다며 서재로 물러났다. 총장 부인도 차와 과일을 가져다놓은 후 설거지하러 가버렸다. 루루와 나는 말이 잘 통했다. 루루는 솔직했고 책을 많이 읽어 아는 것도 많았다. 내가 미국 유학 계획을 털어놓았더니 루루는 아주 좋아했다. 자기도 미국에 가서 공부하고 싶다는 것이었다.

다음 주 일요일 런민공원人民公園에서 두 번째 데이트가 있었다. 나는 우리 둘의 사고방식이 아주 비슷하다는 데 놀랐다. 둘 다 정치학 수업에 진저리를 냈고 더 많은 자유를 원했다. 드러내놓고 이야기하지는 않았지만 나는 루루에게도 마음속 깊이 어떤 공포가 자리잡고 있다는 느낌을 받았다. 꿈속에서나 실체를 드러내는 내 공포와 같은, 그런 종류의 공포 말이다. 군에 복무한 경험 때문인지 루루는 남달리 직선적이었다.

"전 총장 딸이라는 게 싫어요." 아이스크림을 먹으면서 루루가 말했다. "아버지의 권력 때문에 저한테 접근하는 멍청한 무리도 싫고요. 하지만 어떻게 그들을 비난할 수 있겠어요? 모든 사람이 가능한 한 권력의 힘을 빌어 원하는 것을 추구하고 있잖아요? 저 역시 똑같은 게임을 벌이는 중이에요. 당신이 미국 대학에 지원한다는 소식을 들었어요. 도움이 필요하죠? 안 그러면 배지 부장이 끝까지 허가를 내주지 않을 테니까요. 저 역시 미국에서 공부하고 싶지만 당신 도움이 필요해요. 전 영어 실력이 형편없는 데다가 지원하는 절차도 모르거든요. 그래서 당신을 만나게 해달라고 한 거예요. 중매로 소개받는 것 외에는 방법이 없어서 그렇게 한 거고요. 전 이 나라가 싫어요. 어서 나가버리고 싶어요. 우리 둘이 함께 미국에 갈 수 있도록 도와줄 거죠?" 루루가 손을 내밀었다.

나는 그 손을 잡았다. 동업 계약이 이루어진 셈이었다. 나는 루루가 지원서 쓰는 것을 도와주고 영어 공부도 시킬 것이었다. 그리고 루루는 아버지에게 부탁해 배지 부장이 내게 허가서를 내주게끔 하면 되었다. 우리는 당분간 애인 행세를 하기로 했다.

"자, 그럼 동지로서 건배를 하지요." 루루가 탄산음료 병을 들어올렸다.

"우리의 성공을 위해!" 나도 내 음료 병을 마주 올려 쨍 소리를 냈다.

은밀한 거래가 이루어지고 얼마 지나지 않아 호박고지는 지앙 총장이 우리 관계에 만족하고 있으며 더욱 진전되어도 좋다고 말했다는 소식을 전해왔다. "축하하네." 그가 능글맞게 웃으며 눈을 찡긋해 보였다. "자네가 이렇게 운 좋은 사람인 줄 몰랐는걸. 탕구에서 전출 허가를 받더니 이번에는 총장 딸을 낚아채고 말…… 그건 그렇고 총장님께서 자네 허가서 건으로 쩌우 부장에게 특별 부탁을 했네. 곧 처리될 거야."

그 주가 끝날 무렵 배지 동무가 내 신청서에 공식 직인을 찍어주었다. 마지못해 그렇게 한 것이 분명했다. 하지만 그 대가로 그는 새로 지은 직원용 아파트의 방 세 개짜리 집을 얻었다. 20~30명은 족히 넘을 우선권자를 젖히고 '대학에 기여한 특별한 공로'를 인정해 총장이 상으로 준 집이었다.

나는 바로 그날 기차를 타고 베이징으로 갔다. 산업부에서 두 번째 허가서를 받아야 했다. 한시가 급했다. 이미 베이징의 모든 인맥을 동원해 산업부와의 연줄을 찾아놓은 상태였다. 기이하게도 나를 가장 많이 도와준 사람은 예전에 감옥에서 만나 친구가 된 노형이었다. 일년 전 베이징의 농산물 시장에서 우연히 다시 마주쳤던 것이다. 그는 살인죄로 4년을 복역한 뒤 출감해 수박 장사를 하고 있었다. 노형은 도시 곳곳에 아는 친구가 많았다. 나는 기차에서 내리자마자 바로 노형을 찾아갔다.

"걱정 마." 노형은 커다란 수박 한 조각을 내밀며 말했다. "전기 일을 하는 내 친구가 산업부 사람들을 잘 알아."

다음날 10시, 나는 노형이 소개해준 라오푸老付를 산업부 입구에서 만났다.

"그런 건 일도 아냐." 라오푸가 말했다. "차관 사무실에서 일하는 사람을 알거든. 기꺼이 그 정도는 해줄 테지만 감사의 뜻으로 선물은 좀 준비해야지." 그는 내게 손가락 다섯 개를 펴 보였다. 최고급 담배 다섯 갑 정도면 합리적인 가격이었다.

그날 저녁에 나는 식당에서 라오푸를 만나 중화 담배 다섯 갑을 건넸다. 그리고 라오푸에게도 두 갑을 선물했다.

그는 가방 속에 담배를 챙겨넣고 나서 윗주머니에서 조심스레 서류를 꺼내 건네주었다. 커다란 붉은 도장이 찍힌 허가서였다. "어떻게 받아냈는지 알아? 내 친구가 점심시간에 빈 사무실에 들어가 만든 거야. 비서가 열쇠를 어디 두는지 알고 있었거든. 자네는 운이 좋아. 아니면 비서한테도 인사를 해야 하거든."

톈진으로 돌아와 나는 공안본부 여권 발급처에 서류를 접수했다. 여권을 발급받기 위한 마지막 절차였다.

"집으로 가서 기다리도록 하시오." 유리창 너머의 관리가 눈도 들지 않은 채 말했다. "개인 기록을 확인해야 하거든. 솔직히 말해 빨리 되지는 않을 거요. 최근에 미국과 중국의 관계가 악화되었으니까. 아마 한 6개월은 생각해야 될 거요. 승인이 나면 학교로 알려주겠소."

대기실에서 만난 멋쟁이 젊은이가 관리의 말을 확인시켜주었다. "난 8개월 전에 신청서를 넣었는데 아직도 감감 무소식이오. 당신은 아마 더 오래 기다려야 할 거요." 이미 7월이었다. 다음 해로 연기된다면 장학금을 받을 수 없었다. 그냥 멍청히 앉아 기다릴 수는 없는 상황이었다. 다시 당 관료들을 상대로 전쟁에 돌입할 수밖에 없었다.

* * *

여권 발급처 관리들을 상대로 한 전쟁이 곧 시작되었다. 그 전쟁은 실제 전쟁에 필요한 요소들을 모두 요구했다. 단호함, 용기, 위험 부담의 감수, 전략, 무기 등등. 나는 전통적인 중국식 '무기'를 모두 동원했다. 수류탄(술), 권총(담배), 지뢰(훈제 소시지), 시한폭탄(훈제 닭) 등이 그 싸움에서 특히 효과적이었다. 물론 상대가 누구냐에 따라 무기의 종류가 달라졌다. 치밀한 사전 준비도 필요했다. 적을 만나기 전 나는 미리 상대가 좋아하는 담배나 술 종류를 확인했다. 술도 안 마시고 담배도 안 피우는 사람이라면 어떤 고기를 좋아하는지 알면 되었다. 때로는 선물을 거부하는 '청렴한' 관리도 있었다. 이 경우에는 우회 전술이 사용되었다. 제일 친한 친구나 상사를 공략하는 것이다. 제아무리 청렴하다 해도 친구나 상사의 부탁을 거절할 사람은 거의 없었다. 노련한 장군이자 전략가로서 나는 치밀하게 계획을 진행시켰다. 적에게 너무 많은 것을 노출시켜도 안 되었다. 그저 내 뜻대로 움직이도록만 만들면 될 일이었다.

첫 단계는 내 인적 관계망을 가동해 여권 발급처 관리인 커克와의 연결선을 찾는 것이었다. 연결선은 루루에게서 시작되었다. 루루가 어머니 친구이자 시내의 제3인민병원에서 일하는 의사 무木 선생님을 소개시켜준 것이다. 중요한 연결점이었다. 중국의 관계망 게임에서 가장 유용한 것이 바로 청진기(의사)와 운전대(운전사)였기 때문이다. 이런 사람들은 사회 관계망의 신경줄이나 다름없었다. 무 선생님은 도와주겠다고 했다.

무 선생님께 신세를 진 환자 중에 톈진 부시장의 비서인 주朱 여사가 있었다. 무 선생님은 주 여사가 휴가를 내고 싶을 때마다 진단서를 써주었다고 했다. 소개 편지와 선물을 들고 찾아가자 주 여사는 다정한 미소를 지으며 "걱정 말아요."라고 말했다. "무 선생님의 친구는 곧 제 친구지요." 주 여사는 책상에 앉아 전화번호가 잔뜩 적힌 커다란 공책을 꺼냈다. 그러고는 친구에게 전화를 걸었다.

전화를 받은 주 여사의 친구 지吉 여사는 교통경찰인 차이蔡 반장을 알고 있었다.

몇 번 저녁식사를 대접한 후 나도 차이 반장과 안면을 텄다. 그리고 관계망이 완성되었다. 차이 반장이 여권 발급처의 커와 아는 사이였던 것이다. 커의 형제 한 사람이 교통 단속에 걸렸을 때 봐준 적이 있다고 했다. 차이 반장은 내 여권을 빨리 처리해달라고 부탁해주기로 약속했다. 관계 하나하나마다 비싼 돈이 들었지만 나는 후회하지 않았다. 마지막으로 차이 반장과 저녁식사를 하고 나자 수중에 겨우 30위안이 남았을 뿐이었다. 저금을 다 써버린 셈이었다.

두 주 뒤인 9월 말, 배지 부장이 당장 여권 발급처로 가라고 했다. 커는 웃는 얼굴로 나를 맞이했다. "차이 반장의 친구라고 왜 진작 말하지 않았소?" 그가 다정한 목소리로 살짝 나무랐다. "미리 알았으면 훨씬 쉬웠을 텐데 말이오. 자, 여기 여권을 받으시오. 당신은 정말 운이 좋구먼. 미국으로 가려는 사람들의 여권 발급 절차를 일시 중단하라는 정부 지시가 지금 막 내려졌다오."

그날 저녁 나는 또 다른 좋은 소식을 접했다. 루루가 내 도움에 힘입어 미국 대학에서 입학 허가와 함께 장학금을 받아냈던 것이다. 이제 여권 신청 절차에 들어간다고 했다. 하지만 아버지의 권력이 있으니 어려움은 없을 듯했다.

천신만고 끝에 여권을 받아냈으니 이제 남은 일은 미국 영사관에서 비자를 받는 것이었다.

35. 마침내 그녀와 결혼하다

몇 달 동안 여권 발급 때문에 이 사람 저 사람 만나고 다니느라 한동안 리링을 보지 못했다. 여권을 발급받은 후 마침내 10월에 얼굴을 보게 되었을 때 나는 몰라보게 여위고 창백한 리링의 모습에 깜짝 놀랐다. 그야말로 해골이나 다름없었다.

"죽을 뻔했다가 살아났어." 리링이 침착하게 말했다. "그렇게 놀라지 마. 이제 괜찮으니까. 몸무게가 확 줄어든 것은 좋은 일이지, 뭐. 션판은 머리가 아주 빨리 자라는군. 나도 항상 긴 머리를 하고 싶었는데 드디어 그렇게 되었어. 자, 봐." 리링이 돌아서 자신의 머리카락을 보여주었다. 검은 머리카락이 허리까지 늘어져 있었다.

군사박물관의 조용한 복도에서 우리는 가죽 의자에 앉았다. 구식 대포가 진열된 곳이었다. 나는 리링이 죽을 뻔했던 경험과 불행했던 결혼생활에 대해 들었다.

"내 결혼에 문제가 있다는 말을 하고 싶지는 않았어. 부끄러웠거든. 어머니한테도 아무 말 하지 않았을 정도니까. 내가 실수를 저질렀다는 사실을 인정하기 싫었나봐. 하지만 션판이 내가 지난 몇 달 동안 겪은 일을 궁금해하니 결혼 얘기부터 시작을 해야겠군. 내가 서둘러 결혼했다는 건 알고 있지? 공장을 떠나 대학으로 가자마자 말야.

처음부터 결혼생활은 삐걱거렸어. 아이 때문이었지. 결혼하기 훨씬 전부터 난 절대 아이를 낳지 않겠다고 결심했어. 우리 가족이 워낙 고통을 많이 겪었기 때문에 또 다른 생명을 이 비참한 세상에 내놓고 싶지 않았지. 하지만 남편은 집안의 외아들이었고 자기 성을 가진 아이를 절실히 원했어. 그래서 억지로 날 임신시키려 했어. 피임약이나 피임 도구를 쓰지 못하게 했고 내가 혹시 무언가 감춰놓지 않았나 싶어 온 집안을 뒤지고 다녔어. 그리고 침대 밑이나 마룻바닥, 속옷 등에 감춰둔 피임약이 발견되면 한바탕 난리가 났지.

지난 4년 동안 그렇게 피하려 했는데도 불구하고 세 번이나 임신이 되었어. 처음 두 번은 정상적인 임신이었고 난 중절 수술을 받았지. 남편이 미친 듯이 화를 냈지만 어떻든 난 그렇게 했어. 세 번째 임신 때는 남편이 날 꼼짝 못하게 감시했지. 병원에도 가지 못하게 했어. 그런데 그건 정상 임신이 아니었어. 자궁 외 임신이었던 거야. 5월 달에 아침에 집을 나서다가 나는 계단에서 쓰러졌어. 다행히 택시 운전을 하는 이웃 사람이 날 발견해 응급실로 데려다줬지. 병원에 가기까지 피를 너무 많이 흘려 의사 말로는 30분만 늦었어도 죽었을 거라더군. 응급 수술을 받은 다음날, 이번에는 간호사의 부주의로 다시 한 번 죽을 뻔했어. 소변을 뽑아내기 위해 방광에 관을 꽂았는데 충분히 깊이 넣지 않았던 거야. 그날 밤에 온몸이 퉁퉁 붓고 어찌나 힘든지 이제 죽는구나 싶었어. 하지만 남편은 간호사를 불러주지 않았어. 내가 이유 없이 아픈 척한다고 생각했던 거야. 자정 무렵 간호사가 맥박이 느려지고 의식도 희미한 내 상태를 보고 의사를 불렀어. 그때 호스를 다시 꽂은 덕분에 난 살아났지."

리링이 한숨을 쉬었다. 어떻게 이야기를 이어가야 할지 생각하는 듯했다. 나는 말없이 기다렸다.

"하지만 아이 문제는 거기서 그치지 않았어. 퇴원한 후 직장에서 일하고 있는데 누군가 전화를 걸어와 어서 집으로 가보라고 했어. 집에 갔더니 남편이 다른 여자와 침대에 들어가 있더군. 누가 전화를 했는지는 끝내 알 수 없었지만 그건 뭐, 중요한 일이 아니야. 늘 결혼생활을 유지하려고 애써왔어. 남편과 끊임없이 불화하면서도 말야. 어떤 상황에서도 결혼을 깨서는 안 된다고 교육받았거든. 하지만 간통까지는 참을 수 없었어. 난 결국 이혼을 결심했고 어머니 집으로 이사했어. 아직도 결혼생활을 유지하지 못한 것에 대해 부끄럽게 생각해. 모든 것이 내 잘못 같아. 하지만 이제 마음껏 책을 읽거나 글을 쓰고 그림도 그릴 수 있다는 것은 좋아. 내 첫 번째 단편 소설이 이미 출판되었어. 샨베이에서 베이징 아이로 살았던 경험을 그린 소설이야."

* * *

리링은 침착했다. 아름다운 얼굴도 평온했다. 하지만 그 마음속에는 격한 감정이 요동치고 있는 것이 분명했다. 나는 충격을 받았다. 그렇게 강한 여성이 결혼생활에서 그토록 약할 수 있으리라고는 상상도 할 수 없었다.

난 딱 한 가지 질문을 던졌다. 몇 년 동안이나 묻고 싶었던 질문이었다. "왜 그 사람과 결혼했던 거죠?"

"남편의 외모 때문은 절대 아냐." 리링이 지친 듯 대답했다. "이미 알고 있겠지만 난 남자의 외모는 중시하지 않아. 어차피 남편이 잘생긴 사람도 아니고 말야. 그 결혼은 일종의 의무감에서 비롯된 거야. 우리 부모님과 그의 부모님이 친구였거든. 고등학교 시절 함께 공부하면서 남편은 늘 나를 좋아했지. 문화혁명이 일어나고 아버지가 돌아가신 후 남편은 내게 말을 붙여주는 유일한 친구였어. 그리고 철저히 외로웠을 때 남편의 사랑이 날 지탱해줬지. 1968년에는 샨베이의 같은 시골 마을에서 생활하기도 했지. 대학에 진학한 후 그가 청혼했을 때 받아들이는 것이 내 의무라고 생각했어. 그를 사랑하지 않았으면서도 말야. 난 너무 보수적이었고 소극적이었어. 어머니와 그쪽 부모님들을 실망시킬 수는 없다고 여겼지. 모두가 우리 결혼을 너무도 당연하게 생각했거든. 난 어머니가 골라주신 남자, 오로지 그 남자 한 사람에게만 속해야 한다고 믿었어. 하지만 처음부터 결혼생활은 비참했어. 남편은 책이나 예술에 거의 관심이 없었고 술과 담배를 지나치게 했어. 그리고 술에 취하면 내게 심한 말을 퍼부어댔지. 바로 그래서 박물관에서 오랜 시간을 보내게 된 거야. 내가 평화와 위안을 찾을 수 있는 유일한 장소였으니까. 그 고통의 악순환을 끊어버릴 용기를 내기까지 여러 해가 걸렸지만 이제 마침내 끝이 났으니 정말 기뻐."

오후 늦게 박물관 앞의 지하철역에서 우리는 늘 그렇듯 친구처럼 헤어졌다. 하지만 왠지 리링이 내게 못다한 무슨 이야기가 있는 듯 느껴졌다. 잠시 동안 나는 내가 리링을 사랑할 수 있을까 생각해보았다. 하지만 곧 그 생각을 지워버렸다. 공장에서 오랫동안 그랬던 것처럼 말이다. 리링은 내 상대가 되기에는 너무 월등했고 너무 아름다웠다.

* * *

다음 몇 주 동안 내가 베이징의 미 영사관을 들락거리게 되면서 우리는 또다시 자주 만났다. 만나지 못하는 때에는 편지를 썼다.

11월의 첫 월요일, 나는 리링이 보낸 두꺼운 편지를 받았다. 또다시 어려운 학문적 주제에 대해 자기 견해를 펼치는 편지려니 생각해 한가한 저녁 시간에 여유 있게 읽고 생각하기 위해 편지를 침대에 놓아두었다. 실제로 편지는 심각한 내용을 담고 있었다. 하지만 내 예상과는 전혀 다른 방향이었다. 봉투 안에는 리링의 단편소설 복사본과 짧은 편지 한 장이 들어 있었다.

이제 막 이혼 절차가 마무리되었어. 션판은 한두 달 안에 미국으로 떠나게 되니 내가 무슨 말을 하든 우리 관계에 큰 영향은 없으리라 생각해. 하지만 떠나기 전에 이 말은 꼭 해주고 싶어. 너무 오랜 세월 동안 마음속에 숨겨온 말이어서 더 이상은 감출 수가 없거든. 내가 널 사랑한다는 걸 알아주었으면 해. 지난 12년 내내 너를 사랑했어. 그럼에도 말할 수가 없었지. 나이가 일곱 살이나 많은 상대에게 네가 관심이 없을 것 같았거든. 하지만 난 나이와 상관없이 너를 사랑해. 네가 가진 뛰어난 재능과 인내, 진정 남자다운 강인함을 말야.

나도 이제 새 인생을 시작할 거야. 베이징대학의 대학원에 들어가 미

시경제학을 공부할까 해.

　내 고백에 대해 답하려고 애쓰지 않아도 돼. 난 그저 네가 내 마음을 알아주기만 바랄 뿐이야.

　편지를 읽고 나자 이상한 일이 일어났다. 갑자기 내 마음에 전원이 연결되어 리링과 내 감정을 연결해주는 듯했다. 그토록 오랜 세월 동안 억누르기만 했던 감정이 갑자기 폭발했다. 그 순간 내가 취할 수 있는 행동은 딱 하나였다. 9시 47분발 베이징행 열차를 타고 달려가 그날 밤 당장 리링에게 청혼한 것이다.

* * *

　우리의 결혼식은 소박했다. 시청에서 등록 절차를 밟고 리링 집 근처의 작은 식당에서 식사를 하는 것이 전부였다. 예상대로 부모님은 결혼을 반대했고 식당에도 오시지 않았다. 어머니는 리링이 좋은 여자지만 혁명 가족 출신이 아니어서 온 가족에게 정치적 부담을 안길 것이라 했다. 아버지는 리링이 집에 인사 오는 것도 거부했고 어머니는 울면서 내게 매달리며 다시 생각해보라고 부탁했다. 집을 나설 때 나는 마치 장례식장을 떠나는 것 같은 기분이었다.

　결혼 등록 때는 노형이 증인이자 들러리가 되어주었다. 저녁식사를 한 식당은 노형의 친구가 운영하는 곳이었는데 포도주를 선물로 내놓았다. 그 포도주는 노형 혼자서 다 비우다시피 했다. "좋은 술이 있는 날에는 취해야만 하는 거야." 그는 잔을 채울 때마다 혼잣말처럼 중얼거렸다.

우리는 결혼식 때 반지를 교환하지 않았다. 우리 둘 다 그럴 만한 돈이 없었다. 대신 책을 교환하기로 했다. 저녁식사 후 내가 먼저 리링이 준 선물을 풀었다. 샨베이 베이징 아이들에 대한 단편소설집이었다. 리링의 소설은 두 번째에 있었다. 다음은 리링이 내가 주는 선물을 열어볼 차례였다. 리링은 붉은 포장 종이를 조심스레 뜯었다.

"아! 이건 아버지 책이야!" 리링은 오래도록 책을 바라보면서 눈물을 흘렸다. 닳아버린 책 표지 위로 눈물방울이 떨어져내렸다. "아버지 무릎에 앉아 함께 이 책을 보던 생각이 나. 이 책이 내게 되돌아온 걸 아시면 정말 기뻐하실 거야." 그것은 문화혁명 초기에 리링 집에서 가져왔던 벌거벗은 여자들의 그림책, 《그림으로 보는 서양예술사》였다. "어떻게 이 책을 갖게 되었지?"

"그때 리링 집을 습격했던 홍위병 중 한 명이 나였거든." 나는 어렵게 고백했다. "그날 서재에서 그 책을 꺼내 가졌지. 그때 일은 정말 미안해."

"쉿!" 리링이 손가락으로 내 입술을 눌렀다. "옛날 일이야. 오늘 아버지가 함께 계시지 않은 것이 슬플 뿐이야. 아버지는 학식이 뛰어난 분이었지. 잡혀간 후 아버지가 자살하셨다는 걸 알고 있어?"

"아, 그랬군." 나는 모르는 척했다. 실제로 리링의 아버지가 어떻게 돌아가셨는지 말할 용기는 없었다.

우리는 리링 어머니의 방 두개짜리 아파트에 신방을 차렸다. 결혼식 날 밤, 작은 침실의 문을 닫은 후 나는 리링에게 내가 숫총각이고 어떻게 사랑을 나누는지 전혀 모른다고 털어놓았다.

"걱정할 것 없어." 리링은 침대 옆 불빛을 낮추었다. 희미해진 불빛은 촛불처럼 방안을 신비스럽게 비추었다. "내가 가르쳐줄 테니까. 아주 행복하게 만들어줄게."

정말로 그렇게 되었다. 나는 평생 그렇게 행복해본 적이 없었다. 리링은 사랑의 전문가였다. 천천히, 조심스럽게, 그러면서도 감각적으로 리링의 손은 내 온몸을 애무해주었다.

다음날 아침 리링은 잠에서 덜 깬 목소리로 내게 속삭였다. "이건 내가 평생 꿈꿔왔던 바로 그런 사랑이야. 고등학생 시절, 아버지 서재에 몰래 들어가 금지된 책을 본 적이 있지. 바차야나Vatsyayana가 쓴 《카마수트라Kāma-sutrā》였어." 긴 외국어 이름에 대한 정확한 기억력은 정말이지 감탄할 만했다. "2,000년이나 된 인도의 고전으로 남녀 간의 성애에 관한 책이지. 그 책에 따르면 남성의 삶에는 세 가지 핵심 요소가 있대. 야망이나 세속적 성공을 의미하는 다마, 건강을 뜻하는 아트마, 그리고 성적 즐거움을 의미하는 카마이지. 카마, 즉 여성의 사랑이 없다면 남성은 결코 완전한 다마나 아트마를 이루지 못한다고 해. 세 요소를 모두 얻어야만 최상의 행복인 알타에 이르게 되지. 난 이게 정말 맞는 얘기라고 생각해."

더없는 행복을 느끼며 함께 누워 있자니 후회와 죄책감이 들었다. 진작 용기 있게 사랑을 고백했더라면 얼마나 좋았을까. 10년 전, 공장에서 결혼했을 수도 있지 않았나. 하지만 과거를 아쉬워해서 무슨 소용이겠는가. 나는 리링의 따뜻한 몸을 느끼며 오래도록 누워 있었다. 리링 어머니가 점심을 준비하며 부엌에서 가만가만 움직이는 소리를 들으면서 말이다.

36. 최후의 웃음

1984년 11월 말, 나는 미 영사관에서 비자를 받았다. 하지만 안도감은 들지 않았다. 기쁜 마음도, 격한 흥분도 없었다. 그런 성급한 반응은 예기치 않은 불운을 부를 수 있었다. 중국은 도무지 예측 불가능한 국가였다. 때 이르게 성공을 자축했다가 마지막 순간에 정치적 기류가 뒤바뀌어 결국 좌절하는 사람이 너무도 많았다. 게다가 중국 정부는 내가 넘어야 할 마지막 장애물을 막 만들어놓은 상황이었다. 비자를 받은 후 안보 기관에서 출국 허가서를 받아야 한다는 새로운 규정이 도입되었던 것이다.

주머니에 여권과 비자를 집어넣고도 마음은 그 어느 때보다 더 무거웠다. 새로운 규정은 많은 이들을 긴장시켰다. 그 모든 복잡한 허가 과정을 거쳐 여권을 받고 비자까지 받은 후에 다시금 정부의 허락을 받으라는 셈이었으니 그럴 만도 했다. 그리고 출국 허가를 받는 과정에서 이해 못할 이유로 여권이 취소당하는 일도 자주 일어났다.

내가 비자를 받기 직전 아인슈타인에게도 바로 이런 일이 일어났다. 그 전날 나는 아인슈타인을 집으로 초대해 저녁식사를 대접했다. 미국 출발을 축하하는 자리였다. 리링은 달콤한 생선 튀김 요리를 했고 나는 골초 악마가 결혼 선물로 보내온 사탕수수 술병을 땄다. 술을 마시면서 아인슈타인은 지난 2년 동안 여권을 발급받기 위해 벌였던 모험 이야기를 털어놓았다. 그건 내 경험과 크게 다르지 않았다. 안보국 관리를 매수하는 마지막 단계에서는 돈이 떨어져 친척에게 빌렸다고 했다. "이 나라에서는 돈만 주면 악마한테 맷돌을 돌리게 할 수도 있을걸." 아인슈타인이 말했다. "뇌물을 주고 일주일 만에 여권을 받았지. 이제 내일 공안에서 출국 허가를 받고 나면 난 당장 비행기 표를 살 거야. 밤이 길면 악몽도 긴 법이거든. 가능한 한 빨리 이 나라를 떠나야 해. 내 출발을 위해 건배하자고!" 우리는 함께 웃으며 잔을 부딪쳤다.

하지만 그것은 섣부른 건배였다. 아인슈타인은 다음날도, 그 다음 주에도 비행기 표를 살 수 없었던 것이다. 다음날 그는 나와 함께 베이징 공안으로 갔다. 책상에 앉은 관리는 여권을 잠시 살펴보는가 싶더니 서랍 속에 던졌다.

"자네 여권은 취소되었어" 그는 쾅 소리를 내며 서랍을 닫았다.

아인슈타인은 그 자리에서 펄쩍 뛰다시피 했다. "뭐라고요?…… 아니 왜요?…… 어떻게 그럴 수가 있죠?" 충격과 공포로 그의 눈이 휘둥그레졌다.

"자네 학교는 차오현 소속이야." 마치 1학년 생에게 간단한 산수문제라도 설명하는 듯한 말투였다. "차오현이 베이징의 관할을 받는 지역이긴 해도 여권은 차오현 공안에서 발급되어야만 해. 하지만 자네 것은 베이징에서 발급된 것이거든. 그러니 출국 허가를 내줄 수 없네. 다시 여권과 비자를 만들도록 해." 논리적인 설명이었다. 그 관리는 그나마 충실하게 설명을 해주는 편이었다.

"하지만 2년이나 걸려서 만든 것인데요!" 아인슈타인의 말투는 비명에 가까웠다. "3주 후면 학기가 시작돼요. 어떻게 3주 만에 새로운 여권과 비자를 만들라는 거죠?"

"그건 내가 상관할 문제가 아냐." 관리는 딱딱한 태도로 대답했다. "우리는 규칙을 따를 뿐이지. 여기서 자네 여권 신청을 접수한 사람이 실수했던 거야. 하지만 지금 와서 잘잘못을 따져봤자 소용없는 일이고, 가고 싶다면 알아서 다시 절차를 밟도록 해."

"하지만 처음에 신청서를 접수하고 여권을 발급해준 것은 바로 여기서 근무하는 사람이잖아요." 아인슈타인이 따졌다. "어째서 정부의 잘못을 제가 책임져야 하죠?"

관리가 고개를 들었다. 눈이 가늘어지고 목소리도 위협적으로 변했다. "지금 정부를 비난하는 건가? 자네의 가족 배경을 감안하면 여권은 애초부터 발급되지 않았어야 했어! 그런 식의 태도를 가진다면 절대 미국으로 갈 수 없을 걸세!"

나는 부들부들 떠는 아인슈타인을 억지로 끌고 나왔다. 그날 밤 아인슈타인은 공안에 쳐들어가 그 무례한 관리를 '죽여버리고' 여권을 찾아 나오겠다고 주장했다.

"순간적인 흥분에 사로잡혀서는 안 돼." 나는 친구를 진정시키려 애썼다. "관료 한 사람을 죽여버린다고 해서 관료주의가 조금이라도 변할 것 같아? 중국의 방식을 따라가자고. 그 관료와 연결되는 사람을 찾을 수 있을 거야. 어떤 사람이든 누군가의 말은 들어주게 마련이지. 그 누군가를 찾자는 거야. 내 친구들에게 알려 도울 방법을 알아볼게. 당장 시작하자고."

* * *

다음날 아침, 우리는 모든 관계망을 가동했다. 내가 첫 번째로 만난 사람은 노형이었다. 그의 수박 장사는 아주 성공적이었고 근처 거리에 두 군데나 더 노점을 벌인 상태였다.

"자네 친구의 문제는 바로 내 문제야." 노형은 흔쾌히 도움을 약속했다. "우리 수박은 어디로든 통하는 고속도로지. 심지어는 리펑李鵬 총리의 침실에도 우리 수박이 들어간다고. 당장 알아보겠네."

리링도 모든 친구들에게 부탁을 해놓았다.

수면에 퍼져나가는 물결처럼 친구들은 자기 친구들에게 다시 부탁을 했다. 물결은 점점 넓게 퍼졌다. 2주 동안 초조해하면서 술과 담배를 여기저기 선물한 끝에 마침내 아인슈타인의 여권을 취소해버린 관리의 처형을 찾아냈다. 우리는 그 처형에게 300위안을 주었다. 관리에게 선물을 전달하며 부탁의 말을 넣어주는 대가였다. 두 번째 주가 끝나갈 무렵, 아인슈타인의 대학원 학기가 시작하기 나흘 전에 마침내 연락이 왔다. 관리는 아무런 표정 없이 서랍에서 여권을 꺼내 건네주었다. "자네는 운이 아주 좋아. 딱 한 번만 내가 인심을 쓰는 걸세." 아인슈타인은 마치 도둑처럼 여권을 낚아채 그 자리를 떠나버렸다.

그는 가능한 한 가장 빠른 비행기를 찾아 이틀 후 중국을 떠났다. 공항에서 친구를 배웅하고 돌아오는 길에 나는 과연 저 친구와 미국에서 만날 수 있을지 극히 의문스러웠다.

* * *

아인슈타인처럼 낭패를 당하지 않기 위해 나는 출국 허가를 신청하기 전부터 톈진에서 내 관계망을 다시 가동시켰다. 노형에게서 돈을 빌려 차이 반장과 관리 커에게 식사 대접을 했고 도와주겠다는 약속을 받아냈다. 2주 후 출국 허가증과 함께 여권을 돌려받게 되었을 때 나는 실감이 나지 않았다. 이렇게 쉽게 일이 처리된 것을 믿을 수 없었다. 다음 며칠 동안 나는 출국을 막는 또 다른 새로운 규정이 언제 발표될지 몰라 전전긍긍했다.

여전히 한 가지 장애물이 남아 있었다. 돈이었다. 베이징에서 샌프란시스코까지 가는 비행기 표는 1,300위안이었지만 내가 가진 돈이라고는 45위안이 고작이었던 것이다. 그런 거액을 빌려줄 만한 친척도 없었다. 아버지에게 부탁할 수도 없었다. 아버지는 설사 돈이 있다 해도 빌려주시지 않을 것이었다. 아버지의 군 생활에 위협이 될 수 있는 내 미국 유학을 처음부터 반대했기 때문이다. 노형은 자기 저금을 몽땅 찾아왔지만 300위안에 불과했다. 나머지도 친구들에게 빌려 마련해주겠다고 했지만 그러자면 몇 주가 걸릴 것이었다.

비자를 받은 날, 나는 서류 처리를 위해 톈진대학으로 갔다. 대여섯 부서를 돌아다니며 퇴직 절차를 밟고 식료품 배급이나 거주 허가를 정지시켰으며 외화 소지 허가도 받았다. 하루 종일 나는 가능한 한 빨리 일을 마치고 아무와도 마주치지 않은 채 학교를 떠나기 위해 동분서주했다. 하지만 막 일이 끝나는 시점에 지앙 총장이 내가 있던 사무실로 들어왔다. 총장은 내가 가장 만나고 싶지 않은 사람이었다.

"아! 내가 찾던 사람이 바로 여기 있군." 그가 말했다. "여권을 발급받았다는 소식 들었네. 이게 바로 그 여권인가? 어디 좀 보세." 그가 그 소중한 물건을 낚아채 살펴보았다. "내 사무실로 잠깐 가세." 그는 이렇게 말하며 내 여권을 자기 주머니 속에 넣었다.

나는 어찌할 바를 모르고 뒤따랐다. 불길하기 짝이 없었다. 총장의 이런 태도는 또 다른 문제를 의미할 뿐이었다. 나는 약속대로 루루의 대학 지원을 도와주었다. 루루는 입학 허가를 받았고 여권도 나왔다고 했다. 갑자기 내가 리링과 결혼한 것이 총장의 심기를 거스른 것일까?

"미국에 갈 준비가 끝난 모양이군." 총장이 사무실 문을 닫으면서 말했다. "축하하네. 이건 우리 둘 다에게 좋은 일이 될 거야."

나는 책상 옆에 엉거주춤 서서 총장 손에 들린 내 여권에서 눈을 떼지 못하고 있었다.

"긴장하지 말게." 지앙 총장이 말했다. "자네가 결혼했다고 화난 것은 아냐. 루루도 마찬가지고. 내가 어떻게 자네 여권 발급을 도왔는지 기억하지? 자네도 날 돕는다고 약속하면 다시 한 번 도와줄 수 있네. 물론 공안부에 전화를 걸어 자네 여권을 재조사하도록 만들 수도 있지. 그건 전적으로 자네의 선택이야." 그는 말을 멈추고 다시 한 번 여권을 보았다. "비행기 표 살 돈은 있나?"

"아니요." 나는 솔직히 말했다. "하지만 빌려서……."

"그럴 필요 없네." 그가 끼어들었다. "내가 빌려줄 수 있어. 갚을 필요도 없네. 학교 출납부에 이야기해서 대출을 받으면 되니까. 하지만 두 가지 조건이 있어. 내 조건을 들어준다면 비행기 표 값이 생기는 거야."

나는 귀를 의심했다. 공산당이 이런 멋진 이별 선물을 주다니! 그 어느 문학작품에 나온 것보다도 더 멋진 아이러니였다. 나는 루루가 비자를 받을 수 있도록 돕는다는 것, 그리고 지앙 총장이 초청교수로 미국 대학에 방문할 수 있도록 기회를 마련해보겠다는 두 가지 조건에 즉각 응락했다.

한 시간 후 나는 두툼한 돈 봉투를 받아들고 학교에서 나왔다. 평생 그렇게 많은 돈을 본 것은 처음이었다.

* * *

다음날, 비행기 표를 샀다. 하지만 여전히 마음껏 기뻐하기에는 조심스러웠다. 나는 몇몇 친구에게만 떠난다는 사실을 알렸다.

집으로 찾아가 부모님과도 마지막 식사를 했다. 하지만 결국 소리를 지르며 어머니와 다투고 말았다. 어머니는 나를 위해 사두었다며 치약 세 통을 가져가라고 했다. 중국에서도 충분히 살 수 있는 물건에 비싼 돈을 낭비하지 말라는 것이었다. 나는 거부했다. 이미 가방은 책으로 꽉 차 있었고 여유가 있다면 책을 더 가져가고 싶었기 때문이다. 어머니는 몹시 화가 났고 내가 집을 나설 때 작별 인사조차 하려 들지 않았다.

짐을 싸고 있을 때 샤오롱과 노형이 찾아왔다. 멋진 군용 지프를 타고 온 샤오룽은 노형을 보고 깜짝 놀라는 듯했다. 수박 노점상과 내가 친구라는 것을 믿지 못하겠다는 표정이었다. 나 역시 어린 시절의 친구가 변해버린 모습에 놀랐다. 스물아홉 살의 나이에 샤오룽은 벌써 등이 굽어 있었다.

함께 있는 시간 동안 주로 이야기를 한 것은 노형이었다. 그는 새로 연 노점이 아주 잘 된다며 미국에서 돌아오면 왕족 대접을 해주겠다고 약속했다. "아 참! 내 정신 좀 보게. 작은 선물이 있네." 그가 비단 상자를 꺼내 내 손에 쥐여주었다. 중국 전통 복식을 한 여자 모양 도자기였다.

"명나라 때 물건이래. 할머니가 물려주신 거지." 그가 설명했다. "아마 몇백 달러는 나갈 거야. 처음에 돈 문제로 곤란을 겪게 되면 팔아쓰게."

"이렇게 귀한 건 받을 수 없어요." 나는 가슴이 뭉클했다. "더군다나 할머니께서 남겨주신……."

"안 받으면 날 모욕하는 게 되는 거야." 노형은 단호했다.

나는 떨리는 손으로 비단 상자를 주머니에 넣었다.

"나도 선물을 가져왔어." 샤오룽이 말했다. "다위안에서 보냈던 우리 어린시절을 기억하게 해줄 거야."

그의 선물은 갈색 종이에 포장되어 있었다. 열어보니 그것은 붉은 실크 완장이었다. '홍위병 - 만리장성 투쟁조'라는 낯익은 글씨가 보였다. 하도 이곳저곳 옮겨다니느라 나는 오래전에 그 완장을 잃어버렸다. 내 혁명 경력의 시작을 상징하는 그 완장을 보니 감회가 새로웠다. 완장을 팔에 차보며 나는 그것이 내 홍위병 여정의 종말을 의미하는 것인지, 아니면 새로운 혁명의 시작을 의미하는 것인지 궁금해졌다.

골초 악마도 미국에서 잘 지내기를 바란다며 편지를 보내왔다. 베이징 아이들의 근황을 전해준 것이 가장 반가웠다. '나는 자치구 제2 당비서로 승진했어. 하지만 내 인생 최대의 성과는 여섯 딸의 아버지가 된 거지. 마누라는 두 달 후에 일곱 번째 아이를 낳을 거고. 이번에는 아들이 틀림없어! 배의 모양이나 크기를 보면 말야. 마을의 노인들도 모두 아들일 것으로 확신하고 있다고.'

베이징 아이들 중에서 유일하게 베이징으로 돌아갔던 물소는 척추병으로 하반신이 마비되고 말았다고 했다. 물소는 몇 번이나 진통제로 자살하려 했지만 유효기간이 지난 약 덕분에 목숨을 건졌고 위장에 구멍만 뚫렸다고 했다. 달덩이는 잘 지내고 있었다. 지역 유지가 되었고 최근 첫 소설을 출판했다고 했다.

작은 레닌도 편지를 보내왔다. 동풍비항공창의 이런저런 소식이 담긴 편지였다. 판 사부는 뇌막염으로 딸을 잃은 후 고향인 쓰촨성의 공장으로 자리를 옮겼다. 뇌막염은 유행병처럼 돌아 여섯 사람이 죽었는데 그 중에는 늙은 혁명가도 포함되었다고 했다. 공장에서 제일 반가운 소식은 우리가 하루 두 번씩 지나다녔던 위대한 지도자의 입상을 무너뜨렸다는 것이었다. '혁명의 이름으로 한밤중에 위대한 지도자를 산산조각냈지. 폭발 때문에 공장 전체가 흔들렸다니까. 절반 정도의 직원이 그 역사의 현장을 지켜보았어. 위대한 지도자는 과연 강하더구만. 쉽게 무너져내리지 않았어. 처음에 몇 차례 폭발시켰지만 받침대에 구멍이 뚫렸을 뿐이야. 결국 다이너마이트 양을 세 배로 늘렸을 때에야 끝장이 났어. 하지만 부서진 조각들이 행정 건물 유리

창을 거의 다 박살냈지. 위대한 지도자도 나름대로 복수한 셈이야.'

위대한 지도자와 그의 당 관료들과 오랜 세월 전쟁을 벌여온 입장에서 나도 그 역사적인 장면을 목격했으면 좋았을걸 하는 생각이 들었다. 위대한 지도자가 돌조각으로 분해되는 모습 말이다. 그건 아마 최고의 이별 선물이었을 것이다.

출발 전날 밤, 리링과 나는 잠을 거의 자지 않았다. 침대에 누워 우리는 계속 이야기를 주고받았다. 리링이 쓴 최근 소설에 대해, 리링이 공부하기 시작한 존 메너드 케인즈의 경제 이론에 대해……. 후에 생각하면 오랫동안 떨어져 지내게 될 상황에서 어떻게 그런 엉뚱한 이야기를 할 수 있었는지 모르겠다. 최소한 2년은 지나야 다시 만날 수 있었다. 게다가 결혼한 지 채 3개월도 되지 않은 때였다. 약속이나 한 듯 우리는 내 유학이나 미래에 대해, 작별 인사를 나누어야 할 순간에 대해 입을 열지 않았다. 그날도 우리는 마치 공장 시절 테스트 팀 앞의 벤치에 앉아 책 이야기를 나누던 그때와 다름없었다. 그러면서도 우리는 두 사람의 마음이 영원히 하나로 합쳐졌음을 확신했다.

그 순간이 함께 진정한 행복과 평화를 누리는 마지막 시간이라는 것을 우리는 전혀 몰랐다. 리링이 유방암에 걸렸고 빠른 속도로 온몸에 암세포가 퍼져가고 있다는 사실도 몰랐다. 리링의 남은 삶이 불과 몇 년에 불과하다는 것도 알 턱이 없었다. 그저 그 마지막 밤, 서로를 꼭 껴안은 채 우리는 그곳이 천국임을 확신할 뿐이었다.

* * *

베이징발 샌프란시스코행 789편은 오전 11시 28분에 이륙했다. 그리고 곧바로 구름 속으로 들어갔다. 보잉 747기는 만석이었다. 승객 대부분은 서양 양복을 어색하게 차려입은 중국인들이었다. 기내에는 묘한 흥분감이 감돌았다. 승객들은 즐거이 이야기를 주고받으며 연신 맥주병을 땄다. 하지만 나는 주위 상황에 관심을 돌리지 않고 혼자 창밖만 바라보았다. 내 마음은 여전히 공항에서의 마지막 순간, 국제선 출구로 빠져나오며 리링에게 손을 흔들던 때, 그리고 사람들 틈에 끼여 간신히 손을 마주 흔들어주던 리링을 보던 순간에 멈춰져 있었다. 이런저런 생각으로 마음이 어지러웠다. 몹시 외롭고 또 피곤했다. 일종의 쇼크 상태였던 것 같다. 그렇게 떠나기까지 겪어야 했던 온갖 일들이 떠올랐고 아름다운 아내를 남겨두고 미국으로 간다는 사실도 슬펐다.

　비행기가 서쪽을 향하고 있었으므로 금방 하늘이 어두워졌다. 출발한 지 두 시간이 못 되어 해는 수평선 너머로 사라져버렸다. 바다를 내려다보니 거대한 회색 두부 같았다. 이미 중국 국경에서 1,000킬로미터는 떠나 있었지만 그래도 드러나게 흥분해서는 안 되고 침착함을 유지해야 한다는 생각이 들었다. 실망스러운 상황을 너무도 많이 겪은 터라 아직도 모든 어려움이 끝났다는 것이 믿기지 않았다. 섣불리 기뻐하다가는 불운이 닥칠 것이었다. 나는 의자에 깊숙이 앉아 현실적인 생각을 하려 했다. 미국 땅을 밟은 후 어떻게 해야 할지에 대해서는 아직 생각할 때가 아니었다. 그 가능성은 여전히 멀고 멀었다. 나는 손을 올려 가슴팍에 들어 있는 얇은 종이를 다시 한 번 만져보았다. 미국으로 들고 가는 내 전재산, 100달러짜리 지폐였다. 내일이면 이 돈으로 새로운 인생을 시작해야 한다. 쉽지 않겠지. 100달러는 한 달치 집세와 밥값을 내기에도 부족한 돈이었다. 어떻게 돈을 벌어야 할지도 알 수 없었다. 하지만 수많은 장애를 뚫고 나온 만큼 살아남을 자신은 있었다. 계획을 세워보자는 생각이 들었다.

허리를 굽혀 나는 좌석 아래 넣어둔 가방에서 일기장을 꺼냈다. 리링이 작별 선물로 준 일기장이었다. 샤오롱이 선물한 완장을 끼워놓아 두툼했다. 나는 그 부드러운 붉은 실크를 어루만지며 금색으로 수놓인 글씨를 보았다. 마오쩌둥 주석이 직접 쓴 '홍위병' 필체를 말이다. 그리고 아주 오래전, 뜨거운 여름날 커다란 책 더미를 태우던 불길을 떠올렸다. 처음으로 그 완장을 차면서 행복해하던 친구들의 얼굴도 기억났다. 새 일기장을 보니 테스트 팀의 배출부에 놓아두고 온 일기장이 연상되었다. 이상한 기분이 들었다. 이제부터는 암호로 내 생각을 적을 필요가 없었다. 무엇이든 마음 편하게 써놓으면 되었다. 그런 식으로 글을 쓸 수 있다는 건 얼마나 놀라운 일인가!

새로운 글쓰기 방법을 시험해보기로 했다. 나는 펜을 꺼내 일기장의 첫 장을 펼치고 쓰기 시작했다. 하지만 '미국에서의 계획'이라는 한 줄을 쓰고 나자 펜이 멈춰버렸다. 너무 피곤해 집중할 수가 없었다. 나는 일기장을 덮고 잠이 들었다. 오래 자지는 않았지만 그럼에도 불구하고 이상한 꿈을 꾸었다. 콩나물이 나를 보고 미소짓는데 그 입에서 검은 연기가 뭉게뭉게 피어오르는 모습이 보였다. 다행히 그 순간 다정한 목소리가 나를 악몽에서 깨웠다.

"마실 것 좀 드릴까요?" 눈을 떠보니 승무원의 웃는 얼굴이 보였다.

"찬 물 있습니까?"

"그럼요." 승무원은 물병과 컵을 내밀었다.

나는 천천히 물을 따라마셨다. 물은 차갑고 달콤했다. 내가 이제까지 마셔본 그 어떤 물보다도 더 달콤했다. 갑자기 탕구의 쓴 물이 생각났다. 그곳을 탈출하기 위해 겪었던 어려움도 기억났다. 당원이 되기 위해 애썼던 일, 사랑스러운 아내를 남겨두고 떠날 수밖에 없는 상황 등등. 더 이상 감정을 주체할 수 없었다. 눈물이 흘러내리기 시작했다. 하지만 그때만큼은 보통 때와 달리 억지로 눈물을 삼키지 않았다. 눈앞이 흐릿해진 상태로 나는 물컵을 바라보며 내 씁쓸하고도 달콤한 승리에 대해 생각했다. 오랜 세월 동안 탈출을 꿈꾸어왔다. 산촌에서 4년, 공장에서 6년, 대학에서 4년, 탕구와 톈진에서 2년……. 그리고 마침내 성공한 것이다.

나는 위대한 지도자와 싸워 이겼다. 더 이상은 혁명가 흉내를 내지 않아도 좋았다. 관료들의 비위를 맞출 일도, 위대한 지도자와 당의 가공할 권력을 두려워할 필요도 없었다. 얼굴 위로 눈물방울이 흘러내렸다. 그것은 내가 잃어버린 것과 잃어버린 시간뿐 아니라 새로 얻은 것들, 사랑과 자유, 새로운 삶을 위한 것이기도 했다. 승리의 눈물이었다.

눈물방울이 차례로 굴러 손에 든 물컵 속으로 떨어져내렸다. 나는 그 짭짤한 물을 한 모금 마셨다. 그리고 난생 처음으로 마음 놓고 웃을 수 있었다.

황|소|자|리|의|책|들

시간을 정복한 남자 류비셰프

신이 인간에게 부여한 가능성의 최대치를 살고간 사람!
| 다닐 알렉산드로비치 그라닌 | 이상원 · 조금선 옮김 | 216쪽 | 값 12,000원

'시간'을 이해하고 '시간'을 사랑했으며 그 '시간' 속에서 인생 최고의 가치를 구현했던 한 과학자의 삶을 들려주는 책. 1972년 구소련의 과학자인 류비셰프가 82세를 일기로 세상을 떠났을 때, 그가 세상에 남겨놓은 것은 70권의 학술 서적과 총 1만 2,500여 장에 달하는 연구논문, 그리고 방대한 분량의 학술자료들이었다. 이 책은 류비셰프의 유고 속에서 나온 '시간통계' 노트를 단서로, 생전에 그가 발휘했던 '괴력에 가까운 학문적 열정'과 방대한 성과물들의 비밀을 추적해낸 결과물이다.

한자 백 가지 이야기

갑골문 금문학의 대가 시라카와 선생의 한자 이야기
| 시라카와 시즈카 | 심경호 옮김 | 392쪽 | 값 23,000원

한자학의 최고 권위자 시라카와 시즈카가 일반 독자들을 위해 저술한 몇 안 되는 한자 교양서 가운데 대표작이다. 시라카와는 이 책에서 고대 중국의 갑골문과 금문에 담긴 고대인의 거대한 사유체계와 동양 철학의 근간을 읽어낸다. 무성한 이야기를 담고 있으면서 체계적이고 합리적인 한자의 역사를 듣다보면, 한자가 곧 사물의 본질 나아가 동양인의 정신세계를 응축해놓은 소중한 문화유산이란 사실을 수긍하게 된다.

욕망하는 식물

식물의 시선으로 살펴보는 사람과 식물의 공진화 역사
| 마이클 폴란 | 이경식 옮김 | 396쪽 | 값 14,900원

사과와 튤립, 대마초와 감자를 통해 식물과 인간의 기나긴 공진화 역사를 추적한 21세기의 고전! 식물의 시선으로 인간 사회를 조명한 이 문제작은 자연과학서로는 이례적으로 미국 아마존 및 대형 서점들이 집계한 베스트셀러 1위를 차지하며 영문학자 마이클 폴란을 세계적인 저술가의 반열에 올려놓았다. 탁월한 지성과 매력적인 글쓰기로 식물들의 생존 전략을 탐구한 이 책을 읽다보면, 인간이 식물을 통제하고 있다는 우리의 통념이 얼마나 일방적이고 우스꽝스러운 편견인지 나아가 식물과 인간이 서로의 욕망에 의해 얼마나 긴밀하게 뒤엉켜 있는지 여실히 깨닫게 된다.

켈트 신화와 전설

《반지의 제왕》과 《나니아 연대기》 '해리포터 시리즈'는 모두 이 저작에 빚지고 있다.
찰스 스콰이어 | 나영균·전수용 옮김 | 416쪽 | 값 25,000원

이 책은 켈트 신화의 원형과 역사적 변형 과정, 신화가 후대인의 삶과 정신에 행사하는 영향력 등을 광범위하게 들려주는 불세출의 고전이다. 신화와 그것을 만들어낸 고대인의 생활양식 전반이 '미개한 인간들의 하잘것없는 넋두리' 쯤으로 이해되던 풍토에서 나온 이 책은 이후 서구 학자들이 켈트 문화 전반을 연구하는 데 탁월한 참고서 역할을 해왔다. 또한 《반지의 제왕》을 쓴 톨킨을 비롯해 《나니아 연대기》의 C.S. 루이스, 케네스 모리스, 로버트 하워드, 조앤 롤링 등의 작품세계에 절대적 영향을 미치면서 자칫 어둠의 심연 속에 영원히 묻혀버릴 뻔한 켈트 신화의 원형들을 되살려내는 데 기여했다.

마사이 전사 레마솔라이

아프리카 사바나에서 하버드까지!
조지프 레마솔라이 레쿠톤 | 이혜경 옮김 | 140쪽 | 값 9,800원

마사이 족의 아들로 태어난 한 소년이 미국 유학을 거쳐 아이들을 가르치는 선생님이 되기까지를 들려주는, 아주 특별한 성장기이다. 가족 중에서 유일하게 학교에 다닌 그는 주변 사람들의 전통적인 생활과 학교에서 배운 서구의 가치관 사이에서 고민하지만 두 문화 사이의 균형을 잃지 않기 위해 많은 노력을 한다. 남녀노소 누구에게나 쉽고 재미있게 읽힐 수 있는 이 책은 세상을 살아가는 데 있어 진정한 용기와 긍정성의 힘이 얼마나 크고 소중한지를 일깨워준다.

성서 그리고 역사

고고학과 유물, 사진과 지도로 복원해낸 성서의 세계
장-피에르 이즈부츠 | 이상원 옮김 | 368쪽 | 68,000원

이 책은 탐사학과 최신 과학의 연구 성과를 끌어들여 성경 속 이야기를 재현해낸 명작이다. 저자 장-피에르 이즈부츠는 인류 문명의 여명기부터 C.E. 7세기까지, 아브라함의 삶으로부터 유대교와 그리스도교, 이슬람교의 진화와 확산에 이르기까지 성서의 땅이라는 캔버스 위에서 펼쳐지는 인류사를 다채롭게 그려낸다. 성서 속 인물들의 행적, 당시의 상황과 문화적 관습, 전쟁과 자연 재해 등 성서를 이해하는 데 필수적인 이야기들이 수백 점의 빼어난 사진 및 지도와 함께 역동적이고 흥미진진하게 전개된다.

서울대 인문학 글쓰기 강의

서울대 학생들은 글쓰기를 어떻게 배우는가?
이상원 | 320쪽 | 값 14,500원

서울대에서 만 6년 동안 인문학 글쓰기 강의를 운영해온 이상원 교수가 학생들과 만나온 경험과 노하우를 담아낸 아주 특별한 강의록. 서울대 글쓰기 교육의 실제 커리큘럼 및 학생들이 작성한 글 11편, 강의실의 생생한 분위기까지 담아낸 이 책은 글쓰기 방법은 물론 글쓰기의 효용을 고민하는 독자들에게 색다른 즐거움을 선사한다.

왜 사람들은 자살하는가?

아버지를 잃은 개인의 기록, 혹은 자살에 관한 과학적 연구보고서!
토머스 조이너 | 김재성 옮김 | 336쪽 | 값 17,000원

지난 2005년 출간돼 자살에 관한 대중의 시각 및 향후 자살행동 연구 방향에 일대 변혁을 몰고 온 작품. '자살'이라는 단어를 입에 올리는 것만으로도 불온하게 여겨지던 풍토 속에서 조이너는 전공인 임상심리학은 물론 유전학, 신경생물학, 여타 인문사회학의 도구를 총동원해 '자기 살해'라는 범상치 않은 행동의 안과 밖을 촘촘하게 재구성해냈다. 임상 현장을 지키는 과학자의 자의식과 자살로 생을 마친 아버지에 대한 절절한 그리움이 시시각각 교차하는 이 책은 자살 욕망에 시달리는 수많은 독자와 유가족의 아픔을 감성적으로 어루만지며 학술서로는 이례적으로 대형서점의 장기 베스트셀러에 올랐다.

월드피스 다이어트

육식은 당신의 선택이 아니었다. 목축문화의 세뇌였을 뿐!
윌 터틀 | 김재성 옮김 | 392쪽 | 값 18,000원

그동안 건강과 취향의 문제로만 치부되던 음식 선택에 대한 사람들의 상식을 뒤엎으며, 일대 충격파를 몰고 온 베스트셀러! "21세기형 영적 구루"라 칭송받는 저자 윌 터틀은 20세기 이후 세계 최고의 패권국으로 부상한 미국이 실은 기만적인 목축문화와 기독교에 뿌리를 두고 있으며, '목축'과 '사육'이라는 이름 아래 자행하는 동물 노예화가 인간의 생래적 친절과 연민을 억압할 뿐만 아니라 가족 해체, 정신 병리, 탈감각화 등 현대사회의 모든 문제를 양산한다고 말한다.

옮긴이 이상원

서울대학교 가정관리학과, 서울대학교 대학원 소비자아동학과, 노어노문학과 및 한국외대 통역번역대학원 한국어-노어과를 졸업했다. 현재 서울대학교 기초교육원에서 강의교수로 일하며 '인문학 글쓰기'와 '말하기' 강좌를 운영하고 있다. 저서 《서울대 인문학 글쓰기 강의》를 비롯해 《성서 그리고 역사》《프리메이슨》《시간을 정복한 남자 류비셰프》《숲 사람들》 《적을 만들지 않는 대화법》《살아갈 날을 위한 공부》 등 수십 권의 책을 번역했다.

홍위병

첫판 1쇄 펴낸날 2004년 11월 17일
첫판 7쇄 펴낸날 2020년 9월 10일

지은이 | 션판
옮긴이 | 이상원
펴낸이 | 지평님
본문 조판 | 성인기획 (010)2569-9616
종이 공급 | 화인페이퍼 (02)338-2074
인쇄 | 중앙P&L (031)904-3600
제본 | 서정바인텍 (031)932-8755

펴낸곳 | 황소자리 출판사
출판등록 | 2003년 7월 4일 제2003-123호
주소 | 서울시 종로구 송월길 155 경희궁자이 오피스텔 4425호
대표전화 | (02)720-7542   팩시밀리 | (02)723-5467
E-mail | candide1968@hanmail.net

ⓒ 황소자리, 2004

ISBN 89-954847-8-0 03900

* 잘못된 책은 구입처에서 바꾸어드립니다.